权威·前沿·原创

皮书系列为
"十二五""十三五"国家重点图书出版规划项目

皮书系列

2017年

智库成果出版与传播平台

社会科学文献出版社
SOCIAL SCIENCES ACADEMIC PRESS (CHINA)

社长致辞

伴随着今冬的第一场雪，2017年很快就要到了。世界每天都在发生着让人眼花缭乱的变化，而唯一不变的，是面向未来无数的可能性。作为个体，如何获取专业信息以备不时之需？作为行政主体或企事业主体，如何提高决策的科学性让这个世界变得更好而不是更糟？原创、实证、专业、前沿、及时、持续，这是1997年"皮书系列"品牌创立的初衷。

1997~2017，从最初一个出版社的学术产品名称到媒体和公众使用频率极高的热点词语，从专业术语到大众话语，从官方文件到独特的出版型态，作为重要的智库成果，"皮书"始终致力于成为海量信息时代的信息过滤器，成为经济社会发展的记录仪，成为政策制定、评估、调整的智力源，社会科学研究的资料集成库。"皮书"的概念不断延展，"皮书"的种类更加丰富，"皮书"的功能日渐完善。

1997~2017，皮书及皮书数据库已成为中国新型智库建设不可或缺的抓手与平台，成为政府、企业和各类社会组织决策的利器，成为人文社科研究最基本的资料库，成为世界系统完整及时认知当代中国的窗口和通道！"皮书"所具有的凝聚力正在形成一种无形的力量，吸引着社会各界关注中国的发展，参与中国的发展。

二十年的"皮书"正值青春，愿每一位皮书人付出的年华与智慧不辜负这个时代！

社会科学文献出版社社长
中国社会学会秘书长

2016年11月

社会科学文献出版社简介

社会科学文献出版社成立于1985年，是直属于中国社会科学院的人文社会科学专业学术出版机构。

成立以来，社科文献依托于中国社会科学院丰厚的学术出版和专家学者资源，坚持"创社科经典，出传世文献"的出版理念和"权威、前沿、原创"的产品定位，逐步走上了智库产品与专业学术成果系列化、规模化、数字化、国际化、市场化发展的经营道路，取得了令人瞩目的成绩。

学术出版 社科文献先后策划出版了"皮书"系列、"列国志"、"社科文献精品译库"、"全球化译丛"、"全面深化改革研究书系"、"近世中国"、"甲骨文"、"中国史话"等一大批既有学术影响又有市场价值的图书品牌和学术品牌，形成了较强的学术出版能力和资源整合能力。2016年社科文献发稿5.5亿字，出版图书2000余种，承印发行中国社会科学院院属期刊72种。

数字出版 凭借着雄厚的出版资源整合能力，社科文献长期以来一直致力于从内容资源和数字平台两个方面实现传统出版的再造，并先后推出了皮书数据库、列国志数据库、中国田野调查数据库等一系列数字产品。2016年数字化加工图书近4000种，文字处理量达10亿字。数字出版已经初步形成了产品设计、内容开发、编辑标引、产品运营、技术支持、营销推广等全流程体系。

国际出版 社科文献通过学术交流和国际书展等方式积极参与国际学术和国际出版的交流合作，努力将中国优秀的人文社会科学研究成果推向世界，从构建国际话语体系的角度推动学术出版国际化。目前已与英、荷、法、德、美、日、韩等国及港澳台地区近40家出版和学术文化机构建立了长期稳定的合作关系。

融合发展 紧紧围绕融合发展战略，社科文献全面布局融合发展和数字化转型升级，成效显著。以核心资源和重点项目为主的社科文献数据库产品群和数字出版体系日臻成熟，"一带一路"系列研究成果与专题数据库、阿拉伯问题研究国别基础库及中阿文化交流数据库平台等项目开启了社科文献向专业知识服务商转型的新篇章，成为行业领先。

此外，社科文献充分利用网络媒体平台，积极与各类媒体合作，并联合大型书店、学术书店、机场书店、网络书店、图书馆，构建起强大的学术图书内容传播平台，学术图书的媒体曝光率居全国之首，图书馆藏率居于全国出版机构前十位。

有温度，有情怀，有视野，更有梦想。未来社科文献将继续坚持专业化学术出版之路不动摇，着力搭建最具影响力的智库产品整合及传播平台、学术资源共享平台，为实现"社科文献梦"奠定坚实基础。

经 济 类

> 经济类皮书涵盖宏观经济、城市经济、大区域经济，提供权威、前沿的分析与预测

经济蓝皮书
2017年中国经济形势分析与预测

李扬 / 主编　2016年12月出版　定价：89.00元

◆ 本书为总理基金项目，由著名经济学家李扬领衔，联合中国社会科学院等数十家科研机构、国家部委和高等院校的专家共同撰写，系统分析了2016年的中国经济形势并预测2017年我国经济运行情况。

中国省域竞争力蓝皮书
中国省域经济综合竞争力发展报告（2015～2016）

李建平　李闽榕　高燕京 / 主编　2017年2月出版　估价：198.00元

◆ 本书融多学科的理论为一体，深入追踪研究了省域经济发展与中国国家竞争力的内在关系，为提升中国省域经济综合竞争力提供有价值的决策依据。

城市蓝皮书
中国城市发展报告 No.10

潘家华　单菁菁 / 主编　2017年9月出版　估价：89.00元

◆ 本书是由中国社会科学院城市发展与环境研究中心编著的，多角度、全方位地立体展示了中国城市的发展状况，并对中国城市的未来发展提出了许多建议。该书有强烈的时代感，对中国城市发展实践有重要的参考价值。

皮书系列重点推荐

经济类

人口与劳动绿皮书
中国人口与劳动问题报告 No.18

蔡昉 张车伟 / 主编　2017 年 10 月出版　估价：89.00 元

◆ 本书为中国社科院人口与劳动经济研究所主编的年度报告，对当前中国人口与劳动形势做了比较全面和系统的深入讨论，为研究我国人口与劳动问题提供了一个专业性的视角。

世界经济黄皮书
2017 年世界经济形势分析与预测

张宇燕 / 主编　2016 年 12 月出版　定价：89.00 元

◆ 本书由中国社会科学院世界经济与政治研究所的研究团队撰写，2016 年世界经济增速进一步放缓，就业增长放慢。世界经济面临许多重大挑战同时，地缘政治风险、难民危机、大国政治周期、恐怖主义等问题也仍然在影响世界经济的稳定与发展。预计 2017 年按 PPP 计算的世界 GDP 增长率约为 3.0%。

国际城市蓝皮书
国际城市发展报告（2017）

屠启宇 / 主编　2017 年 2 月出版　估价：89.00 元

◆ 本书作者以上海社会科学院从事国际城市研究的学者团队为核心，汇集同济大学、华东师范大学、复旦大学、上海交通大学、南京大学、浙江大学相关城市研究专业学者。立足动态跟踪介绍国际城市发展时间中，最新出现的重大战略、重大理念、重大项目、重大报告和最佳案例。

金融蓝皮书
中国金融发展报告（2017）

李扬 王国刚 / 主编　2017 年 1 月出版　估价：89.00 元

◆ 本书由中国社会科学院金融研究所组织编写，概括和分析了 2016 年中国金融发展和运行中的各方面情况，研讨和评论了 2016 年发生的主要金融事件，有利于读者了解掌握 2016 年中国的金融状况，把握 2017 年中国金融的走势。

经济类　皮书系列重点推荐

农村绿皮书
中国农村经济形势分析与预测（2016～2017）

魏后凯　杜志雄　黄秉信/著　2017年4月出版　估价：89.00元

◆ 本书描述了2016年中国农业农村经济发展的一些主要指标和变化，并对2017年中国农业农村经济形势的一些展望和预测，提出相应的政策建议。

西部蓝皮书
中国西部发展报告（2017）

姚慧琴　徐璋勇/主编　2017年9月出版　估价：89.00元

◆ 本书由西北大学中国西部经济发展研究中心主编，汇集了源自西部本土以及国内研究西部问题的权威专家的第一手资料，对国家实施西部大开发战略进行年度动态跟踪，并对2017年西部经济、社会发展态势进行预测和展望。

经济蓝皮书·夏季号
中国经济增长报告（2016～2017）

李扬/主编　2017年9月出版　估价：98.00元

◆ 中国经济增长报告主要探讨2016~2017年中国经济增长问题，以专业视角解读中国经济增长，力求将其打造成一个研究中国经济增长、服务宏微观各级决策的周期性、权威性读物。

就业蓝皮书
2017年中国本科生就业报告

麦可思研究院/编著　2017年6月出版　估价：98.00元

◆ 本书基于大量的数据和调研，内容翔实，调查独到，分析到位，用数据说话，对我国大学生教育与发展起到了很好的建言献策作用。

皮书系列重点推荐　社会政法类

社会政法类

社会政法类皮书聚焦社会发展领域的热点、难点问题，提供权威、原创的资讯与视点

社会蓝皮书

2017年中国社会形势分析与预测

李培林　陈光金　张翼 / 主编　2016年12月出版　定价：89.00元

◆ 本书由中国社会科学院社会学研究所组织研究机构专家、高校学者和政府研究人员撰写，聚焦当下社会热点，对2016年中国社会发展的各个方面内容进行了权威解读，同时对2017年社会形势发展趋势进行了预测。

法治蓝皮书

中国法治发展报告 No.15（2017）

李林　田禾 / 主编　2017年3月出版　估价：118.00元

◆ 本年度法治蓝皮书回顾总结了2016年度中国法治发展取得的成就和存在的不足，并对2017年中国法治发展形势进行了预测和展望。

社会体制蓝皮书

中国社会体制改革报告 No.5（2017）

龚维斌 / 主编　2017年4月出版　估价：89.00元

◆ 本书由国家行政学院社会治理研究中心和北京师范大学中国社会管理研究院共同组织编写，主要对2016年社会体制改革情况进行回顾和总结，对2017年的改革走向进行分析，提出相关政策建议。

社会政法类　皮书系列 重点推荐

社会心态蓝皮书
中国社会心态研究报告（2017）
王俊秀　杨宜音 / 主编　2017 年 12 月出版　估价：89.00 元

◆ 本书是中国社会科学院社会学研究所社会心理研究中心"社会心态蓝皮书课题组"的年度研究成果，运用社会心理学、社会学、经济学、传播学等多种学科的方法进行了调查和研究，对于目前我国社会心态状况有较广泛和深入的揭示。

生态城市绿皮书
中国生态城市建设发展报告（2017）
刘举科　孙伟平　胡文臻 / 主编　2017 年 7 月出版　估价：118.00 元

◆ 报告以绿色发展、循环经济、低碳生活、民生宜居为理念，以更新民众观念、提供决策咨询、指导工程实践、引领绿色发展为宗旨，试图探索一条具有中国特色的城市生态文明建设新路。

城市生活质量蓝皮书
中国城市生活质量报告（2017）
中国经济实验研究院 / 主编　2017 年 7 月出版　估价：89.00 元

◆ 本书对全国 35 个城市居民的生活质量主观满意度进行了电话调查，同时对 35 个城市居民的客观生活质量指数进行了计算，为我国城市居民生活质量的提升，提出了针对性的政策建议。

公共服务蓝皮书
中国城市基本公共服务力评价（2017）
钟君　吴正杲 / 主编　2017 年 12 月出版　估价：89.00 元

◆ 中国社会科学院经济与社会建设研究室与华图政信调查组成联合课题组，从 2010 年开始对基本公共服务力进行研究，研创了基本公共服务力评价指标体系，为政府考核公共服务与社会管理工作提供了理论工具。

皮书系列
重点推荐　行业报告类

行业报告类

行业报告类皮书立足重点行业、新兴行业领域，提供及时、前瞻的数据与信息

企业社会责任蓝皮书
中国企业社会责任研究报告（2017）

黄群慧　钟宏武　张蒽　翟利峰／著　2017年10月出版　估价：89.00元

◆ 本书剖析了中国企业社会责任在2016～2017年度的最新发展特征，详细解读了省域国有企业在社会责任方面的阶段性特征，生动呈现了国内外优秀企业的社会责任实践。对了解中国企业社会责任履行现状、未来发展，以及推动社会责任建设有重要的参考价值。

新能源汽车蓝皮书
中国新能源汽车产业发展报告（2017）

黄中国汽车技术研究中心　日产（中国）投资有限公司　东风汽车有限公司／编著　2017年7月出版　估价：98.00元

◆ 本书对我国2016年新能源汽车产业发展进行了全面系统的分析，并介绍了国外的发展经验。有助于相关机构、行业和社会公众等了解中国新能源汽车产业发展的最新动态，为政府部门出台新能源汽车产业相关政策法规、企业制定相关战略规划，提供必要的借鉴和参考。

杜仲产业绿皮书
中国杜仲橡胶资源与产业发展报告（2016～2017）

杜红岩　胡文臻　俞锐／主编　2017年1月出版　估价：85.00元

◆ 本书对2016年来的杜仲产业的发展情况、研究团队在杜仲研究方面取得的重要成果、部分地区杜仲产业发展的具体情况、杜仲新标准的制定情况等进行了较为详细的分析与介绍，使广大关心杜仲产业发展的读者能够及时跟踪产业最新进展。

行业报告类　皮书系列·重点推荐

企业蓝皮书
中国企业绿色发展报告 No.2（2017）

李红玉　朱光辉 / 主编　　2017 年 8 月出版　　估价：89.00 元

◆ 本书深入分析中国企业能源消费、资源利用、绿色金融、绿色产品、绿色管理、信息化、绿色发展政策及绿色文化方面的现状，并对目前存在的问题进行研究，剖析因果，谋划对策。为企业绿色发展提供借鉴，为我国生态文明建设提供支撑。

中国上市公司蓝皮书
中国上市公司发展报告（2017）

张平　王宏淼 / 主编　　2017 年 10 月出版　　估价：98.00 元

◆ 本书由中国社会科学院上市公司研究中心组织编写的，着力于全面、真实、客观反映当前中国上市公司财务状况和价值评估的综合性年度报告。本书详尽分析了 2016 年中国上市公司情况，特别是现实中暴露出的制度性、基础性问题，并对资本市场改革进行了探讨。

资产管理蓝皮书
中国资产管理行业发展报告（2017）

智信资产管理研究院 / 编著　　2017 年 6 月出版　　估价：89.00 元

◆ 中国资产管理行业刚刚兴起，未来将中国金融市场最有看点的行业。本书主要分析了 2016 年度资产管理行业的发展情况，同时对资产管理行业的未来发展做出科学的预测。

体育蓝皮书
中国体育产业发展报告（2017）

阮伟　钟秉枢 / 主编　　2017 年 12 月出版　　估价：89.00 元

◆ 本书运用多种研究方法，在对于体育竞赛业、体育用品业、体育场馆业、体育传媒业等传统产业研究的基础上，紧紧围绕 2016 年体育领域内的各种热点事件进行研究和梳理，进一步拓宽了研究的广度、提升了研究的高度、挖掘了研究的深度。

皮书系列
重点推荐

国别与地区类

国别与地区类

国别与地区类皮书关注全球重点国家与地区，
提供全面、独特的解读与研究

美国蓝皮书

美国研究报告（2017）

郑秉文　黄平／主编　2017年6月出版　估价：89.00元

◆ 本书是由中国社会科学院美国所主持完成的研究成果，它回顾了美国2016年的经济、政治形势与外交战略，对2017年以来美国内政外交发生的重大事件及重要政策进行了较为全面的回顾和梳理。

日本蓝皮书

日本研究报告（2017）

杨伯江／主编　2017年5月出版　估价：89.00元

◆ 本书对2016年拉丁美洲和加勒比地区诸国的政治、经济、社会、外交等方面的发展情况做了系统介绍，对该地区相关国家的热点及焦点问题进行了总结和分析，并在此基础上对该地区各国2017年的发展前景做出预测。

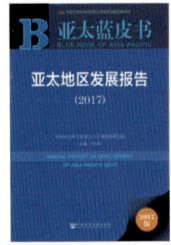

亚太蓝皮书

亚太地区发展报告（2017）

李向阳／主编　2017年3月出版　估价：89.00元

◆ 本书是中国社会科学院亚太与全球战略研究院的集体研究成果。2016年的"亚太蓝皮书"继续关注中国周边环境的变化。该书盘点了2016年亚太地区的焦点和热点问题，为深入了解2016年及未来中国与周边环境的复杂形势提供了重要参考。

德国蓝皮书
德国发展报告(2017)

郑春荣 / 主编　2017年6月出版　估价:89.00元

◆ 本报告由同济大学德国研究所组织编撰,由该领域的专家学者对德国的政治、经济、社会文化、外交等方面的形势发展情况,进行全面的阐述与分析。

日本经济蓝皮书
日本经济与中日经贸关系研究报告(2017)

王洛林　张季风 / 编著　2017年5月出版　估价:89.00元

◆ 本书系统、详细地介绍了2016年日本经济以及中日经贸关系发展情况,在进行了大量数据分析的基础上,对2017年日本经济以及中日经贸关系的大致发展趋势进行了分析与预测。

俄罗斯黄皮书
俄罗斯发展报告(2017)

李永全 / 编著　2017年7月出版　估价:89.00元

◆ 本书系统介绍了2016年俄罗斯经济政治情况,并对2016年该地区发生的焦点、热点问题进行了分析与回顾;在此基础上,对该地区2017年的发展前景进行了预测。

非洲黄皮书
非洲发展报告No.19(2016~2017)

张宏明 / 主编　2017年8月出版　估价:89.00元

◆ 本书是由中国社会科学院西亚非洲研究所组织编撰的非洲形势年度报告,比较全面、系统地分析了2016年非洲政治形势和热点问题,探讨了非洲经济形势和市场走向,剖析了大国对非洲关系的新动向;此外,还介绍了国内非洲研究的新成果。

皮书系列 重点推荐　地方发展类

地方发展类

地方发展类皮书关注中国各省份、经济区域，提供科学、多元的预判与资政信息

北京蓝皮书
北京公共服务发展报告（2016~2017）

施昌奎/主编　2017年2月出版　估价：89.00元

◆ 本书是由北京市政府职能部门的领导、首都著名高校的教授、知名研究机构的专家共同完成的关于北京市公共服务发展与创新的研究成果。

河南蓝皮书
河南经济发展报告（2017）

张占仓/编著　2017年3月出版　估价：89.00元

◆ 本书以国内外经济发展环境和走向为背景，主要分析当前河南经济形势，预测未来发展趋势，全面反映河南经济发展的最新动态、热点和问题，为地方经济发展和领导决策提供参考。

广州蓝皮书
2017年中国广州经济形势分析与预测

庾建设　陈浩钿　谢博能/主编　2017年7月出版　估价：85.00元

◆ 本书由广州大学与广州市委政策研究室、广州市统计局联合主编，汇集了广州科研团体、高等院校和政府部门诸多经济问题研究专家、学者和实际部门工作者的最新研究成果，是关于广州经济运行情况和相关专题分析、预测的重要参考资料。

 文化传媒类

文化传媒类

文化传媒类皮书透视文化领域、文化产业，探索文化大繁荣、大发展的路径

新媒体蓝皮书

中国新媒体发展报告No.8（2017）

唐绪军/主编　2017年6月出版　估价：89.00元

◆ 本书是由中国社会科学院新闻与传播研究所组织编写的关于新媒体发展的最新年度报告，旨在全面分析中国新媒体的发展现状，解读新媒体的发展趋势，探析新媒体的深刻影响。

移动互联网蓝皮书

中国移动互联网发展报告（2017）

官建文/编著　2017年6月出版　估价：89.00元

◆ 本书着眼于对中国移动互联网2016年度的发展情况做深入解析，对未来发展趋势进行预测，力求从不同视角、不同层面全面剖析中国移动互联网发展的现状、年度突破及热点趋势等。

传媒蓝皮书

中国传媒产业发展报告（2017）

崔保国/主编　2017年5月出版　估价：98.00元

◆ "传媒蓝皮书"连续十多年跟踪观察和系统研究中国传媒产业发展。本报告在对传媒产业总体以及各细分行业发展状况与趋势进行深入分析基础上，对年度发展热点进行跟踪，剖析新技术引领下的商业模式，对传媒各领域发展趋势、内体经营、传媒投资进行解析，为中国传媒产业正在发生的变革提供前瞻行参考。

经济类

皮书系列 2017全品种 / 经济类

"三农"互联网金融蓝皮书
中国"三农"互联网金融发展报告（2017）
著（编）者：李勇坚 王弢　2017年8月出版　估价：98.00元
PSN B-2016-561-1/1

G20国家创新竞争力黄皮书
二十国集团（G20）国家创新竞争力发展报告（2016~2017）
著（编）者：李建平 李闽榕 赵新力 周天勇
2017年8月出版　估价：158.00元
PSN Y-2011-229-1/1

产业蓝皮书
中国产业竞争力报告（2017）No.7
著（编）者：张其仔　2017年12月出版　估价：98.00元
PSN B-2010-175-1/1

城市创新蓝皮书
中国城市创新报告（2017）
著（编）者：周天勇 旷建伟　2017年11月出版　估价：89.00元
PSN B-2013-340-1/1

城市蓝皮书
中国城市发展报告 No.10
著（编）者：潘家华 单菁菁　2017年9月出版　估价：89.00元
PSN B-2007-091-1/1

城乡一体化蓝皮书
中国城乡一体化发展报告（2016～2017）
著（编）者：汝信 付崇兰　2017年7月出版　估价：85.00元
PSN B-2011-226-1/2

城镇化蓝皮书
中国新型城镇化健康发展报告（2017）
著（编）者：张占斌　2017年8月出版　估价：89.00元
PSN B-2014-396-1/1

创新蓝皮书
创新型国家建设报告（2016～2017）
著（编）者：詹正茂　2017年12月出版　估价：89.00元
PSN B-2009-140-1/1

创业蓝皮书
中国创业发展报告（2016～2017）
著（编）者：黄群慧 赵卫星 钟宏武等
2017年11月出版　估价：89.00元
PSN B-2016-578-1/1

低碳发展蓝皮书
中国低碳发展报告（2016~2017）
著（编）者：齐晔 张希良　2017年3月出版　估价：98.00元
PSN B-2011-223-1/1

低碳经济蓝皮书
中国低碳经济发展报告（2017）
著（编）者：薛进军 赵忠秀　2017年6月出版　估价：85.00元
PSN B-2011-194-1/1

东北蓝皮书
中国东北地区发展报告（2017）
著（编）者：朱宇 张新颖　2017年12月出版　估价：89.00元
PSN B-2006-067-1/1

发展与改革蓝皮书
中国经济发展和体制改革报告No.8
著（编）者：邹东涛 王再文　2017年1月出版　估价：98.00元
PSN B-2008-122-1/1

工业化蓝皮书
中国工业化进程报告（2017）
著（编）者：黄群慧　2017年12月出版　估价：158.00元
PSN B-2007-095-1/1

管理蓝皮书
中国管理发展报告（2017）
著（编）者：张晓东　2017年10月出版　估价：98.00元
PSN B-2014-416-1/1

国际城市蓝皮书
国际城市发展报告（2017）
著（编）者：屠启宇　2017年2月出版　估价：89.00元
PSN B-2012-260-1/1

国家创新蓝皮书
中国创新发展报告（2017）
著（编）者：陈劲　2017年12月出版　估价：89.00元
PSN B-2014-370-1/1

金融蓝皮书
中国金融发展报告（2017）
著（编）者：李扬 王国刚　2017年12月出版　估价：89.00元
PSN B-2004-031-1/6

京津冀金融蓝皮书
京津冀金融发展报告（2017）
著（编）者：王爱俭 李向前
2017年3月出版　估价：89.00元
PSN B-2016-528-1/1

京津冀蓝皮书
京津冀发展报告（2017）
著（编）者：文魁 祝尔娟　2017年4月出版　估价：89.00元
PSN B-2012-262-1/1

经济蓝皮书
2017年中国经济形势分析与预测
著（编）者：李扬　2016年12月出版　定价：89.00元
PSN B-1996-001-1/1

经济蓝皮书·春季号
2017年中国经济前景分析
著（编）者：李扬　2017年6月出版　估价：89.00元
PSN B-1999-008-1/1

经济蓝皮书·夏季号
中国经济增长报告（2016～2017）
著（编）者：李扬　2017年9月出版　估价：98.00元
PSN B-2010-176-1/1

经济信息绿皮书
中国与世界经济发展报告（2017）
著（编）者：杜平　2017年12月出版　估价：89.00元
PSN G-2003-023-1/1

就业蓝皮书
2017年中国本科生就业报告
著（编）者：麦可思研究院　2017年6月出版　估价：98.00元
PSN B-2009-146-1/2

皮书系列 2017全品种

经济类

就业蓝皮书
2017年中国高职高专生就业报告
著（编）者：麦可思研究院　2017年6月出版／估价：98.00元
PSN B-2015-472-2/2

科普能力蓝皮书
中国科普能力评价报告（2017）
著（编）者：李富　强李群　2017年8月出版／估价：89.00元
PSN B-2016-556-1/1

临空经济蓝皮书
中国临空经济发展报告（2017）
著（编）者：连玉明　2017年9月出版／估价：89.00元
PSN B-2014-421-1/1

农村绿皮书
中国农村经济形势分析与预测（2016~2017）
著（编）者：魏后凯　杜志雄　黄秉信
2017年4月出版／估价：89.00元
PSN G-1998-003-1/1

农业应对气候变化蓝皮书
气候变化对中国农业影响评估报告 No.3
著（编）者：矫梅燕　2017年8月出版／估价：98.00元
PSN B-2014-413-1/1

气候变化绿皮书
应对气候变化报告（2017）
著（编）者：王伟光　郑国光　2017年6月出版／估价：89.00元
PSN G-2009-144-1/1

区域蓝皮书
中国区域经济发展报告（2016~2017）
著（编）者：赵弘　2017年6月出版／估价：89.00元
PSN B-2004-034-1/1

全球环境竞争力绿皮书
全球环境竞争力报告（2017）
著（编）者：李建平　李闽榕　王金南
2017年12月出版／估价：198.00元
PSN G-2013-363-1/1

人口与劳动绿皮书
中国人口与劳动问题报告 No.18
著（编）者：蔡昉　张车伟　2017年11月出版／估价：89.00元
PSN G-2000-012-1/1

商务中心区蓝皮书
中国商务中心区发展报告 No.3（2016）
著（编）者：李国红　单菁菁　2017年1月出版／估价：89.00元
PSN B-2015-444-1/1

世界经济黄皮书
2017年世界经济形势分析与预测
著（编）者：张宇燕　2016年12月出版／定价：89.00元
PSN Y-1999-006-1/1

世界旅游城市绿皮书
世界旅游城市发展报告（2017）
著（编）者：宋宇　2017年1月出版／估价：128.00元
PSN B-2014-400-1/1

土地市场蓝皮书
中国农村土地市场发展报告（2016~2017）
著（编）者：李光荣　2017年3月出版／估价：89.00元
PSN B-2016-527-1/1

西北蓝皮书
中国西北发展报告（2017）
著（编）者：高建龙　2017年3月出版／估价：89.00元
PSN B-2012-261-1/1

西部蓝皮书
中国西部发展报告（2017）
著（编）者：姚慧琴　徐璋勇　2017年9月出版／估价：89.00元
PSN B-2005-039-1/1

新型城镇化蓝皮书
新型城镇化发展报告（2017）
著（编）者：李伟　宋敏　沈体雁　2017年3月出版／估价：98.00元
PSN B-2014-431-1/1

新兴经济体蓝皮书
金砖国家发展报告（2017）
著（编）者：林跃勤　周文　2017年12月出版／估价：89.00元
PSN B-2011-195-1/1

长三角蓝皮书
2017年新常态下深化一体化的长三角
著（编）者：王庆五　2017年12月出版／估价：88.00元
PSN B-2005-038-1/1

中部竞争力蓝皮书
中国中部经济社会竞争力报告（2017）
著（编）者：教育部人文社会科学重点研究基地
南昌大学中国中部经济社会发展研究中心
2017年12月出版／估价：89.00元
PSN B-2012-276-1/1

中部蓝皮书
中国中部地区发展报告（2017）
著（编）者：宋亚平　2017年12月出版／估价：88.00元
PSN B-2007-089-1/1

中国省域竞争力蓝皮书
中国省域经济综合竞争力发展报告（2017）
著（编）者：李建平　李闽榕　高燕京
2017年2月出版／估价：198.00元
PSN B-2007-088-1/1

中三角蓝皮书
长江中游城市群发展报告（2017）
著（编）者：秦尊文　2017年9月出版／估价：89.00元
PSN B-2014-417-1/1

中小城市绿皮书
中国中小城市发展报告（2017）
著（编）者：中国城市经济学会中小城市经济发展委员会
中国城镇化促进会中小城市发展委员会
《中国中小城市发展报告》编纂委员会
中小城市发展战略研究院
2017年11月出版／估价：128.00元
PSN G-2010-161-1/1

中原蓝皮书
中原经济区发展报告（2017）
著（编）者：李英杰　2017年6月出版／估价：88.00元
PSN B-2011-192-1/1

自贸区蓝皮书
中国自贸区发展报告（2017）
著（编）者：王力　2017年7月出版／估价：89.00元
PSN B-2016-559-1/1

社会政法类

北京蓝皮书
中国社区发展报告（2017）
著(编)者：于燕燕　　2017年2月出版 / 估价：89.00元
PSN B-2007-083-5/8

殡葬绿皮书
中国殡葬事业发展报告（2017）
著(编)者：李伯森　　2017年4月出版 / 估价：158.00元
PSN G-2010-180-1/1

城市管理蓝皮书
中国城市管理报告（2016~2017）
著(编)者：刘林　刘承水　2017年5月出版 / 估价：158.00元
PSN B-2013-336-1/1

城市生活质量蓝皮书
中国城市生活质量报告（2017）
著(编)者：中国经济实验研究院
2017年7月出版 / 估价：89.00元
PSN B-2013-326-1/1

城市政府能力蓝皮书
中国城市政府公共服务能力评估报告（2017）
著(编)者：何艳玲　　2017年4月出版 / 估价：89.00元
PSN B-2013-338-1/1

慈善蓝皮书
中国慈善发展报告（2017）
著(编)者：杨团　　2017年6月出版 / 估价：89.00元
PSN B-2009-142-1/1

党建蓝皮书
党的建设研究报告 No.2（2017）
著(编)者：崔建民　陈东平　2017年2月出版 / 估价：89.00元
PSN B-2016-524-1/1

地方法治蓝皮书
中国地方法治发展报告 No.3（2017）
著(编)者：李林　田禾　2017年3月出版 / 估价：108.00元
PSN B-2015-442-1/1

法治蓝皮书
中国法治发展报告 No.15（2017）
著(编)者：李林　田禾　2017年3月出版 / 估价：118.00元
PSN B-2004-027-1/1

法治政府蓝皮书
中国法治政府发展报告（2017）
著(编)者：中国政法大学法治政府研究院
2017年2月出版 / 估价：98.00元
PSN B-2015-502-1/2

法治政府蓝皮书
中国法治政府评估报告（2017）
著(编)者：中国政法大学法治政府研究院
2016年11月出版 / 估价：98.00元
PSN B-2016-577-2/2

反腐倡廉蓝皮书
中国反腐倡廉建设报告 No.7
著(编)者：张英伟　　2017年12月出版 / 估价：89.00元
PSN B-2012-259-1/1

非传统安全蓝皮书
中国非传统安全研究报告（2016~2017）
著(编)者：余潇枫　魏志江　2017年6月出版 / 估价：89.00元
PSN B-2012-273-1/1

妇女发展蓝皮书
中国妇女发展报告 No.7
著(编)者：王金玲　　2017年9月出版 / 估价：148.00元
PSN B-2006-069-1/1

妇女教育蓝皮书
中国妇女教育发展报告 No.4
著(编)者：张李玺　　2017年10月出版 / 估价：78.00元
PSN B-2008-121-1/1

妇女绿皮书
中国性别平等与妇女发展报告（2017）
著(编)者：谭琳　　2017年12月出版 / 估价：99.00元
PSN G-2006-073-1/1

公共服务蓝皮书
中国城市基本公共服务力评价（2017）
著(编)者：钟君　吴正杲　2017年12月出版 / 估价：89.00元
PSN B-2011-214-1/1

公民科学素质蓝皮书
中国公民科学素质报告（2016~2017）
著(编)者：李群　陈雄　马宗文
2017年1月出版 / 估价：89.00元
PSN B-2014-379-1/1

公共关系蓝皮书
中国公共关系发展报告（2017）
著(编)者：柳斌杰　　2017年11月出版 / 估价：89.00元
PSN B-2016-580-1/1

公益蓝皮书
中国公益慈善发展报告（2017）
著(编)者：朱健刚　　2017年4月出版 / 估价：118.00元
PSN B-2012-283-1/1

国际人才蓝皮书
海外华侨华人专业人士报告（2017）
著(编)者：王辉耀　苗绿　2017年8月出版 / 估价：89.00元
PSN B-2014-409-4/4

国际人才蓝皮书
中国国际移民报告（2017）
著(编)者：王辉耀　　2017年2月出版 / 估价：89.00元
PSN B-2012-304-3/4

国际人才蓝皮书
中国留学发展报告（2017）No.5
著(编)者：王辉耀　苗绿　2017年10月出版 / 估价：89.00元
PSN B-2012-244-2/4

海洋社会蓝皮书
中国海洋社会发展报告（2017）
著(编)者：崔凤　宋宁而　2017年7月出版 / 估价：89.00元
PSN B-2015-478-1/1

 社会政法类

皮书系列
2017全品种

行政改革蓝皮书
中国行政体制改革报告（2017）No.6
著(编)者：魏礼群　2017年5月出版／估价：98.00元
PSN B-2011-231-1/1

华侨华人蓝皮书
华侨华人研究报告（2017）
著(编)者：贾益民　2017年12月出版／估价：128.00元
PSN B-2011-204-1/1

环境竞争力绿皮书
中国省域环境竞争力发展报告（2017）
著(编)者：李建平　李闽榕　王金南
2017年11月出版／估价：198.00元
PSN G-2010-165-1/1

环境绿皮书
中国环境发展报告（2017）
著(编)者：刘鉴强　2017年11月出版／估价：89.00元
PSN G-2006-048-1/1

基金会蓝皮书
中国基金会发展报告（2016~2017）
著(编)者：中国基金会发展报告课题组
2017年4月出版／估价：85.00元
PSN B-2013-368-1/1

基金会绿皮书
中国基金会发展独立研究报告（2017）
著(编)者：基金会中心网　中央民族大学基金会研究中心
2017年6月出版／估价：88.00元
PSN G-2011-213-1/1

基金会透明度蓝皮书
中国基金会透明度发展研究报告（2017）
著(编)者：基金会中心网　清华大学廉政与治理研究中心
2017年12月出版／估价：89.00元
PSN B-2015-509-1/1

家庭蓝皮书
中国"创建幸福家庭活动"评估报告（2017）
国务院发展研究中心"创建幸福家庭活动评估"课题组著
2017年8月出版／估价：89.00元
PSN B-2012-261-1/1

健康城市蓝皮书
中国健康城市建设研究报告（2017）
著(编)者：王鸿春　解树江　盛继洪
2017年9月出版／估价：89.00元
PSN B-2016-565-2/2

教师蓝皮书
中国中小学教师发展报告（2017）
著(编)者：曾晓东　鱼霞　2017年6月出版／估价：89.00元
PSN B-2012-289-1/1

教育蓝皮书
中国教育发展报告（2017）
著(编)者：杨东平　2017年4月出版／估价：89.00元
PSN B-2006-047-1/1

科普蓝皮书
中国基层科普发展报告（2016~2017）
著(编)者：赵立　新陈玲　2017年9月出版／估价：89.00元
PSN B-2016-569-3/3

科普蓝皮书
中国科普基础设施发展报告（2017）
著(编)者：任福君　2017年6月出版／估价：89.00元
PSN B-2010-174-1/3

科普蓝皮书
中国科普人才发展报告（2017）
著(编)者：郑念　任嵘嵘　2017年4月出版／估价：98.00元
PSN B-2015-513-2/3

科学教育蓝皮书
中国科学教育发展报告（2017）
著(编)者：罗晖　王康友　2017年10月出版／估价：89.00元
PSN B-2015-487-1/1

劳动保障蓝皮书
中国劳动保障发展报告（2017）
著(编)者：刘燕斌　2017年9月出版／估价：188.00元
PSN B-2014-415-1/1

老龄蓝皮书
中国老年宜居环境发展报告（2017）
著(编)者：党俊武　周燕珉　2017年1月出版／估价：89.00元
PSN B-2013-320-1/1

连片特困区蓝皮书
中国连片特困区发展报告（2017）
著(编)者：游俊　冷志明　丁建军
2017年3月出版／估价：98.00元
PSN B-2013-321-1/1

民间组织蓝皮书
中国民间组织报告（2017）
著(编)者：黄晓勇　2017年12月出版／估价：89.00元
PSN B-2008-118-1/1

民调蓝皮书
中国民生调查报告（2017）
著(编)者：谢耘耕　2017年12月出版／估价：98.00元
PSN B-2014-398-1/1

民族发展蓝皮书
中国民族发展报告（2017）
著(编)者：郝时远　王延中　王希恩
2017年4月出版／估价：98.00元
PSN B-2006-070-1/1

女性生活蓝皮书
中国女性生活状况报告No.11（2017）
著(编)者：韩湘景　2017年10月出版／估价：98.00元
PSN B-2006-071-1/1

汽车社会蓝皮书
中国汽车社会发展报告（2017）
著(编)者：王俊秀　2017年1月出版／估价：89.00元
PSN B-2011-224-1/1

皮书系列 2017全品种   社会政法类

青年蓝皮书
中国青年发展报告（2017）No.3
著(编)者：廉思 等　　2017年4月出版 / 估价：89.00元
PSN B-2013-333-1/1

青少年蓝皮书
中国未成年人互联网运用报告（2017）
著(编)者：李文革 沈杰 李为民
2017年11月出版 / 估价：89.00元
PSN B-2010-156-1/1

青少年体育蓝皮书
中国青少年体育发展报告（2017）
著(编)者：郭建军 杨桦　　2017年9月出版 / 估价：89.00元
PSN B-2015-482-1/1

群众体育蓝皮书
中国群众体育发展报告（2017）
著(编)者：刘国永 杨桦　　2017年12月出版 / 估价：89.00元
PSN B-2016-519-2/3

人权蓝皮书
中国人权事业发展报告 No.7（2017）
著(编)者：李君如　　2017年9月出版 / 估价：98.00元
PSN B-2011-215-1/1

社会保障绿皮书
中国社会保障发展报告（2017）No.9
著(编)者：王延中　　2017年4月出版 / 估价：89.00元
PSN G-2001-014-1/1

社会风险评估蓝皮书
风险评估与危机预警评估报告（2017）
著(编)者：唐钧　　2017年8月出版 / 估价：85.00元
PSN B-2016-521-1/1

社会工作蓝皮书
中国社会工作发展报告（2017）
著(编)者：民政部社会工作研究中心
2017年8月出版 / 估价：89.00元
PSN B-2009-141-1/1

社会管理蓝皮书
中国社会管理创新报告 No.5
著(编)者：连玉明　　2017年11月出版 / 估价：89.00元
PSN B-2012-300-1/1

社会蓝皮书
2017年中国社会形势分析与预测
著(编)者：李培林 陈光金 张翼
2016年12月出版 / 定价：89.00元
PSN B-1998-002-1/1

社会体制蓝皮书
中国社会体制改革报告 No.5（2017）
著(编)者：龚维斌　　2017年4月出版 / 估价：89.00元
PSN B-2013-330-1/1

社会心态蓝皮书
中国社会心态研究报告（2017）
著(编)者：王俊秀 杨宜音　　2017年12月出版 / 估价：89.00元
PSN B-2011-199-1/1

社会组织蓝皮书
中国社会组织评估发展报告（2017）
著(编)者：徐家良 廖鸿　　2017年12月出版 / 估价：89.00元
PSN B-2013-366-1/1

生态城市绿皮书
中国生态城市建设发展报告（2017）
著(编)者：刘举科 孙伟平 胡文臻
2017年9月出版 / 估价：118.00元
PSN G-2012-269-1/1

生态文明绿皮书
中国省域生态文明建设评价报告（ECI 2017）
著(编)者：严耕　　2017年12月出版 / 估价：98.00元
PSN G-2010-170-1/1

体育蓝皮书
中国公共体育服务发展报告（2017）
著(编)者：戴健　　2017年12月出版 / 估价：89.00元
PSN B-2013-367-2/4

土地整治蓝皮书
中国土地整治发展研究报告 No.4
著(编)者：国土资源部土地整治中心
2017年7月出版 / 估价：89.00元
PSN B-2014-401-1/1

土地政策蓝皮书
中国土地政策研究报告（2017）
著(编)者：高延利 李宪文
2017年12月出版 / 估价：89.00元
PSN B-2015-506-1/1

医改蓝皮书
中国医药卫生体制改革报告（2017）
著(编)者：文学国 房志武　　2017年11月出版 / 估价：98.00元
PSN B-2014-432-1/1

医疗卫生绿皮书
中国医疗卫生发展报告 No.7（2017）
著(编)者：申宝忠 韩玉珍　　2017年4月出版 / 估价：85.00元
PSN G-2004-033-1/1

应急管理蓝皮书
中国应急管理报告（2017）
著(编)者：宋英华　　2017年9月出版 / 估价：98.00元
PSN B-2016-563-1/1

政治参与蓝皮书
中国政治参与报告（2017）
著(编)者：房宁　　2017年9月出版 / 估价：118.00元
PSN B-2011-200-1/1

中国农村妇女发展蓝皮书
农村流动女性城市生活发展报告（2017）
著(编)者：谢丽华　　2017年12月出版 / 估价：89.00元
PSN B-2014-434-1/1

宗教蓝皮书
中国宗教报告（2017）
著(编)者：邱永辉　　2017年4月出版 / 估价：89.00元
PSN B-2008-117-1/1

行业报告类

SUV蓝皮书
中国SUV市场发展报告（2016~2017）
著（编）者：靳军　2017年9月出版／估价：89.00元
PSN B-2016-572-1/1

保健蓝皮书
中国保健服务产业发展报告 No.2
著（编）者：中国保健协会　中共中央党校
2017年7月出版／估价：198.00元
PSN B-2012-272-3/3

保健蓝皮书
中国保健食品产业发展报告 No.2
著（编）者：中国保健协会
　　　　　　中国社会科学院食品药品产业发展与监管研究中心
2017年4月出版／估价：198.00元
PSN B-2012-271-2/3

保健蓝皮书
中国保健用品产业发展报告 No.2
著（编）者：中国保健协会
　　　　　　国务院国有资产监督管理委员会研究中心
2017年3月出版／估价：198.00元
PSN B-2012-270-1/3

保险蓝皮书
中国保险业竞争力报告（2017）
著（编）者：项俊波　2017年12月出版／估价：99.00元
PSN B-2013-311-1/1

冰雪蓝皮书
中国滑雪产业发展报告（2017）
著（编）者：孙承华　伍斌　魏庆华　张鸿俊
2017年8月出版／估价：89.00元
PSN B-2016-560-1/1

彩票蓝皮书
中国彩票发展报告（2017）
著（编）者：益彩基金　2017年4月出版／估价：98.00元
PSN B-2015-462-1/1

餐饮产业蓝皮书
中国餐饮产业发展报告（2017）
著（编）者：邢颖　2017年6月出版／估价：98.00元
PSN B-2009-151-1/1

测绘地理信息蓝皮书
新常态下的测绘地理信息研究报告（2017）
著（编）者：库热西·买合苏提
2017年12月出版／估价：118.00元
PSN B-2009-145-1/1

茶业蓝皮书
中国茶产业发展报告（2017）
著（编）者：杨江帆　李闽榕　2017年10月出版／估价：88.00元
PSN B-2010-164-1/1

产权市场蓝皮书
中国产权市场发展报告（2016~2017）
著（编）者：曹和平　2017年5月出版／估价：89.00元
PSN B-2009-147-1/1

产业安全蓝皮书
中国出版传媒产业安全报告（2016~2017）
著（编）者：北京印刷学院文化产业安全研究院
2017年3月出版／估价：89.00元
PSN B-2014-384-13/14

产业安全蓝皮书
中国文化产业安全报告（2017）
著（编）者：北京印刷学院文化产业安全研究院
2017年12月出版／估价：89.00元
PSN B-2014-378-12/14

产业安全蓝皮书
中国新媒体产业安全报告（2017）
著（编）者：北京印刷学院文化产业安全研究院
2017年12月出版／估价：89.00元
PSN B-2015-500-14/14

城投蓝皮书
中国城投行业发展报告（2017）
著（编）者：王晨艳　丁伯康　2017年11月出版／估价：300.00元
PSN B-2016-514-1/1

电子政务蓝皮书
中国电子政务发展报告（2016~2017）
著（编）者：李季　杜平　2017年7月出版／估价：89.00元
PSN B-2003-022-1/1

杜仲产业绿皮书
中国杜仲橡胶资源与产业发展报告（2016~2017）
著（编）者：杜红岩　胡文臻　俞锐
2017年1月出版／估价：85.00元
PSN G-2013-350-1/1

房地产蓝皮书
中国房地产发展报告 No.14（2017）
著（编）者：李春华　王业强　2017年5月出版／估价：89.00元
PSN B-2004-028-1/1

服务外包蓝皮书
中国服务外包产业发展报告（2017）
著（编）者：王晓红　刘德军
2017年6月出版／估价：89.00元
PSN B-2013-331-2/2

服务外包蓝皮书
中国服务外包竞争力报告（2017）
著（编）者：王力　刘春生　黄育华
2017年11月出版／估价：85.00元
PSN B-2011-216-1/2

工业和信息化蓝皮书
世界网络安全发展报告（2016~2017）
著（编）者：洪京一　2017年4月出版／估价：89.00元
PSN B-2015-452-5/5

工业和信息化蓝皮书
世界信息化发展报告（2016~2017）
著（编）者：洪京一　2017年4月出版／估价：89.00元
PSN B-2015-451-4/5

皮书系列 2017全品种 — 行业报告类

工业和信息化蓝皮书
世界信息技术产业发展报告（2016~2017）
著（编）者：洪京一　2017年4月出版 / 估价：89.00元
PSN B-2015-449-2/5

工业和信息化蓝皮书
移动互联网产业发展报告（2016~2017）
著（编）者：洪京一　2017年4月出版 / 估价：89.00元
PSN B-2015-448-1/5

工业和信息化蓝皮书
战略性新兴产业发展报告（2016~2017）
著（编）者：洪京一　2017年4月出版 / 估价：89.00元
PSN B-2015-450-3/5

工业设计蓝皮书
中国工业设计发展报告（2017）
著（编）者：王晓红　于炜　张立群
2017年9月出版 / 估价：138.00元
PSN B-2014-420-1/1

黄金市场蓝皮书
中国商业银行黄金业务发展报告（2016~2017）
著（编）者：平安银行　2017年3月出版 / 估价：98.00元
PSN B-2016-525-1/1

互联网金融蓝皮书
中国互联网金融发展报告（2017）
著（编）者：李东荣　2017年9月出版 / 估价：128.00元
PSN B-2014-374-1/1

互联网医疗蓝皮书
中国互联网医疗发展报告（2017）
著（编）者：宫晓东　2017年9月出版 / 估价：89.00元
PSN B-2016-568-1/1

会展蓝皮书
中外会展业动态评估年度报告（2017）
著（编）者：张敏　2017年1月出版 / 估价：88.00元
PSN B-2013-327-1/1

金融监管蓝皮书
中国金融监管报告（2017）
著（编）者：胡滨　2017年6月出版 / 估价：89.00元
PSN B-2012-281-1/1

金融蓝皮书
中国金融中心发展报告（2017）
著（编）者：王力　黄育华　2017年11月出版 / 估价：85.00元
PSN B-2011-186-6/6

建筑装饰蓝皮书
中国建筑装饰行业发展报告（2017）
著（编）者：刘晓一　葛顺道　2017年7月出版 / 估价：198.00元
PSN B-2016-554-1/1

客车蓝皮书
中国客车产业发展报告（2016~2017）
著（编）者：姚蔚　2017年10月出版 / 估价：85.00元
PSN B-2013-361-1/1

旅游安全蓝皮书
中国旅游安全报告（2017）
著（编）者：郑向敏　谢朝武　2017年5月出版 / 估价：128.00元
PSN B-2012-280-1/1

旅游绿皮书
2016~2017年中国旅游发展分析与预测
著（编）者：张广瑞　刘德谦　2017年4月出版 / 估价：89.00元
PSN G-2012-018-1/1

煤炭蓝皮书
中国煤炭工业发展报告（2017）
著（编）者：岳福斌　2017年12月出版 / 估价：85.00元
PSN B-2008-123-1/1

民营企业社会责任蓝皮书
中国民营企业社会责任报告（2017）
著（编）者：中华全国工商业联合会
2017年12月出版 / 估价：89.00元
PSN B-2015-511-1/1

民营医院蓝皮书
中国民营医院发展报告（2017）
著（编）者：庄一强　2017年10月出版 / 估价：85.00元
PSN B-2012-299-1/1

闽商蓝皮书
闽商发展报告（2017）
著（编）者：李闽榕　王日根　林琛
2017年12月出版 / 估价：89.00元
PSN B-2012-298-1/1

能源蓝皮书
中国能源发展报告（2017）
著（编）者：崔民选　王军生　陈义和
2017年10月出版 / 估价：98.00元
PSN B-2006-049-1/1

农产品流通蓝皮书
中国农产品流通产业发展报告（2017）
著（编）者：贾敬敦　张东科　张玉玺　张鹏毅　周伟
2017年1月出版 / 估价：89.00元
PSN B-2012-288-1/1

企业公益蓝皮书
中国企业公益研究报告（2017）
著（编）者：钟宏武　汪杰　顾一　黄晓娟　等
2017年12月出版 / 估价：89.00元
PSN B-2015-501-1/1

企业国际化蓝皮书
中国企业国际化报告（2017）
著（编）者：王辉耀　2017年11月出版 / 估价：98.00元
PSN B-2014-427-1/1

企业蓝皮书
中国企业绿色发展报告No.2（2017）
著（编）者：李红玉　朱光辉　2017年8月出版 / 估价：89.00元
PSN B-2015-481-2/2

企业社会责任蓝皮书
中国企业社会责任研究报告（2017）
著（编）者：黄群慧　钟宏武　张蒽　翟利峰
2017年11月出版 / 估价：89.00元
PSN B-2009-149-1/1

汽车安全蓝皮书
中国汽车安全发展报告（2017）
著（编）者：中国汽车技术研究中心
2017年7月出版 / 估价：89.00元
PSN B-2014-385-1/1

皮书系列 2017全品种

汽车电子商务蓝皮书
中国汽车电子商务发展报告（2017）
著(编)者：中华全国工商业联合会汽车经销商商会
　　　　　北京易观智库网络科技有限公司
2017年10月出版 / 估价：128.00元
PSN B-2015-485-1/1

汽车工业蓝皮书
中国汽车工业发展年度报告（2017）
著(编)者：中国汽车工业协会 中国汽车技术研究中心
　　　　　丰田汽车（中国）投资有限公司
2017年4月出版 / 估价：128.00元
PSN B-2015-463-1/2

汽车工业蓝皮书
中国汽车零部件产业发展报告（2017）
著(编)者：中国汽车工业协会 中国汽车工程研究院
2017年10月出版 / 估价：98.00元
PSN B-2016-515-2/2

汽车蓝皮书
中国汽车产业发展报告（2017）
著(编)者：国务院发展研究中心产业经济研究部
　　　　　中国汽车工程学会 大众汽车集团（中国）
2017年8月出版 / 估价：98.00元
PSN B-2008-124-1/1

人力资源蓝皮书
中国人力资源发展报告（2017）
著(编)者：余兴安　2017年11月出版 / 估价：89.00元
PSN B-2012-287-1/1

融资租赁蓝皮书
中国融资租赁业发展报告（2016~2017）
著(编)者：李元荣 王力　2017年8月出版 / 估价：89.00元
PSN B-2015-443-1/1

商会蓝皮书
中国商会发展报告No.5（2017）
著(编)者：王钦敏　2017年7月出版 / 估价：89.00元
PSN B-2008-125-1/1

输血服务蓝皮书
中国输血行业发展报告（2017）
著(编)者：朱永明 耿鸿武　2016年8月出版 / 估价：89.00元
PSN B-2016-583-1/1

上市公司蓝皮书
中国上市公司社会责任信息披露报告（2017）
著(编)者：张旺 张杨　2017年11月出版 / 估价：89.00元
PSN B-2011-234-1/2

社会责任管理蓝皮书
中国上市公司社会责任能力成熟度报告（2017）No.2
著(编)者：肖红军 王晓光 李伟阳
2017年12月出版 / 估价：98.00元
PSN B-2015-507-2/2

社会责任管理蓝皮书
中国企业公众透明度报告(2017)No.3
著(编)者：黄速建 熊梦 王晓光 肖红军
2017年1月出版 / 估价：98.00元
PSN B-2015-440-1/2

食品药品蓝皮书
食品药品安全与监管政策研究报告（2016~2017）
著(编)者：唐民皓　2017年6月出版 / 估价：89.00元
PSN B-2009-129-1/1

世界能源蓝皮书
世界能源发展报告（2017）
著(编)者：黄晓勇　2017年6月出版 / 估价：99.00元
PSN B-2013-349-1/1

水利风景区蓝皮书
中国水利风景区发展报告（2017）
著(编)者：谢婵才 兰思仁　2017年5月出版 / 估价：89.00元
PSN B-2015-480-1/1

私募市场蓝皮书
中国私募股权市场发展报告（2017）
著(编)者：曹和平　2017年12月出版 / 估价：89.00元
PSN B-2010-162-1/1

碳市场蓝皮书
中国碳市场报告（2017）
著(编)者：定金彪　2017年11月出版 / 估价：89.00元
PSN B-2014-430-1/1

体育蓝皮书
中国体育产业发展报告（2017）
著(编)者：阮伟 钟秉枢　2017年12月出版 / 估价：89.00元
PSN B-2010-179-1/4

网络空间安全蓝皮书
中国网络空间安全发展报告（2017）
著(编)者：惠志斌 唐涛　2017年4月出版 / 估价：89.00元
PSN B-2015-466-1/1

西部金融蓝皮书
中国西部金融发展报告（2017）
著(编)者：李忠民　2017年8月出版 / 估价：85.00元
PSN B-2010-160-1/1

协会商会蓝皮书
中国行业协会商会发展报告（2017）
著(编)者：景朝阳 李勇　2017年4月出版 / 估价：99.00元
PSN B-2015-461-1/1

新能源汽车蓝皮书
中国新能源汽车产业发展报告（2017）
著(编)者：中国汽车技术研究中心
　　　　　日产（中国）投资有限公司 东风汽车有限公司
2017年7月出版 / 估价：98.00元
PSN B-2013-347-1/1

新三板蓝皮书
中国新三板市场发展报告（2017）
著(编)者：王力　2017年6月出版 / 估价：89.00元
PSN B-2016-534-1/1

信托市场蓝皮书
中国信托业市场报告（2016~2017）
著(编)者：用益信托工作室
2017年1月出版 / 估价：198.00元
PSN B-2014-371-1/1

行业报告类

信息化蓝皮书
中国信息化形势分析与预测（2016~2017）
著(编)者：周宏仁　　2017年8月出版 / 估价：98.00元
PSN B-2010-168-1/1

信用蓝皮书
中国信用发展报告（2017）
著(编)者：章政　田侃　　2017年4月出版 / 估价：99.00元
PSN B-2013-328-1/1

休闲绿皮书
2017年中国休闲发展报告
著(编)者：宋瑞　　2017年10月出版 / 估价：89.00元
PSN G-2010-158-1/1

休闲体育蓝皮书
中国休闲体育发展报告（2016~2017）
著(编)者：李相如　钟炳枢　　2017年10月出版 / 估价：89.00元
PSN G-2016-516-1/1

养老金融蓝皮书
中国养老金融发展报告（2017）
著(编)者：董克用　姚余栋
2017年6月出版 / 估价：89.00元
PSN B-2016-584-1/1

药品流通蓝皮书
中国药品流通行业发展报告（2017）
著(编)者：佘鲁林　温再兴　　2017年8月出版 / 估价：158.00元
PSN B-2014-429-1/1

医院蓝皮书
中国医院竞争力报告（2017）
著(编)者：庄一强　曾益新　　2017年3月出版 / 估价：128.00元
PSN B-2016-529-1/1

医药蓝皮书
中国中医药产业园战略发展报告（2017）
著(编)者：裴长洪　房书亭　吴滌心
2017年8月出版 / 估价：89.00元
PSN B-2012-305-1/1

邮轮绿皮书
中国邮轮产业发展报告（2017）
著(编)者：汪泓　　2017年10月出版 / 估价：89.00元
PSN G-2014-419-1/1

智能养老蓝皮书
中国智能养老产业发展报告（2017）
著(编)者：朱勇　　2017年10月出版 / 估价：89.00元
PSN B-2015-488-1/1

债券市场蓝皮书
中国债券市场发展报告（2016~2017）
著(编)者：杨农　　2017年10月出版 / 估价：89.00元
PSN B-2016-573-1/1

中国节能汽车蓝皮书
中国节能汽车发展报告（2016~2017）
著(编)者：中国汽车工程研究院股份有限公司
2017年9月出版 / 估价：98.00元
PSN B-2016-566-1/1

中国上市公司蓝皮书
中国上市公司发展报告（2017）
著(编)者：张平　王宏淼
2017年10月出版 / 估价：98.00元
PSN B-2014-414-1/1

中国陶瓷产业蓝皮书
中国陶瓷产业发展报告（2017）
著(编)者：左和平　黄速建　　2017年10月出版 / 估价：98.00元
PSN B-2016-574-1/1

中国总部经济蓝皮书
中国总部经济发展报告（2016~2017）
著(编)者：赵弘　　2017年9月出版 / 估价：89.00元
PSN B-2005-036-1/1

中医文化蓝皮书
中国中医药文化传播发展报告（2017）
著(编)者：毛嘉陵　　2017年7月出版 / 估价：89.00元
PSN B-2015-468-1/1

装备制造业蓝皮书
中国装备制造业发展报告（2017）
著(编)者：徐东华　　2017年12月出版 / 估价：148.00元
PSN B-2015-505-1/1

资本市场蓝皮书
中国场外交易市场发展报告（2016~2017）
著(编)者：高峦　　2017年3月出版 / 估价：89.00元
PSN B-2009-153-1/1

资产管理蓝皮书
中国资产管理行业发展报告（2017）
著(编)者：智信资产管理研究院
2017年6月出版 / 估价：89.00元
PSN B-2014-407-2/2

文化传媒类

传媒竞争力蓝皮书
中国传媒国际竞争力研究报告（2017）
著（编）者：李本乾 刘强
2017年11月出版 / 估价：148.00元
PSN B-2013-356-1/1

传媒蓝皮书
中国传媒产业发展报告（2017）
著（编）者：崔保国 2017年5月出版 / 估价：98.00元
PSN B-2005-035-1/1

传媒投资蓝皮书
中国传媒投资发展报告（2017）
著（编）者：张向东 谭云明
2017年6月出版 / 估价：128.00元
PSN B-2015-474-1/1

动漫蓝皮书
中国动漫产业发展报告（2017）
著（编）者：卢斌 郑玉明 牛兴侦
2017年9月出版 / 估价：89.00元
PSN B-2011-198-1/1

非物质文化遗产蓝皮书
中国非物质文化遗产发展报告（2017）
著（编）者：陈平 2017年5月出版 / 估价：98.00元
PSN B-2015-469-1/1

广电蓝皮书
中国广播电影电视发展报告（2017）
著（编）者：国家新闻出版广电总局发展研究中心
2017年7月出版 / 估价：98.00元
PSN B-2006-072-1/1

广告主蓝皮书
中国广告主营销传播趋势报告 No.9
著（编）者：黄升民 杜国清 邵华冬 等
2017年10月出版 / 估价：148.00元
PSN B-2005-041-1/1

国际传播蓝皮书
中国国际传播发展报告（2017）
著（编）者：胡正荣 李继东 姬德强
2017年11月出版 / 估价：89.00元
PSN B-2014-408-1/1

纪录片蓝皮书
中国纪录片发展报告（2017）
著（编）者：何苏六 2017年9月出版 / 估价：89.00元
PSN B-2011-222-1/1

科学传播蓝皮书
中国科学传播报告（2017）
著（编）者：詹正茂 2017年7月出版 / 估价：89.00元
PSN B-2008-120-1/1

两岸创意经济蓝皮书
两岸创意经济研究报告（2017）
著（编）者：罗昌智 林咏能
2017年10月出版 / 估价：98.00元
PSN B-2014-437-1/1

两岸文化蓝皮书
两岸文化产业合作发展报告（2017）
著（编）者：胡惠林 李保宗 2017年7月出版 / 估价：89.00元
PSN B-2012-285-1/1

媒介与女性蓝皮书
中国媒介与女性发展报告(2016~2017)
著（编）者：刘利群 2017年9月出版 / 估价：118.00元
PSN B-2013-345-1/1

媒体融合蓝皮书
中国媒体融合发展报告（2017）
著（编）者：梅宁华 宋建武 2017年7月出版 / 估价：89.00元
PSN B-2015-479-1/1

全球传媒蓝皮书
全球传媒发展报告（2017）
著（编）者：胡正荣 李继东 唐晓芬
2017年11月出版 / 估价：89.00元
PSN B-2012-237-1/1

少数民族非遗蓝皮书
中国少数民族非物质文化遗产发展报告（2017）
著（编）者：肖远平（彝） 柴立（满）
2017年8月出版 / 估价：98.00元
PSN B-2015-467-1/1

视听新媒体蓝皮书
中国视听新媒体发展报告（2017）
著（编）者：国家新闻出版广电总局发展研究中心
2017年7月出版 / 估价：98.00元
PSN B-2011-184-1/1

文化创新蓝皮书
中国文化创新报告（2017）No.7
著（编）者：于平 傅才武 2017年7月出版 / 估价：98.00元
PSN B-2009-143-1/1

文化建设蓝皮书
中国文化发展报告（2016~2017）
著（编）者：江畅 孙伟平 戴茂堂
2017年6月出版 / 估价：116.00元
PSN B-2014-392-1/1

文化科技蓝皮书
文化科技创新发展报告（2017）
著（编）者：于平 李凤亮 2017年11月出版 / 估价：89.00元
PSN B-2013-342-1/1

文化蓝皮书
中国公共文化服务发展报告（2017）
著（编）者：刘新成 张永新 张旭
2017年12月出版 / 估价：98.00元
PSN B-2007-093-2/10

文化蓝皮书
中国公共文化投入增长测评报告（2017）
著（编）者：王亚南 2017年4月出版 / 估价：89.00元
PSN B-2014-435-10/10

皮书系列 2017全品种 文化传媒类·地方发展类

文化蓝皮书
中国少数民族文化发展报告（2016~2017）
著（编）者：武翠英 张晓明 任乌晶
2017年9月出版 / 估价：89.00元
PSN B-2013-369-9/10

文化蓝皮书
中国文化产业发展报告（2016~2017）
著（编）者：张晓明 王家新 章建刚
2017年2月出版 / 估价：89.00元
PSN B-2002-019-1/10

文化蓝皮书
中国文化产业供需协调检测报告（2017）
著（编）者：王亚南 2017年2月出版 / 估价：89.00元
PSN B-2013-323-8/10

文化蓝皮书
中国文化消费需求景气评价报告（2017）
著（编）者：王亚南 2017年4月出版 / 估价：89.00元
PSN B-2011-236-4/10

文化品牌蓝皮书
中国文化品牌发展报告（2017）
著（编）者：欧阳友权 2017年5月出版 / 估价：98.00元
PSN B-2012-277-1/1

文化遗产蓝皮书
中国文化遗产事业发展报告（2017）
著（编）者：苏杨 张颖岚 王宇飞
2017年8月出版 / 估价：98.00元
PSN B-2008-119-1/1

文学蓝皮书
中国文情报告（2016~2017）
著（编）者：白烨 2017年5月出版 / 估价：49.00元
PSN B-2011-221-1/1

新媒体蓝皮书
中国新媒体发展报告No.8（2017）
著（编）者：唐绪军 2017年6月出版 / 估价：89.00元
PSN B-2010-169-1/1

新媒体社会责任蓝皮书
中国新媒体社会责任研究报告（2017）
著（编）者：钟瑛 2017年11月出版 / 估价：89.00元
PSN B-2014-423-1/1

移动互联网蓝皮书
中国移动互联网发展报告（2017）
著（编）者：官建文 2017年6月出版 / 估价：89.00元
PSN B-2012-282-1/1

舆情蓝皮书
中国社会舆情与危机管理报告（2017）
著（编）者：谢耘耕 2017年9月出版 / 估价：128.00元
PSN B-2011-235-1/1

影视风控蓝皮书
中国影视舆情与风控报告（2017）
著（编）者：司若 2017年4月出版 / 估价：138.00元
PSN B-2016-530-1/1

地方发展类

安徽经济蓝皮书
合芜蚌国家自主创新综合示范区研究报告（2016~2017）
著（编）者：王开玉 2017年11月出版 / 估价：89.00元
PSN B-2014-383-1/1

安徽蓝皮书
安徽社会发展报告（2017）
著（编）者：程桦 2017年4月出版 / 估价：89.00元
PSN B-2013-325-1/1

安徽社会建设蓝皮书
安徽社会建设分析报告（2016~2017）
著（编）者：黄家海 王开玉 蔡宪
2016年4月出版 / 估价：89.00元
PSN B-2013-322-1/1

澳门蓝皮书
澳门经济社会发展报告（2016~2017）
著（编）者：吴志良 郝雨凡 2017年6月出版 / 估价：98.00元
PSN B-2009-138-1/1

北京蓝皮书
北京公共服务发展报告（2016~2017）
著（编）者：施昌奎 2017年2月出版 / 估价：89.00元
PSN B-2008-103-7/8

北京蓝皮书
北京经济发展报告（2016~2017）
著（编）者：杨松 2017年6月出版 / 估价：89.00元
PSN B-2006-054-2/8

北京蓝皮书
北京社会发展报告（2016~2017）
著（编）者：李伟东 2017年6月出版 / 估价：89.00元
PSN B-2006-055-3/8

北京蓝皮书
北京社会治理发展报告（2016~2017）
著（编）者：殷星辰 2017年5月出版 / 估价：89.00元
PSN B-2014-391-8/8

北京蓝皮书
北京文化发展报告（2016~2017）
著（编）者：李建盛 2017年4月出版 / 估价：89.00元
PSN B-2007-082-4/8

北京律师绿皮书
北京律师发展报告No.3（2017）
著（编）者：王隽 2017年7月出版 / 估价：88.00元
PSN G-2012-301-1/1

地方发展类

皮书系列 2017全品种

北京旅游蓝皮书
北京旅游发展报告（2017）
著(编)者：北京旅游学会　2017年1月出版 / 估价：88.00元
PSN B-2011-217-1/1

北京人才蓝皮书
北京人才发展报告（2017）
著(编)者：于淼　2017年12月出版 / 估价：128.00元
PSN B-2011-201-1/1

北京社会心态蓝皮书
北京社会心态分析报告（2016~2017）
著(编)者：北京社会心理研究所
2017年8月出版 / 估价：89.00元
PSN B-2014-422-1/1

北京社会组织管理蓝皮书
北京社会组织发展与管理（2016~2017）
著(编)者：黄江松　2017年4月出版 / 估价：88.00元
PSN B-2015-446-1/1

北京体育蓝皮书
北京体育产业发展报告（2016~2017）
著(编)者：钟秉枢　陈杰　杨铁黎
2017年9月出版 / 估价：89.00元
PSN B-2015-475-1/1

北京养老产业蓝皮书
北京养老产业发展报告（2017）
著(编)者：周明明　冯喜良　2017年8月出版 / 估价：89.00元
PSN B-2015-465-1/1

滨海金融蓝皮书
滨海新区金融发展报告（2017）
著(编)者：王爱俭　张锐钢　2017年12月出版 / 估价：89.00元
PSN B-2014-424-1/1

城乡一体化蓝皮书
中国城乡一体化发展报告·北京卷（2016~2017）
著(编)者：张宝秀　黄序　2017年5月出版 / 估价：89.00元
PSN B-2012-258-2/2

创意城市蓝皮书
北京文化创意产业发展报告（2017）
著(编)者：张京成　王国华　2017年10月出版 / 估价：89.00元
PSN B-2012-263-1/7

创意城市蓝皮书
青岛文化创意产业发展报告（2017）
著(编)者：马达　张丹妮　2017年8月出版 / 估价：89.00元
PSN B-2011-235-1/1

创意城市蓝皮书
天津文化创意产业发展报告（2016~2017）
著(编)者：谢思全　2017年6月出版 / 估价：89.00元
PSN B-2016-537-7/7

创意城市蓝皮书
无锡文化创意产业发展报告（2017）
著(编)者：谭军　张鸣年　2017年10月出版 / 估价：89.00元
PSN B-2013-346-3/7

创意城市蓝皮书
武汉文化创意产业发展报告（2017）
著(编)者：黄永林　陈汉桥　2017年9月出版 / 估价：99.00元
PSN B-2013-354-4/7

创意上海蓝皮书
上海文化创意产业发展报告（2016~2017）
著(编)者：王慧敏　王兴全　2017年8月出版 / 估价：89.00元
PSN B-2016-562-1/1

福建妇女发展蓝皮书
福建省妇女发展报告（2017）
著(编)者：刘群英　2017年11月出版 / 估价：88.00元
PSN B-2011-220-1/1

福建自贸区蓝皮书
中国（福建）自由贸易实验区发展报告（2016~2017）
著(编)者：黄茂兴　2017年4月出版 / 估价：108.00元
PSN B-2017-532-1/1

甘肃蓝皮书
甘肃经济发展分析与预测（2017）
著(编)者：朱智文　罗哲　2017年1月出版 / 估价：89.00元
PSN B-2013-312-1/6

甘肃蓝皮书
甘肃社会发展分析与预测（2017）
著(编)者：安文华　包晓霞　谢增虎
2017年1月出版 / 估价：89.00元
PSN B-2013-313-2/6

甘肃蓝皮书
甘肃文化发展分析与预测（2017）
著(编)者：安文华　周小华　2017年1月出版 / 估价：89.00元
PSN B-2013-314-3/6

甘肃蓝皮书
甘肃县域和农村发展报告（2017）
著(编)者：刘进军　柳民　王建兵
2017年1月出版 / 估价：89.00元
PSN B-2013-316-5/6

甘肃蓝皮书
甘肃舆情分析与预测（2017）
著(编)者：陈双梅　郝树声　2017年1月出版 / 估价：89.00元
PSN B-2013-315-4/6

甘肃蓝皮书
甘肃商贸流通发展报告（2017）
著(编)者：杨志武　王福生　王晓芳
2017年1月出版 / 估价：89.00元
PSN B-2016-523-6/6

广东蓝皮书
广东全面深化改革发展报告（2017）
著(编)者：周林生　涂成林　2017年12月出版 / 估价：89.00元
PSN B-2015-504-3/3

广东蓝皮书
广东社会工作发展报告（2017）
著(编)者：罗观翠　2017年6月出版 / 估价：89.00元
PSN B-2014-402-2/3

广东蓝皮书
广东省电子商务发展报告（2017）
著(编)者：程晓　邓顺国　2017年7月出版 / 估价：89.00元
PSN B-2013-360-1/3

皮书系列 2017全品种 — 地方发展类

广东社会建设蓝皮书
广东省社会建设发展报告（2017）
著(编)者：广东省社会工作委员会
2017年12月出版 / 估价：99.00元
PSN B-2014-436-1/1

广东外经贸蓝皮书
广东对外经济贸易发展研究报告（2016~2017）
著(编)者：陈万灵　2017年8月出版 / 估价：98.00元
PSN B-2012-286-1/1

广西北部湾经济区蓝皮书
广西北部湾经济区开放开发报告（2017）
著(编)者：广西北部湾经济区规划建设管理委员会办公室
　　　　　广西社会科学院广西北部湾发展研究院
2017年2月出版 / 估价：89.00元
PSN B-2010-181-1/1

巩义蓝皮书
巩义经济社会发展报告（2017）
著(编)者：丁同民　朱军　2017年4月出版 / 估价：58.00元
PSN B-2016-533-1/1

广州蓝皮书
2017年中国广州经济形势分析与预测
著(编)者：庾建设　陈浩钿　谢博能
2017年7月出版 / 估价：85.00元
PSN B-2011-185-9/14

广州蓝皮书
2017年中国广州社会形势分析与预测
著(编)者：张强　陈怡霓　杨秦　2017年6月出版 / 估价：85.00元
PSN B-2008-110-5/14

广州蓝皮书
广州城市国际化发展报告（2017）
著(编)者：朱名宏　2017年8月出版 / 估价：79.00元
PSN B-2012-246-11/14

广州蓝皮书
广州创新型城市发展报告（2017）
著(编)者：尹涛　2017年7月出版 / 估价：79.00元
PSN B-2012-247-12/14

广州蓝皮书
广州经济发展报告（2017）
著(编)者：朱名宏　2017年7月出版 / 估价：79.00元
PSN B-2005-040-1/14

广州蓝皮书
广州农村发展报告（2017）
著(编)者：朱名宏　2017年8月出版 / 估价：79.00元
PSN B-2010-167-8/14

广州蓝皮书
广州汽车产业发展报告（2017）
著(编)者：杨再高　冯兴亚　2017年7月出版 / 估价：79.00元
PSN B-2006-066-3/14

广州蓝皮书
广州青年发展报告（2016～2017）
著(编)者：徐柳　张振　2017年9月出版 / 估价：79.00元
PSN B-2013-352-13/14

广州蓝皮书
广州商贸业发展报告（2017）
著(编)者：李江涛　肖振宇　荀振英
2017年7月出版 / 估价：79.00元
PSN B-2012-245-10/14

广州蓝皮书
广州社会保障发展报告（2017）
著(编)者：蔡国萱　2017年8月出版 / 估价：79.00元
PSN B-2014-425-14/14

广州蓝皮书
广州文化创意产业发展报告（2017）
著(编)者：徐咏虹　2017年7月出版 / 估价：79.00元
PSN B-2008-111-6/14

广州蓝皮书
中国广州城市建设与管理发展报告（2017）
著(编)者：董皞　陈小钢　李江涛
2017年7月出版 / 估价：85.00元
PSN B-2007-087-4/14

广州蓝皮书
中国广州科技创新发展报告（2017）
著(编)者：邹采荣　马正勇　陈爽
2017年7月出版 / 估价：79.00元
PSN B-2006-065-2/14

广州蓝皮书
中国广州文化发展报告（2017）
著(编)者：徐俊忠　陆志强　顾涧清
2017年7月出版 / 估价：79.00元
PSN B-2009-134-7/14

贵阳蓝皮书
贵阳城市创新发展报告No.2（白云篇）
著(编)者：连玉明　2017年10月出版 / 估价：89.00元
PSN B-2015-491-3/10

贵阳蓝皮书
贵阳城市创新发展报告No.2（观山湖篇）
著(编)者：连玉明　2017年10月出版 / 估价：89.00元
PSN B-2011-235-1/1

贵阳蓝皮书
贵阳城市创新发展报告No.2（花溪篇）
著(编)者：连玉明　2017年10月出版 / 估价：89.00元
PSN B-2015-490-2/10

贵阳蓝皮书
贵阳城市创新发展报告No.2（开阳篇）
著(编)者：连玉明　2017年10月出版 / 估价：89.00元
PSN B-2015-492-4/10

贵阳蓝皮书
贵阳城市创新发展报告No.2（南明篇）
著(编)者：连玉明　2017年10月出版 / 估价：89.00元
PSN B-2015-496-8/10

贵阳蓝皮书
贵阳城市创新发展报告No.2（清镇篇）
著(编)者：连玉明　2017年10月出版 / 估价：89.00元
PSN B-2015-489-1/10

贵阳蓝皮书
贵阳城市创新发展报告No.2（乌当篇）
著(编)者：连玉明　2017年10月出版 / 估价：89.00元
PSN B-2015-495-7/10

贵阳蓝皮书
贵阳城市创新发展报告No.2（息烽篇）
著(编)者：连玉明　2017年10月出版 / 估价：89.00元
PSN B-2015-493-5/10

贵阳蓝皮书
贵阳城市创新发展报告No.2（修文篇）
著(编)者：连玉明　2017年10月出版 / 估价：89.00元
PSN B-2015-494-6/10

贵阳蓝皮书
贵阳城市创新发展报告No.2（云岩篇）
著(编)者：连玉明　2017年10月出版 / 估价：89.00元
PSN B-2015-498-10/10

贵州房地产蓝皮书
贵州房地产发展报告No.4（2017）
著(编)者：武廷方　2017年7月出版 / 估价：89.00元
PSN B-2014-426-1/1

贵州蓝皮书
贵州册亨经济社会发展报告(2017)
著(编)者：黄德林　2017年3月出版 / 估价：89.00元
PSN B-2016-526-8/9

贵州蓝皮书
贵安新区发展报告（2016~2017）
著(编)者：马长青　吴大华　2017年6月出版 / 估价：89.00元
PSN B-2015-459-4/9

贵州蓝皮书
贵州法治发展报告（2017）
著(编)者：吴大华　2017年5月出版 / 估价：89.00元
PSN B-2012-254-2/9

贵州蓝皮书
贵州国有企业社会责任发展报告（2016～2017）
著(编)者：郭丽　周航　万强
2017年12月出版 / 估价：89.00元
PSN B-2015-512-6/9

贵州蓝皮书
贵州民航业发展报告（2017）
著(编)者：申振东　吴大华　2017年10月出版 / 估价：89.00元
PSN B-2015-471-5/9

贵州蓝皮书
贵州民营经济发展报告（2017）
著(编)者：杨静　吴大华　2017年3月出版 / 估价：89.00元
PSN B-2016-531-9/9

贵州蓝皮书
贵州人才发展报告（2017）
著(编)者：于杰　吴大华　2017年9月出版 / 估价：89.00元
PSN B-2014-382-3/9

贵州蓝皮书
贵州社会发展报告（2017）
著(编)者：王兴骥　2017年6月出版 / 估价：89.00元
PSN B-2010-166-1/9

贵州蓝皮书
贵州国家级开放创新平台发展报告（2017）
著(编)者：申晓庆　吴大华　李泓
2017年6月出版 / 估价：89.00元
PSN B-2016-518-1/9

海淀蓝皮书
海淀区文化和科技融合发展报告（2017）
著(编)者：陈名杰　孟景伟　2017年5月出版 / 估价：85.00元
PSN B-2013-329-1/1

杭州都市圈蓝皮书
杭州都市圈发展报告（2017）
著(编)者：沈翔　戚建国　2017年5月出版 / 估价：128.00元
PSN B-2012-302-1/1

杭州蓝皮书
杭州妇女发展报告（2017）
著(编)者：魏颖　2017年6月出版 / 估价：89.00元
PSN B-2014-403-1/1

河北经济蓝皮书
河北省经济发展报告（2017）
著(编)者：马树强　金浩　张贵
2017年4月出版 / 估价：89.00元
PSN B-2014-380-1/1

河北蓝皮书
河北经济社会发展报告（2017）
著(编)者：郭金平　2017年1月出版 / 估价：89.00元
PSN B-2014-372-1/1

河北食品药品安全蓝皮书
河北食品药品安全研究报告（2017）
著(编)者：丁锦霞　2017年6月出版 / 估价：89.00元
PSN B-2015-473-1/1

河南经济蓝皮书
2017年河南经济形势分析与预测
著(编)者：胡五岳　2017年2月出版 / 估价：89.00元
PSN B-2007-086-1/1

河南蓝皮书
2017年河南社会形势分析与预测
著(编)者：刘道兴　牛苏林　2017年4月出版 / 估价：89.00元
PSN B-2005-043-1/8

河南蓝皮书
河南城市发展报告（2017）
著(编)者：张占仓　王建国　2017年5月出版 / 估价：89.00元
PSN B-2009-131-3/8

河南蓝皮书
河南法治发展报告（2017）
著(编)者：丁同民　张林海　2017年5月出版 / 估价：89.00元
PSN B-2014-376-6/8

河南蓝皮书
河南工业发展报告（2017）
著(编)者：张占仓　丁同民　2017年5月出版 / 估价：89.00元
PSN B-2013-317-5/8

河南蓝皮书
河南金融发展报告（2017）
著(编)者：河南省社会科学院
2017年6月出版 / 估价：89.00元
PSN B-2014-390-7/8

皮书系列 重点推荐 — 地方发展类

河南蓝皮书
河南经济发展报告（2017）
著(编)者：张占仓　2017年3月出版 / 估价：89.00元
PSN B-2010-157-4/8

河南蓝皮书
河南农业农村发展报告（2017）
著(编)者：吴海峰　2017年4月出版 / 估价：89.00元
PSN B-2015-445-8/8

河南蓝皮书
河南文化发展报告（2017）
著(编)者：卫绍生　2017年3月出版 / 估价：88.00元
PSN B-2008-106-2/8

河南商务蓝皮书
河南商务发展报告（2017）
著(编)者：焦锦淼　穆荣国　2017年6月出版 / 估价：88.00元
PSN B-2014-399-1/1

黑龙江蓝皮书
黑龙江经济发展报告（2017）
著(编)者：朱宇　2017年1月出版 / 估价：89.00元
PSN B-2011-190-2/2

黑龙江蓝皮书
黑龙江社会发展报告（2017）
著(编)者：谢宝禄　2017年1月出版 / 估价：89.00元
PSN B-2011-189-1/2

湖北文化蓝皮书
湖北文化发展报告（2017）
著(编)者：吴成国　2017年10月出版 / 估价：95.00元
PSN B-2016-567-1/1

湖南城市蓝皮书
区域城市群整合
著(编)者：童中贤　韩未名
2017年12月出版 / 估价：89.00元
PSN B-2006-064-1/1

湖南蓝皮书
2017年湖南产业发展报告
著(编)者：梁志峰　2017年5月出版 / 估价：128.00元
PSN B-2011-207-2/8

湖南蓝皮书
2017年湖南电子政务发展报告
著(编)者：梁志峰　2017年5月出版 / 估价：128.00元
PSN B-2014-394-6/8

湖南蓝皮书
2017年湖南经济展望
著(编)者：梁志峰　2017年5月出版 / 估价：128.00元
PSN B-2011-206-1/8

湖南蓝皮书
2017年湖南两型社会与生态文明发展报告
著(编)者：梁志峰　2017年5月出版 / 估价：128.00元
PSN B-2011-208-3/8

湖南蓝皮书
2017年湖南社会发展报告
著(编)者：梁志峰　2017年5月出版 / 估价：128.00元
PSN B-2014-393-5/8

湖南蓝皮书
2017年湖南县域经济社会发展报告
著(编)者：梁志峰　2017年5月出版 / 估价：128.00元
PSN B-2014-395-7/8

湖南蓝皮书
湖南城乡一体化发展报告（2017）
著(编)者：陈文胜　王文强　陆福兴　邝奕轩
2017年6月出版 / 估价：89.00元
PSN B-2015-477-8/8

湖南县域绿皮书
湖南县域发展报告No.3
著(编)者：袁准　周小毛　2017年9月出版 / 估价：89.00元
PSN G-2012-274-1/1

沪港蓝皮书
沪港发展报告（2017）
著(编)者：尤安山　2017年9月出版 / 估价：89.00元
PSN B-2013-362-1/1

吉林蓝皮书
2017年吉林经济社会形势分析与预测
著(编)者：马克　2015年12月出版 / 估价：89.00元
PSN B-2013-319-1/1

吉林省城市竞争力蓝皮书
吉林省城市竞争力报告（2017）
著(编)者：崔岳春　张磊　2017年3月出版 / 估价：89.00元
PSN B-2015-508-1/1

济源蓝皮书
济源经济社会发展报告（2017）
著(编)者：喻新安　2017年4月出版 / 估价：89.00元
PSN B-2014-387-1/1

健康城市蓝皮书
北京健康城市建设研究报告（2017）
著(编)者：王鸿春　2017年8月出版 / 估价：89.00元
PSN B-2015-460-1/2

江苏法治蓝皮书
江苏法治发展报告No.6（2017）
著(编)者：蔡道通　龚廷泰　2017年8月出版 / 估价：98.00元
PSN B-2012-290-1/1

江西蓝皮书
江西经济社会发展报告（2017）
著(编)者：张勇　姜玮　梁勇　2017年10月出版 / 估价：89.00元
PSN B-2015-484-1/2

江西蓝皮书
江西设区市发展报告（2017）
著(编)者：姜玮　梁勇　2017年10月出版 / 估价：79.00元
PSN B-2016-517-2/2

江西文化蓝皮书
江西文化产业发展报告（2017）
著(编)者：张圣才　汪春翔
2017年10月出版 / 估价：128.00元
PSN B-2015-499-1/1

皮书系列重点推荐 — 地方发展类

街道蓝皮书
北京街道发展报告No.2（白纸坊篇）
著(编)者：连玉明　2017年8月出版 / 估价：98.00元
PSN B-2016-544-7/15

街道蓝皮书
北京街道发展报告No.2（椿树篇）
著(编)者：连玉明　2017年8月出版 / 估价：98.00元
PSN B-2016-548-11/15

街道蓝皮书
北京街道发展报告No.2（大栅栏篇）
著(编)者：连玉明　2017年8月出版 / 估价：98.00元
PSN B-2016-552-15/15

街道蓝皮书
北京街道发展报告No.2（德胜篇）
著(编)者：连玉明　2017年8月出版 / 估价：98.00元
PSN B-2016-551-14/15

街道蓝皮书
北京街道发展报告No.2（广安门内篇）
著(编)者：连玉明　2017年8月出版 / 估价：98.00元
PSN B-2016-540-3/15

街道蓝皮书
北京街道发展报告No.2（广安门外篇）
著(编)者：连玉明　2017年8月出版 / 估价：98.00元
PSN B-2016-547-10/15

街道蓝皮书
北京街道发展报告No.2（金融街篇）
著(编)者：连玉明　2017年8月出版 / 估价：98.00元
PSN B-2016-538-1/15

街道蓝皮书
北京街道发展报告No.2（牛街篇）
著(编)者：连玉明　2017年8月出版 / 估价：98.00元
PSN B-2016-545-8/15

街道蓝皮书
北京街道发展报告No.2（什刹海篇）
著(编)者：连玉明　2017年8月出版 / 估价：98.00元
PSN B-2016-546-9/15

街道蓝皮书
北京街道发展报告No.2（陶然亭篇）
著(编)者：连玉明　2017年8月出版 / 估价：98.00元
PSN B-2016-542-5/15

街道蓝皮书
北京街道发展报告No.2（天桥篇）
著(编)者：连玉明　2017年8月出版 / 估价：98.00元
PSN B-2016-549-12/15

街道蓝皮书
北京街道发展报告No.2（西长安街篇）
著(编)者：连玉明　2017年8月出版 / 估价：98.00元
PSN B-2016-543-6/15

街道蓝皮书
北京街道发展报告No.2（新街口篇）
著(编)者：连玉明　2017年8月出版 / 估价：98.00元
PSN B-2016-541-4/15

街道蓝皮书
北京街道发展报告No.2（月坛篇）
著(编)者：连玉明　2017年8月出版 / 估价：98.00元
PSN B-2016-539-2/15

街道蓝皮书
北京街道发展报告No.2（展览路篇）
著(编)者：连玉明　2017年8月出版 / 估价：98.00元
PSN B-2016-550-13/15

经济特区蓝皮书
中国经济特区发展报告（2017）
著(编)者：陶一桃　2017年12月出版 / 估价：98.00元
PSN B-2009-139-1/1

辽宁蓝皮书
2017年辽宁经济社会形势分析与预测
著(编)者：曹晓峰　梁启东
2017年1月出版 / 估价：79.00元
PSN B-2006-053-1/1

洛阳蓝皮书
洛阳文化发展报告（2017）
著(编)者：刘福兴　陈启ână 2017年7月出版 / 估价：89.00元
PSN B-2015-476-1/1

南京蓝皮书
南京文化发展报告（2017）
著(编)者：徐宁　2017年10月出版 / 估价：89.00元
PSN B-2014-439-1/1

南宁蓝皮书
南宁经济发展报告（2017）
著(编)者：胡建华　2017年9月出版 / 估价：79.00元
PSN B-2016-570-2/3

南宁蓝皮书
南宁社会发展报告（2017）
著(编)者：胡建华　2017年9月出版 / 估价：79.00元
PSN B-2016-571-3/3

内蒙古蓝皮书
内蒙古反腐倡廉建设报告 No.2
著(编)者：张志华　无极　2017年12月出版 / 估价：79.00元
PSN B-2013-365-1/1

浦东新区蓝皮书
上海浦东经济发展报告（2017）
著(编)者：沈开艳　周奇　2017年1月出版 / 估价：89.00元
PSN B-2011-225-1/1

青海蓝皮书
2017年青海经济社会形势分析与预测
著(编)者：陈玮　2015年12月出版 / 估价：79.00元
PSN B-2012-275-1/1

人口与健康蓝皮书
深圳人口与健康发展报告（2017）
著(编)者：陆杰华　罗乐宣　苏杨
2017年11月出版 / 估价：89.00元
PSN B-2011-228-1/1

皮书系列重点推荐 地方发展类

山东蓝皮书
山东经济形势分析与预测（2017）
著（编）者：李广杰　2017年7月出版 / 估价：89.00元
PSN B-2014-404-1/4

山东蓝皮书
山东社会形势分析与预测（2017）
著（编）者：张华　唐洲雁　2017年6月出版 / 估价：89.00元
PSN B-2014-405-2/4

山东蓝皮书
山东文化发展报告（2017）
著（编）者：涂可国　2017年11月出版 / 估价：98.00元
PSN B-2014-406-3/4

山西蓝皮书
山西资源型经济转型发展报告（2017）
著（编）者：李志强　2017年7月出版 / 估价：89.00元
PSN B-2011-197-1/1

陕西蓝皮书
陕西经济发展报告（2017）
著（编）者：任宗哲　白宽犁　裴成荣
2015年12月出版 / 估价：89.00元
PSN B-2009-135-1/5

陕西蓝皮书
陕西社会发展报告（2017）
著（编）者：任宗哲　白宽犁　牛昉
2015年12月出版 / 估价：89.00元
PSN B-2009-136-2/5

陕西蓝皮书
陕西文化发展报告（2017）
著（编）者：任宗哲　白宽犁　王长寿
2015年12月出版 / 估价：89.00元
PSN B-2009-137-3/5

上海蓝皮书
上海传媒发展报告（2017）
著（编）者：强荧　焦雨虹　2017年1月出版 / 估价：89.00元
PSN B-2012-295-5/7

上海蓝皮书
上海法治发展报告（2017）
著（编）者：叶青　2017年6月出版 / 估价：89.00元
PSN B-2012-296-6/7

上海蓝皮书
上海经济发展报告（2017）
著（编）者：沈开艳　2017年1月出版 / 估价：89.00元
PSN B-2006-057-1/7

上海蓝皮书
上海社会发展报告（2017）
著（编）者：杨雄　周海旺　2017年1月出版 / 估价：89.00元
PSN B-2006-058-2/7

上海蓝皮书
上海文化发展报告（2017）
著（编）者：荣跃明　2017年1月出版 / 估价：89.00元
PSN B-2006-059-3/7

上海蓝皮书
上海文学发展报告（2017）
著（编）者：陈圣来　2017年6月出版 / 估价：89.00元
PSN B-2012-297-7/7

上海蓝皮书
上海资源环境发展报告（2017）
著（编）者：周冯琦　汤庆合　任文伟
2017年1月出版 / 估价：89.00元
PSN B-2006-060-4/7

社会建设蓝皮书
2017年北京社会建设分析报告
著（编）者：宋贵伦　冯虹　2017年10月出版 / 估价：89.00元
PSN B-2010-173-1/1

深圳蓝皮书
深圳法治发展报告（2017）
著（编）者：张骁儒　2017年6月出版 / 估价：89.00元
PSN B-2015-470-6/7

深圳蓝皮书
深圳经济发展报告（2017）
著（编）者：张骁儒　2017年7月出版 / 估价：89.00元
PSN B-2008-112-3/7

深圳蓝皮书
深圳劳动关系发展报告（2017）
著（编）者：汤庭芬　2017年6月出版 / 估价：89.00元
PSN B-2007-097-2/7

深圳蓝皮书
深圳社会建设与发展报告（2017）
著（编）者：张骁儒　陈东平　2017年7月出版 / 估价：89.00元
PSN B-2008-113-4/7

深圳蓝皮书
深圳文化发展报告（2017）
著（编）者：张骁儒　2017年7月出版 / 估价：89.00元
PSN B-2016-555-7/7

四川法治蓝皮书
丝绸之路经济带发展报告（2016～2017）
著编者：任宗哲　白宽犁　谷孟宾
2017年12月出版 / 估价：85.00元
PSN B-2014-410-1/1

四川法治蓝皮书
四川依法治省年度报告 No.3（2017）
著（编）者：李林　杨天宗　田禾
2017年3月出版 / 估价：108.00元
PSN B-2015-447-1/1

四川蓝皮书
2017年四川经济形势分析与预测
著（编）者：杨钢　2017年1月出版 / 估价：98.00元
PSN B-2007-098-2/7

四川蓝皮书
四川城镇化发展报告（2017）
著（编）者：侯水平　陈炜　2017年4月出版 / 估价：85.00元
PSN B-2015-456-7/7

皮书系列重点推荐 地方发展类·国际问题类

四川蓝皮书
四川法治发展报告（2017）
著(编)者：郑泰安　2017年1月出版 / 估价：89.00元
PSN B-2015-441-5/7

四川蓝皮书
四川企业社会责任研究报告（2016～2017）
著(编)者：侯水平　盛毅　翟刚
2017年4月出版 / 估价：89.00元
PSN B-2014-386-4/7

四川蓝皮书
四川社会发展报告（2017）
著(编)者：李羚　2017年5月出版 / 估价：89.00元
PSN B-2008-127-3/7

四川蓝皮书
四川生态建设报告（2017）
著(编)者：李晟之　2017年4月出版 / 估价：85.00元
PSN B-2015-455-6/7

四川蓝皮书
四川文化产业发展报告（2017）
著(编)者：向宝云　张立伟
2017年4月出版 / 估价：89.00元
PSN B-2006-074-1/7

体育蓝皮书
上海体育产业发展报告（2016～2017）
著(编)者：张林　黄海燕
2017年10月出版 / 估价：89.00元
PSN B-2015-454-4/4

体育蓝皮书
长三角地区体育产业发展报告（2016～2017）
著(编)者：张林　2017年4月出版 / 估价：89.00元
PSN B-2015-453-3/4

天津金融蓝皮书
天津金融发展报告（2017）
著(编)者：王爱俭　孔德昌
2017年12月出版 / 估价：98.00元
PSN B-2014-418-1/1

图们江区域合作蓝皮书
图们江区域合作发展报告（2017）
著(编)者：李铁　2017年6月出版 / 估价：98.00元
PSN B-2015-464-1/1

温州蓝皮书
2017年温州经济社会形势分析与预测
著(编)者：潘忠强　王春光　金浩
2017年4月出版 / 估价：89.00元
PSN B-2008-105-1/1

西咸新区蓝皮书
西咸新区发展报告（2016~2017）
著(编)者：李扬　王军　2017年6月出版 / 估价：89.00元
PSN B-2016-535-1/1

扬州蓝皮书
扬州经济社会发展报告（2017）
著(编)者：丁纯　2017年12月出版 / 估价：98.00元
PSN B-2011-191-1/1

长株潭城市群蓝皮书
长株潭城市群发展报告（2017）
著(编)者：张萍　2017年12月出版 / 估价：89.00元
PSN B-2008-109-1/1

中医文化蓝皮书
北京中医文化传播发展报告（2017）
著(编)者：毛嘉陵　2017年5月出版 / 估价：79.00元
PSN B-2015-468-1/2

珠三角流通蓝皮书
珠三角商圈发展研究报告（2017）
著(编)者：王先庆　林至颖
2017年7月出版 / 估价：98.00元
PSN B-2012-292-1/1

遵义蓝皮书
遵义发展报告（2017）
著(编)者：曾征　龚永育　雍思强
2017年12月出版 / 估价：89.00元
PSN B-2014-433-1/1

国际问题类

"一带一路"跨境通道蓝皮书
"一带一路"跨境通道建设研究报告（2017）
著(编)者：郭业洲　2017年8月出版 / 估价：89.00元
PSN B-2016-558-1/1

"一带一路"蓝皮书
"一带一路"建设发展报告（2017）
著(编)者：孔丹　李永全　2017年7月出版 / 估价：89.00元
PSN B-2016-553-1/1

阿拉伯黄皮书
阿拉伯发展报告（2016～2017）
著(编)者：罗林　2017年11月出版 / 估价：89.00元
PSN Y-2014-381-1/1

北部湾蓝皮书
泛北部湾合作发展报告（2017）
著(编)者：吕余生　2017年12月出版 / 估价：85.00元
PSN B-2008-114-1/1

大湄公河次区域蓝皮书
大湄公河次区域合作发展报告（2017）
著(编)者：刘稚　2017年8月出版 / 估价：89.00元
PSN B-2011-196-1/1

大洋洲蓝皮书
大洋洲发展报告（2017）
著(编)者：喻常森　2017年10月出版 / 估价：89.00元
PSN B-2013-341-1/1

皮书系列 重点推荐 —— 国际问题类

德国蓝皮书
德国发展报告（2017）
著（编）者：郑春荣　　2017年6月出版 / 估价：89.00元
PSN B-2012-278-1/1

东盟黄皮书
东盟发展报告（2017）
著（编）者：杨晓强　庄国土
2017年3月出版 / 估价：89.00元
PSN Y-2012-303-1/1

东南亚蓝皮书
东南亚地区发展报告（2016~2017）
著（编）者：厦门大学东南亚研究中心　王勤
2017年12月出版 / 估价：89.00元
PSN B-2012-240-1/1

俄罗斯黄皮书
俄罗斯发展报告（2017）
著（编）者：李永全　　2017年7月出版 / 估价：89.00元
PSN Y-2006-061-1/1

非洲黄皮书
非洲发展报告 No.19（2016~2017）
著（编）者：张宏明　　2017年8月出版 / 估价：89.00元
PSN Y-2012-239-1/1

公共外交蓝皮书
中国公共外交发展报告（2017）
著（编）者：赵启正　雷蔚真
2017年4月出版 / 估价：89.00元
PSN B-2015-457-1/1

国际安全蓝皮书
中国国际安全研究报告（2017）
著（编）者：刘慧　　2017年7月出版 / 估价：98.00元
PSN B-2016-522-1/1

国际形势黄皮书
全球政治与安全报告（2017）
著（编）者：李慎明　张宇燕
2016年12月出版 / 估价：89.00元
PSN Y-2001-016-1/1

韩国蓝皮书
韩国发展报告（2017）
著（编）者：牛林杰　刘宝全
2017年11月出版 / 估价：89.00元
PSN B-2010-155-1/1

加拿大蓝皮书
加拿大发展报告（2017）
著（编）者：仲伟合　　2017年9月出版 / 估价：89.00元
PSN B-2014-389-1/1

拉美黄皮书
拉丁美洲和加勒比发展报告（2016~2017）
著（编）者：吴白乙　　2017年6月出版 / 估价：89.00元
PSN Y-1999-007-1/1

美国蓝皮书
美国研究报告（2017）
著（编）者：郑秉文　黄平　　2017年6月出版 / 估价：89.00元
PSN B-2011-210-1/1

缅甸蓝皮书
缅甸国情报告（2017）
著（编）者：李晨阳　　2017年12月出版 / 估价：86.00元
PSN B-2013-343-1/1

欧洲蓝皮书
欧洲发展报告（2016~2017）
著（编）者：黄平　周弘　江时学
2017年6月出版 / 估价：89.00元
PSN B-1999-009-1/1

葡语国家蓝皮书
葡语国家发展报告（2017）
著（编）者：王成安　张敏　　2017年12月出版 / 估价：89.00元
PSN B-2015-503-1/2

葡语国家蓝皮书
中国与葡语国家关系发展报告·巴西（2017）
著（编）者：张曙光　　2017年8月出版 / 估价：89.00元
PSN B-2016-564-2/2

日本经济蓝皮书
日本经济与中日经贸关系研究报告（2017）
著（编）者：张季风　　2017年5月出版 / 估价：89.00元
PSN B-2008-102-1/1

日本蓝皮书
日本研究报告（2017）
著（编）者：杨柏江　　2017年5月出版 / 估价：89.00元
PSN B-2002-020-1/1

上海合作组织黄皮书
上海合作组织发展报告（2017）
著（编）者：李进峰　吴宏伟　李少捷
2017年6月出版 / 估价：89.00元
PSN Y-2009-130-1/1

世界创新竞争力黄皮书
世界创新竞争力发展报告（2017）
著（编）者：李闽榕　李建平　赵新力
2017年1月出版 / 估价：148.00元
PSN Y-2013-318-1/1

泰国蓝皮书
泰国研究报告（2017）
著（编）者：庄国土　张禹东
2017年8月出版 / 估价：118.00元
PSN B-2016-557-1/1

土耳其蓝皮书
土耳其发展报告（2017）
著（编）者：郭长刚　刘义　　2017年9月出版 / 估价：89.00元
PSN B-2014-412-1/1

亚太蓝皮书
亚太地区发展报告（2017）
著（编）者：李向阳　　2017年3月出版 / 估价：89.00元
PSN B-2001-015-1/1

印度蓝皮书
印度国情报告（2017）
著（编）者：吕昭义　　2017年12月出版 / 估价：89.00元
PSN B-2012-241-1/1

皮书系列 重点推荐

印度洋地区蓝皮书
印度洋地区发展报告（2017）
著（编）者：汪戎　　2017年6月出版／估价：89.00元
PSN B-2013-334-1/1

英国蓝皮书
英国发展报告（2016～2017）
著（编）者：王展鹏　　2017年11月出版／估价：89.00元
PSN B-2015-486-1/1

越南蓝皮书
越南国情报告（2017）
著（编）者：广西社会科学院　罗梅　李碧华
2017年12月出版／估价：89.00元
PSN B-2006-056-1/1

以色列蓝皮书
以色列发展报告（2017）
著（编）者：张倩红　　2017年8月出版／估价：89.00元
PSN B-2015-483-1/1

伊朗蓝皮书
伊朗发展报告（2017）
著（编）者：冀开远　　2017年10月出版／估价：89.00元
PSN B-2016-575-1/1

中东黄皮书
中东发展报告 No.19（2016～2017）
著（编）者：杨光　　2017年10月出版／估价：89.00元
PSN Y-1998-004-1/1

中亚黄皮书
中亚国家发展报告（2017）
著（编）者：孙力　吴宏伟　　2017年7月出版／估价：98.00元
PSN Y-2012-238-1/1

　　皮书序列号是社会科学文献出版社专门为识别皮书、管理皮书而设计的编号。皮书序列号是出版皮书的许可证号，是区别皮书与其他图书的重要标志。

　　它由一个前缀和四部分构成。这四部分之间用连字符"-"连接。前缀和这四部分之间空半个汉字（见示例）。

《国际人才蓝皮书：中国留学发展报告》序列号示例

　　从示例中可以看出，《国际人才蓝皮书：中国留学发展报告》的首次出版年份是2012年，是社科文献出版社出版的第244个皮书品种，是"国际人才蓝皮书"系列的第2个品种（共4个品种）。

社会科学文献出版社　　皮书系列

❖ 皮书起源 ❖

"皮书"起源于十七、十八世纪的英国，主要指官方或社会组织正式发表的重要文件或报告，多以"白皮书"命名。在中国，"皮书"这一概念被社会广泛接受，并被成功运作、发展成为一种全新的出版形态，则源于中国社会科学院社会科学文献出版社。

❖ 皮书定义 ❖

皮书是对中国与世界发展状况和热点问题进行年度监测，以专业的角度、专家的视野和实证研究方法，针对某一领域或区域现状与发展态势展开分析和预测，具备原创性、实证性、专业性、连续性、前沿性、时效性等特点的公开出版物，由一系列权威研究报告组成。

❖ 皮书作者 ❖

皮书系列的作者以中国社会科学院、著名高校、地方社会科学院的研究人员为主，多为国内一流研究机构的权威专家学者，他们的看法和观点代表了学界对中国与世界的现实和未来最高水平的解读与分析。

❖ 皮书荣誉 ❖

皮书系列已成为社会科学文献出版社的著名图书品牌和中国社会科学院的知名学术品牌。2016年，皮书系列正式列入"十三五"国家重点出版规划项目；2012~2016年，重点皮书列入中国社会科学院承担的国家哲学社会科学创新工程项目；2017年，55种院外皮书使用"中国社会科学院创新工程学术出版项目"标识。

中国皮书网
www.pishu.cn

发布皮书研创资讯，传播皮书精彩内容
引领皮书出版潮流，打造皮书服务平台

栏目设置

关于皮书：何谓皮书、皮书分类、皮书大事记、皮书荣誉、
          皮书出版第一人、皮书编辑部
最新资讯：通知公告、新闻动态、媒体聚焦、网站专题、视频直播、下载专区
皮书研创：皮书规范、皮书选题、皮书出版、皮书研究、研创团队
皮书评奖评价：指标体系、皮书评价、皮书评奖
互动专区：皮书说、皮书智库、皮书微博、数据库微博

所获荣誉

2008年、2011年，中国皮书网均在全国新闻出版业网站荣誉评选中获得"最具商业价值网站"称号；

2012年，获得"出版业网站百强"称号。

网库合一

2014年，中国皮书网与皮书数据库端口合一，实现资源共享。更多详情请登录www.pishu.cn。

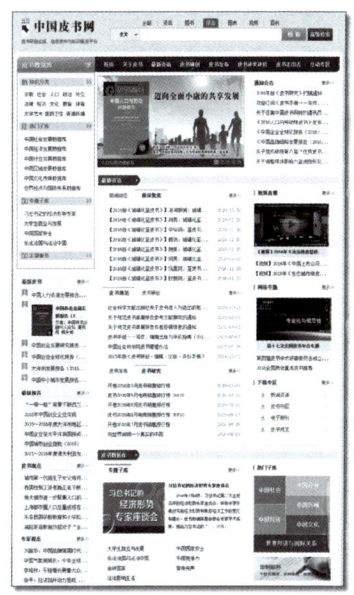

权威报告·热点资讯·特色资源

皮书数据库
ANNUAL REPORT(YEARBOOK) DATABASE

当代中国与世界发展高端智库平台

所获荣誉

- 2016年,入选"国家'十三五'电子出版物出版规划骨干工程"
- 2015年,荣获"搜索中国正能量 点赞2015""创新中国科技创新奖"
- 2013年,荣获"中国出版政府奖·网络出版物奖"提名奖
- 连续多年荣获中国数字出版博览会"数字出版·优秀品牌"奖

成为会员

通过网址www.pishu.com.cn或使用手机扫描二维码进入皮书数据库网站,进行手机号验证或邮箱验证即可成为皮书数据库会员(建议通过手机号码快速验证注册)。

会员福利

- 使用手机号码首次注册会员可直接获得100元体验金,不需充值即可购买和查看数据库内容(仅限使用手机号码快速注册)。
- 已注册用户购书后可免费获赠100元皮书数据库充值卡。刮开充值卡涂层获取充值密码,登录并进入"会员中心"—"在线充值"—"充值卡充值",充值成功后即可购买和查看数据库内容。

数据库服务热线:400-008-6695
数据库服务QQ:2475522410
数据库服务邮箱:database@ssap.cn

图书销售热线:010-59367070/7028
图书服务QQ:1265056568
图书服务邮箱:duzhe@ssap.cn

更多信息请登录

皮书数据库
http://www.pishu.com.cn

中国皮书网
http://www.pishu.cn

皮书微博
http://weibo.com/pishu

皮书博客
http://blog.sina.com.cn/pishu

皮书微信"皮书说"

请到当当、亚马逊、京东或各地书店购买，也可办理邮购

咨询/邮购电话：010-59367028 59367070
邮　　箱：duzhe@ssap.cn
邮购地址：北京市西城区北三环中路甲29号院3号
　　　　　楼华龙大厦13层读者服务中心
邮　编：100029
银行户名：社会科学文献出版社
开户银行：中国工商银行北京北太平庄支行
账　　号：0200010019200365434

文化蓝皮书
BLUE BOOK OF CHINA'S CULTURE

中国公共文化投入增长测评报告（2017）

ANNUAL EVALUATION REPORT ON THE GROWTH OF CHINA'S PUBLIC CULTURE INVESTMENT (2017)

主　编／王亚南
联合主编／向　勇　祁述裕　张晓明
副 主 编／方　彧　刘　婷　魏海燕

社会科学文献出版社
SOCIAL SCIENCES ACADEMIC PRESS (CHINA)

图书在版编目(CIP)数据

中国公共文化投入增长测评报告.2017/王亚南主编.--北京：社会科学文献出版社，2017.2
（文化蓝皮书）
ISBN 978-7-5201-0367-1

Ⅰ.①中… Ⅱ.①王… Ⅲ.①公共管理-文化工作-资金投入-研究报告-中国-2017 Ⅳ.①G123

中国版本图书馆CIP数据核字（2017）第031802号

文化蓝皮书
中国公共文化投入增长测评报告（2017）

主　　编／王亚南
联合主编／向　勇　祁述裕　张晓明
副 主 编／方　彧　刘　婷　魏海燕

出 版 人／谢寿光
项目统筹／邓泳红
责任编辑／吴　敏　张　超　王春梅

出　　版	社会科学文献出版社・皮书出版分社（010）59367127
	地址：北京市北三环中路甲29号院华龙大厦　邮编：100029
	网址：www.ssap.com.cn
发　　行	市场营销中心（010）59367081　59367018
印　　装	北京季蜂印刷有限公司
规　　格	开　本：787mm×1092mm　1/16
	印　张：20.75　字　数：314千字
版　　次	2017年2月第1版　2017年2月第1次印刷
书　　号	ISBN 978-7-5201-0367-1
定　　价	79.00元

皮书序列号／PSN B-2014-435-10/10

本书如有印装质量问题，请与读者服务中心（010-59367028）联系

▲ 版权所有 翻印必究

本项研究获得以下机构及其项目支持

中共云南省委宣传部云南省哲学社会科学创新工程
云南省社会科学院中国人文发展研究与评价重点实验室

发布机制 中国人文发展研究与评价实验室

合作单位 云南省社会科学院文化发展研究中心
北京大学文化产业研究院
中国社会科学院文化研究中心
国家行政学院社会和文化教研部
社会科学文献出版社
光明日报文化产业研究中心

联盟单位 上海交通大学国家文化产业创新与发展研究基地
武汉大学国家文化创新研究中心
中国传媒大学文化产业研究院

顾　　问 王伟光　周文彰　赵　金

首席科学家 王亚南　张晓明　祁述裕　向　勇

学术委员会（以姓氏笔画为序）

王亚南	王国华	毛少莹	尹　鸿	邓泳红
包霁林	边明社	朱　岚	向　勇	刘　巍
刘玉珠	齐勇锋	祁述裕	花　建	李　涛
李向民	李康化	杨　林	杨正权	何祖坤
宋建武	张晓明	张瑞才	陈少峰	范　周
金元浦	周庆山	郑　海	郑晓云	孟　建
胡惠林	殷国俊	高书生	崔成泉	章建刚
傅才武	童　怀	谢寿光	蒯大申	熊澄宇

主　　编　王亚南

联合主编　向　勇　祁述裕　张晓明

副主编　方　彧　刘　婷　魏海燕

编　　委（以姓氏笔画为序）

　　邓云斐（执行）　冯　瑞　曲晓燕　李　坚
　　吴　敏　汪　洋（执行）　沈宗涛（执行）
　　张　超　张雍德　纳文汇　赵　娟（执行）
　　姚天祥　袁春生（执行）　郭　娜（执行）
　　黄　淳　黄小军　董　棣　惠　鸣　温　源
　　谢青松　意　娜　窦志萍

撰　　著

总报告　王亚南　方　彧

技术报告　王亚南　刘　婷　魏海燕

差距检测报告　方　彧　赵　娟　王亚南

测评排行报告　刘　婷　赵　娟　王亚南

增长测算报告　魏海燕　孙　瑞　王亚南

子报告（以文序排列）

　　袁春生　汪　洋　郭　娜　邓云斐　李　雪
　　沈宗涛　代　丽　刘娟娟　辉　煌　陈　静
　　崔　宁　李毅亭

主要编撰者简介

王亚南 云南省社会科学院研究员,文化发展研究中心主任,中国人文发展研究与评价实验室首席科学家,云南省中青年社会科学工作者协会会长。主要学术方向为民俗学、民族学及文化理论、文化战略和文化产业研究,得到国内相关学术界公认的主要学术贡献:①1985年首次界定"口承文化"概念随后完成系统研究,提出"口承文化"传统为人类社会的文明渊薮,成文史并非文明史起点;②1988年解析人生仪礼中"亲长身份晋升仪式",指出中国传统"政亲合一"社会结构体制和"天赋亲权"社会权力观念;③1996年开始从事文化战略和文化产业研究,提出"高文化含量"的"人文经济"论述,概括出中心城市以外文化产业发展的"云南模式";④1999年提出"现代中华民族是56个国内民族平等组成的国民共同体"和"中国是国内多民族的统一国家"论点,完成国家社会科学基金项目《中华统一国民共同体论》;⑤2006年来致力于人文发展量化分析检测评价体系研创,相继主持撰著《中国文化消费需求景气评价报告》(2011年)、《中国文化产业供需协调检测报告》(2013年)、《中国公共文化投入增长测评报告》(2015年)、《中国人民生活发展指数检测报告》(2016年)。

方　戬 民政部中国老龄科学研究中心副研究员,《中国老龄事业发展报告》执行编委,中国社会科学院博士。主要学术方向为口头传统、老龄文化和文化产业研究。全程参与研创"中国人文发展量化分析检测评价系列",合作发表《中国文化产业新十年路向——基于文化需求和共享的考量》《中国文化产业发展空间:4万亿消费需求透析》《深化文化体制改革机制创新的若干现实问题透析》等论文和研究报告,参与组织撰著"中国人文发展量化分析检测评价系列"年度报告,负责文稿统改及英译审校。

刘　婷　云南省社会科学院研究员,文化发展研究中心秘书长,云南大学艺术人类学博士,"云南文化发展蓝皮书"副主编,云南省中青年社会科学工作者协会秘书长。主要学术方向为艺术人类学及休闲文化、休闲产业研究,代表作为《民俗休闲文化论》,独立承担国家社会科学基金西部项目《云南少数民族民俗文化保护的新思路》。全程参与研创"中国人文发展量化分析检测评价系列",合作发表《面向协调增长的中国文化消费需求——"十五"以来分析与"十二五"测算》《中国文化产业未来十年发展空间——以扩大文化消费需求与共享为目标》《各省域文化产业未来十年增长空间——基于需求与共享的测算排行》等论文和研究报告,参与组织撰著"中国人文发展量化分析检测评价系列"年度报告,负责人员组织和撰稿统筹。

赵　娟　云南省社会科学院文化发展研究中心副研究员,"云南文化发展蓝皮书"副主编,云南省中青年社会科学工作者协会秘书处主任。主要学术方向为古典文学、民族文化和文化产业研究,合著出版《经典阅读与现代生活》。全程参与研创"中国人文发展量化分析检测评价系列",合作发表《以国家统计标准分析各地文化产业发展成效》《中国文化产业未来十年发展空间——以扩大文化消费需求与共享为目标》《各省域文化产业未来十年增长空间——基于需求与共享的测算排行》等论文和研究报告,参与组织撰著"中国人文发展量化分析检测评价系列"年度报告,负责文稿统改。

摘 要

2000~2015年，全国文化投入总量由300.29亿元增至3076.64亿元，年均增长16.78%。文化投入增长明显高于产值增长，但略微低于财政收入、财政支出增长；同时，较明显低于教育投入增长，显著低于科技、卫生投入增长。文化投入占财政收入比明显低于文化消费占居民收入比，占财政支出比更显著低于文化消费占居民支出比，公共文化投入增长严重滞后于居民文化消费态势所体现的需求变动。

2015年，全国13个省域文化投入总量增长超过15%，其中7个省域总量增长超过20%；10个省域文化投入人均值增长超过15%，其中7个省域人均值增长超过20%。浙江、湖南、福建、宁夏、重庆处于年度总量、人均值增长前5位。各省域文化投入增长综合评价排行：无差距理想值横向测评，西藏、北京、青海、甘肃、吉林为"2015年度综合指数排名"前5位；自身基数值纵向测评，青海、重庆、四川、西藏、海南为"2000~2015年综合指数提升"前5位；青海、西藏、海南、陕西、内蒙古为"2005~2015年综合指数提升"前5位；福建、湖南、贵州、广西、青海为"2010~2015年综合指数提升"前5位；湖南、福建、重庆、浙江、山西为"2014~2015年综合指数提升"前5位。

测算2020年全国文化投入预期增长目标，按照2000~2015年平均增速"自然增长"，可达到6682.24亿元；实现产值—财政支出—教科文卫综合投入—文化投入历年各项最佳比值"应然增长"，应达到10752.02亿元；进而实现文化投入与消费同构占比平衡"民生增长"，应达到17331.48亿元；最终实现文化投入各地人均值均等化"理想增长"，将达到23615.38

亿元。以到2020年所需年均增长率衡量各类增长目标距离，分别测算各省域排行：北京、上海、西藏、浙江、海南排在最佳比值增长目标前5位，西藏、北京、上海、浙江、新疆排在同构占比增长目标前5位，西藏、北京、青海、上海、内蒙古排在均等化增长目标前5位。

目 录

Ⅰ 总报告

B.1 中国公共文化投入综合评价及其增长目标
　　——2000~2015年检测与至2020年测算
　　　　………………………………………… 王亚南　方　彧 / 001
　　一　全国文化投入及其相关背景基本态势 ……………… / 003
　　二　全国文化投入相关协调性态势 ……………………… / 008
　　三　2015年全国文化投入纵横向双重测评 …………… / 015
　　四　全国文化投入协调增长差距分析 ………………… / 018
　　五　至2020年全国文化投入增长目标测算 …………… / 024

Ⅱ 技术报告与综合分析

B.2 中国公共文化投入增长测评体系技术报告
　　——兼2000~2015年基本态势分析
　　　　……………………… 王亚南　刘　婷　魏海燕 / 028
B.3 中国公共文化投入应然增长差距测算
　　——2015年相关协调性、均衡性检验
　　　　………………………… 方　彧　赵　娟　王亚南 / 060

B.4 全国省域公共文化投入增长综合评价排行
　　——2000年以来纵向与2015年度横向测评
　　　　　　　　　　　　　　　　　　　刘　婷　赵　娟　王亚南 / 089

B.5 全国省域公共文化投入增长的应然目标
　　——2016~2020年预期增长测算
　　　　　　　　　　　　　　　　　　　魏海燕　孙　瑞　王亚南 / 125

Ⅲ 省域报告

B.6 西藏：2015年度综合指数排名第1位 …………… 袁春生 / 161
B.7 北京：2015年度综合指数排名第2位 …………… 汪　洋 / 173
B.8 青海：2015年度综合指数排名第3位 …………… 郭　娜 / 185
B.9 吉林：2015年度综合指数排名第5位 …………… 邓云斐 / 197
B.10 福建：2015年度综合指数排名第6位 …………… 李　雪 / 209
B.11 山西：2015年度综合指数排名第14位 ………… 沈宗涛 / 221
B.12 湖南：2014~2015年综合指数提升第1位 ……… 代　丽 / 233
B.13 重庆：2014~2015年综合指数提升第3位 ……… 刘娟娟 / 245
B.14 浙江：2014~2015年综合指数提升第4位 ……… 辉　煌 / 257
B.15 黑龙江：2014~2015年综合指数提升第6位 …… 陈　静 / 269
B.16 甘肃：2014~2015年综合指数提升第7位 ……… 崔　宁 / 281
B.17 宁夏：2014~2015年综合指数提升第8位 ……… 李毅亭 / 293

Abstract ………………………………………………………… / 305
Contents ………………………………………………………… / 307

皮书数据库阅读 使用指南

总报告
General Report

B.1
中国公共文化投入综合评价及其增长目标
——2000～2015年检测与至2020年测算

王亚南 方 彧*

摘 要： 2000～2015年，全国文化投入总量由300.29亿元增至3076.64亿元，年均增长16.78%，进展十分显著。深入检测文化投入与经济、财政相关背景，与教科卫投入相邻关系，与居民文化消费同构关联的协调性，检测各类数据人均值演算的地区之间的均衡性，可以揭示其进展与差距所在。①文化投入增长明显高于产值增长，但略微低于财政收入、财政支出增长；同时较明显低于教育投入增长，也显著低于科技、卫生投入

---

* 王亚南，云南省社会科学院研究员，文化发展研究中心主任；方彧，民政部中国老龄科学研究中心副研究员。

增长。②除了文化投入以外,其余各类数据的地区差皆呈现缩小态势,全国各地经济、财政"协调增长",教育、科技、卫生事业投入"均等增长",正在逐渐成为现实,但文化投入地区差扩大7.24%。③文化投入占财政收入比明显低于文化消费占居民收入比,占财政支出比更显著低于文化消费占居民支出比,公共文化投入增长严重滞后于居民文化消费态势所体现的需求变动。

关键词: 文化投入 综合评价 差距检验 增长目标

按照中共中央十八届五中全会建议,国家"十三五"规划已经明确:围绕标准化、均等化、法制化,加快健全国家基本公共服务制度,完善基本公共服务体系。建立国家基本公共服务清单,动态调整服务项目和标准,促进城乡区域间服务项目和标准有机衔接。推进基本公共文化服务标准化、均等化。完善公共文化设施网络,加强基层文化服务能力建设。加大对老少边穷地区文化建设帮扶力度。

众所周知,公共文化服务是公共服务的基本方面,公共文化投入是公共文化服务的基础条件。公共文化服务的均等化需要公共财政投入的均等化加以保证。

衡量公共文化投入增长,首先看总量增长,总量增长具有规模扩增效应。其次看人均值增长,在各地之间,人均值才具有可比性,这两点已经成为共识,但远远不够。再次需要放到经济及公共财政发展的相关社会背景中,放到教科文卫投入增长的相邻同步关系中,放到居民文化消费占收入、支出比的同构可比关联中加以检验,以形成多重关系交叉定位。最后应该基于产值、财政收入和支出及教科文卫投入各类人均值演算地区差,这对于检验公共财政投入、公共文化服务的均等化成效至关重要。本项研究测评已经实现了这一应检测演算,基础数据来源为国家统计局《中国统计年鉴》历年卷。因基础数据未提供文化投入的城乡投向,故本报告缺反映"中国现实"极为重要的城乡比指标,这为本报告留下遗憾。

一 全国文化投入及其相关背景基本态势

公共文化投入增长检测不能孤立地进行,需要从全国经济、财政背景分析开始。

(一)经济财政基本面背景状况

2000年以来全国文化投入总量增长及相关背景关系态势见图1。

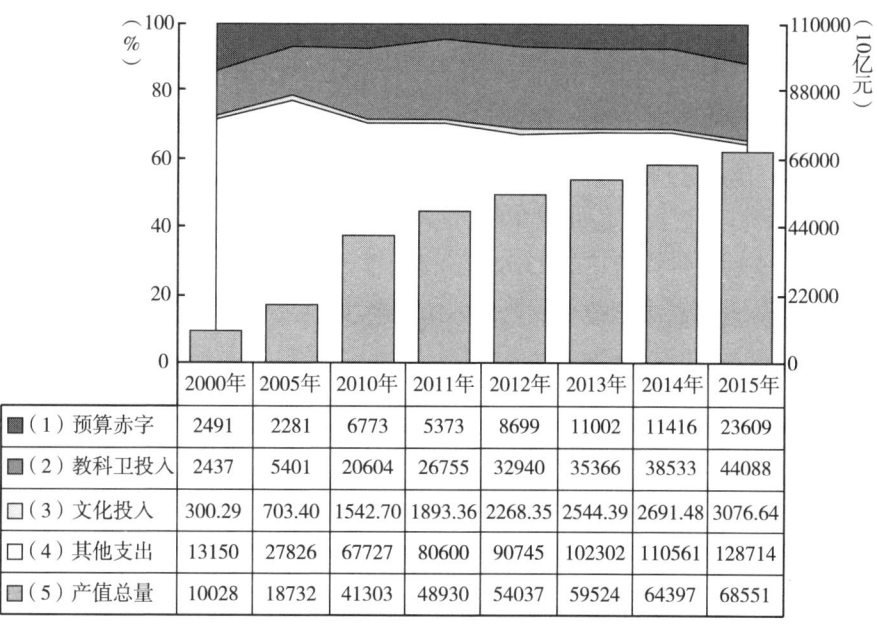

图1 2000年以来全国文化投入总量增长及相关背景关系态势

左轴面积:预算赤字(国债等)、教科卫投入、文化投入、其他支出总量(亿元转换为%,因制图局限略"总量"字样,文字叙述恢复,后同),(2)+(3)+(4)=财政支出总量,(2)+(3)+(4)-(1)=财政收入总量,各项数值变动呈直观比例关系。右轴柱形:产值总量(10亿元)。限于制图空间省略若干年度,后台演算历年增长变化包括省略年度,本报告同。

2000~2015年，全国产值总量由100280亿元增至685506亿元（图1中以10亿元为单位四舍五入），总增长583.59%，年均增长13.67%；财政收入总量总增长1036.76%，年均增长17.59%；财政支出总量总增长1007.06%，年均增长17.38%；教科文卫综合投入（图1中教科卫投入与文化投入之和，后同）总量总增长1623.20%，年均增长20.90%；教科文卫综合投入之外财政支出统归为"其他支出"，其总量总增长878.81%，年均增长16.43%。①

在此期间，全国财政收入总量年均增长高于产值总量年均增长3.92个百分点。这就是居民收入增长赶不上产值（体现社会总财富）增长的一部分原因，另一部分原因在于企业利润总收益增长高于总产值增长，由此必然挤压了居民收入增长应有的初次分配"蛋糕"份额。

同时，全国财政支出总量年均增长高于产值总量年均增长3.71个百分点。这是公共财政支出持续加大的体现，其间包括公共服务投入持续加大，属于二次分配再转向民生。

同期，全国其他支出总量年均增长高于产值总量年均增长2.76个百分点。

至此转入分析重点。同样在此期间，全国教科文卫综合投入总量年均增长高于产值总量年均增长7.23个百分点，同时高于财政收入总量年均增长3.31个百分点，高于财政支出总量年均增长3.52个百分点，也高于其他支出总量年均增长4.47个百分点。

如此详尽比较下来可见，"十五"以来，全国教科文卫建设作为公共服务的一个重要方面，确实处于一种极为特殊的优先发展地位。尤其应当注意，"十一五"以来，全国教科文卫综合投入总量增长高于产值、财政收入和支出，以及其他支出总量增长的情况更加明显。

（二）文化投入总量增长状况

文化投入总量增长体现规模扩增效应，有利于宏观把握总体情况。但

---

① 本项检测演算数据库每一次运算均无限保留小数，难免会与按稿面整数或两位小数演算产生出入，此属机器比人工精细之处，并非误差，全书同。

是,各地存在省域大小、人口多少的差异,地区经济规模、产业基础等也都有巨大差距。因此,总量数据在各地不具备很好的可比性。本项研究主要在全国层面考察文化投入总量增长及教科文卫相邻关系变动态势,对于各地则侧重于分析其所占全国份额变动情况。

2000年以来全国文化投入总量增长及相邻关系变动态势见图2。

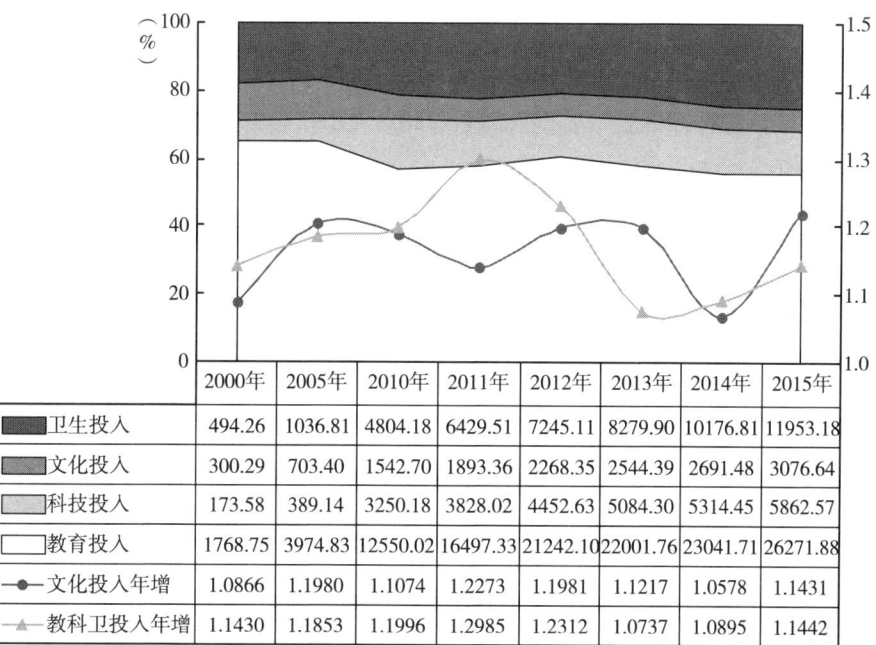

图2　2000年以来全国文化投入总量增长及相邻关系变动态势

左轴面积:教育、科技、文化、卫生投入总量(亿元转换为%),各项数值变动呈直观比例关系。右轴曲线:文化、教科卫投入年增(上年=1,保留4位小数,本报告正文转换为2位小数增长百分比,后同)。后台数据库包含未出现的1999年数据,以测算2000年增长变化,本报告同。

2000~2015年,全国文化投入总量由300.29亿元增至3076.64亿元,总增长924.56%,年均增长16.78%。其中,在2001~2002年、2004~2006年、2008~2009年、2011~2012年9个年度超过15%,在2001年、2008~2009年、2011年4个年度超过20%。最高增长年度为2009年,增长27.14%;最低增长年度为2014年,增长5.78%。

在此期间,全国文化投入总量年均增长高于产值总量年均增长3.11个百分点，同时低于财政收入总量年均增长 0.81 个百分点，亦低于财政支出总量年均增长 0.60 个百分点。

检测其间历年增长相关系数，文化投入与产值增长之间为 0.0142，与财政收入增长之间为 0.0356，与财政支出增长之间为 0.4215，即分别在 1.42% 程度上成正比，3.56% 程度上成正比，42.15% 程度上成正比，同步增长相关性很低。这表明，全国产值、财政收入、财政支出与文化投入增长之间尚未形成良好的多重"协调增长"关系。

同期，全国教科卫三项投入总量总增长 1709.39%，年均增长 21.29%。进一步细分来看，教育投入总量总增长 1385.30%，年均增长 19.71%；科技投入总量总增长 3277.07%，年均增长 26.45%；卫生投入总量总增长 2318.21%，年均增长 23.66%。

在此期间，全国教科卫三项投入总量年均增长高于产值总量年均增长 7.62 个百分点，同时高于财政收入总量年均增长 3.70 个百分点，高于财政支出总量年均增长 3.91 个百分点，也高于其他支出总量年均增长 4.86 个百分点。

与之相比，全国文化投入总量年均增长低于教科卫三项投入总量年均增长 4.51 个百分点。显而易见，在 2000 年以来全国教科文卫综合投入优先高增长当中，文化投入增长处于严重失衡状态，文化投入增长与教科卫投入增长之间的差距十分显著。

从图 2 亦可清楚、直观地看出，文化投入所占面积呈逐渐收窄之势，表明其在教科文卫综合投入中的比例持续降低。

最后需要重点检测 2007 年以来文化投入增长情况。众所周知，2007 年，中共十七大做出"推动社会主义文化大发展大繁荣""兴起社会主义文化建设新高潮"重大决策，中国特色社会主义文化建设进入一个新的阶段。2007 年以来的 8 年里，全国文化投入总量年均增长达到 16.63%，高于产值总量年均增长 4.29 个百分点，高于财政收入总量年均增长 2.07 个百分点，低于财政支出总量年均增长 0.46 个百分点，高于其他支出总量年均增长 0.15 个百分点，文化投入增长的失衡状态出现好转，但仍低于同期教科卫三项投入总量年均增长 2.46 个百分点。

（三）人均值增长及其地区差变动状况

文化投入人均值演算结果是衡量均等化的重要基准，只有基于人均值才能检测各地文化投入多少，进而得出各地之间的地区差指数。更为重要的是，逐步缩小直至消除文化投入（人均值）地区差距，实现公共文化投入、公共文化服务均等化势在必行，唯有实现文化投入人均值的均等化，才谈得上文化服务条件和服务质量的均等化。

2000年以来全国文化投入人均值增长及其地区差变动态势见图3。

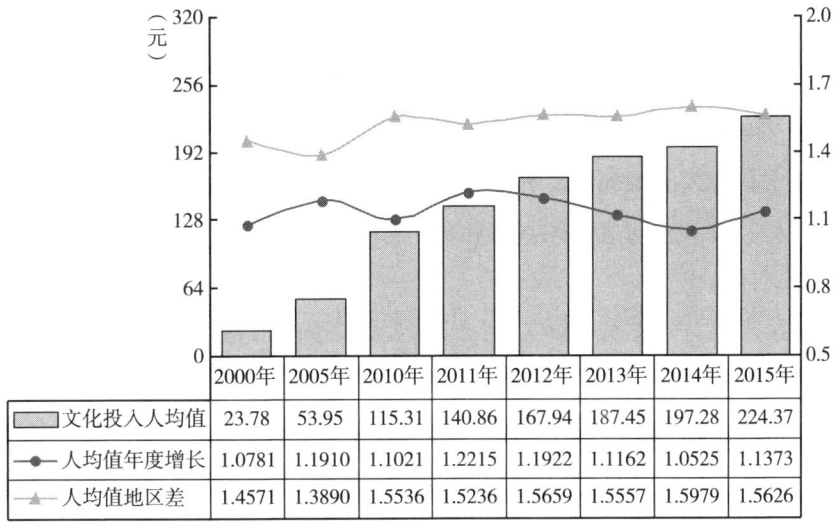

图3 2000年以来全国文化投入人均值增长及其地区差变动态势

左轴柱形：文化投入人均值（元）。右轴曲线：人均值年度增长（上年＝1，由于历年人口增长，人均值年增指数略低于总量年增指数）；文化投入人均值地区差（无差距＝1，为检测细微差异，保留4位小数，后同）。

2000~2015年，全国文化投入人均值由23.78元增至224.37元，总增长843.52%，年均增长16.14%，其中在2001~2002年、2004~2006年、2008~2009年、2011~2012年9个年度超过15%，在2008~2009年、2011年3个年度超过20%。最高增长年度为2009年，增长26.49%；最低增长年度为2014年，增长5.25%。

与此同时，全国文化投入人均值地区差由1.4571扩大至1.5626，扩大7.24%。全国文化投入人均值地区差历年起伏变化，2000~2006年、2008年、2010~2011年、2013年、2015年12个年度地区差缩小，2007年、2009年、2012年、2014年4个年度地区差扩大，前后对比总体处于扩大态势。最小地区差为2006年的1.3748，最大地区差为2007年的1.6581。

如此细致检测全国文化投入人均值地区差变动状况，并非一种奢望的空谈。实际上，自2000年以来，在"全面建成小康社会"进程中，国家、各级政府及其公共财政已经做出了应有努力，并且取得了实质性的重大进展。以此处涉及的产值、财政收入和支出，以及教科卫投入数据展开分析。

2000~2015年，在文化投入的相关背景方面，全国产值人均值地区差前后对比总体缩小；财政收入人均值地区差前后对比总体缩小；财政支出人均值地区差前后对比总体缩小。

在文化投入的相邻关系方面，全国教育投入人均值地区差前后对比总体缩小；科技投入人均值地区差前后对比总体缩小；卫生投入人均值地区差前后对比总体缩小。

全国产值、财政收入和支出，以及教科文卫投入各类人均值地区差变动态势全面检测结果：除了文化投入以外，其余各类数据的地区差皆呈现缩小态势，而且除了产值、财政收入、财政支出、教育投入、卫生投入、文化投入以外，其余各类数据的地区差皆在2015年缩减至历年最小值。全国各地经济、财政"协调增长"，教育、科技、卫生事业投入"均等增长"，正在逐渐成为现实，而不再仅仅是一种追求中的理想。很明显，文化投入增长的差距不但表现在数量的可比性之上，而且表现在质量的可比性之上。以人均值来衡量的公共文化投入均等化尚无实际进展，而这是公共文化服务均等化的基础。

二 全国文化投入相关协调性态势

（一）文化投入相关背景变动状况

文化投入增长的协调性检测首先在于与经济、财政相关背景关系的考察。历年文化投入到底处于什么样的位置,在文化投入绝对值及其增长的基础上,文化投入与产值、财政收入和支出的历年关系比值起到决定性的作用。

2000年以来全国文化投入相关背景比值变动态势见图4。

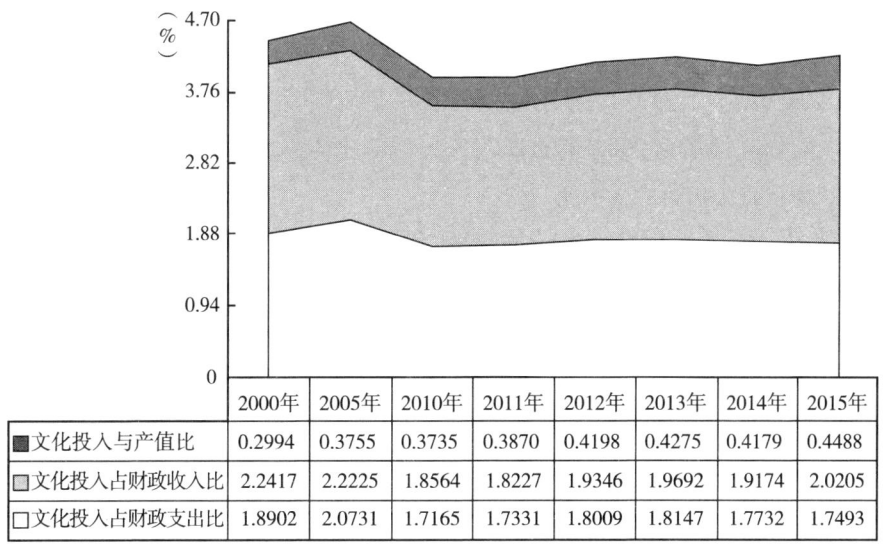

图4　2000年以来全国文化投入相关背景比值变动态势

左轴面积:文化投入与产值比、占财政收入和支出比(%),各项比值历年升降呈直观比例叠加。因比值很小,保留4位小数并依此演算,本报告正文按惯例保留2位小数。

1. 文化投入与产值比

2000~2015年,全国文化投入总量年均增长高于产值年均增长3.11个百分点。由历年二者不同增长关系变化所致,全国文化投入与产值比从0.30%增高至0.45%,上升程度为49.90%,上升0.15个百分点。

分时期考察,全国此项比值"十五"前后(2000年与2005年)对比,上升0.08个百分点;"十一五"前后(2005年与2010年)对比,下降0.0020个百分点(用4位小数分析细微变化);"十二五"前后(2010年与2015年)对比,上升0.08个百分点。最高比值为2015年的0.45%,最低比值为2000年的0.30%。

2. 文化投入占财政收入比

2000~2015年,全国文化投入总量年均增长低于财政收入年均增长0.81个百分点。由历年二者不同增长关系变化所致,全国文化投入占财政收入比从2.24%降低至2.02%,下降程度为9.87%,下降0.22个百分点。

分时期考察,全国此项比值"十五"前后(2000年与2005年)对比,下降0.02个百分点;"十一五"前后(2005年与2010年)对比,下降0.37个百分点;"十二五"前后(2010年与2015年)对比,上升0.16个百分点。最高比值为2002年的2.27%,最低比值为2007年的1.75%。

3. 文化投入占财政支出比

2000~2015年,全国文化投入总量年均增长低于财政支出年均增长0.60个百分点。由历年二者不同增长关系变化所致,全国文化投入占财政支出比从1.89%降低至1.75%,下降程度为7.45%,下降0.14个百分点。

分时期考察,全国此项比值"十五"前后(2000年与2005年)对比,上升0.18个百分点;"十一五"前后(2005年与2010年)对比,下降0.36个百分点;"十二五"前后(2010年与2015年)对比,上升0.03个百分点。最高比值为2006年的2.08%,最低比值为2010年的1.72%。

以上分析检测表明,2000年以来,全国文化投入增长明显高于产值增长,但略微低于财政收入、财政支出增长,文化投入与经济、财政"背景协调增长"尚未得到充分体现。

(二)文化投入相邻关系变动状况

文化投入增长的协调性检测其次在于与教育、科技、卫生投入增长相邻关系的考察。教科文卫本身就可视为一个整体,文化投入的重要性究竟如何,与教育、科技、卫生投入历年的关系比值具有重要的参照意义。

2000年以来全国文化投入相邻关系比值变动态势见图5。

1. 文化投入与教育投入比

2000~2015年,全国文化投入总量年均增长低于教育投入年均增长2.93个百分点。由历年二者不同增长关系变化所致,全国文化投入与教育

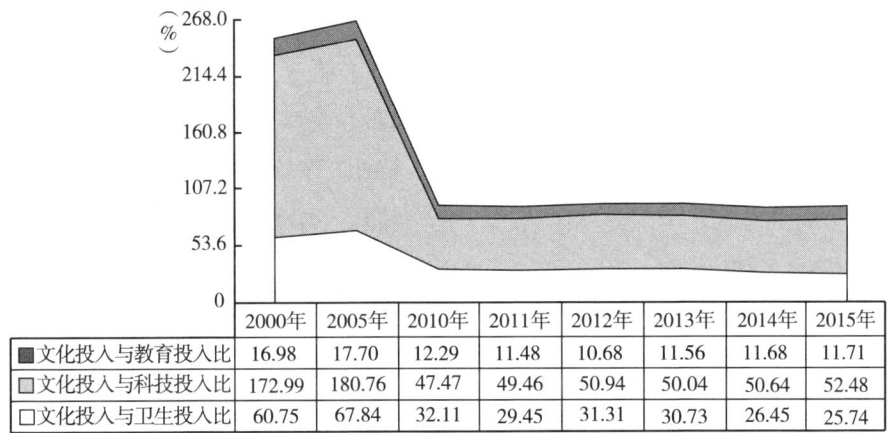

图 5　2000 年以来全国文化投入相邻关系比值变动态势

左轴：文化投入与教育、科技、卫生投入比（%），各项比值历年升降呈直观比例叠加。

投入比从 16.98% 降低至 11.71%，下降程度为 31.04%，下降 5.27 个百分点。

分时期考察，全国此项比值"十五"前后（2000 年与 2005 年）对比，上升 0.72 个百分点；"十一五"前后（2005 年与 2010 年）对比，下降 5.41 个百分点；"十二五"前后（2010 年与 2015 年）对比，下降 0.58 个百分点。最高比值为 2005 年的 17.70%，最低比值为 2012 年的 10.68%。

2. 文化投入与科技投入比

2000～2015 年，全国文化投入总量年均增长低于科技投入年均增长 9.67 个百分点。由历年二者不同增长关系变化所致，全国文化投入与科技投入比从 172.99% 降低至 52.48%，下降程度为 69.66%，下降 120.51 个百分点。

分时期考察，全国此项比值"十五"前后（2000 年与 2005 年）对比，上升 7.77 个百分点；"十一五"前后（2005 年与 2010 年）对比，下降 133.29 个百分点；"十二五"前后（2010 年与 2015 年）对比，上升 5.01 个百分点。最高比值为 2005 年的 180.76%，最低比值为 2010 年的 47.47%。

3. 文化投入与卫生投入比

2000~2015年,全国文化投入总量年均增长低于卫生投入年均增长6.88个百分点。由历年二者不同增长关系变化所致,全国文化投入与卫生投入比从60.75%降低为25.74%,下降程度为57.63%,下降35.01个百分点。

分时期考察,全国此项比值"十五"前后(2000年与2005年)对比,上升7.09个百分点;"十一五"前后(2005年与2010年)对比,下降35.73个百分点;"十二五"前后(2010年与2015年)对比,下降6.37个百分点。最高比值为2004年的68.70%,最低比值为2015年的25.74%。

以上分析检测表明,2000年以来,全国文化投入增长较明显低于教育投入增长,也显著低于科技、卫生投入增长,教育、科技、文化、卫生投入"相邻协调增长"尚未得到应有体现。

此外,对照图4中文化投入占财政支出比与图5三项比值,分别推算其间商值百分值,即得出教育、科技、卫生投入各占财政支出比。这样就可以检测教科文卫各项投入占财政支出比历年变化相关系数:教育投入占比与科技投入占比之间为0.9100,与卫生投入占比之间为0.8832,与文化投入占比之间为-0.7729,即分别在91.00%程度上成正比,88.32%程度上成正比,77.29%程度上成反比。对此不妨简化理解为,教育投入与文化投入二者之间占财政支出比历年变化在77.29%程度上呈逆向关系,其余类推。这表明,全国教科卫投入各占财政支出比之间协调性较好,而与文化投入占财政支出比之间协调性很差。

(三)文化投入同构占比变动状况

文化投入增长的协调性检测最后在于与文化消费占居民收入和支出比同构关联的考察。文化投入面向公共文化服务需求,文化消费体现居民日常精神生活需求,这两个方面形成同构可比关联。在文化投入占财政收入、支出比与文化消费占居民收入、支出比之间,构成了历年比值差异变化,可以直接作为检测演算指数。

2000年以来全国文化消费与投入同构占比倍差变动态势见图6。

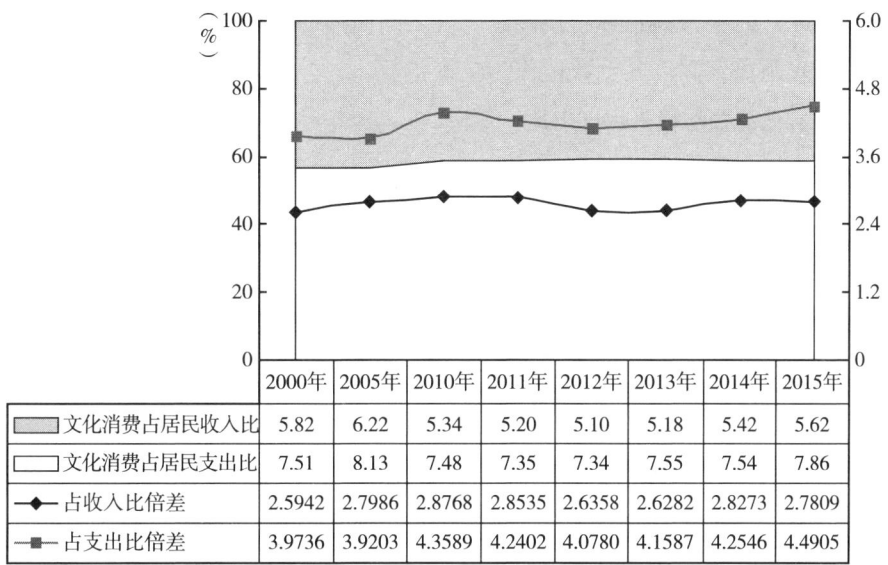

图6　2000年以来全国文化消费与投入同构占比倍差变动态势

左轴面积：文化消费占居民收入、占居民支出比（％），两项比值历年升降呈直观比例叠加。右轴曲线：文化消费占居民收入比与文化投入占财政收入比倍差、文化消费占居民支出比与文化投入占财政支出比倍差（无差距＝1，为检测细微差异，保留4位小数）。

1. 文化消费与投入占收入比

2000～2015年，全国城乡居民文化消费占居民收入比从5.82％降低至5.62％，下降程度为3.44％。最高比值为2002年的6.38％，最低比值为2012年的5.10％。

文化消费占居民收入比演算与"中国文化消费需求景气评价体系"形成互动。对照图4，同期，全国文化投入占财政收入比下降9.87％，2015年比值低于文化消费占居民收入比3.60个百分点。二者之间占比倍差由2.5942增大至2.7809，增大程度为7.20％。倍差指数最小值为2001年的2.4566，最大值为2007年的3.2316。

应当看到，文化消费占居民收入比与文化投入占财政收入比之间，不仅形式上同构，而且实质上可同比。居民文化消费占用家庭收入一定比例，正体现精神文化生活应有的位置和分量，家庭和个人如此，国家及地区亦当如此。因此,此项检验指标直接测算二者之间商值即占比倍差指数,就此衡量其间既有距离,并以其倒数值作为权衡指数。

2. 文化消费与投入占支出比

2000~2015年,全国城乡居民文化消费占居民支出比从7.51%增高至7.86%,上升4.66%。最高比值为2002年的8.30%,最低比值为2008年的7.12%。

文化消费占居民支出比演算与"中国文化消费需求景气评价体系"形成互动。对照图4,同期,全国文化投入占财政支出比下降7.45%,2015年比值低于文化消费占居民支出比6.11个百分点。二者之间占比倍差由3.9736增大至4.4905,增大13.01%。倍差指数最小值为2001年的3.7297,最大值为2015年的4.4905。

必须注意,文化消费占居民支出比与文化投入占财政支出比之间,仅在形式上同构,实质上却不同比。居民消费与收入间可能出现剩余成为积蓄,即消费总量小于收入总量,于是特定消费占支出比必定高于占收入比;而财政支出与收入间可以出现预算赤字,即支出总量大于收入总量,于是特定投入占支出比可能低于占收入比。对照图4可见,文化消费与文化投入各占收入、支出比的对应关系形成交叉,文化消费占支出比大于占收入比,而文化投入占支出比小于占收入比,其间的反差应予合理化解。理想化检测提出一种假定:财政预算赤字"超支"部分应以同等比例用于文化投入,即占财政收入、支出比可自身平衡。因此,此项检验指标继续推演,对文化消费与投入各占收入、支出比两项同构倍差指数再做平衡,测算其间商值即占收支比倍差之间再次形成倍差指数,就此衡量其间既有距离,并以其倒数值作为权衡指数。

以上分析检测显示,2000年以来,全国文化消费占居民收入比略微下降,文化投入占财政收入比也较明显下降,二者同构占比倍差指数较明显增大;文化消费占居民支出比略微上升,文化投入占财政支出比却较明显下降,二者同构占比倍差指数明显增大。这表明,全国公共文化投入增长占比变动滞后于居民文化消费需求变化态势的差距继续扩大。

三 2015年全国文化投入纵横向双重测评

综合以上分析，2000年以来全国文化投入总量年均增长16.78%，人均值地区差扩大7.24%；文化投入增长明显高于产值增长，但略微低于财政收入、财政支出增长；同时较明显低于教育投入增长，也显著低于科技、卫生投入增长；文化投入占财政收入比明显低于文化消费占居民收入比，占财政支出比更显著低于文化消费占居民支出比。这些都集中体现在文化投入增长综合指数测评演算之中。

2000年以来全国文化投入增长综合指数变动态势见图7。基于不同时间段、不同基准值的各类综合指数测评结果均落实在2015年之上。综合指数取百分制，以便横向衡量百分点高低，纵向衡量百分比升降。

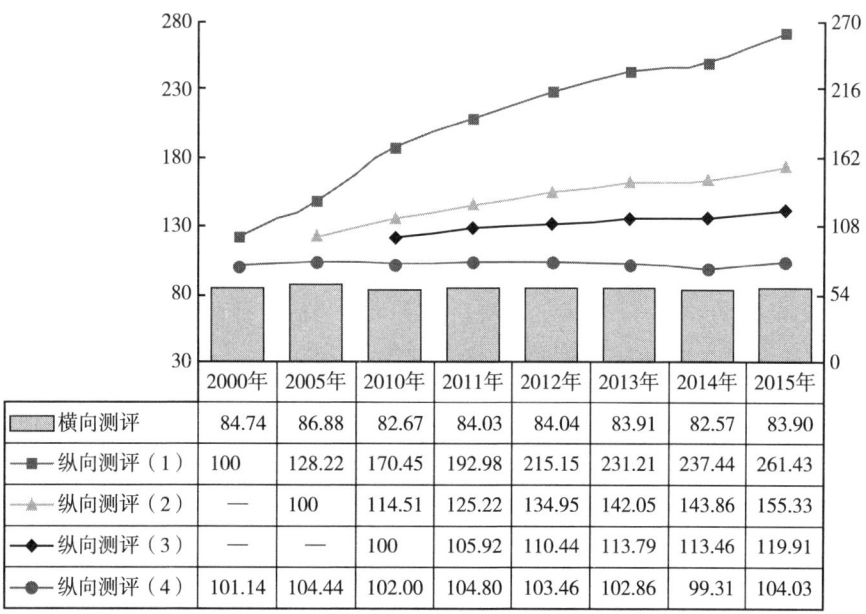

图7 2000年以来全国文化投入增长综合指数变动态势

左轴柱形：横向测评（无差距理想值=100）。右轴曲线：纵向测评（起点年基数值=100），（1）以2000年为起点，（2）以2005年为起点，（3）以2010年为起点。左轴曲线：纵向测评（4），以上年为起点。

（一）各年度横向测评综合指数

以文化投入人均值地区无差距、文化消费与投入同构占比无差距状态为理想值100，2015年全国文化投入增长状况此项综合指数为83.90，低于无差距理想值16.10个点，但高于上年测评指数1.33个点。

各年度（包括图中省略年度）此项综合指数对比，全部各个年度均低于无差距理想值100；2001~2002年、2004年、2008~2009年、2011~2012年、2015年8个年度高于上年指数值。其中，最高值为2004年的87.02，最低值为2007年的77.88。

在此项测评中，全国总体的总量份额值、人均值、各项背景关系比值、相邻关系比值作为各地基准"定盘星"，同样也自为基准不"加分"也不"减分"，人均值地区差、同构关联占比倍差就成为变化衡量指标，全国总体"失分"全部来自人均值地区差、同构关联占比倍差的存在及其扩大。只要人均值地区差、同构占比倍差缩小，全国总体综合指数就能够上升；只有彻底消除人均值地区差、同构占比倍差，全国总体综合指数才能够达到理想值100。

（二）"十五"以来纵向测评综合指数

在此项测评中，文化投入总量份额值、人均值，各项背景关系比值、相邻关系比值，文化消费与投入占收入、支出比同构关联倍差，文化投入人均值地区差，各项增长率比差，一概以自身2000年相应演算数值为基数值加以衡量。无论是全国总体还是各地，各项指标测算值优于2000年"加分"，逊于2000年"减分"，最终加权平衡各项指标间分值升降得失。这样有利于检测对比各地在不同时间段综合测评指数的提升程度，使"基数低而进步快"的欠发达或次发达地区有多种机会登上排行榜前列。以下各类纵向测评同理，区别仅在于起始年度不同。

以"九五"末年2000年为起点基数值100，2015年全国文化投入增长状况此项综合指数为261.43，高出2000年起点基数161.43%，也高出上年测评指数23.99个点。

"十五"以来各年度此项综合指数对比,全部各个年度均高于2000年起点基数值100;2002~2006年、2008~2015年13个年度高于上年指数值。其中,最高值为2015年的261.43,最低值为2001年的104.76。

(三)"十一五"以来纵向测评综合指数

以"十五"末年2005年为起点基数值100,2015年全国文化投入增长状况此项综合指数为155.33,高出2005年起点基数55.33%,也高出上年测评指数11.47个点。

"十一五"以来各年度此项综合指数对比,2006年、2008~2015年9个年度高于2005年起点基数值100;2008~2015年8个年度高于上年指数值。其中,最高值为2015年的155.33,最低值为2007年的92.26。

(四)"十二五"以来纵向测评综合指数

以"十一五"末年2010年为起点基数值100,2015年全国文化投入增长状况此项综合指数为119.91,高出2010年起点基数19.91%,也高出上年测评指数6.45个点。

"十二五"以来各年度此项综合指数对比,全部各个年度均高于2010年起点基数值100;2012~2013年、2015年3个年度高于上年指数值。其中,最高值为2015年的119.91,最低值为2011年的105.92。

(五)逐年度纵向测评综合指数

以2014年为起点基数值100,2015年全国文化投入增长状况此项综合指数为104.03,高出2014年起点基数4.03%,也高出上年基于2013年基数值的测评指数4.72个点。

逐年度此项景气指数对比,2000~2006年、2008~2013年、2015年14个年度高于上年起点基数值100;2001~2002年、2004年、2008~2009年、2011年、2015年7个年度高于上年指数值。其中,最高值为2009年的

106.01，最低值为 2007 年的 88.16。

2000 年以来，全国文化投入增长进展十分显著。各个五年规划期以来纵向测评的综合指数最高值均出现在 2015 年，但逐年增长检测显得起伏不定，并非连年持续向好，文化投入增长的协调性欠佳是其主要原因；横向测评距离理想值的差距一向非常明显，综合指数不时略有下降，原因在于文化投入人均值地区差扩大，文化消费与投入同构关联占比倍差增大，文化投入增长的均衡性欠佳。

四 全国文化投入协调增长差距分析

按照各项数据增长及其间各类关系值变动，已对全国文化投入增长的"实然"状况做出综合评价，但这还不是此项研究测评的最终意图。由此发现增长效益可能存在的不足，深入检测数据背后的现实问题及其"应然"差距，依据 2000 年以来相关方面增长的基本态势，推演测算直至 2020 年的各种"或然"的、"应然"的和"理想"的增长目标，直指标的提出此项研究测评的应对策谋。

（一）文化投入增长系数检测

在相关的众多数据组里，首先需要提取全国文化投入历年数据与教科文卫综合投入历年数据加以比较，检测 2000～2015 年文化投入占教科文卫综合投入比变动态势，并将此项比值界定为"文化投入增长系数"。

确定文化投入的应有地位和分量必须寻找事实依据，文化投入与教育、科技、卫生投入的相邻关系就是最好的参照系。一来教科文卫诸方面具有人所共知的相邻可比性，若出现"厚此薄彼"的情况很容易看出来；二来文化投入在教科文卫综合投入中所占分量形成历年变化，从中可以看到"应然"与否的"第一手"取舍。

2000 年以来全国文化投入占教科文卫综合投入比变动态势见图 8。

2000～2015 年，全国教科文卫综合投入总量由 2737 亿元增至 47164 亿

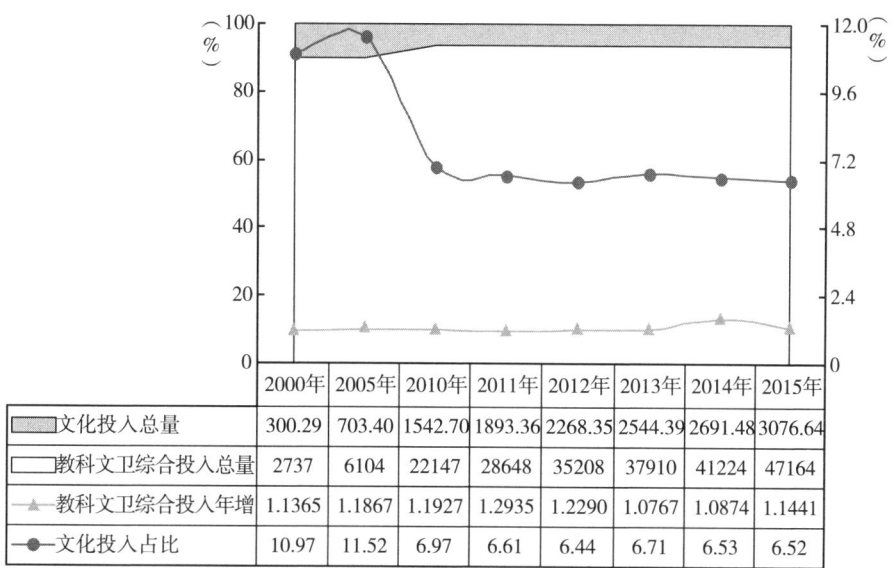

图8 2000年以来全国文化投入占教科文卫综合投入比变动态势

左轴面积：文化投入总量、教科文卫综合投入总量（亿元转换为%），二者历年变动呈直观比例。右轴曲线：教科文卫综合投入年增（上年=1）；文化投入占教科文卫综合投入比（%）。

元，总增长1623.20%，年均增长20.90%。最高增长年度为2007年，增长58.82%；最低增长年度为2013年，增长7.67%。

在此期间，全国文化投入总量年均增长低于教科文卫综合投入年均增长4.12个百分点。由历年二者不同增长关系变化所致，全国文化投入占教科文卫综合投入比从10.97%降低至6.52%，下降程度为40.57%，下降4.45个百分点。

分时期考察，全国此项比值"十五"前后（2000年与2005年）对比，上升0.55个百分点；"十一五"前后（2005年与2010年）对比，下降4.55个百分点；"十二五"前后（2010年与2015年）对比，下降0.45个百分点。最高（最佳）比值为2005年的11.52%，最低比值为2012年的6.44%。

对照图4中文化投入占财政支出比与图8中文化投入占教科文卫综合投入比，推算其间商值百分值，即得出教科文卫综合投入占财政支出比（亦可见图9）。这样就可以检测教科文卫综合投入与文化投入各占财政支出比之间历年变化相关系数为-0.8297，即在82.97%程度上成反比。对此不妨简单理解为，虽然教科文卫综合投入占财政支出比历年稳步上升，但其中文化投入占财政支出比反而呈现年均82.97%程度的逆向下降。这表明，在全国教科文卫综合投入占财政支出比不断提升当中，文化投入所占比重呈现不合理的明显逆向变动。

2000年以来，文化投入在教科文卫综合投入增长中处于相对"弱势"地位，尤其是进入"十一五"以后，文化投入增长相对"弱势"的状况十分明显。十七大之后全国及各地出现文化建设与发展新高潮，文化投入的重要性及其持续增长的必要性受到应有重视，文化投入占教科文卫综合投入比显著降低之势在一定程度上得到抑制。然而，在多年来教科文卫综合投入优先增长格局中，文化投入增长明显滞后是一个不争的事实。

就此不妨假定，如果全国文化投入占教科文卫综合投入比在2005年出现的最佳比值11.52%得以持续保持，那么2015年全国文化投入总量应为现有实际值3076.64亿元的176.65%，达到5434.86亿元。在假设文化投入实现教科文卫相邻关系"协调增长"的情况下，这就是2015年全国文化投入增长的应然差距。

（二）教科文卫投入增长系数检测

在相关的众多数据组里，其次需要提取全国教科文卫综合投入历年数据与财政支出历年数据加以比较，检测2000~2015年教科文卫投入占财政支出比变动态势，并将此项比值界定为"教科文卫投入增长系数"。

确定教科文卫综合投入的应有地位和分量也必须寻找事实依据，多年以来国家发展教科文卫事业的政策、公共财政支出就此形成的历年分配比重就是最好的参照系。何况，本项研究测评的分析已经表明，2000年以来教科文卫综合投入已经在公共财政支出分配中占据了优先增长地位，以此作为"第一手"依据理所当然。

2000年以来全国教科文卫投入占财政支出比变动态势见图9。

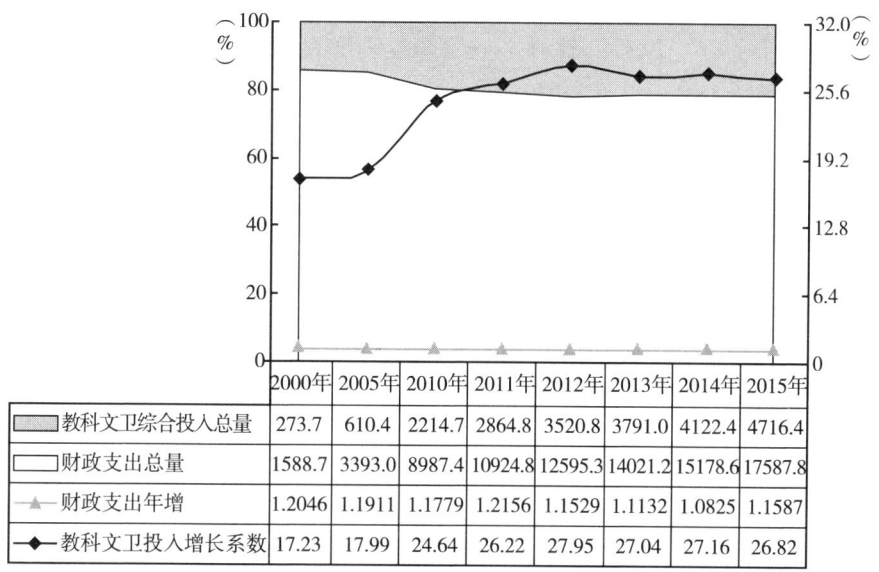

图9 2000年以来全国教科文卫投入占财政支出比变动态势

左轴面积：教科文卫综合投入总量、财政支出总量（10亿元转换为%），二者历年变动呈直观比例。右轴曲线：财政支出年增（上年=1）；教科文卫投入增长系数（%）。

2000~2015年，全国财政支出总量由15887亿元增至175878亿元，总增长1007.06%，年均增长17.38%。最高增长年度为2008年，增长25.74%；最低增长年度为2014年，增长8.25%。

在此期间，全国教科文卫综合投入总量年均增长高于财政支出年均增长3.52个百分点，由历年二者不同增长关系变化所致，全国教科文卫综合投入占财政支出比从17.23%增高至26.82%，上升程度为55.66%，上升9.59个百分点。

分时期考察，全国此项比值"十五"前后（2000年与2005年）对比，上升0.76个百分点；"十一五"前后（2005年与2010年）对比，上升6.65个百分点；"十二五"前后（2010年与2015年）对比，上升2.18个百分点。最高（最佳）比值为2012年的27.95%，最低比值为2000年的17.23%。

2000年以来，教科文卫综合投入增长处于十分明确的优势地位，尤其是进入"十一五"以后，教科文卫综合投入增长的优势地位更加显著。还应当注意到，十七大之后全国及各地出现文化建设与发展新高潮，文化投入加快增长势必也对教科文卫综合投入增长起到推动作用。在一段时期以来我国公共财政支出当中，教科文卫综合投入优先增长已是一个显而易见的事实。

就此同样假定，如果全国教科文卫综合投入占财政支出比在2012年出现的最佳比值27.95%得以持续保持，那么2015年全国教科文卫综合投入总量应为现有实际值47164.27亿元的104.24%，达到49163.89亿元；再假设文化投入占教科文卫综合投入比实现2005年最佳比值11.52%，那么2015年全国文化投入总量应为现有实际值3076.64亿元的184.14%，达到5665.28亿元。在假设文化投入在教科文卫相邻关系中、教科文卫综合投入在财政支出中保持"协调增长"的情况下，这就是2015年全国文化投入增长的应然差距。

（三）财政支出增长系数检测

在相关的众多数据组里，最后需要提取全国财政支出历年数据与产值历年数据加以比较，检测2000~2015年财政支出与产值比变动态势，并将此项比值界定为"财政支出增长系数"。

确定财政支出对于产值（国民总收入近似值）的应有分量比重同样必须寻找事实依据，这里把历年财政支出与产值的实际关系比值当作重要参照系，以此作为"第一手"依据顺理成章。多年以来我国中央财政及地方财政在绝大部分年度皆出现赤字，即财政支出大于财政收入，财政预算平衡的复杂问题留给相关部门及相应专家，在此不予涉及。

2000年以来全国财政支出与产值比变动态势见图10。

2000~2015年，全国产值总量由100280亿元增至685506亿元，总增长583.59%，年均增长13.67%。最高增长年度为2007年，增长23.15%；最低增长年度为2015年，增长6.45%。

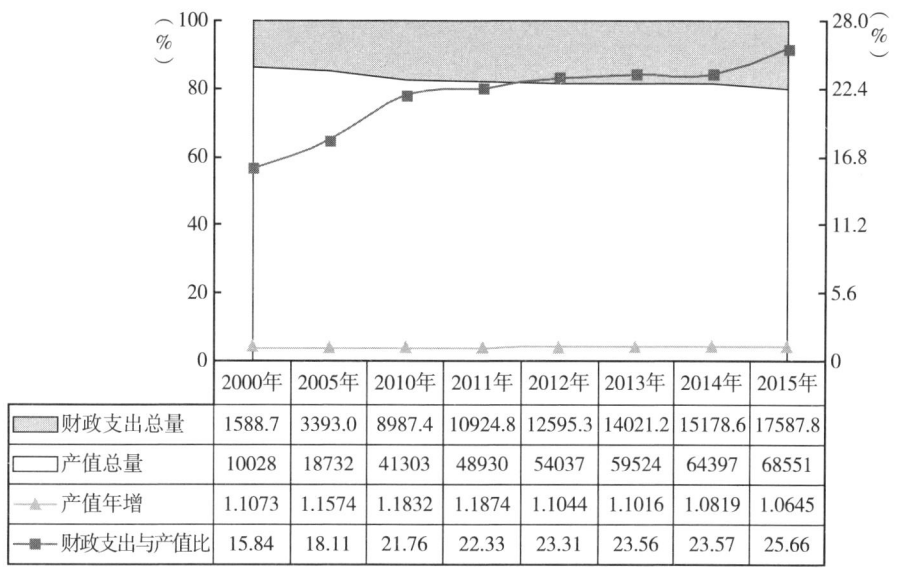

图10　2000年以来全国财政支出与产值比变动态势

左轴面积：财政支出总量、产值总量（10亿元转换为%），二者历年变动呈直观比例。右轴曲线：产值年增（上年=1）；财政支出与产值比（%）。

在此期间，全国财政支出总量年均增长高于产值年均增长3.71个百分点。由历年二者不同增长关系变化所致，全国财政支出与产值比从15.84%增高至25.66%，上升程度为61.99%，上升9.82个百分点。

分时期考察，全国此项比值"十五"前后（2000年与2005年）对比，上升2.27个百分点；"十一五"前后（2005年与2010年）对比，上升3.65个百分点；"十二五"前后（2010年与2015年）对比，上升3.90个百分点。最高（最佳）比值为2015年的25.66%，最低比值为2000年的15.84%。

就此继续假定，如果全国财政支出与产值比在2015年出现的最佳比值25.66%得以持续保持（现有实际值），再假设教科文卫综合投入占财政支出比实现2012年最佳比值27.95%，继续假设文化投入占教科文卫综合投入比实现2005年最佳比值11.52%，那么2015年全国文化投入总量应为现有实际值3076.64亿元的184.14%，达到5665.28亿元（因财政支出增长系数历年最佳值即现有实际值,再次累进叠加演算结果同样不变)。在假设文化投入与教科文卫相邻关系、教科文卫综合投入与财政支出关系、财政支出与产值关系实现三重最佳比值的情况下,这就是2015年全国文化投入增长的应然差距。

全国教育投入在2012年实现了法定"产值4%"的指标要求,文化投入能否形成法规指标?本项检测至此其实已经得出具有关联性的系列参考指标建议:全国文化投入达到与产值比0.83%,或占财政支出比3.22%,或占教科文卫综合投入比11.52%,就有可能实现2000年以来历年相关各项最佳比值协调增长。

假如各地均能够实现各自2000年以来最佳比值协调增长,那么文化投入人均值地区差将普遍明显缩小,为下一步追求文化投入地区均等打下基础。促成经济增长、财政增收、财政支出增多与公共文化投入增高很好协调的约束机制,推进公共文化投入、公共文化服务地区均等,促进民生的可行机制和必要体制,正是本项研究测评的最终目的。

五 至2020年全国文化投入增长目标测算

检测出当前数据年度全国文化投入增长的应然差距只是一个铺垫,目的是要据此推演至2020年全国文化投入增长的应然目标。这样一来,就可以测算达到增长目标所需的年均增长率,以此作为指标衡量达到增长目标的距离大小,实质上就是消除差距的增长难易程度,从而在各地进行排行比较。

2015~2020年全国文化投入预期增长测算见图11。

(一)保持既往年均增长率测算

按照2000~2015年年均增长率进行"自然"推算,到2020年全国文化投入总量将达到6682.24亿元,所需年均增长率自然同前一样为16.78%。

如果至2020年产值年均增长控制在7%,再假设文化投入与产值比维持既往互动关系不变,那么全国文化投入总量将达到4938.28亿元,所需年

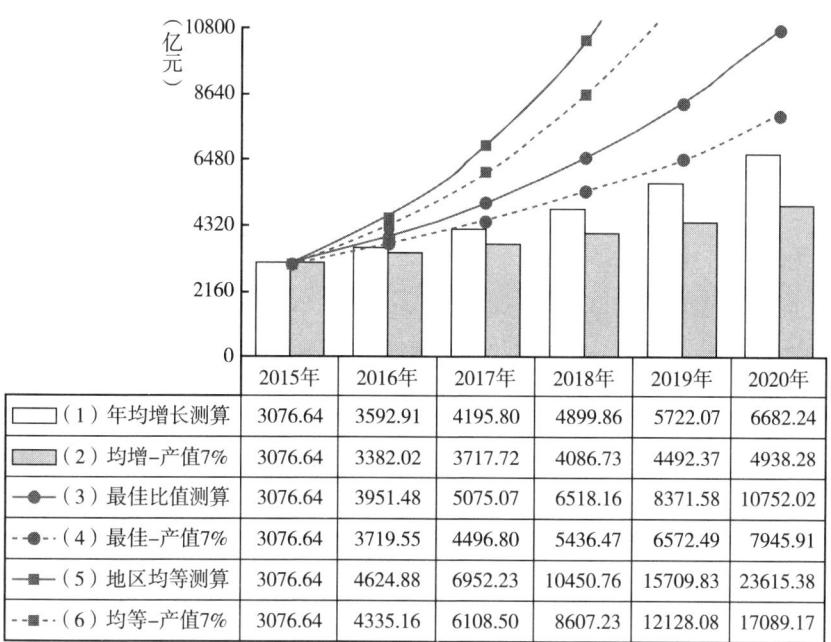

图 11　2015～2020 年全国文化投入预期增长测算

左轴：假定情况下文化投入增长总量（亿元）。假设各类数值按 2000～2015 年年均增长率持续至 2020 年，则所需年均增长（1）16.78%，（3）28.43%，（5）50.32%；假设产值增长取 7% 持续至 2020 年，则所需年均增长（2）9.93%，（4）20.90%，（6）40.91%。

均增长率仅为 9.93%，低于既往年均增速则更易于实现。

此项测算属于"自然增长"测算，即基于此前历年各项数据年均增长率，不予加权地"顺延平推"未来年度增长目标。实际说来，这是未来年度或然增长概率最高的一种预测，既往年度数据积累越多，用于预测未来年度增长的准确概率越高。

不妨以气象记录及其灾害预测来做说明。常见有某种灾害"多少年一遇"之言，那就是"多少年"统计累积才得一见的极端情况。此处的测算正好相反，取"多少年"平均，符合统计概率的"大数规律"。这就如同抽样调查样本大小直接影响抽查结果的置信度和精确性一样，作为演算基础的数组范围越庞大，所得出的平均值越精准。

（二）多重最佳比值增长目标测算

依据2000~2015年文化投入增长系数、教科文卫投入增长系数、财政支出增长系数三项最佳比值进行"应然"推算，到2020年全国文化投入总量应达到10752.02亿元，所需年均增长率为28.43%，以此衡量增长"难度"为既往增速的169.45%。

如果至2020年产值年均增长控制在7%，再假设文化投入与产值比维持既往互动关系不变，那么全国文化投入总量应达到7945.91亿元，所需年均增长率为20.90%，即既往年均增速的124.53%。

此项测算属于"应然增长"测算，即基于此前相关数据历年最佳比值，以"理当如此"的推理加权方式演算未来年度增长目标。严格地说，这是未来年度增长有必要尽快实现的"应然目标"，据以展开推导演算的最佳比值皆源于自身历年实然数据，以往曾经做到，目前未能做到已属"亏欠"，今后理应及时做到。

事实上，在多重最佳比值检测当中，就全国和绝大部分地区而言，仅有文化投入增长系数发生"亏欠"，而教科文卫投入增长系数、财政支出增长系数均呈向好发展之势，已经、正在并将继续逐渐化解、最终抵消前者的"亏欠"程度。这就是说，对于全国和绝大部分地区来说，三项最佳比值增长测算实则仅归结为一项，另外两项反过来起到缓解调节作用。

（三）人均值地区均等增长目标测算

在2000~2015年多重最佳比值测算基础上，依照北京文化投入人均测算值进行地区均等"理想"推算，到2020年全国文化投入总量应达到23615.38亿元，所需年均增长率为50.32%，以此衡量增长"难度"为既往增速的299.89%。

如果至2020年产值年均增长控制在7%，再假设文化投入与产值比维持既往互动关系不变（其实出现微小误差，由取北京人均值反推全国均等测算所致，未能涉及不同人口基数增长），那么全国文化投入总量应达到

17089.17亿元，所需年均增长率为40.91%，即既往年均增速的243.77%。

此项测算属于"理想增长"测算，即基于"公共文化服务均等化"的理念，以"理想化"设想或"理论值"方式演算未来年度增长目标。实事求是地说，这是未来很长一段时期努力追求的"理想目标"，主要是为了衡量全国及各地现实与理想的差距，并不意味着至2020年就能够实现。

现实状况已经显示，2000年以来，全国和绝大部分地区文化投入人均值地区差虽有波动起伏变化，但总体呈现增大态势，不能期待到2020年已不多的几年之内彻底弥合差距。应该承认，尽快扼制文化投入人均值地区差"逆动"扩大之势，有效缩小地区之间的增长差距，争取使地区差"回归"2000年以来最小值，这样的期待或许更为符合实际。

技术报告与综合分析

Technical Report and Comprehensive Analysis

B.2
中国公共文化投入增长测评体系技术报告
——兼2000~2015年基本态势分析

王亚南 刘婷 魏海燕*

摘　要： 本报告作为"中国公共文化投入增长测评体系"技术报告，基于所能利用的2000~2015年相关数据，对基础数据来源、数据推演方法、相应数值关系、测评体系构思、具体指标测算加以说明，对各类数据事实所反映出来的全国及各地文化投入增长相关态势进行分析。意在把文化投入增长放到经济、财政增长相关背景中，放到教科文卫投入增长的相邻关系中，

---

* 王亚南，云南省社会科学院研究员，文化发展研究中心主任；刘婷，云南省社会科学院研究员，文化发展研究中心秘书长；魏海燕，云南省政协信息中心主任编辑，主要从事传媒信息分析研究。

放到与居民文化消费占比的同构关联中,放到文化投入人均值地区差与均等化理想的差距检测中,全面检验各方面增长的协调性和均衡性,从而得出现行统计制度下适用的综合评价指数,并实现演算过程的通约性和演算结果的可比性,以可供重复验证。

关键词: 文化投入　增长态势　综合测评　指标与方法

本报告系"中国公共文化投入增长测评体系"技术报告。本项研究从"文化消费需求景气评价"起步,经"文化产业供需协调检测"延伸,到"公共文化投入增长测评"拓展,大致已形成相对自成一体的系列。当初研创"文化消费需求景气评价",面对的是亿万城乡居民,从无到有填空补缺;随后研创"公共文化投入增长测评",面对的是各级政府财政,众目关注难以把握。为此,本项测评体系演算数据库早已建成,却悄然试运行一年有余,方于2015年首次出版书稿,现为第3个年度卷。

必须承认,凭借已有"中国文化消费需求景气评价体系""中国文化产业供需协调检测体系"多年积累的方法论基础和技术性经验,"中国公共文化投入增长测评体系"的构思设计相应少了一些冥思苦想的周折,多了一些参考移植的便捷,当然,更希望从一开始就显得较为成熟。

一　基础数据来源及其演算方法

本项测评体系采用的基础数据包括:全国和各地产值、财政收入与支出;全国和各地教育、科技、文化、卫生投入,以及教科文卫四个方面合计的综合投入(早年统计为"文教、科学、卫生事业费");所有这些数据的人均值演算结果,用以检验全国和各地这些方面增长的协调性、均衡性;最后与"中国文化消费需求景气评价体系"形成互动,调用居民收入与总消费、文化消费数据，对应检测文化消费与投入占收入、支出比的同构可比关系。

本项研究不涉及财政、预算、会计、统计诸学科的理论和方法，按照公众知识对于"公器常理"的认知逻辑进行推演，同时避免使用数理分析的符号和公式，字面上立足于日常使用的"自然语言"，力求让接受过义务教育的普通公民能够看明白。这就需要把数理逻辑梳理、数据关系分析、指标系统运算置于后台数据库之中，转变为数据库运行的程序语言和演算函数，交给恪守"机械逻辑"的计算机去处理。

"中国公共文化投入增长测评体系"数据来源及相关演算见表1。

表1 "中国公共文化投入增长测评体系"数据来源及相关演算

序号	数据内容	数据来源	全国数据出处	省域数据出处
1	产值总量及其人均值	历年《中国统计年鉴》	三、国民经济核算,3-1国内生产总值	三、国民经济核算,3-9地区生产总值和指数,3-10人均地区生产总值和指数
2	财政收入总量		七、财政,7-2中央和地方一般公共预算主要收入项目	七、财政,7-5分地区一般公共预算收入
3	财政支出总量		七、财政,7-3中央和地方一般公共预算主要支出项目	七、财政,7-6分地区一般公共预算支出
4	教育投入总量			
5	科技投入总量			
6	文化投入总量			
7	卫生投入总量			
8	教科文卫综合投入总量		第4~7类数据之和,早年统计项即"文教、科学、卫生事业费"同一个大类	
9	东、中、西部和东北整体数据		引入相应所属省域人口参数,用于全部各类数据演算	
10	以上第2~9类数据人均值		引入人口参数演算,使各地更具可比性,并测算人均地区差	
11	文化消费占居民收入、支出比		与"中国文化消费需求景气评价体系"同步互动,检测其与文化投入占财政收入、支出比倍差指数	

注：①数据具体出处章号章名、表号表名以《中国统计年鉴》2015年卷（2014年统计数据）为准；②文化投入数据项为"文化体育与传媒"，实际应包括现行文化、新闻出版广电、体育三个行政系统管理领域的投入；③省域指除港澳台外的31个省（区、市）。

鉴于相关细节已在表中交代得十分清楚，尚需补充说明的是，演算各项数据的基本方法和程序，包括演算各类人均值必需的人口参数处理，特别是本项研究独创的地区差指数演算方式，可见《中国文化消费需求景气评价报告》一书技术报告，在此当属"自引"而不必再予注明。

借助本项测评体系强大的后台数据库演算功能，本报告将对全国及各地2000～2015年文化投入增长相关基本态势同时展开全面分析，方法论和技术性阐释尽量从简，而主要通过实际分析应用具体体现出来。与早年"从头起步"探索建立"文化消费需求景气评价"和"文化产业供需协调检测"数据库相比，而今"举一反三"改进新建"公共文化投入增长测评"数据库更加突出应用性和实用性。力避以往文化研究的"纯"人文风格"言辞意蕴"，力求贴近数理科学的"准"精密方法"标准检测"，正是本项研究与评价奉行的宗旨。

二 数量指标子系统及其测算方式

全国及各地文化投入总量、人均绝对值为基础数据，不仅本身数值高低具有决定性意义，而且影响到随后一切列联分析、加权分析衍生数值的高低。文化投入总量数据转换为占全国份额值进行演算，人均值则直接进入演算，并且成为地区差演算的依据。

（一）文化投入总量（份额）值

2000～2015年全国文化投入总量及北京份额变动态势见图1。为了方便阐释全国总量与各地份额值关系，图中举例附加北京数据。

2000～2015年，全国文化投入总量总增长924.56%，年均增长16.78%。其中，"十五"期间，全国总量总增长134.24%，年均增长18.56%；"十一五"期间，全国总量总增长119.32%，年均增长17.01%；"十二五"期间，全国总量总增长99.43%，年均增长14.80%。全国文化投入总量最高增长年度为2009年，增长27.14%；最低增长年度为2014年，增长5.78%。

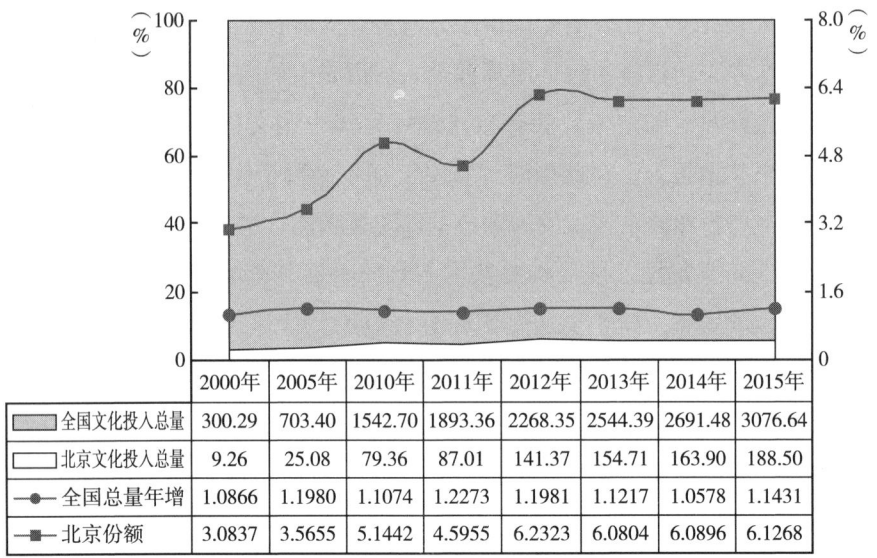

图1　2000～2015年全国文化投入总量及北京份额变动态势

左轴面积：全国、北京（举例）文化投入总量（亿元转换为%），二者历年变动呈直观比例。右轴曲线：全国总量年增（上年=1，保留4位小数，本报告正文转换为2位小数增长百分比，后同）；北京份额（%，保留4位小数）。图中省略若干年度，后台数据库演算包括省略年度及不出现的1999年相关数据，以测算历年增长变化，本报告同。

各地文化投入总量绝对值本身可比性不强，但总量增长幅度及其占全国份额变化的可比性较强，而总量年均增长与份额变化是联系在一起的。各地文化投入总量占全国份额的变化，取决于全国与当地两个方面的增长差异。图1以北京为例。

同期，北京文化投入总量总增长1935.64%，年均增长22.25%，高于全国年均增长5.47个百分点。2000年以来，北京文化投入总量占全国份额由3.08%上升为6.13%。其中，"十五"期间，北京总量总增长170.84%，年均增长22.05%；"十一五"期间，北京总量总增长216.43%，年均增长25.91%；"十二五"期间，北京总量总增长137.53%，年均增长18.89%。北京文化投入总量最高增长年度为2007年，增长72.74%；最低增长年度为2014年，增长5.94%。

此项指标测算中，全国文化投入总量自为基准（横向与纵向测评全国皆为100，使用百分制便于本报告正文按惯例保留2位小数表达)，各地以自身总量占全国份额及其历年变化来衡量。

各年度横向测评以全国总量为基准（全国=100）。2015年测算东部为40.32，东北为6.98，中部为17.27，西部为26.59（另中央本级财政为8.84，与四大区域合计数出现小数误差，这源于基础数据总量合计存在微小误差，可见本书B.4增长测算报告表1）。31个省域总量份额高低依次为江苏、广东、北京、浙江、四川、山东、湖南、上海、河南、陕西、内蒙古、辽宁、河北、安徽、福建、湖北、广西、新疆、山西、吉林、江西、甘肃、云南、贵州、黑龙江、天津、重庆、西藏、青海、海南、宁夏。其中，江苏处于首位，份额指标测算值为6.37；宁夏处于末位，份额指标测算值为0.68。

此项指标横向测评好比"不论年龄比高矮"，人口大省和先发强省占据优势。

各时段纵向测评以起点年自身指标数值为基数。当前数据年度测评各自以上一年为100，至2015年东部为101.35，东北为94.23，中部为102.37，西部为96.15。14个省域总量增长高于全国平均增长，份额上升而测算值"加分"；17个省域总量增长低于全国平均增长，份额下降而测算值"减分"。其中，浙江处于首位，份额指标测算值为125.42；辽宁处于末位，份额指标测算值为83.70。

此项指标纵向测评好比"不论高矮比成长"，大省与小省、先发地区与后发地区自比既往年度。

（二）文化投入人均值

2000~2015年全国文化投入人均值及重庆地区差变动态势见图2。为了方便阐释全国与各地人均值关系，图中举例附加重庆数据。

2000~2015年，全国文化投入人均值总增长843.52%，年均增长16.14%。其中，"十五"期间总增长126.87%，年均增长17.80%；"十一五"期间总增长113.73%，年均增长16.41%；"十二五"期间总增长

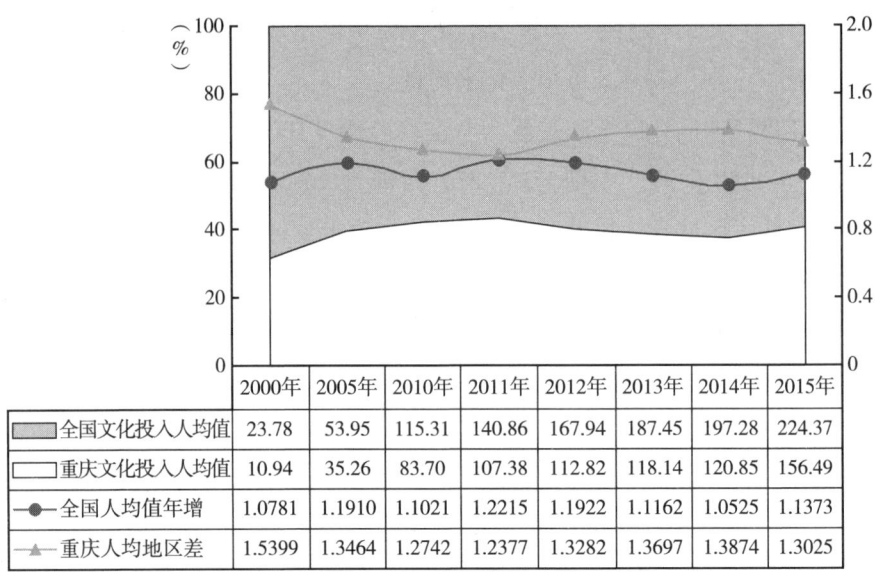

图 2　2000~2015 年全国文化投入人均值及重庆地区差变动态势

左轴面积：全国、重庆（举例）文化投入人均值（元转换为%），二者历年变动呈直观比例。右轴曲线：全国人均值年增（上年=1，由于历年人口增长，人均值年增略低于总量年增）；重庆人均值地区差（无差距=1，为检测细微差异，保留4位小数，后同）。

94.58%，年均增长 14.24%。全国文化投入人均值最高增长年度为 2009 年，增长 26.49%；最低增长年度为 2014 年，增长 5.25%

各地文化投入人均值具有很强的可比性，当今追求"公共文化服务均等化"理想，公共文化投入的均等化应当成为重要前提，而这一点有必要以人均值来衡量。各地文化投入人均值的变化，同样需要与全国人均值形成对比。图 2 以重庆为例。

同期，重庆文化投入人均值总增长 1330.44%，年均增长 19.41%，高于全国年均增长 3.27 个百分点。2000 年以来，重庆文化投入人均值与全国人均值之比由 46.01% 上升为 69.75%，地区差由 1.5399 缩小为 1.3025。其中，"十五"期间，重庆人均值总增长 222.30%，年均增长 26.37%；"十一五"期间，重庆人均值总增长 137.38%，年均增长 18.87%；"十二五"期间，重庆人均值总增长 86.97%，年均增长 13.33%，各时段增长率未能保持稳定。重庆文化投入人均值最高增长年度为2008年，增长55.50%；最低增长年度为2007年，负增长13.12%。

各年度横向测评以全国人均值为基准（全国＝100）。2015年测算东部为105.61，东北为87.32，中部为65.10，西部为98.60。14个省域人均值高于全国人均值，测算值"加分"；17个省域人均值低于全国人均值，测算值"减分"。其中，西藏处于首位，人均值指标测算值为482.56；河南处于末位，人均值指标测算值为49.66。

由于中央财政专项转移支付的倾斜政策，此项指标的横向测评并非先发的强省占据优势。然而，应当注意到，以文化投入人均值加以检验，中部"文化塌陷"凸显。

各时段纵向测评以起点年自身指标数值为基数。当前数据年度测评各自以上一年为100，至2015年全国为113.73，东部为115.08，东北为107.86，中部为116.37，西部为109.18。14个省域人均值增长高于全国平均增长，测算值"加分"高于全国总体；17个省域人均值增长低于全国平均增长，测算值"加分"低于全国总体。其中，浙江处于首位，人均值指标测算值为142.83；辽宁处于末位，人均值指标测算值为95.76。

由于全国及各地文化投入普遍显著增长，以人均值来衡量尤其明显，此项指标的纵向测评多为明显"加分"，只有个别地区在某一时段例外，当然各地还存在较大差异。

三　质量指标子系统及其测算方式

无论是文化投入总量，还是文化投入人均值，均为绝对值，绝对值的可比性毕竟不如关系值。一般来说，绝对值只能对比数量差距，而关系值往往能够揭示质量差异。在本项研究中，重视关系值一向甚于绝对值。

（一）文化投入背景关系值

文化投入增长的背后，无疑是经济增长和财政收入、支出增长，因此文化投入数据需要放到产值和财政收支数据的背景关系中开展考察,于是就有了背景关系值列联分析的相应衍生数据,从中检验文化投入增长与产值增长、财政收支增长之间的协调性。

1. 文化投入与产值比

2000～2015年全国文化投入与产值关系变动态势见图3。图中将全国历年产值总量、文化投入总量绝对值转换为图形面积直观比例,并设置动态曲线标明文化投入与产值比值历年变动态势,另附产值人均值地区差历年变化状况。

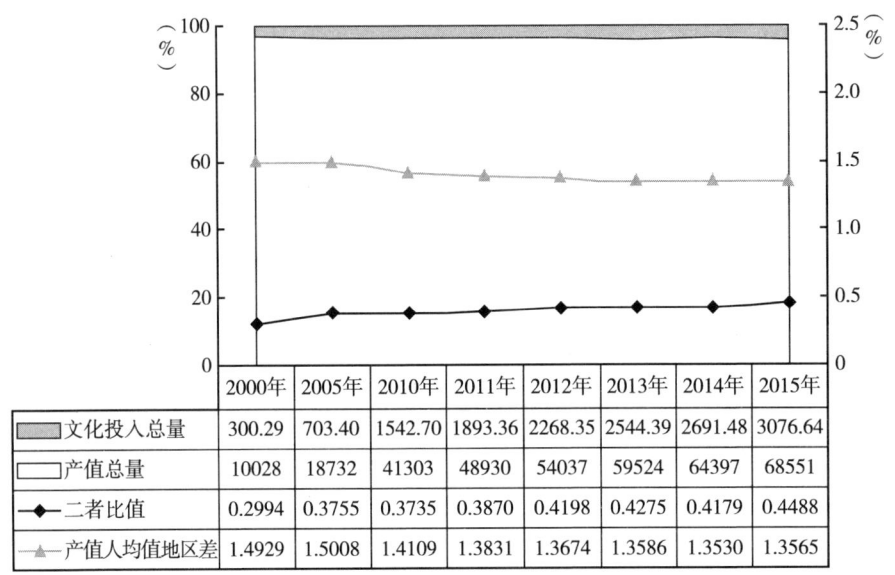

图3 2000～2015年全国文化投入与产值关系变动态势

左轴面积:全国文化投入总量(亿元转换为%)、产值总量(10亿元转换为%),二者历年变动呈直观比例(文化投入图形比例放大至10倍以便显示)。右轴曲线:二者比值(%),因比值很小,保留4位小数(后同);产值人均值地区差(无差距=1)。

2000～2015年,全国产值总量总增长583.59%,年均增长13.67%,低于文化投入总量年均增长3.11个百分点。其中,全国产值总量"十五"期间总增长86.80%,年均增长13.31%;"十一五"期间总增长120.50%,年均增长17.13%;"十二五"期间总增长65.97%,年均增长10.66%。全国产值总量最高增长年度为2007年，增长23.15%；最低增长年度为2015年，增长6.45%。

产值人均值地区差指数检验全国各地经济增长的均衡性。2000年以来，全国产值人均值地区差由1.4929缩小为1.3565。地区差最大值为2003年的1.5023，最小值为2014年的1.3530，这表明全国各地经济增长的均衡性提升。

全国文化投入与产值比的变化，取决于产值总量与文化投入总量两个方面的历年增长差异。对照图1全国文化投入总量历年增长动态，可以准确把握文化投入与产值之间关系比值的变化态势。

同期，全国文化投入与产值比由0.30%上升为0.45%，提高了0.15个百分点。其中，"十五"期间提高0.08个百分点，"十一五"期间降低0.0020个百分点，"十二五"期间提高0.08个百分点。这表明，2000年以来全国文化投入增长超越了经济增长。全国文化投入与产值比最低值为2000年的0.30%，最高值为2015年的0.45%。

各年度横向测评以全国总体比值为基准（全国=100）。2015年测算东部为74.10，东北为82.77，中部为80.56，西部为125.71。15个省域此项比值高于全国总体比值，测算值"加分"；16个省域此项比值低于全国总体比值，测算值"减分"。其中，西藏处于首位，此项比值指标测算值为753.92；山东处于末位，此项比值指标测算值为48.54。

由于中央财政支持经济增长滞后地区的专项转移支付政策，在此项指标的横向测评中，经济增长"率先"的强省并不一定占据优势。

各时段纵向测评以起点年自身指标数值为基数。当前数据年度测评各自以上一年为100，至2015年全国为107.39，东部为108.75，东北为107.07，中部为110.43，西部为104.67。25个省域此项比值上升，测算值"加分"；仅有6个省域此项比值下降，测算值"减分"。其中，浙江处于首位，此项比值指标测算值为134.29；西藏处于末位，此项比值指标测算值为91.37。

由于全国及各地文化投入增长普遍超越了产值增长，此项指标纵向测评多为"加分"，少数地区则为"减分"。

2. 文化投入占财政收入比

2000~2015年全国文化投入与财政收入关系变动态势见图4。图中将全国历年财政收入总量、文化投入总量绝对值转换为图形面积直观比例，并设置动态曲线标明文化投入占财政收入比值历年变动态势，另附财政收入人均值地区差历年变化状况。

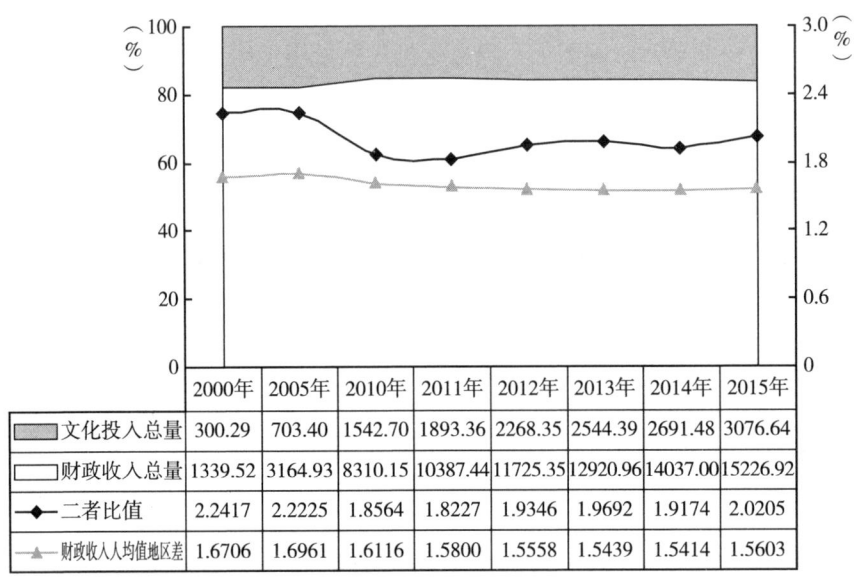

图4 2000~2015年全国文化投入与财政收入关系变动态势

左轴面积：全国文化投入总量（亿元转换为%）、财政收入总量（10亿元转换为%），二者历年变动呈直观比例（文化投入图形比例放大至10倍以便显示）。右轴曲线：二者比值（%）；财政收入人均值地区差（无差距=1）。

2000~2015年，全国财政收入总量总增长1036.76%，年均增长17.59%，高于文化投入年均增长0.81个百分点。其中，全国财政收入总量"十五"期间总增长136.27%，年均增长18.76%；"十一五"期间总增长162.57%，年均增长21.30%；"十二五"期间总增长83.23%，年均增长12.88%。全国财政收入总量最高增长年度为2007年，增长32.41%；最低增长年度为2015年，增长8.48%。

财政收入人均值地区差可用以检验全国各地财政收入增长的均衡性。

2000年以来，全国财政收入人均值地区差由1.6706缩小为1.5603。地区差最大值为2004年的1.7037，最小值为2014年的1.5414，这表明全国各地财政收入增长的均衡性提升。

全国文化投入占财政收入比的变化，取决于财政收入总量与文化投入总量两个方面的历年增长差异。对照图1全国文化投入总量历年增长动态，可以准确把握文化投入与财政收入之间关系比值的变化态势。

同期，全国文化投入占财政收入比由2.24%下降为2.02%，降低了0.22个百分点。其中，"十五"期间降低0.02个百分点，"十一五"期间降低0.37个百分点，"十二五"期间提高0.16个百分点。这表明，2000年以来全国文化投入增长滞后于财政收入增长。全国文化投入占财政收入比最高值为2002年的2.27%，最低值为2007年的1.75%。

各年度横向测评以全国总体比值为基准（全国=100）。2015年测算东部为132.11，东北为235.03，中部为177.68，西部为235.24。29个省域此项比值高于全国总体比值，测算值"加分"；仅有2个省域此项比值低于全国总体比值，测算值"减分"。其中，西藏处于首位，此项比值指标测算值为1253.45；天津处于末位，此项比值指标测算值为95.99。

由于中央财政支持财政收入增长滞后地区的专项转移支付政策，在此项指标横向测评中，财政收入"率先"增长的先发地区并不一定占据优势。

各时段纵向测评以起点年自身指标数值为基数。当前数据年度测评各自以上一年为100，至2015年全国为105.38，东部为101.76，东北为135.70，中部为106.66，西部为101.36。17个省域此项比值上升，测算值"加分"；14个省域此项比值下降，测算值"减分"。其中，辽宁处于首位，此项比值指标测算值为143.58；西藏处于末位，此项比值指标测算值为92.29。

由于全国及各地文化投入增长普遍滞后于财政收入增长，此项指标纵向测评多为"减分"，少数地区则为"加分"。

3. 文化投入占财政支出比

2000~2015年全国文化投入与财政支出关系变动态势见图5。图中将全国历年财政支出总量、文化投入总量绝对值转换为图形面积直观比例，并设置动态曲线标明文化投入占财政支出比值历年变动态势，另附财政支出人均值地区差历年变化状况。

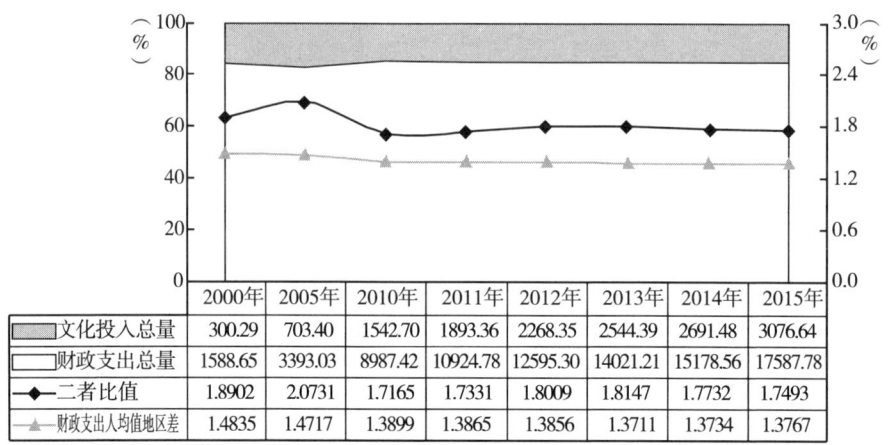

图5　2000～2015年全国文化投入与财政支出关系变动态势

左轴面积：全国文化投入总量（亿元转换为%）、财政支出总量（10亿元转换为%），二者历年变动呈直观比例（文化投入图形比例放大至10倍以便显示）。右轴曲线：二者比值（%）；财政支出人均值地区差（无差距=1）。

2000～2015年，全国财政支出总量总增长1007.06%，年均增长17.38%，高于文化投入年均增长0.60个百分点。其中，全国财政支出总量"十五"期间总增长113.57%，年均增长16.39%；"十一五"期间总增长164.88%，年均增长21.51%；"十二五"期间总增长95.69%，年均增长14.37%。全国财政支出总量最高增长年度为2008年，增长25.74%；最低增长年度为2014年，增长8.25%。

财政支出人均值地区差可用以检验全国各地财政支出增长的均衡性。2000年以来，全国财政支出人均值地区差由1.4835缩小为1.3767。地区差指数最大值为2002年的1.5040，最小值为2013年的1.3711，这表明全国各地财政支出增长的均衡性提升。

全国文化投入占财政支出比的变化取决于财政支出总量与文化投入总量两个方面的历年增长差异。对照图1全国文化投入总量历年增长动态，可以准确把握文化投入与财政支出之间关系比值的变化态势。

同期,全国文化投入占财政支出比由1.89%下降为1.75%,降低了0.14个百分点。其中,"十五"期间提高0.18个百分点,"十一五"期间降低0.36个百分点,"十二五"期间提高0.03个百分点。这表明,2000年以来全国文化投入增长滞后于财政支出增长。全国文化投入占财政支出比最高值为2006年的2.08%,最低值为2010年的1.72%。

各年度横向测评以全国总体比值为基准(全国=100)。2015年测算东部为111.76,东北为104.76,中部为95.71,西部为107.69。18个省域此项比值高于全国总体比值,测算值"加分";13个省域此项比值低于全国总体比值,测算值"减分"。其中,北京处于首位,此项比值指标测算值为187.81;重庆处于末位,此项比值指标测算值为70.87。

由于中央财政支持欠发达地区的转移支付政策(计入当地财政支出),在此项指标的横向测评中,发达地区与欠发达地区并无泾渭分明的差异。

各时段纵向测评以起点年自身指标数值为基数。当前数据年度测评各自以上一年为100,至2015年全国为98.65,东部为93.82,东北为105.04,中部为101.81,西部为98.17。14个省域此项比值上升,测算值"加分";17个省域此项比值下降,测算值"减分"。其中,湖南处于首位,此项比值指标测算值为122.32;广东处于末位,此项比值指标测算值为82.56。

由于全国及各地文化投入增长普遍滞后于财政支出增长,此项指标的纵向测评多为"减分",少数地区则为"加分"。

(二)文化投入相邻关系值

在财政预算里,教科文卫投入具有密切的相邻关系,甚至早年直接作为财政支出的一个综合大类。鉴于文化投入与教育、科技、卫生投入的这种相邻关系,其间的"毗邻可比性"或称"兄弟可比性"强于其他任何方面。

1. 文化投入与教育投入比

教育事业的最大基底是义务教育,国家有义务面向全体国民举办基础教育，当前全国统一政策范围涵括小学和初中。2000年以来在全国范围让乡镇以下农村所谓"民办教育"回归为"公办教育"，2012年全国教育投入首次达到法定"与产值比4%"，都是国家义务的基本要求，距离义务教育阶段教学条件和质量均等化、各地城乡中小学生享受公平教育的目标还差得很远。今后有必要进一步继续加大投入，向全覆盖、均等化的薄弱环节倾斜，早日建成覆盖全国城乡的公平教育体系。与教育投入"硬指标"相比，文化投入或许只是一项"软指标"。

2000~2015年全国文化投入与教育投入关系变动态势见图6。图中将全国历年教育投入总量、文化投入总量绝对值转换为图形面积直观比例，并设置动态曲线标明文化投入与教育投入比值历年变动态势，另附教育投入人均值地区差历年变化状况。

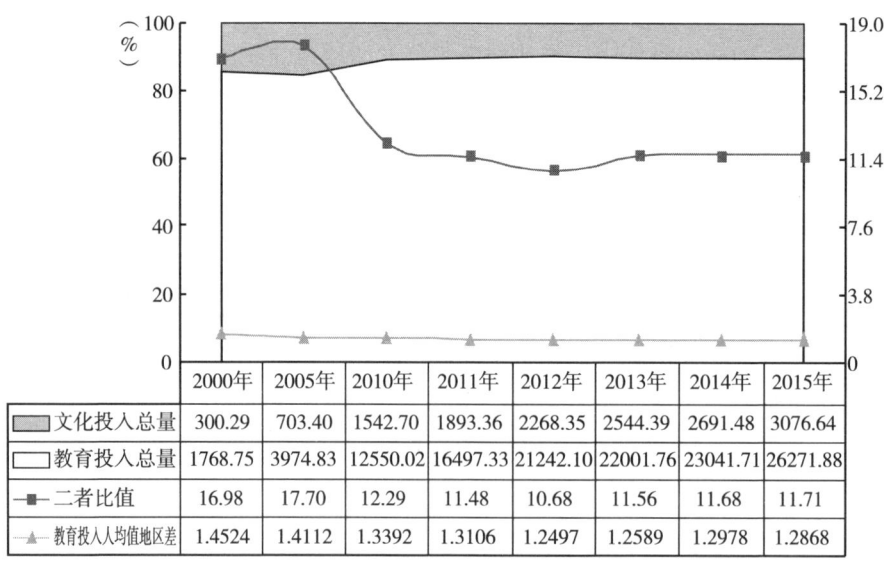

图6 2000~2015年全国文化投入与教育投入关系变动态势

左轴面积：全国文化投入、教育投入总量（亿元转换为%），二者历年变动呈直观比例。
右轴曲线：二者比值（%）；教育投入人均值地区差（无差距=1）。

2000~2015年，全国教育投入总量总增长1385.30%，年均增长19.71%，高于文化投入总量年均增长2.93个百分点。其中，全国教育投入总量"十五"期间总增长124.72%，年均增长17.58%；"十一五"期间总增长215.74%，年均增长25.85%；"十二五"期间总增长109.34%，年均增长15.92%。全国教育投入总量最高增长年度为2007年，增长48.99%；最低增长年度为2013年，增长3.58%。

教育投入人均值地区差可用以检验全国各地教育投入增长的均衡性。2000年以来，全国教育投入人均值地区差由1.4524缩小为1.2868。地区差最大值为2000年的1.4524，最小值为2012年的1.2497，这表明全国各地教育投入增长的均衡性提升。

全国文化投入与教育投入比的变化，取决于教育投入总量与文化投入总量两个方面的历年增长差异。对照图1全国文化投入总量历年增长动态，可以准确把握文化投入与教育投入之间关系比值的变化态势。

同期，全国文化投入与教育投入比由16.98%下降为11.71%，降低了5.27个百分点。其中，"十五"期间提高0.72个百分点，"十一五"期间降低5.41个百分点，"十二五"期间降低0.58个百分点。这表明，2000年以来全国文化投入增长滞后于教育投入增长。全国文化投入与教育投入比最高值为2005年的17.70%，最低值为2012年的10.68%。

各年度横向测评以全国总体比值为基准（全国=100）。2015年测算东部为97.36，东北为112.00，中部为84.56，西部为99.35。15个省域此项比值高于全国总体比值，测算值"加分"；16个省域此项比值低于全国总体比值，测算值"减分"。其中，北京处于首位，此项比值指标测算值为188.11；贵州处于末位，此项比值指标测算值为67.61。

由于中央财政支持欠发达地区的教育、文化专项转移支付政策，在此项指标横向测评中，发达地区与欠发达地区并无泾渭分明的差异。

各时段纵向测评以起点年自身指标数值为基数。当前数据年度测评各自以上一年为100，至2015年全国为100.26，东部为100.54，东北为99.83，中部为104.03，西部为94.72。14个省域此项比值上升，测算值"加分"；17个省域此项比值下降，测算值"减分"。其中，湖南处于首位，此项比值指标测算值为125.34；西藏处于末位，此项比值指标测算值为86.51。

由于全国及各地文化投入增长普遍滞后于教育投入增长，此项指标纵向测评多为"减分"，只有少数地区"加分"。

2. 文化投入与科技投入比

"科技是第一生产力"的概括人所共知。加大科技投入不仅直接有利于技术创新、发展经济，而且有利于科学、技术领域自身创新，建设创新型国家，增强国际竞争力。与科技投入"强指标"相比，文化投入或许还是一项"弱指标"。

2000~2015年全国文化投入与科技投入关系变动态势见图7。图中将全国历年科技投入总量、文化投入总量绝对值转换为图形面积直观比例，并设置动态曲线标明文化投入与科技投入比值历年变动态势，另附科技投入人均值地区差历年变化状况。

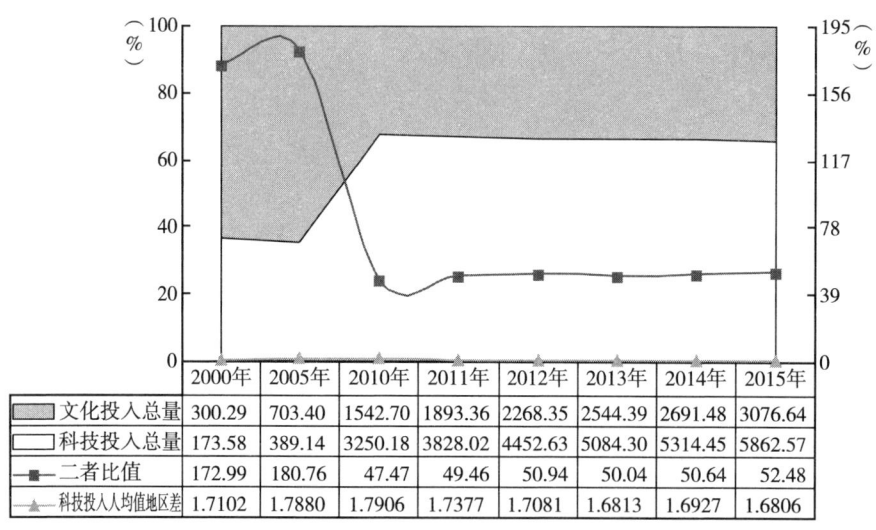

图7 2000~2015年全国文化投入与科技投入关系变动态势

左轴面积：全国文化投入、科技投入总量（亿元转换为%），二者历年变动呈直观比例。
右轴曲线：二者比值（%）；科技投入人均值地区差（无差距=1）。

2000~2015年，全国科技投入总量总增长3277.07%，年均增长26.45%，高于文化投入总量年均增长9.67个百分点。其中，全国科技投入总量"十五"期间总增长124.14%，年均增长17.52%；"十一五"期间总增长735.31%，年均增长52.89%；"十二五"期间总增长80.38%，年均增长12.52%。全国科技投入总量最高增长年度为2007年，增长268.88%；最低增长年度为2014年，增长4.53%。

科技投入人均值地区差可用以检验全国各地科技投入增长的均衡性。2000年以来，全国科技投入人均值地区差由1.7102缩小为1.6806。地区差指数最大值为2009年的1.8297，最小值为2015年的1.6806，这表明全国各地科技投入增长的均衡性提升。

全国文化投入与科技投入比的变化，取决于科技投入总量与文化投入总量两个方面的历年增长差异。对照图1全国文化投入总量历年增长动态，可以准确把握文化投入与科技投入之间关系比值的变化态势。

同期，全国文化投入与科技投入比由172.99%下降为52.48%，降低了120.51个百分点。其中，"十五"期间提高7.77个百分点，"十一五"期间降低133.29个百分点，"十二五"期间提高5.01个百分点。这表明，2000年以来全国文化投入增长滞后于科技投入增长。全国文化投入与科技投入比最高值为2005年的180.76%，最低值为2010年的47.47%。

各年度横向测评以全国总体比值为基准（全国=100）。2015年测算东部为109.10，东北为267.10，中部为178.54，西部为313.32。28个省域此项比值高于全国总体比值，测算值"加分"；仅有3个省域此项比值低于全国总体比值，测算值"减分"。其中，西藏处于首位，此项比值指标测算值为1223.26；广东处于末位，此项比值指标测算值为65.10。

由于中央财政支持欠发达地区的文化专项转移支付（科技似乎不在列），在此项指标横向测评中，发达地区与欠发达地区形成泾渭分明的差异。

各时段纵向测评以起点年自身指标数值为基数。当前数据年度测评各自以上一年为100，至2015年全国为103.62，东部为93.20，东北为129.86，中部为106.75，西部为95.65。15个省域此项比值上升，测算值"加分"；16个省域此项比值下降，测算值"减分"。其中，山西处于首位，此项比值指标测算值为165.49；广东处于末位，此项比值指标测算值为55.73。

由于全国及各地文化投入增长普遍滞后于科技投入增长，此项指标纵向测评多为"减分"，只有少数地区在某一时段"加分"。

3. 文化投入与卫生投入比

全国卫生事业的新发展在于建立全民基本医疗保障体系，并且向城乡全覆盖、国民均等化的目标努力，继续加大卫生投入势在必行。与卫生投入"硬指标"相比，文化投入或许仍是一项"软指标"。

2000~2015年全国文化投入与卫生投入关系变动态势见图8。图中将全国历年卫生投入总量、文化投入总量绝对值转换为图形面积直观比例，并设置动态曲线标明文化投入与卫生投入比值历年变动态势，另附卫生投入人均值地区差历年变化状况。

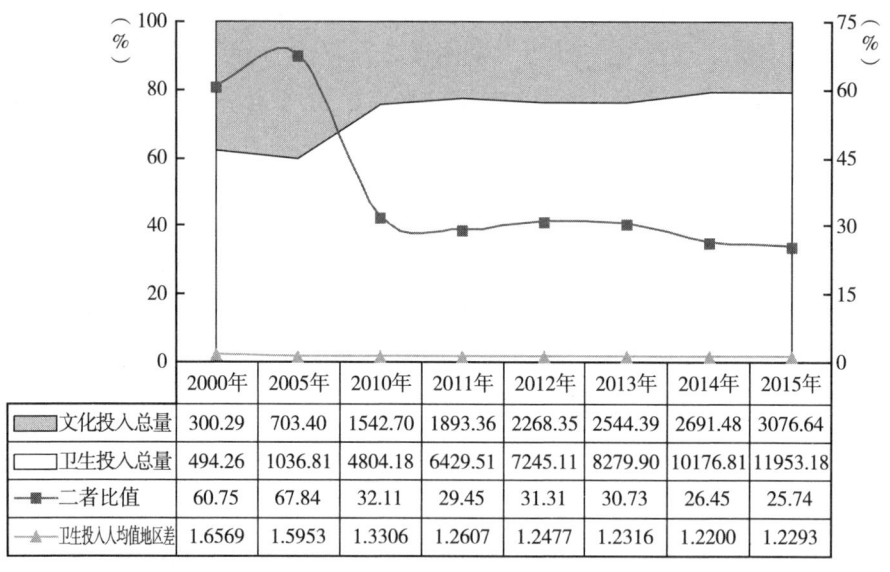

图8 2000~2015年全国文化投入与卫生投入关系变动态势

左轴面积：全国文化投入、卫生投入总量（亿元转换为%），二者历年变动呈直观比例。右轴曲线：二者比值（%）；卫生投入人均值地区差（无差距=1）。

2000~2015年，全国卫生投入总量总增长2318.21%，年均增长23.66%，高于文化投入年均增长6.88个百分点。其中，全国卫生投入总量

"十五"期间总增长 109.75%，年均增长 15.97%；"十一五"期间总增长 363.37%，年均增长 35.89%；"十二五"期间总增长 148.81%，年均增长 20.00%。全国卫生投入总量最高增长年度为 2007 年，增长 50.73%；最低增长年度为 2004 年，增长 9.84%。

卫生投入人均值地区差可用以检验全国各地之间卫生投入增长的均衡性。2000 年以来，全国卫生投入人均值地区差由 1.6569 缩小为 1.2293。地区差指数最大值为 2000 年的 1.6569，最小值为 2014 年的 1.2200，这表明全国各地之间卫生投入增长的均衡性提升。

全国文化投入与卫生投入比的变化，取决于卫生投入总量与文化投入总量两个方面的历年增长差异。对照图 1 全国文化投入总量历年增长动态，可以准确把握文化投入与卫生投入之间关系比值的变化态势。

同期，全国文化投入与卫生投入比由 60.75% 下降为 25.74%，降低了 35.01 个百分点。其中，"十五"期间提高 7.09 个百分点，"十一五"期间降低 35.73 个百分点，"十二五"期间降低 6.37 个百分点。这表明，2000 年以来全国文化投入增长滞后于卫生投入增长。全国文化投入与卫生投入比最高值为 2004 年的 68.70%，最低值为 2015 年的 25.74%。

各年度横向测评以全国总体比值为基准（全国 = 100）。2015 年测算东部为 104.52，东北为 104.08，中部为 71.14，西部为 89.43。13 个省域此项比值高于全国总体比值，测算值"加分"；18 个省域此项比值低于全国总体比值，测算值"减分"。其中，西藏处于首位，此项比值指标测算值为 214.86；云南处于末位，此项比值指标测算值为 56.68。

由于中央财政支持欠发达地区的文化、卫生专项转移支付政策，在此项指标的横向测评中，发达地区与欠发达地区并无泾渭分明的差异。

各时段纵向测评以起点年自身指标数值为基数。当前数据年度测评各自以上一年为 100，至 2015 年全国为 97.32，东部为 99.35，东北为 96.11，中部为 98.15，西部为 92.25。10 个省域此项比值上升，测算值"加分"；21 个省域此项比值下降，测算值"减分"。其中，浙江处于首位，此项比值指标测算值为 128.10；西藏处于末位，此项比值指标测算值为79.24。

由于全国及各地文化投入增长普遍滞后于卫生投入增长，此项指标纵向测评多为"减分"，只有少数地区"加分"。

四　校正指标子系统及其测算方式

本项研究从"文化消费需求景气评价"到"公共文化投入增长测评"，均衡性校正指标都是最为别出心裁的一类逆指标设计，用来检验某些特定方面增长失衡的"发展缺陷"。直截了当地说，校正指标专门用以折算扣除。文化投入城乡投向数据缺失，无法演算得出"城乡比"指标，对于揭示"中国现实"实属憾事。

（一）文化投入与文化消费同构关系值

应当说明，近几年年鉴不仅对乡村"教育文化娱乐"统计项不加细分，而且不再提供城镇教育、文化消费细分数据，本项研究依据既往20年（重庆取1997年以来，西藏取1999年以来）其间比重动态进行推算，去除城镇"教育消费"部分，以保持一贯的数据取值演算阈界。

文化消费占居民收入、支出比与文化投入占财政收入、支出比之间形成同构占比关系。在最初的构思设置中，同构占比倍差指数演算类似于"文化消费需求景气评价体系"之"城乡比"指标，直接取其间倍差数值，于是存在"倒挂加分"。随后，在测试过程中发现，由于中央财政转移支付的政策支持，若干欠发达地区文化投入占财政收入、支出比反超文化消费占居民收入、支出比，结果在各地对比测算时"反向失衡"严重。为了避免这一问题，特对同构占比倍差指数演算改为类似于"地区差"指标，以无差距基准值1衡量正负绝对偏差值，将倍差"倒挂"现象作为反向偏差值处理，同构占比高低失衡均视为差距。因全国及绝大部分省域同构占比皆呈现正向倍差，即文化消费占居民收入、支出比成倍大于文化投入占财政收入、支出比，仍然称之为"倍差指数"。

文化消费与文化投入同构占收入比、支出比倍差指数演算方式为，无差距基准值1加与之绝对偏差值。其与地区差指数演算存在两点不同：①地区差绝对偏差值出自不同人均绝对值之比，而倍差绝对偏差值出自不同占比之间的商值，但在数理关系上逻辑相通；②全国和四大区域分别独立演算，并非取相应省域绝对偏差值的平均值。

1. 文化消费与投入占收入比

全国文化消费占居民收入比与文化投入占财政收入比之间的倍差变化，取决于居民收入、文化消费、财政收入、文化投入四个方面的历年增长差异，需要"文化消费需求景气评价体系"与"公共文化投入增长测评体系"两个演算数据库协同联动。

2000～2015年全国文化消费与投入占收入比关系变动态势见图9。图中将全国历年文化消费占居民收入比、文化投入占财政收入比转换为图形面积直观比例，并设置动态曲线标明文化消费与投入占收入比倍差历年变动态势。

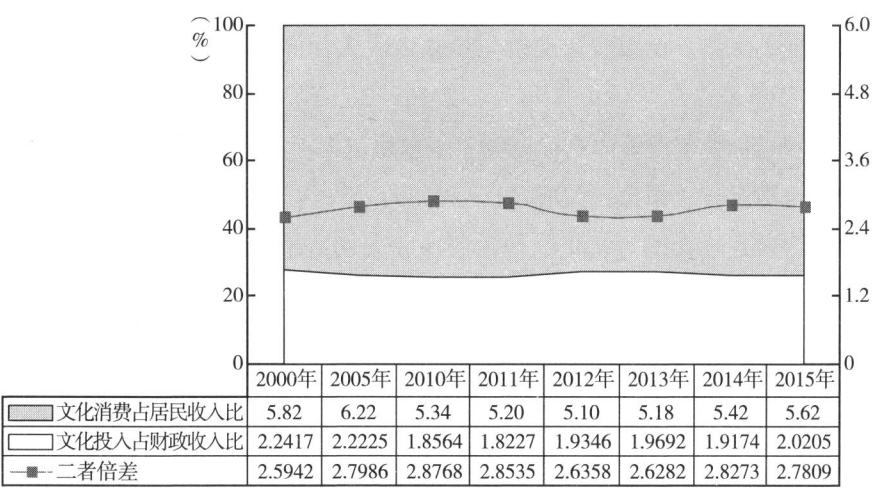

	2000年	2005年	2010年	2011年	2012年	2013年	2014年	2015年
文化消费占居民收入比	5.82	6.22	5.34	5.20	5.10	5.18	5.42	5.62
文化投入占财政收入比	2.2417	2.2225	1.8564	1.8227	1.9346	1.9692	1.9174	2.0205
二者倍差	2.5942	2.7986	2.8768	2.8535	2.6358	2.6282	2.8273	2.7809

图9　2000～2015年全国文化消费与投入占收入比关系变动态势

左轴面积：全国居民文化消费占居民收入比、文化投入占财政收入比（％），二者历年变动呈直观比例。右轴曲线：二者倍差（无差距=1，为检测细微差异，保留4位小数）。

2000~2015年，全国文化消费占居民收入比由5.82%下降为5.62%，降低了3.44%。其中，"十五"期间提高6.87%，"十一五"期间降低14.15%，"十二五"期间提高5.24%。全国文化消费占居民收入比最高值为2002年的6.38%，最低值为2012年的5.10%。

同期，全国文化投入占财政收入比由2.24%下降为2.02%，降低了9.87%。其中，"十五"期间降低0.86%，"十一五"期间降低16.47%，"十二五"期间提高8.84%。可对照图4全国文化投入占财政收入比历年变化动态，但此处转而检测百分比变化更为准确，便于进行比较。

两项收入占比皆为下降，这意味着，文化消费增长与居民收入增长之间、文化投入增长与财政收入增长之间的协调性均降低。对比二者百分比变化可以看到，文化投入占财政收入比降低程度大于文化消费占居民收入比降低程度。

于是，全国文化消费占居民收入比与文化投入占财政收入比之间的倍差由2.5942增大为2.7809，增大了7.20%。其中，"十五"期间增大7.88%，"十一五"期间增大2.79%，"十二五"期间减小3.33%。这表明，2000年以来全国文化投入占财政收入比变动态势逊于文化消费占居民收入比变动态势。全国文化消费与投入占收入比的倍差指数最小值为2001年的2.4566，最大值为2007年的3.2316。

此项指标各年度横向测评以无差距理想值为100，全国及各地均以倍差指数的倒数百分数作为权衡值（$1/N \times 100$，N =占收入比倍差指数，设定文化投入占财政收入比与文化消费占居民收入比持平，具有同构可比的"合理性"）。2015年测算全国为35.96，东部为50.13，东北为86.35，中部为58.95，西部为76.70。全部31个省域此项倍差小于全国总体倍差，测算值"分数"高于全国总体。其中，吉林处于首位，此项倍差指标测算值为98.12；上海处于末位，此项倍差指标测算值为36.52。

由于全国及各地文化投入占财政收入比普遍低于文化消费占居民收入比，文化消费与投入占收入比倍差明显，此项指标的横向测评多作为差距"减分"，少数地区倍差反超作为反向偏差值"减分"。

各时段纵向测评以起点年自身指标数值为基数。当前数据年度测评各自以上一年为100，至2015年全国为70.90，东部为99.29，东北为171.37，中部为116.88，西部为152.43。22个省域此项倍差减小，测算值"加分"；仅有9个省域此项倍差增大，测算值"减分"。其中，吉林处于首位，此项倍差指标测算值为195.14；上海处于末位，此项倍差指标测算值为72.06。

由于全国及各地文化消费占居民收入比与文化投入占财政收入比倍差较普遍增大，此项指标的纵向测评多为"减分"，只有部分地区"加分"。

2. 文化消费与投入占支出比

全国文化消费占居民支出比与文化投入占财政支出比之间的倍差变化，取决于居民总消费支出、文化消费、财政支出、文化投入共四个方面的历年增长差异，需要"文化消费需求景气评价体系"与"公共文化投入增长测评体系"两个演算数据库协同联动。

2000~2015年全国文化消费与投入占支出比关系变动态势见图10。图中将全国历年文化消费占居民支出比、文化投入占财政支出比转换为图形面积直观比例，并设置动态曲线标明文化消费与投入占支出比倍差历年变动态势。

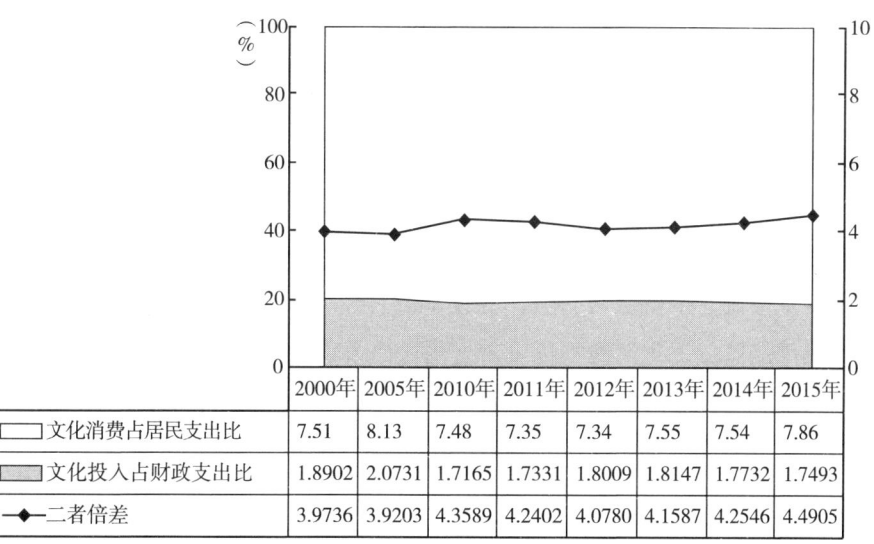

图10 2000~2015年全国文化消费与投入占支出比关系变动态势

左轴面积：全国居民文化消费占居民支出比、文化投入占财政支出比（%），二者历年变动呈直观比例。右轴曲线：二者倍差（无差距=1，为检测细微差异，保留4位小数）。

2000~2015年，全国文化消费占居民支出比由7.51%上升为7.86%，提高了4.66%。其中，"十五"期间提高8.26%，"十一五"期间降低8.00%，"十二五"期间提高5.08%。全国文化消费占居民支出比最高值为2002年的8.30%，最低值为2008年的7.12%。

同期，全国文化投入占财政支出比由1.89%下降为1.75%，降低了7.45%。其中，"十五"期间提高9.68%，"十一五"期间降低17.20%，"十二五"期间提高1.91%。可对照图5全国文化投入占财政支出比历年变化动态，但此处转而检测百分比变化更为准确，便于进行比较。

两项支出占比皆为下降，这意味着，文化消费增长与居民总消费支出增长之间、文化投入增长与财政支出增长之间的协调性均降低。检测百分比变化更为准确，对比二者百分比变化可以看到，文化投入占财政支出比降低程度大于文化消费占居民总消费支出比降低程度。

于是，全国文化消费占居民支出比与文化投入占财政支出比之间的倍差由3.9736增大为4.4905，增大了13.01%。其中，"十五"期间减小1.34%，"十一五"期间增大11.19%，"十二五"期间增大3.02%。这表明，2000年以来全国文化投入占财政支出比变动态势逊于文化消费占居民支出比变动态势。全国文化消费与投入占支出比的倍差指数最小值为2001年的3.7297，最大值为2015年的4.4905。

此项指标各年度横向测评以无差距理想值为100，全国及各地均以文化消费与投入占收入比倍差、文化消费与投入占支出比倍差之间商值（形成二重倍差指数）的倒数百分数作为权衡值（$1/N \times 100$，N＝文化消费与投入占收入比倍差、文化消费与投入占支出比倍差之间商值，设定文化投入占财政收入比与其占财政支出比持平具有收支平衡的"合理性"）。2015年测算全国为61.93，东部为51.53，东北为27.56，中部为32.48，西部为29.77。仅有3个省域二重倍差小于全国总体倍差，测算值"分数"高于全国总体；28个省域二重倍差大于全国总体倍差，测算值"分数"低于全国总体。其中，西藏处于首位，二重倍差指标测算值为156.32；黑龙江处于末位，二重倍差指标测算值为20.90。

由于全国及各地文化投入占财政支出比普遍低于文化消费占居民支出比，文化消费与投入占支出比倍差明显，而这一倍差指数又普遍大于文化消费与投入占收入比倍差，以文化投入占财政支出比与占财政收入比持平、文化投入占财政收入比再与文化消费占居民收入比持平的理想状况推演，此项指标横向测评近乎皆为差距"减分"，西藏数据特异成为例外。

各时段纵向测评以起点年自身指标数值为基数。当前数据年度测评各自以上一年为100，至2015年全国为61.48，东部为51.14，东北为27.18，中部为31.94，西部为29.35。仅有1个省域二重倍差减小，测算值"加分"；30个省域二重倍差增大，测算值"减分"。其中，西藏处于首位，二重倍差指标测算值为155.61；黑龙江处于末位，二重倍差指标测算值为20.49。

由于全国及各地文化消费占居民支出比与文化投入占财政支出比倍差较普遍增大，增大程度又较普遍大于文化消费占居民收入比与文化投入占财政收入比倍差增大程度，此项指标的纵向测评多为"减分"，只有部分地区"加分"。

（二）文化投入人均值地区差

2000~2015年全国文化投入人均值地区差变动态势见图11。图中将东、中、西和东北四大区域文化投入人均绝对值转换为图形面积直观比例，并设置动态曲线标明全国文化投入人均值地区差变动态势，另附全国文化消费人均值地区差。必须说明，全国地区差基于全部31个省域数值进行演算，此处仅仅出于制图可行考虑，姑且以四大区域代替31个省域作为示意。

全国文化投入人均值地区差及其变化，取决于全国与31个省域文化投入人均值关系及其历年增长变动差异。鉴于直接使用31个省域数据无法融入一图，在此权变使用四大区域数据演示，以2015年数据为例加以说明。

首先，对照图2全国文化投入人均值数据，以2015年全国人均值为基准1，取同年四大区域人均值与之形成商值，东部整体为1.0561，即高于全国人均值5.61%；东北整体为0.8732，即低于全国人均值12.68%；中部整

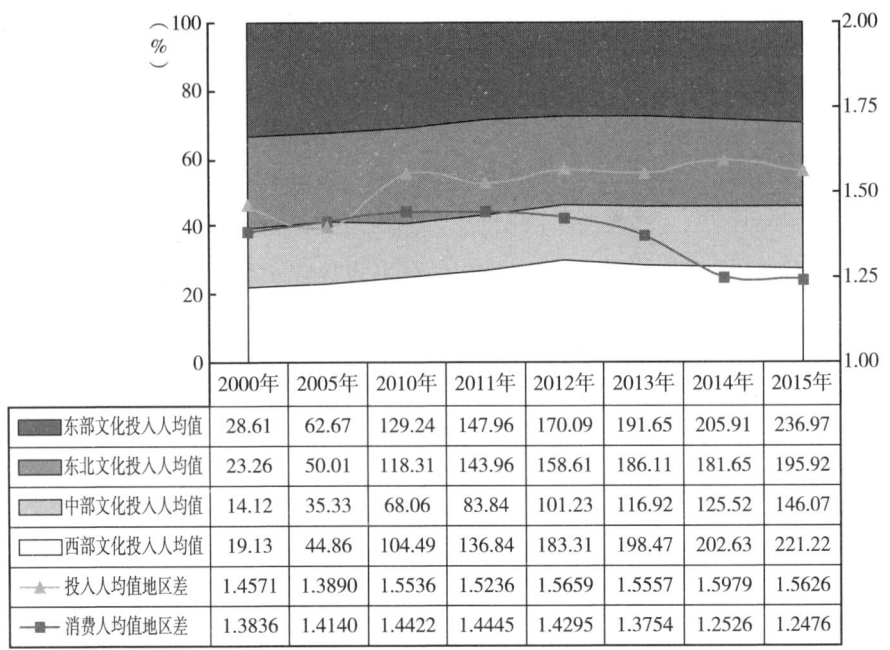

图11 2000~2015年全国文化投入人均值地区差变动态势

左轴面积：四大区域（代替31个省域示例）文化投入人均值（元转换为%），地区间变动呈直观比例。右轴曲线：全国文化投入人均值地区差；全国文化消费人均值地区差（无差距＝1，为检测细微差异，保留4位小数）。

体为0.6510，即低于全国人均值34.90%；西部整体为0.9860，即低于全国人均值1.40%。到此看出本项研究为何坚持保留地区差4位小数，转化为高低偏差值百分数之际，正好对应成为2位小数百分值。

其次，把四大区域数值转换为对应基准1的绝对偏差值，无论是高于全国均值，还是低于全国均值，只看绝对偏离程度，东部整体为0.0561，东北整体为0.1268，中部整体为0.3490，西部整体为0.0140。假设这里得出31个省域数值，则先求合计数再取平均值，得到与基准1对应的全部省域绝对偏差值的平均值。若再予细分，省域人均值高于全国均值直接取其与全国均值的商值（即倍差值，减去基准1为向上偏差值），省域人均值低于全国均值取基准1与这一商值之差（即向下偏差值）再加基准1。这两种演算可统一为绝对偏差值（不论正负）再加全国均值基准1。

最后,各省域人均值之绝对偏差值与全国均值基准1之和,即当地自身地区差;31个省域人均值之绝对偏差值的平均值与基准1之和,即全国总体地区差;四大区域所属省域人均值之绝对偏差值的平均值与基准1之和,即四大区域各自整体地区差。四大区域和全国地区差演算方式相同,而非取四大区域各自整体绝对偏差值,因而示例演算无须最后一步。这一切均在数据库里设置为演算函数程序,指令计算机自动实现。本项研究与评价系列各类检测系统的演算衍生数据量巨大,指标测算工艺流程复杂,绝非人力能够完成。在现今学科专业融合、研究领域跨界的情况下,研究者有必要掌握计算机数据库编程技能,以便根据自身研究思路建构出独特的演算数据库。

纵观2000~2015年图中数据,西部整体文化投入人均值从全国人均值的80.42%提高至98.60%,显然得到中央财政专项转移支付的大力扶持;中部整体文化投入人均值从全国人均值的59.39%提高至65.10%,公共财政投入的"文化塌陷"事实赫然在目。若干年以来,中部一直为避免在全国经济发展中"塌陷"而努力"崛起",然而,当务之急还在于尽快扭转中部公共财政投入的"文化塌陷"。其实已在"中部崛起"战略中颇多获益的中部各省域并非没有这样的财力,问题恐怕还在于其是否真正重视公共文化服务发展不至于"塌陷"。

集中来看全国总体地区差。2000~2015年,全国文化投入人均值地区差由1.4571扩大为1.5626,扩大了7.24%。其中,"十五"期间缩小4.67%,"十一五"期间扩大11.85%,"十二五"期间扩大0.58%。全国文化投入人均值地区差指数最小值为2006年的1.3748,最大值为2007年的1.6581。数据事实让人不得不承认,正值当今社会普遍形成"公共服务(包括文化服务)均等化"共识之时,全国文化投入人均值地区差却出现多年持续扩大之势,这无疑已经构成一种不容忽视的"逆动"效果。

对比图11全国文化消费人均值地区差历年数据,可知文化投入人均值地区差明显大于文化消费人均值地区差。各地居民文化消费状况受到当地人群收入水平、消费结构、积蓄（实为预期重要开支储备）传统等影响，各地公共文化投入状况受到当地经济发展程度、财政收入水平、财政支出平衡（包括中央财政转移支付）等影响。认真说来，在各地居民收入及其消费支出、公共财政保障及其投入两个方面，国家及中央财政显然都有责任在其间起到"平衡器"的作用，保证"国民待遇"的基本均衡。这就是"均等化"理想的法理依据。

此项指标各年度横向测评以无差距理想值为100，全国及各地均以地区差指数的倒数百分数作为权衡值（$1/N \times 100$，N = 地区差指数）。2015年测算全国为64.00，东部为62.03，东北为81.92，中部为75.79，西部为57.85。26个省域地区差小于全国总体地区差，测算值"减分"小于全国总体；仅有5个省域地区差大于全国总体地区差，测算值"减分"大于全国总体。其中，福建处于首位，地区差指标测算值为98.91；西藏处于末位，地区差指标测算值为20.72。

由于全国及各地文化投入人均值地区差普遍存在，此项指标横向测评皆为"减分"。

各时段纵向测评以起点年自身指标数值为基数。当前数据年度测评各自以上一年为100，至2015年全国为102.26，东部为99.52，东北为98.10，中部为100.88，西部为105.65。18个省域地区差缩小，测算值"加分"；13个省域地区差扩大，测算值"减分"。其中，青海处于首位，地区差指标测算值为116.69；浙江处于末位，地区差指标测算值为79.63。

由于全国及各地文化投入人均值地区差较普遍扩大，此项指标纵向测评多为"减分"，只有部分地区在部分时段"加分"。

五 指标系统权重与测评演算

"中国公共文化投入增长测评体系"指标系统及其演算权重和测评方式见表2。

表2 "中国公共文化投入增长测评体系"指标系统及其演算权重和测评方式

序号	评价指标			演算权重	共时性理想值横向测评	历时性基数值纵向测评
	分类	取值				
1	数量指标：绝对数值	文化投入总量占全国份额		1	取总量份额值	取自身起始年度基数值衡量
2		文化投入人均值		2	取全国平均值为基准衡量	
3	质量指标：相对比值	文化投入	与产值比	0.125		
4			占财政收入比	0.125		
5			占财政支出比	0.125		
6		文化投入	与教育投入比	0.125		
7			与科技投入比	0.125		
8			与卫生投入比	0.125		
9	均衡性校正指标：比差系数	文化消费与投入占收入比倍差		0.5	取无差距理想值衡量	
10		文化消费与投入占支出比倍差		0.5		
11		文化投入人均值地区差		4		
12	协调性平衡指标：增长率比	文化投入历年增长率	与产值增率比	0.25	取自身上年值为基准衡量	
13			与财政收入增率比	0.25		
14			与财政支出增率比	0.25		
15			与教育增率比	0.25		
16			与科技投入增率比	0.25		
17			与卫生投入增率比	0.25		

注：文化投入数据未提供县城及其以上城市投向与乡镇及其以下农村社区投向细分，无法演算人均值城乡比指数，故缺少反映"中国现实"极为重要的"城乡比"指标。

在熟读现行统计制度下可用数据并据以设计测评指标系统之后，选择测算方式，确定演算权重，同样需要精心思考，细致处理。本项测评的设计原则包括：①各年度无差距理想值横向测评中，由于全国与"均等化"形成"逆动"的地区差显而易见，全国总体历年"得分"不宜过高，控制在80上下；②每年综合"得分"高于"理想值"100（并非实现均等无差距，而是某些指标"得分"很高，综合起来超过100）的省域不宜过多，控制在5个上下；③各地"分值"距离不宜过大，尽量保证最为"滞后"的省域也不低于70；④在各时段起点年基数值纵向测评中，鉴于全国及各地文化投入增长显著，应力求体现出综合测评指数提升，尤其是力保后发地区有机会进入测评排行榜前列。

新增的协调性平衡指标其实是对关系值的另一类检测，不像比值那样测算绝对值关系，而是测算增长率差异，不必单独阐述而借此简单说明。本项测评向自己的直接后继者"中国人民生活发展指数检测体系"反躬学习，"引进"相应数值之间增长率比差指标。这一类演算中全国及各地差距极其微小，在省域之间起到"平衡器"作用，以细微出入确定各地排行。毕竟测评排行的目的不是分出各省域高下，而是找出全国及各地自身存在的协调性、均衡性差距。

（一）各项测评指标的权重分配

在构成多重复杂矛盾的诸多原则必选项之间寻求最终平衡，本项测评体系不仅设置了横向与纵向两大类测评方式，而且设置了各时段多项纵向测评（为减省篇幅计，略去"十五"、"十一五"和"十二五"以来测评演算）；颇费心思之处还在于，各地总量份额演算未如同"文化消费需求景气评价"那样取历年对应上年的份额值，而直接取当年份额值；最为周折之处更在于，全国各地文化投入绝对值，以及据此而来的各项比值，包括各项倍差值和地区差实在悬殊，若各指标权重（因无理论值而需经验值）简单赋值，则各地综合"分值"差距巨大，而且导致全国总体各项指标测算不佳，综合"分值"颇低；经一年"试运行"无数次赋值测试之后，各项比值、倍差值指标演算权重值近乎精细化工的微量催化剂，仅一点剂量便可起到"点化"效果。这一切正是自设难题寻求平衡的结果，好在基本上得以实现。

由于新增文化投入与相关背景值、相邻关系值之间历年增长率比差指标，为了协调全部各项指标间演算权重分配，原有若干指标的演算权重亦相应微调。鉴于需与上年首次推出的测评排行形成良性协调，经过反复调试，以上年横向测评、纵向测评结果对应检验，各地排行变动很小，而绝大部分省域变化更是极小。这是对于"公共文化投入增长测评"的必要改进和完善。

（二）测评方式及其结果排行

1. 共时性的理想值横向测评

在各年度理想值横向测评中，文化投入总量份额以全国总量基准（全国份额为100%自成基准）来衡量，人均值、各项背景关系比值、相邻关系比值以全国平均值来衡量，份额上升或高于全国平均值"加分"，份额下降或低于全国平均值"减分"；文化消费与投入占收入、支出比两项倍差和文化投入人均值地区差以自身无差距理想状态加以衡量，以自身各项增长率差距比来衡量，无论是全国总体还是各地，只要存在同构关联占比倍差、人均值地区差和增长率比差，一律实行"扣分"，最终加权平衡各项指标间分值增减得失。

2. 历时性的基数值纵向测评

在各时段基数值纵向测评中，文化投入总量份额值、人均值，各项背景关系比值、相邻关系比值，文化消费与投入占收入、支出比同构关联倍差，文化投入人均值地区差，各项增长率比差，一概以自身起点年度相应演算数值为基数值加以衡量。无论是全国总体还是各地，各项指标测算值优于起点年度"加分"，逊于起点年度"减分"，最终加权平衡各项指标间分值升降得失。这样有利于检测对比各地在不同时间段综合测评指数的提升程度，使"基数低而进步快"的欠发达或次发达地区有多种机会登上排行榜前列。

B.3
中国公共文化投入应然增长差距测算
——2015年相关协调性、均衡性检验

方彧 赵娟 王亚南[*]

摘 要： 从技术方法上来说，技术报告侧重于公共文化投入增长的协调性、均衡性"质量"测评，阐释评价方法设计和演算技术处理；本报告侧重于公共文化投入增长的协调性、均衡性"差距"检验，测量各种应然增长目标、理想增长目标距离。从数据范围上来看，总报告、排行报告主要着眼于2000年以来历年动态分析，以及至2020年增长目标预测；本报告主要着眼于当前最新数据年度增长"应然差距"静态检测，在各地之间进行比较。

关键词： 公共文化 投入增长 协调与均衡 差距检测

从技术方法上来说，本报告是对技术报告的必要补充，技术报告侧重于公共文化投入增长的协调性、均衡性"质量"测评，阐释评价方法设计和演算技术处理；本报告侧重于公共文化投入增长的协调性、均衡性"差距"检验，测量各种应然增长目标、理想增长目标距离。从数据范围上来看，本报告与总报告、排行报告形成交叉补充，总报告、排行报告主要着眼于2000年以来历年动态分析，以及至2020年增长目标预测；本报告主要着眼于当前最新数据年度增长"应然差距"静态检测，以及在各地进行比较。

---

[*] 方彧，民政部中国老龄科学研究中心副研究员；赵娟，云南省社会科学院文化发展研究中心副研究员；王亚南，云南省社会科学院研究员，文化发展研究中心主任。

一 财政支出增长系数的协调性、均衡性检测

在相关的众多数据组里，本项研究测评首先需要提取财政支出历年数据与产值历年数据加以比较，检测财政支出与产值比变动态势，并将此项比值界定为"财政支出增长系数"。确定财政支出对于产值（国民总收入近似值）的应有分量比重必须寻找事实依据，这里把历年财政支出与产值的实际关系比值当作重要参照系，以此作为"第一手"依据顺理成章。多年以来我国中央财政及地方财政在绝大部分年度皆出现赤字，即财政支出大于财政收入，财政预算平衡的复杂问题留给相关部门及相应专家，在此不予涉及。

（一）财政支出增长系数的协调性检验

2015年全国及各地财政支出与产值比对比见图1。图示直观体现全国及各地财政支出与产值的比值关系，以及各地财政支出、产值人均数值的大小比例差异。

2015年，全国产值人均值为49992.00元，财政支出人均值为12826.37元，财政支出与产值比为25.66%。这就是说，年度国民总收入（近似值）作为社会财富收益，其间有25.66%转化为公共财政支出。

根据本项测评体系的后台演算数据库筛查，2000年以来，全国财政支出与产值比的最高（最佳）值为2015年的25.66%，最低值为2000年的15.84%。现有实际比值即最佳值，"协调增长"差距缩小，检测演算结果不变。

同期，东部此项比值历年最佳值为17.01%，现有实际值为17.01%，现有实际值即最佳值，"协调增长"差距缩小；东北此项比值历年最佳值为20.67%，现有实际值为20.27%，低于最佳值0.40个百分点，"协调增长"差距略微扩大；中部此项比值历年最佳值为21.60%，现有实际值为21.60%，现有实际值即最佳值，"协调增长"差距缩小；西部此项比值

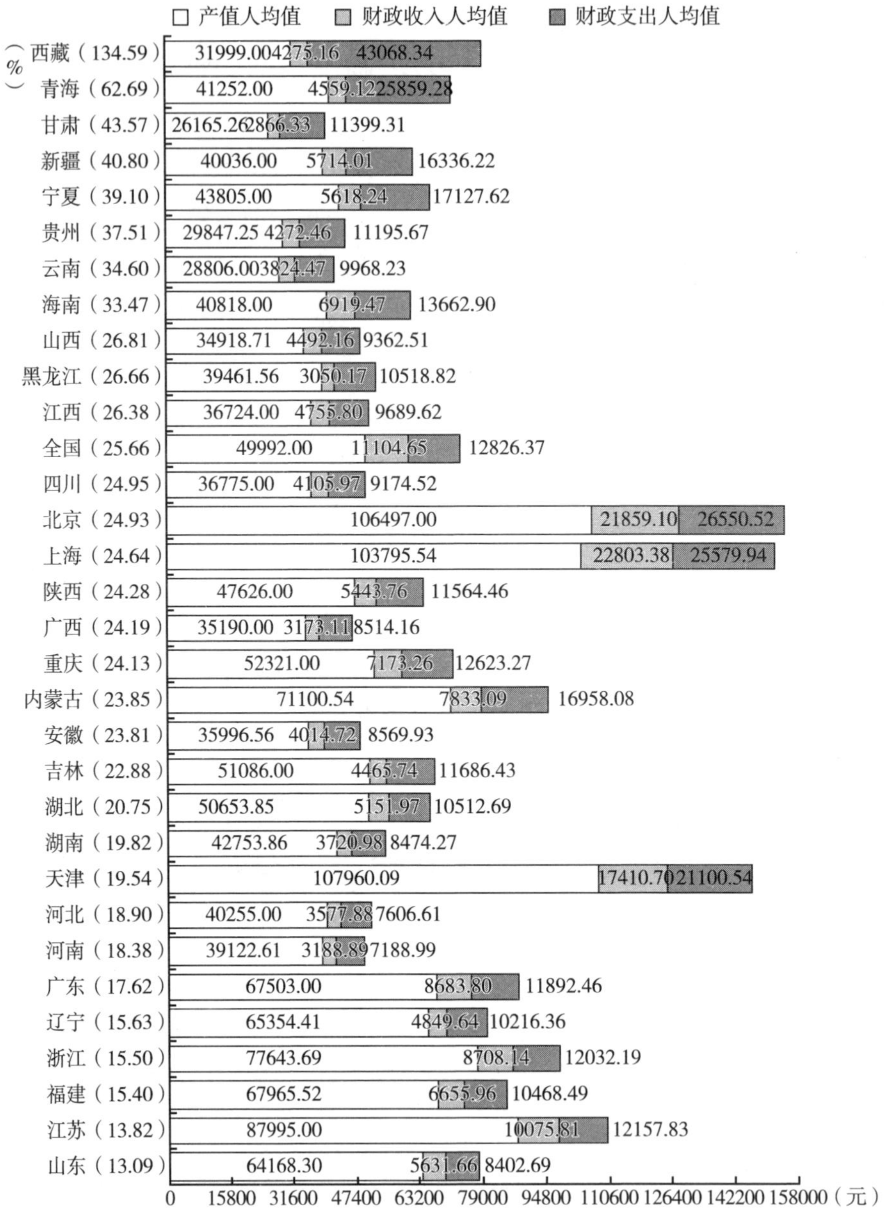

图 1　2015 年全国及各地财政支出与产值比对比

坐标轴：各地财政支出与产值比（%），按从大到小顺序自上而下排列。横向柱形：左为产值人均值（元），中为财政收入人均值（元），右为财政支出人均值（元）。上下对比同时体现产值、财政收入、财政支出人均值地区差距。

历年最佳值为29.95%，现有实际值为29.95%，现有实际值即最佳值，"协调增长"差距缩小。各省域依此类推。

产值人均值数据直接体现了各地经济增长差异。2015年，东部整体人均值为全国人均值的142.54%，东北整体人均值为全国人均值的105.50%，中部整体人均值为全国人均值的80.81%，西部整体人均值为全国人均值的78.43%。

13个省域产值人均值高于全国人均值；18个省域产值人均值低于全国人均值。其中，天津产值人均值处于首位，高达全国人均值的215.95%；甘肃产值人均值处于末位，仅为全国人均值的52.34%。设全国产值人均值为1来检测，天津为2.1595，甘肃为0.5234。天津高于1的部分为1.1595，甘肃低于1的部分为0.4766，皆为相对于全国均值的绝对偏差值，这其实就是此项数值的地区差演算基础。鉴于地区差指数值差异细微，本报告破例保留4位小数表达，后同。

附带检验财政收入人均值数据，可以反映各地公共财政收入差异。2015年，全国财政收入人均值为11104.65元，东部整体人均值为全国人均值的79.94%，东北整体人均值为全国人均值的37.15%，中部整体人均值为全国人均值的36.64%，西部整体人均值为全国人均值的41.91%。

3个省域财政收入人均值高于全国人均值；28个省域财政收入人均值低于全国人均值。其中，上海财政收入人均值处于首位，为全国人均值的205.35%；甘肃财政收入人均值处于末位，仅为全国人均值的25.81%。设全国财政收入人均值为1来检测，上海为2.0535，甘肃为0.2581。

财政支出人均值数据直接体现了各地公共财政投入差异。2015年，东部整体人均值为全国人均值的94.50%，东北整体人均值为全国人均值的83.35%，中部整体人均值为全国人均值的68.02%，西部整体人均值为全国人均值的91.56%。

9个省域财政支出人均值高于全国人均值；22个省域财政支出人均值低于全国人均值。其中，西藏财政支出人均值处于首位，为全国人均值的335.78%；河南财政支出人均值处于末位，仅为全国人均值的56.05%。设全国财政支出人均值为1来检测，西藏为3.3578，河南为0.5605。

检测财政支出与产值（国民收入近似值）的比值关系，就可以看出各地经济增长带动公共财政支出增长的协调效应。2015年，东部整体比值极显著低于全国总体比值8.65个百分点，东北整体比值显著低于全国总体比值5.39个百分点，中部整体比值显著低于全国总体比值4.06个百分点，西部整体比值显著高于全国总体比值4.29个百分点。

11个省域财政支出与产值比高于全国总体比值；20个省域财政支出与产值比低于全国总体比值。其中，西藏此项比值处于首位，高出全国总体比值108.94个百分点；山东此项比值处于末位，低于全国总体比值12.56个百分点。

根据本项测评体系的后台演算数据库检验，2015年，北京、天津、河北、山东、江苏、上海、浙江、福建、广东、海南、黑龙江、吉林、山西、河南、安徽、湖北、江西、湖南、内蒙古、陕西、宁夏、甘肃、青海、新疆、广西、西藏26个省域财政支出与产值的比值为2000年以来历年最佳（最高）值（对照本书《全国省域公共文化投入增长的应然目标——2016~2020年预期增长测算》表4）。这意味着，其余5个省域在此项指标检测中存在既有"协调增长"的"应然差距"。在这5个省域里，云南此项比值检测差距最小，其现有实际值低于历年最佳值0.05个百分点；辽宁此项比值检测差距最大，其现有实际值低于历年最佳值3.47个百分点。

各省域之间财政支出增长系数检测即三项系数最佳比值的初次检测，仅有5个省域存在既有"协调增长"的"应然差距"。在这些省域里，云南此项系数最佳比值检测差距最小，为0.14%，其财政支出人均值应为现有实际值的100.14%，达到9982.64元；辽宁此项系数最佳比值检测差距最大，为22.20%，其财政支出人均值应为现有实际值的122.20%，达到12484.48元。其余省域依此类推。

（二）财政支出增长系数的均衡性检验

2015年全国及各地产值、财政收入、财政支出人均值地区差对比见图2。图示直观体现全国及各地产值、财政收入和支出三项人均值地区差的差异，对应于上面全国及各地产值、财政收入和支出三项人均值的差异分析。

中国公共文化投入应然增长差距测算

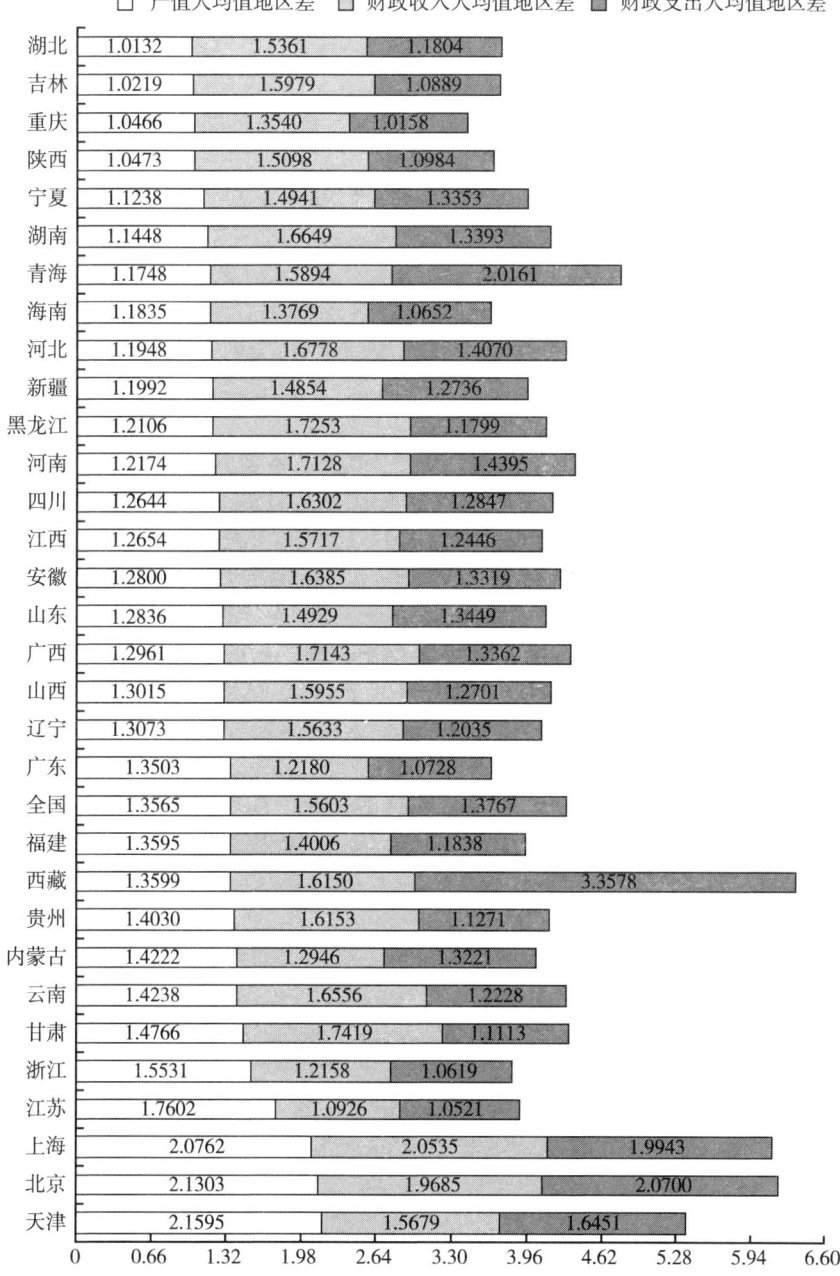

图2 2015年全国及各地产值、财政收入、财政支出人均值地区差对比

坐标轴：各地产值人均值地区差（无差距=1），按从小到大顺序自上而下排列。横向柱形：左为产值人均值地区差，中为财政收入人均值地区差，右为财政支出人均值地区差。

依照本项研究评价独创的地区差距指标检测，2015年，全国产值人均值的地区差为1.3565，财政收入人均值的地区差为1.5603，财政支出人均值的地区差为1.3767。这就是说，基于各地产值、财政收入和支出三项人均值数据分别演算，31个省域产值人均值与全国总体人均值之绝对偏差值的平均值为0.3565或35.65%；财政收入人均值与全国总体人均值之绝对偏差值的平均值为0.5603或56.03%；财政支出人均值与全国总体人均值之绝对偏差值的平均值为0.3767或37.67%。

根据本项测评体系的后台演算数据库筛查，2000年以来，全国产值人均值地区差的最小（最佳）值为2014年的1.3530，最大值为2003年的1.5023。现有实际地区差大于最佳值0.26%，"均衡增长"差距略微扩大。按照本项测评体系所设置的指标及其方法检验，这就是2000年以来全国各地之间经济增长保持既有均衡"最佳状态"的"应然差距"。

同期，东部此项地区差历年最佳值为1.5999，现有实际值为1.6051，大于最佳值0.33%，"均衡增长"差距略微扩大；东北此项地区差历年最佳值为1.1157，现有实际值为1.1799，大于最佳值5.75%，"均衡增长"差距明显扩大；中部此项地区差历年最佳值为1.1886，现有实际值为1.2037，大于最佳值1.27%，"均衡增长"差距略微扩大；西部此项地区差历年最佳值为1.2645，现有实际值为1.2698，大于最佳值0.42%，"均衡增长"差距略微扩大。各省域依此类推。

详细检测2015年各地产值人均值地区差之间的差异，东部整体地区差极显著大于全国总体地区差18.33%，东北整体地区差显著小于全国总体地区差13.01%，中部整体地区差显著小于全国总体地区差11.26%，西部整体地区差明显小于全国总体地区差6.39%。

20个省域产值人均值地区差小于全国总体地区差；11个省域产值人均值地区差大于全国总体地区差。其中，湖北产值人均值地区差处于首位，低至全国总体地区差的74.70%；天津产值人均值地区差处于末位，为全国总体地区差的159.20%。

根据本项测评体系的后台演算数据库检验，2015年，仅有天津、江西、湖南、贵州、广西5个省域产值人均值的地区差为2000年以来历年最佳（最小）值。这意味着，其余26个省域在此项指标检测中存在着地区之间既有"均衡增长"的"应然差距"。在这26个省域里，浙江此项地区差检测差距最小，其现有实际值大于历年最佳值0.42%；内蒙古此项地区差检测差距最大，其现有实际值大于历年最佳值39.10%。

附带检测2015年各地财政收入人均值地区差之间的差异，东部整体地区差较明显小于全国总体地区差3.45%，东北整体地区差明显大于全国总体地区差4.39%，中部整体地区差较明显大于全国总体地区差3.82%，西部整体地区差略微小于全国总体地区差0.13%。

12个省域财政收入人均值地区差小于全国总体地区差；19个省域财政收入人均值地区差大于全国总体地区差。其中，江苏财政收入人均值地区差处于首位，低至全国总体地区差的70.03%；上海财政收入人均值地区差处于末位，为全国总体地区差的131.61%。

2000年以来，全国财政支出人均值地区差的最小（最佳）值为2013年的1.3711，最大值为2002年的1.5040。现有实际地区差大于最佳值0.40%，"均衡增长"差距略微扩大。按照本项测评体系所设置的指标及其方法检验，这就是2000年以来全国各地公共财政支出增长保持既有均衡"最佳状态"的"应然差距"。

同期，东部此项地区差历年最佳值为1.3897，现有实际值为1.3897，现有实际值即最佳值，"均衡增长"差距缩小；东北此项地区差历年最佳值为1.0716，现有实际值为1.1574，大于最佳值8.00%，"均衡增长"差距显著扩大；中部此项地区差历年最佳值为1.2930，现有实际值为1.3009，大于最佳值0.62%，"均衡增长"差距略微扩大；西部此项地区差历年最佳值为1.3794，现有实际值为1.4584，大于最佳值5.73%，"均衡增长"差距明显扩大。各省域依此类推。

详细检测2015年各地财政支出人均值地区差之间的差异，东部整体地区差略微大于全国总体地区差0.95%，东北整体地区差显著小于全国总体地区差15.93%，中部整体地区差明显小于全国总体地区差5.50%，西部整体地区差明显大于全国总体地区差5.94%。

24个省域财政支出人均值地区差小于全国总体地区差；7个省域财政支出人均值地区差大于全国总体地区差。其中，重庆财政支出人均值地区差处于首位，为全国总体地区差的73.79%；西藏财政支出人均值地区差处于末位，为全国总体地区差的243.91%。

根据本项测评体系的后台演算数据库检验，2015年仅有福建、湖北、甘肃3个省域财政支出人均值的地区差为2000年以来历年最佳（最小）值。这意味着，其余28个省域在此项指标检测中存在着地区之间既有"均衡增长"的"应然差距"。在这28个省域里，河北此项地区差检测差距最小，其现有实际值大于历年最佳值0.72%；青海此项地区差检测差距最大，其现有实际值大于历年最佳值90.82%。

二 教科文卫投入增长系数的协调性、均衡性检测

在相关的众多数据组里，本项研究测评其次需要提取教科文卫综合投入历年数据与财政支出历年数据加以比较，检测教科文卫投入占财政支出比变动态势，并将此项比值界定为"教科文卫投入增长系数"。确定教科文卫综合投入的应有地位和分量也必须寻找事实依据，多年以来国家发展教科文卫事业的政策、公共财政支出就此形成的历年分配比重就是最好的参照系。何况，本项研究测评的分析已经表明，2000年以来教科文卫综合投入已经在公共财政支出分配中占据了优先增长地位，以此作为"第一手"依据理所当然。

（一）教科文卫投入增长系数的协调性检验

2015年全国及各地教科文卫投入占财政支出比对比见图3。图示直观体现全国及各地教科文卫投入占财政支出的比值关系，以及各地教科文卫投入、财政支出人均数值的大小比例差异。

2015年，全国财政支出人均值为12826.37元，教科文卫投入人均值为

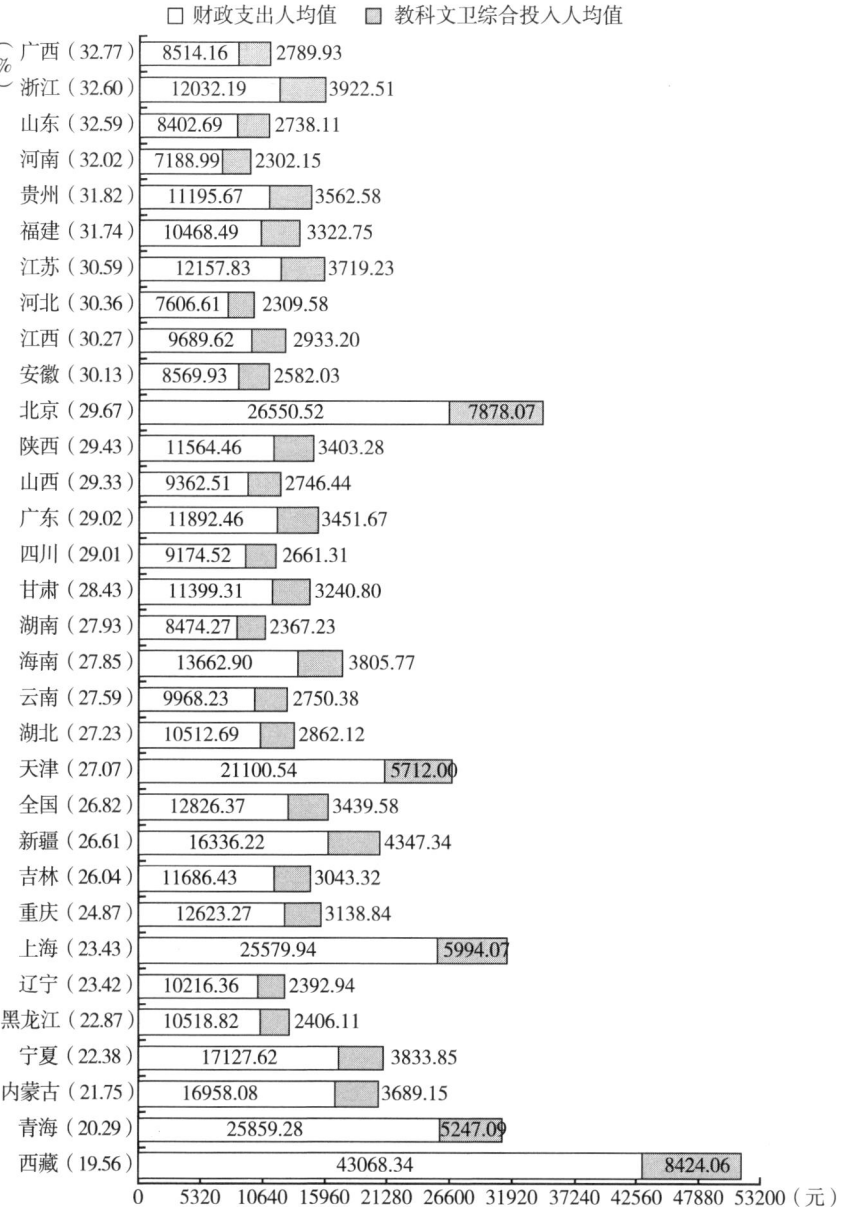

图3 2015年全国及各地教科文卫投入占财政支出比对比

坐标轴：各地教科文卫投入占财政支出比（%），按从大到小顺序自上而下排列。横向柱形：左为财政支出人均值（元），右为教科文卫综合投入人均值（元）。上下对比同时体现财政支出、教科文卫投入人均值地区差距。

3439.58元，教科文卫投入占财政支出比为26.82%。这就是说，全国公共财政年度支出中，有26.82%投向教育、科技、文化、卫生事业，这几个方面显然具有公认的相邻关系。

根据本项测评体系的后台演算数据库筛查，2000年以来，全国教科文卫投入占财政支出比的最高（最佳）值为2012年的27.95%，最低值为2000年的17.23%。现有实际比值低于最佳值1.13个百分点，"协调增长"差距较明显扩大。如果能够保持教科文卫投入增长系数最佳比值，那么2015年全国教科文卫投入人均值应达到3585.41元，为现有实际值的104.24%。按照本项测评体系所设置的指标及其方法检验，这就是2000年以来全国财政支出增长带动教科文卫事业投入增长保持既有协调"最佳状态"的"应然差距"。

同期，东部此项比值历年最佳值为31.74%，现有实际值为29.78%，低于最佳值1.95个百分点，"协调增长"差距较明显扩大；东北此项比值历年最佳值为25.45%，现有实际值为23.95%，低于最佳值1.50个百分点，"协调增长"差距较明显扩大；中部此项比值历年最佳值为30.69%，现有实际值为29.51%，低于最佳值1.18个百分点，"协调增长"差距较明显扩大；西部此项比值历年最佳值为27.40%，现有实际值为27.40%，现有实际值即最佳值，"协调增长"差距缩小。各省域依此类推。

至此需要深入一层展开检验测算，把以上财政支出增长系数、教科文卫投入增长系数两项检测最佳比值叠加演算。2015年全国教科文卫投入人均值应达到3584.50元，为现有实际值的104.21%。按照本项测评体系所设置的指标及其方法进行检验，这就是2000年以来全国经济增长带动公共财政支出增长，继而公共财政支出增长带动教科文卫投入增长保持既有"协调增长"的"应然差距"。

与之相对应，东部教科文卫投入人均值应达到3847.46元，为现有实际值的106.58%；东北教科文卫投入人均值应达到2774.95元，为现有实际值的108.36%；中部教科文卫投入人均值应达到2677.70元，为现有实际值的104.00%；西部现有两项比值皆为最佳值，"协调增长"差距缩小。各省域依此类推。

财政支出人均值分析见上一报告，不予重复，教科文卫投入人均值数据直接体现了各地教育、科技、文化、卫生事业综合投入差异。2015年，东部整体人均值为全国人均值的104.95%，东北整体人均值为全国人均值的74.45%，中部整体人均值为全国人均值的74.86%，西部整体人均值为全国人均值的93.57%。

13个省域教科文卫投入人均值高于全国人均值；18个省域教科文卫投入人均值低于全国人均值。其中，西藏教科文卫投入人均值处于首位，为全国人均值的244.91%；河南教科文卫投入人均值处于末位，仅为全国人均值的66.93%。设全国教科文卫投入人均值为1来检测，西藏为2.4491，河南为0.6693。

文化投入分析系下一报告的重点，暂时排除，此处展开分别检验各地教育、科技和卫生事业投入差异。2015年，全国总体教育投入人均值为1915.95元，东部整体人均值为全国人均值的108.47%，东北整体人均值为全国人均值的77.97%，中部整体人均值为全国人均值的76.99%，西部整体人均值为全国人均值的99.24%。

15个省域教育投入人均值高于全国人均值；16个省域教育投入人均值低于全国人均值。其中，西藏教育投入人均值处于首位，为全国人均值的272.18%；河南教育投入人均值处于末位，仅为全国人均值的70.14%。设全国教育投入人均值为1来检测，西藏为2.7218，河南为0.7014。

同年，全国总体科技投入人均值为427.54元，东部整体人均值为全国人均值的96.80%，东北整体人均值为全国人均值的32.69%，中部整体人均值为全国人均值的36.46%，西部整体人均值为全国人均值的31.47%。

6个省域科技投入人均值高于全国人均值；25个省域科技投入人均值低于全国人均值。其中，北京科技投入人均值处于首位，为全国人均值的311.49%；河北科技投入人均值处于末位，仅为全国人均值的14.37%。设全国科技投入人均值为1来检测，北京为3.1149，河北为0.1437。

同年，全国总体卫生投入人均值为871.72元，东部整体人均值为全国人均值的101.04%，东北整体人均值为全国人均值的83.90%，中部整体人均值为全国人均值的91.51%，西部整体人均值为全国人均值的110.25%。

19个省域卫生投入人均值高于全国人均值；12个省域卫生投入人均值低于全国人均值。其中，西藏卫生投入人均值处于首位，为全国人均值的224.60%；辽宁卫生投入人均值处于末位，仅为全国人均值的73.73%。设全国卫生投入人均值为1来检测，西藏为2.2460，辽宁为0.7373。

检测教科文卫投入占财政支出的比值关系，就可以看出各地财政支出增长带动教科文卫事业投入增长的协调效应。2015年，东部整体比值明显高于全国总体比值2.97个百分点，东北整体比值明显低于全国总体比值2.86个百分点，中部整体比值明显高于全国总体比值2.70个百分点，西部整体比值略微高于全国总体比值0.59个百分点。

21个省域教科文卫投入占财政支出比高于全国总体比值；10个省域教科文卫投入占财政支出比低于全国总体比值。其中，广西此项比值处于首位，高出全国总体比值5.95个百分点；西藏此项比值处于末位，低于全国总体比值7.26个百分点。

根据本项测评体系的后台演算数据库检验，2015年仅有海南、江西、甘肃、贵州4个省域教科文卫投入占财政支出的比值为2000年以来历年最佳（最高）值（对照本书《全国省域公共文化增长的应然目标——2016~2020年预期增长测算》表3）。这意味着，其余27个省域在此项指标检测中存在着既有"协调增长"的"应然差距"。在这27个省域里，广西此项比值检测差距最小，其现有实际值低于历年最佳值0.12个百分点；重庆此项比值检测差距最大，其现有实际值低于历年最佳值16.14个百分点。

各省域之间财政支出增长、教科文卫投入增长两项系数最佳比值叠加检测，28个省域存在既有"协调增长"的"应然差距"。在这些省域里，广西两项系数最佳比值叠加检测差距最小，为0.34%，其教科文卫投入人均值应为现有实际值的100.34%，达到2799.29元；重庆两项系数最佳比值叠加检测差距最大，为82.46%，其教科文卫投入人均值应为现有实际值的182.46%，达到5727.13元。其余省域依此类推。

（二）教科文卫投入增长系数的均衡性检验

2015年全国及各地教育、科技、卫生投入人均值地区差对比见图4。图示直观体现全国及各地教育、科技和卫生投入三项人均值地区差的差异，对应于上面全国及各地教育、科技和卫生投入三项人均值的差异分析。

依照本项研究评价独创的地区差距指标检测，2015年，全国教育投入人均值的地区差为1.2868，科技投入人均值的地区差为1.6806，卫生投入人均值的地区差为1.2293。这就是说，基于各地教育、科技和卫生投入三项人均值数据分别演算，31个省域教育投入人均值与全国总体人均值之绝对偏差值的平均值为0.2868或28.68%；科技投入人均值与全国总体人均值之绝对偏差值的平均值为0.6806或68.06%；卫生投入人均值与全国总体人均值之绝对偏差值的平均值为0.2293或22.93%。

根据本项测评体系的后台演算数据库筛查，2000年以来，全国教育投入人均值地区差的最小（最佳）值为2012年的1.2497，最大值为2000年的1.4524。现有实际地区差指数值大于最佳值2.97%，"均衡增长"差距较明显扩大。按照本项测评体系所设置的指标及其方法检验，这就是2000年以来全国各地教育投入增长保持既有均衡"最佳状态"的"应然差距"。

东部此项地区差历年最佳值为1.3209，现有实际值为1.3394，大于最佳值1.40%，"均衡增长"差距略微扩大；东北此项地区差历年最佳值为1.0238，现有实际值为1.2060，大于最佳值17.80%，"均衡增长"差距极显著扩大；中部此项地区差历年最佳值为1.1732，现有实际值为1.2106，大于最佳值3.18%，"均衡增长"差距较明显扩大；西部此项地区差历年最佳值为1.2411，现有实际值为1.3013，大于最佳值4.85%，"均衡增长"差距明显扩大。各省域依此类推。

详细检测2015年各地教育投入人均值地区差之间的差异，东部整体地区差较明显大于全国总体地区差4.09%，东北整体地区差明显小于全国总体地区差6.28%，中部整体地区差明显小于全国总体地区差5.92%，西部整体地区差略微大于全国总体地区差1.13%。

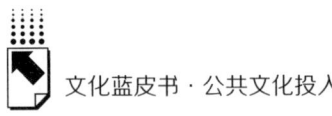

地区	教育投入人均值地区差	科技投入人均值地区差	卫生投入人均值地区差
甘肃	1.0022	1.7310	1.1055
广东	1.0126	1.2350	1.0233
福建	1.0343	1.5313	1.0539
陕西	1.0456	1.6460	1.1198
重庆	1.0683	1.6444	1.1990
江西	1.0908	1.6159	1.0046
吉林	1.0945	1.6483	1.0243
山东	1.1013	1.6211	1.1805
内蒙古	1.1166	1.6669	1.1762
宁夏	1.1190	1.3930	1.2790
广西	1.1368	1.7569	1.0057
山西	1.1394	1.7603	1.0878
江苏	1.1438	1.0918	1.0652
贵州	1.1464	1.6100	1.1762
云南	1.1528	1.7598	1.0255
湖北	1.1831	1.3691	1.0132
海南	1.1901	1.6808	1.2714
浙江	1.1953	1.0620	1.0083
四川	1.2002	1.7233	1.0364
黑龙江	1.2494	1.7374	1.1778
河北	1.2661	1.8563	1.1710
安徽	1.2685	1.4340	1.0888
辽宁	1.2739	1.6325	1.2627
湖南	1.2831	1.7707	1.1621
全国	1.2868	1.6806	1.2293
河南	1.2986	1.7941	1.1295
新疆	1.4520	1.5818	1.2018
青海	1.4537	1.5521	1.9467
上海	1.6546	2.6269	1.4382
天津	1.7289	1.8447	1.4604
北京	2.0666	3.1149	1.9668
西藏	2.7218	1.6055	2.2460

图4 2015年全国及各地教育、科技、卫生投入人均值地区差对比

坐标轴：各地教育投入人均值地区差（无差距=1），按从小到大顺序自上而下排列。横向柱形：左为教育投入人均值地区差，中为科技投入人均值地区差，右为卫生投入人均值地区差。

24个省域教育投入人均值地区差小于全国总体地区差;7个省域教育投入人均值地区差大于全国总体地区差。其中,甘肃教育投入人均值地区差处于首位,为全国总体地区差的77.89%;西藏教育投入人均值地区差处于末位,为全国总体地区差的211.52%。

根据本项测评体系的后台演算数据库检验,2015年仅有天津、上海、湖北、四川、广西5个省域教育投入人均值的地区差为2000年以来历年最佳(最小)值。这意味着,其余26个省域在此项指标检测中存在着地区之间既有"均衡增长"的"应然差距"。在这26个省域里,甘肃此项地区差检测差距最小,其现有实际值大于历年最佳值0.20%;青海此项地区差检测差距最大,其现有实际值大于历年最佳值43.81%。

2000年以来,全国科技投入人均值地区差的最小(最佳)值为2015年的1.6806,最大值为2009年的1.8297。现有实际地区差指数值即最佳值,"均衡增长"差距缩小,检测演算结果不变。

同期,东部此项地区差历年最佳值为1.7363,现有实际值为1.7665,大于最佳值1.74%,"均衡增长"差距略微扩大;东北此项地区差历年最佳值为1.4771,现有实际值为1.6728,大于最佳值13.24%,"均衡增长"差距显著扩大;中部此项地区差历年最佳值为1.6158,现有实际值为1.6240,大于最佳值0.51%,"均衡增长"差距略微扩大;西部此项地区差历年最佳值为1.6233,现有实际值为1.6392,大于最佳值0.98%,"均衡增长"差距略微扩大。各省域依此类推。

详细检测2015年各地科技投入人均值地区差之间的差异,东部整体地区差明显大于全国总体地区差5.11%,东北整体地区差略微小于全国总体地区差0.46%,中部整体地区差较明显小于全国总体地区差3.37%,西部整体地区差较明显小于全国总体地区差2.46%。

18个省域科技投入人均值地区差小于全国总体地区差;13个省域科技投入人均值地区差大于全国总体地区差。其中,浙江科技投入人均值地区差处于首位,为全国总体地区差的63.19%;北京科技投入人均值地区差处于末位,为全国总体地区差的185.35%。

根据本项测评体系的后台演算数据库检验，2015年仅有上海、安徽、湖北、江西、陕西、重庆、贵州7个省域科技投入人均值的地区差为2000年以来历年最佳（最小）值。这意味着，其余24个省域在此项指标检测中存在着地区之间既有"均衡增长"的"应然差距"。在这24个省域里，宁夏此项地区差检测差距最小，其现有实际值大于历年最佳值0.06%；天津此项地区差检测差距最大，其现有实际值大于历年最佳值82.15%。

2000年以来，全国卫生投入人均值地区差的最小（最佳）值为2014年的1.2200，最大值为2000年的1.6569。现有实际地区差指数值大于最佳值0.76%，"均衡增长"差距略微扩大。按照本项测评体系所设置的指标及其方法检验，这就是2000年以来全国各地之间卫生投入增长保持既有均衡"最佳状态"的"应然差距"。

同期，东部此项地区差历年最佳值为1.2639，现有实际值为1.2639，实有值即最佳值，"均衡增长"差距缩小；东北此项地区差历年最佳值为1.0072，现有实际值为1.1549，大于最佳值14.67%，"均衡增长"差距显著扩大；中部此项地区差历年最佳值为1.0810，现有实际值为1.0810，实有值即最佳值，"均衡增长"差距缩小；西部此项地区差历年最佳值为1.2632，现有实际值为1.2932，大于最佳值2.37%，"均衡增长"差距较明显扩大。各省域依此类推。

详细检测2015年各地卫生投入人均值地区差之间的差异，东部整体地区差较明显大于全国总体地区差2.82%，东北整体地区差明显小于全国总体地区差6.05%，中部整体地区差显著小于全国总体地区差12.06%，西部整体地区差明显大于全国总体地区差5.20%。

23个省域卫生投入人均值地区差小于全国总体地区差；8个省域卫生投入人均值地区差大于全国总体地区差。其中，江西卫生投入人均值地区差处于首位，为全国总体地区差的81.72%；西藏卫生投入人均值地区差处于末位，为全国总体地区差的182.70%。

根据本项测评体系的后台演算数据库检验，2015年仅有北京、上海、浙江、河南、湖北5个省域卫生投入人均值的地区差为2000年以来历年最佳(最小)值。这意味着,其余26个省域在此项指标检测中存在着地区之间既有"均衡增长"的"应然差距"。在这26个省域里,广西此项地区差检测差距最小,其现有实际值大于历年最佳值0.18%;青海此项地区差检测差距最大,其现有实际值大于历年最佳值38.66%。

三 文化投入增长的协调性、均衡性检测

在相关的众多数据组里,本项研究测评最后需要提取文化投入历年数据与教科文卫综合投入历年数据加以比较,检测文化投入占教科文卫综合投入比变动态势,并将此项比值界定为"文化投入增长系数"。确定文化投入的应有地位和分量同样必须寻找事实依据,文化投入与教育、科技、卫生投入的相邻关系就是最好的参照系。一来教科文卫诸方面具有人所共知的相邻可比性,若出现"厚此薄彼"的情况很容易看出来;二来文化投入在教科文卫综合投入中所占分量形成历年变化,从中可以看到"应然"与否的"第一手"取舍。

(一)文化投入增长系数的协调性检验

2015年全国及各地文化投入占教科文卫投入比对比见图5。图示直观体现全国及各地文化投入占教科文卫综合投入的比值关系,以及各地文化投入与教科文卫综合投入人均数值的大小比例差异。

2015年,全国教科文卫综合投入人均值为3439.58元,文化投入人均值为224.37元,文化投入占教科文卫综合投入为6.52%。这就是说,在全国教育、科技、文化和卫生这几项相邻事业的综合投入中,有6.52%投向文化事业。

根据本项测评体系的后台演算数据库筛查,2000年以来,全国文化投入占教科文卫综合投入比的最高(最佳)值为2005年的11.52%,最低值为2012年的6.44%。现有实际比值低于最佳值5.00个百分点,"协调增长"差距显著扩大。如果能够保持文化投入增长系数最佳比值,那么2015年

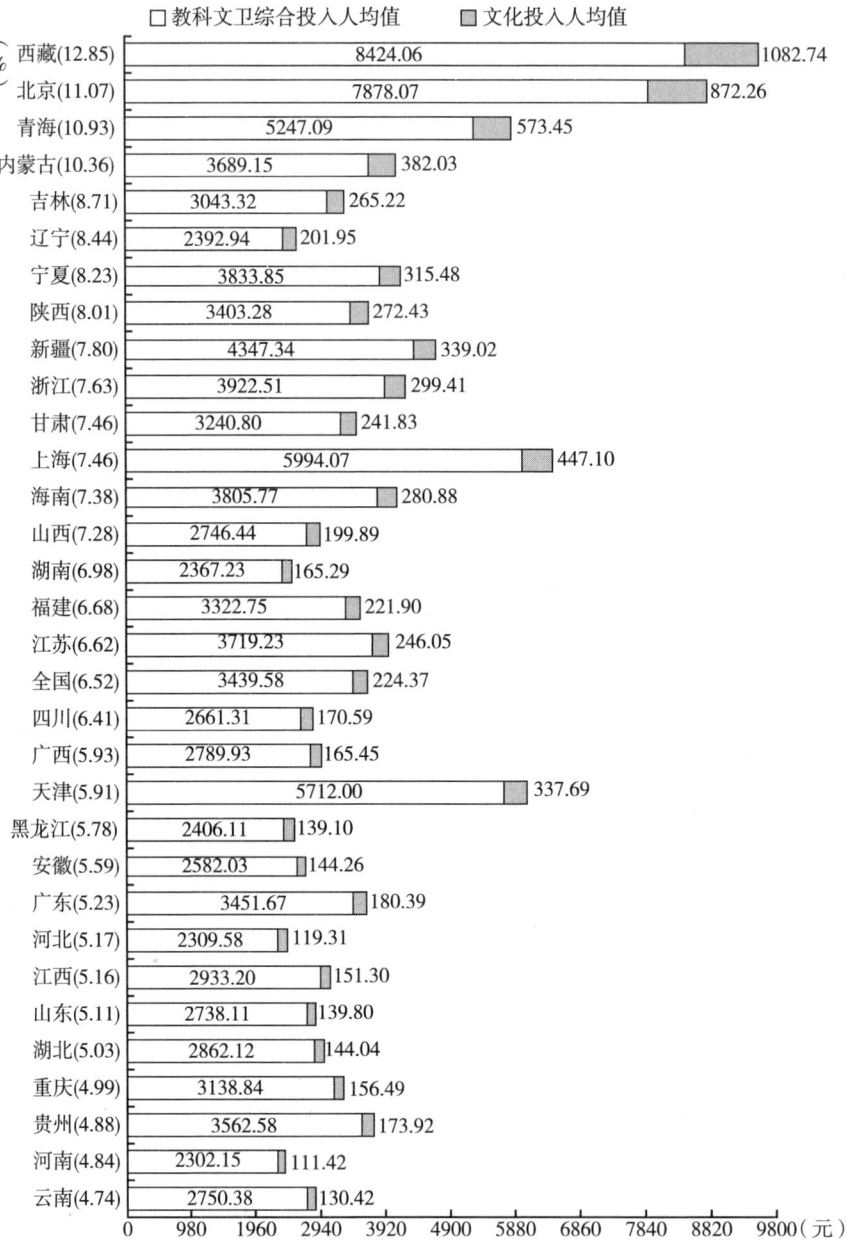

图 5 2015年全国及各地文化投入占教科文卫投入比对比

坐标轴：各地文化投入占教科文卫综合投入比（%），按从大到小顺序自上而下排列。
横向柱形：左为教科文卫综合投入人均值（元），右为文化投入人均值（元）。上下对比同时体现教科文卫投入、文化投入人均值地区差距。

全国文化投入人均值应达到 396.35 元，为现有实际值的 176.65%。按照本项测评体系所设置的指标及其方法检验，这就是 2000 年以来全国教科文卫综合投入增长带动文化事业投入增长保持既有协调"最佳状态"的"应然差距"。

同期，东部此项比值历年最佳值为 10.88%，现有实际值为 6.56%，低于最佳值 4.32 个百分点，"协调增长"差距显著扩大；东北此项比值历年最佳值为 11.98%，现有实际值为 7.65%，低于最佳值 4.33 个百分点，"协调增长"差距显著扩大；中部此项比值历年最佳值为 12.04%，现有实际值为 5.67%，低于最佳值 6.37 个百分点，"协调增长"差距极显著扩大；西部此项比值历年最佳值为 12.19%，现有实际值为 6.87%，低于最佳值 5.32 个百分点，"协调增长"差距显著扩大。各省域依此类推。

至此需要更深入一层展开检验测算，把以上财政支出增长系数、教科文卫投入增长系数、文化投入增长系数三项检测最佳比值叠加演算。2015 年全国文化投入人均值应达到 413.05 元，为现有实际值的 184.09%。按照本项测评体系所设置的指标及其方法进行检验，这就是 2000 年以来全国经济增长带动公共财政支出增长，继而公共财政支出增长带动教科文卫投入增长，再而教科文卫综合投入增长带动文化投入增长保持既有"协调增长"的"应然差距"。

与之相对应，东部文化投入人均值应达到 418.60 元，为现有实际值的 176.65%；东北文化投入人均值应达到 332.41 元，为现有实际值的 169.66%；中部文化投入人均值应达到 322.41 元，为现有实际值的 220.73%；西部文化投入人均值应达到 392.43 元，为现有实际值的 177.39%。四大区域文化投入人均值与全国总体目标测算值都十分接近，仅有中部略显偏低。

教科文卫综合投入人均值分析见上一报告，文化投入人均值数据直接体现了各地文化事业投入差异。2015 年，东部整体人均值为全国人均值的 105.61%，东北整体人均值为全国人均值的 87.32%，中部整体人均值为全国人均值的 65.10%，西部整体人均值为全国人均值的 98.60%。

14 个省域文化投入人均值高于全国人均值；17 个省域文化投入人均值

低于全国人均值。其中,西藏文化投入人均值处于首位,为全国人均值的482.56%;河南文化投入人均值处于末位,仅为全国人均值的49.66%。设全国文化人均值为1来检测,西藏为4.8256,河南为0.4966。

检测文化投入占教科文卫综合投入的比值关系,就可以看出各地教科文卫综合投入增长带动文化事业投入增长的协调效应。2015年,东部整体比值略微高于全国总体比值0.04个百分点,东北整体比值较明显高于全国总体比值1.13个百分点,中部整体比值略微低于全国总体比值0.85个百分点,西部整体比值略微高于全国总体比值0.35个百分点。

17个省域文化投入占教科文卫综合投入比高于全国总体比值;14个省域文化投入占教科文卫综合投入比低于全国总体比值。其中,西藏此项比值处于首位,高出全国总体比值6.33个百分点;云南此项比值处于末位,低于全国总体比值1.78个百分点。

根据本项测评体系的后台演算数据库检验,2015年全部省域文化投入占教科文卫综合投入的比值均非2000年以来历年最佳(最高)值(对照本书《全国省域公共文化投入增长的应然目标——2016~2020年预期增长测算》表2)。这意味着,全部31个省域在此项指标检测中存在着既有"协调增长"的"应然差距"。在这31个省域里,北京此项比值检测差距最小,其现有实际值低于历年最佳值0.46个百分点;四川此项比值检测差距最大,其现有实际值低于历年最佳值10.93个百分点。

各省域之间财政支出增长、教科文卫投入增长、文化投入增长三项系数最佳比值多重检测,全部31个省域存在既有"协调增长"的"应然差距"。北京、西藏、内蒙古、青海、上海、浙江、海南、新疆、江苏、山西、吉林、辽宁、甘肃、陕西、福建15个省域既有"协调增长"的"应然差距"小于全国检测差距;16个省域既有"协调增长"的"应然差距"大于全国检测差距。

2015年各省域三项系数最佳比值多重检测综合结果,以下取首尾各3个省域,具体测算各自"应有"增长目标和增长差距,作为具体示例,其余省域依此类推。

西藏处于第 1 位，人均值应达到 1515.65 元，为现有实际值的 139.98%；北京处于第 2 位，人均值应达到 1022.31 元，为现有实际值的 117.20%；青海处于第 3 位，人均值应达到 844.06 元，为现有实际值的 147.19%。

云南处于倒数第 3 位，人均值应达到 312.01 元，为现有实际值的 239.24%；安徽处于倒数第 2 位，人均值应达到 275.97 元，为现有实际值的 191.30%；河北处于倒数第 1 位，人均值应达到 254.81 元，为现有实际值的 213.57%。

（二）文化投入增长系数的均衡性检验

2015 年全国及各地文化投入人均值及其地区差对比见图 6。图示直观体现全国及各地文化投入人均值的差异，并标明全国及各地文化投入人均值的地区差，同时附有教科文卫综合投入人均值的地区差。

依照本项研究评价独创的地区差距指标检测，2015 年，全国文化投入人均值的地区差为 1.5626。这就是说，基于各地文化投入人均值数据分别演算，31 个省域文化投入人均值与全国总体人均值之绝对偏差值的平均值为 0.5626 或 56.26%。

根据本项测评体系的后台演算数据库筛查，2000 年以来，全国文化投入人均值地区差的最小（最佳）值为 2006 年的 1.3748，最大值为 2007 年的 1.6581。现有实际地区差指数值大于最佳值 13.66%，"均衡增长"差距显著扩大。按照本项测评体系所设置的指标及其方法检验，这就是 2000 年以来全国各地文化投入增长保持既有均衡"最佳状态"的"应然差距"。

东部此项地区差历年最佳值为 1.5603，现有实际值为 1.6120，大于最佳值 3.32%，"均衡增长"差距较明显扩大；东北此项地区差历年最佳值为 1.0364，现有实际值为 1.2207，大于最佳值 17.78%，"均衡增长"差距极显著扩大；中部此项地区差历年最佳值为 1.2946，现有实际值为 1.3194，大于最佳值 1.92%，"均衡增长"差距略微扩大；西部此项地区差历年最佳值为 1.3178，现有实际值为 1.7285，大于最佳值 31.16%，"均衡增长"差距极显著扩大。各省域依此类推。

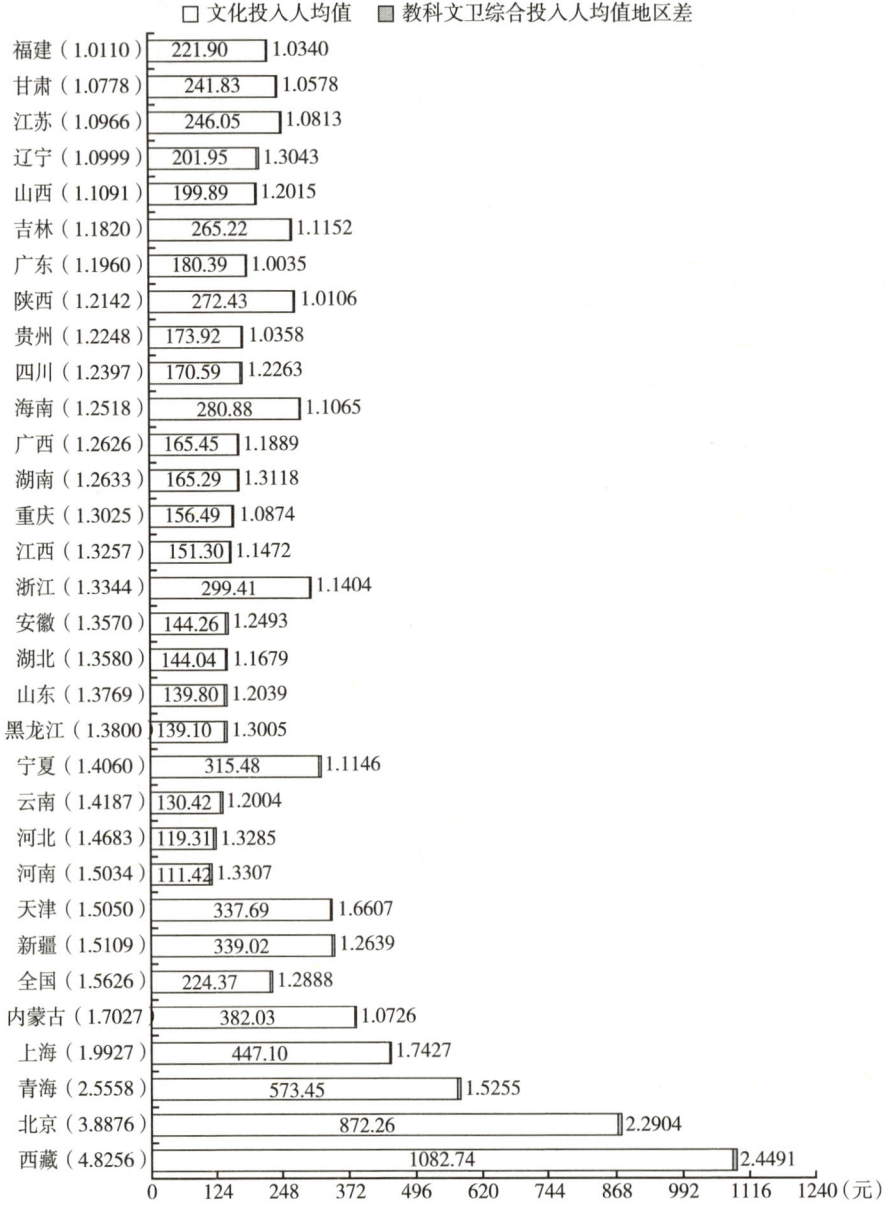

图6 2015年全国及各地文化投入人均值及其地区差对比

坐标轴：各地文化投入人均值地区差（无差距=1），按从小到大顺序自上而下排列。横向柱形：左为文化投入人均值（元），右为教科文卫综合投入人均值地区差（元）。上下对比直观体现文化投入人均值地区差距。

详细检测2015年各地文化投入人均值地区差之间的差异，东部整体地区差较明显大于全国总体地区差3.16%，东北整体地区差极显著小于全国总体地区差21.88%，中部整体地区差极显著小于全国总体地区差15.56%，西部整体地区差显著大于全国总体地区差10.61%。

26个省域文化投入人均值地区差小于全国总体地区差；5个省域文化投入人均值地区差大于全国总体地区差。其中，福建文化投入人均值地区差处于首位，为全国总体地区差的64.70%；西藏文化投入人均值地区差处于末位，为全国总体地区差的308.82%。

根据本项测评体系的后台演算数据库检验，2015年仅有天津、福建、江西、湖南4个省域文化投入人均值的地区差为2000年以来历年最佳（最小）值。这意味着，其余27个省域在此项指标检测中存在着地区之间既有"均衡增长"的"应然差距"。在这27个省域里，广西此项地区差检测差距最小，其现有实际值大于历年最佳值0.11%；青海此项地区差检测差距最大，其现有实际值大于历年最佳值125.08%。

在此有必要说明，如图6所示，相邻各地之间，有的省域文化投入人均值高于全国总体人均值，有的省域文化投入人均值低于全国总体人均值，为何其间人均值地区差竟然十分接近？这正是本项研究设计"地区差"指标的独特构思。以全国总体人均值为基准，与此均值相比产生偏离的高低数值皆为偏差值。譬如甲地高于全国均值的部分恰好与乙地低于全国均值的部分相等，那么两地人均值与全国总体人均值的绝对偏差值就相等，人均值地区差指数也就相等。本项研究的"地区差"指标设计思路在于，各地无论"高于"还是"低于"，测量出的只能是绝对偏差值，换句话说，各地无论"率先"还是"滞后"，表现出的只会是对全国"均衡"的偏离，均非理想"同步"状态。"均衡发展"的本义在于，既要消除"滞后"，又需避免"率先"，正是"率先"的超越反衬出了"滞后"。

四 文化民生需求同构占比检测

同时调用"中国公共文化投入增长测评体系"与"中国文化消费需求

景气评价体系"后台数据库，并行展开同构关联演算检测（对照本书《全国省域公共文化投入增长的应然目标——2016~2020年预期增长测算》表9、表10），2015年全国及各地文化消费与投入占收入、支出比对比见图7。图示直观体现全国及各地文化消费占居民收入、支出比（现有实际值）与文化投入占财政收入、支出比（最佳测算值）之间的差异，并演算得出同构占比倍差平衡指数。

首先可以肯定，个体（个人及家庭）与群体（地区和国家）的需求具有质的同构性，也具有量的可比性。在这里即可落实为，城乡文化消费占居民收入比与公共文化投入占财政收入比应当具有同构可比性。这就意味着，以平均而论，公共文化投入占财政收入比应与全国城乡文化消费占居民收入比持平，这样才具有贴切响应文化民生需求自然表现的合理性。

其次需要看到，城乡文化消费占居民支出比与公共文化投入占财政支出比虽也具有质的同构性，却不具有量的可比性。这是因为，居民个人和家庭消费一般总会小于收入（个别地区乡村平均值在个别年度例外），剩余的部分则为积蓄；而国家和地区财政支出一般总会大于财政收入（个别年度例外），超出的部分则为预算赤字。落实到这里，即公共文化投入占财政支出比低于城乡文化消费占居民支出比尚属"正常"，不过问题还在于，低于多少才属于"正常"。

最后进行推演，①公共文化投入占财政收入比与城乡文化消费占居民收入比持平，应是"合理"的，国家和地区公共文化投入应当准确响应文化民生需求自然表现出来的取向，这样就使两项"同构占比"归一，其间的倍差势必构成差距；②公共文化投入占财政支出比与占财政收入比持平，也应是"合理"的，即预算赤字"超支"部分应当以同样比例用于公共文化投入，这样也使两项"同质占比"归一，其间的出入势必也构成差距。

假如以上判断和推论成立，那么就可以取文化消费与投入占收入、支出比两项倍差之比（再次形成倍差），作为"文化民生需求系数"同构占比平衡检测的差距指数，在历年三项最佳比值多重测算基础上，再进一步推进同构占比二重平衡假定测算。

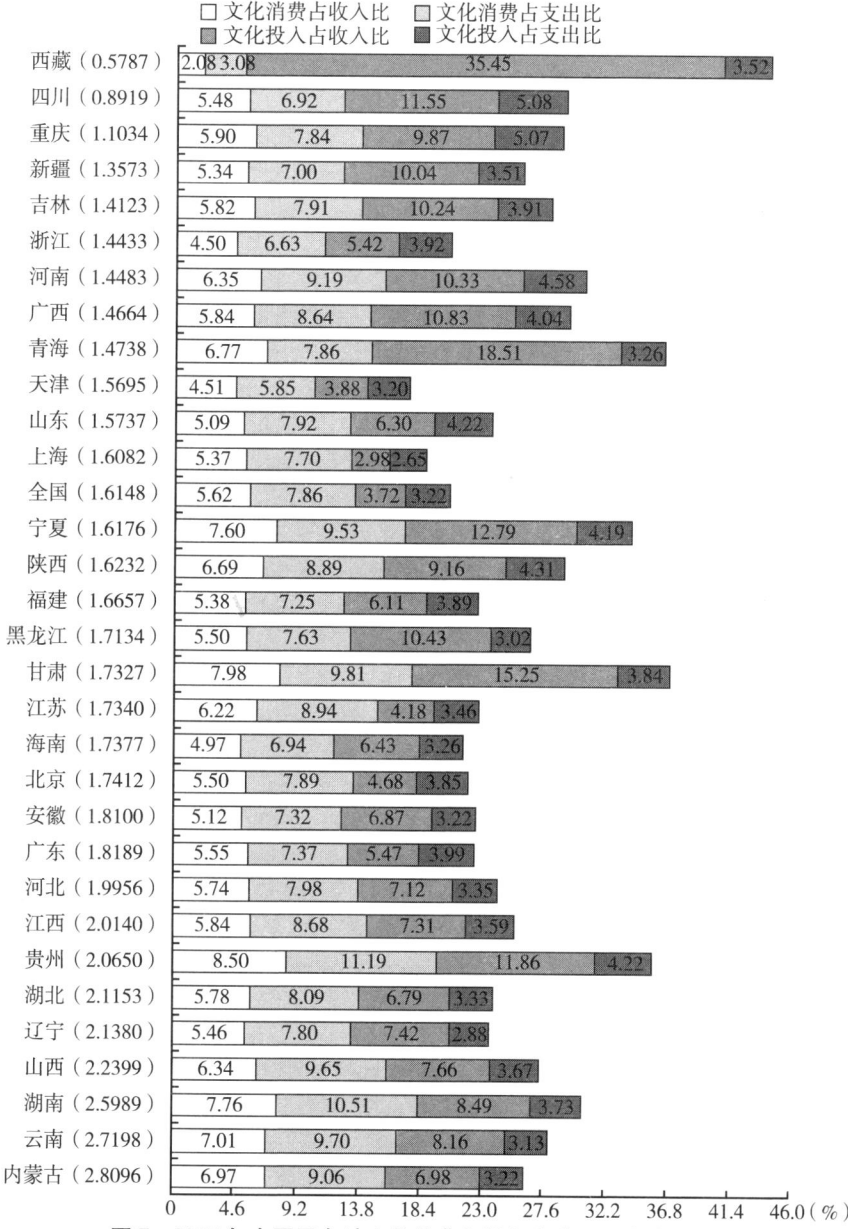

图 7　2015 年全国及各地文化消费与投入占收入、支出比对比

坐标轴：各地同构占比倍差平衡指数，按从小到大顺序自上而下排列。横向柱形：由左至右为文化消费占收入、支出比（%）（现有实际值），文化投入占收入、支出比（%）（最佳比值测算值）。倍差演算：无差距基准值1加同构收入比、支出比之间商值与之绝对偏差值，再以收入比、支出比两项倍差之间商值作为平衡指数。

2015年，全国文化消费占居民收入比为5.62%，占居民总消费支出比为7.86%，皆系现有实际值；取以上最佳比值测算结果，文化投入占财政收入比应为3.72%，占财政支出比应为3.22%。即便以最佳比值测算来看，全国文化投入占财政收入比仍低于文化消费占居民收入比1.90个百分点，文化投入占财政支出比仍低于文化消费占居民支出比4.63个百分点。若全国文化投入占财政收入比与文化消费占居民收入比持平，同时文化投入占财政收入、支出比自身再予平衡，全国文化投入人均值应达到666.98元，为现有实际值的297.27%，为最佳比值测算值的161.48%。

同样检测四大区域同构占比差距，东部人均值应达到812.27元，为现有实际值的342.78%，为最佳比值测算值的194.05%；东北人均值应达到637.33元，为现有实际值的325.29%，为最佳比值测算值的191.73%；中部人均值应达到619.52元，为现有实际值的424.14%，为最佳比值测算值的192.16%；西部人均值应达到765.85元，为现有实际值的346.19%，为最佳比值测算值的195.16%。

12个省域同构占比差距小于全国总体差距；19个省域同构占比差距大于全国总体差距。其中，西藏同构占比差距指数处于首位，为全国总体差距指数的35.84%；内蒙古同构占比差距指数处于末位，为全国总体差距指数的173.99%。

2015年各省域同构占比二重平衡检测综合结果，以下取首尾各3个省域，具体测算各自"应有"增长目标和增长差距，作为具体示例，其余省域依此类推。

北京处于第1位，人均值应达到1780.08元，为现有实际值的204.08%，为最佳比值测算值的174.12%；内蒙古处于第2位，人均值应达到1535.18元，为现有实际值的401.85%，为最佳比值测算值的280.96%；青海处于第3位，人均值应达到1243.95元，为现有实际值的216.92%，为最佳比值测算值的147.38%。

安徽处于倒数第3位，人均值应达到499.52元，为现有实际值的346.26%，为最佳比值测算值的181.00%；河南处于倒数第2位，人均值应达到477.25元,为现有实际值的428.34%,为最佳比值测算值的144.83%;四川处于倒数第1位,人均值应达到422.94元,为现有实际值的247.92%,为最佳比值测算值的89.19%。

五 文化投入增长的应然测算

2015年全国文化投入总量、人均值增长目标测算见图8,其中增长目标测算值包括"最佳比值测算""同构占比测算""全国均等测算"三项,前一项属于协调增长"应然目标"测算,中间一项属于"民生目标"附加测算,后一项属于均衡发展"理想目标"测算。各地依此类推。

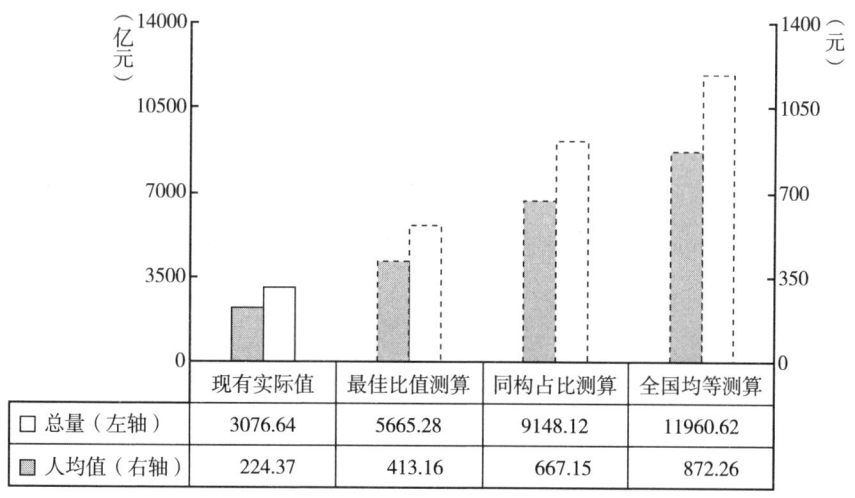

图8 2015年全国文化投入总量、人均值增长目标测算

实线:现有实际值。虚线:目标测算值。最佳比值测算:假设全国产值—财政支出—教科文卫综合投入—文化投入间均实现2000年以来最佳比值。同构占比测算:假设在最佳比值基础上进一步实现文化投入占财政收入、支出比与文化消费占居民收入、支出比合理平衡。全国均等测算:假设全国及31个省域公共文化投入以人均值计算彻底实现均等化(按北京人均值测算)。

(1)最佳比值测算:假设全国产值人均值—财政支出人均值、财政支出人均值—教科文卫综合投入人均值、教科文卫综合投入人均值—文化投入人均值之间均实现2000年以来最佳比值,以三项最佳比值叠加测算。按照这一"应然目标"测算,2015年全国文化投入人均值应达到413.16元,总量应达到5665.28亿元,皆为现有实际值的184.14%。

(2)同构占比测算:假设文化投入占财政收入比与文化消费占居民收入比持平,同时文化投入占财政收入、支出比再予平衡。按照这一"民生目标"测算,2015年全国文化投入人均值应达到667.15元,总量应达到9148.12亿元,皆为现有实际值的297.34%。

(3)全国均等测算:假设全国各地产值人均值—财政支出人均值—教科文卫综合投入人均值—文化投入人均值全面消除地区差距,同时全面实现2000年以来三项最佳比值(唯有北京曾经在2012年实现),以北京文化投入人均值测算。按照这一"理想目标"测算,2015年全国文化投入人均值应达到872.26元,总量应达到11960.62亿元,皆为现有实际值的388.76%。

实际上,最佳比值、同构占比两项假定测算已得出重要发现:如果各地普遍实现三项最佳比值增长,或进一步实现同构占比二重倍差平衡,那么文化投入人均值地区差将普遍明显缩小,各地文化投入人均值也将会十分接近,为今后实现全国文化投入(人均值)均等化奠定良好基础。最终达到全国各地文化投入均等化正是公共财政、公共文化服务追求的理想目标。

B.4 全国省域公共文化投入增长综合评价排行

——2000年以来纵向与2015年度横向测评

刘婷 赵娟 王亚南*

摘 要： 2015年，全国13个省域文化投入总量增长超过15%，其中7个省域总量增长超过20%；10个省域文化投入人均值增长超过15%，其中7个省域人均值增长超过20%。浙江、湖南、福建、宁夏、重庆处于年度总量、人均值增长前5位。各省域文化投入增长综合评价排行：无差距理想值横向测评，西藏、北京、青海、甘肃、吉林为"2015年度综合指数排名"前5位；自身基数值纵向测评，青海、重庆、四川、西藏、海南为"2000~2015年综合指数提升"前5位；青海、西藏、海南、陕西、内蒙古为"2005~2015年综合指数提升"前5位；福建、湖南、贵州、广西、青海为"2010~2015年综合指数提升"前5位；湖南、福建、重庆、浙江、山西为"2014~2015年综合指数提升"前5位。

关键词： 全国省域 文化投入 综合评价 指数排行

---

* 刘婷，云南省社会科学院研究员，文化发展研究中心秘书长；赵娟，云南省社会科学院文化发展研究中心副研究员；王亚南，云南省社会科学院研究员，文化发展研究中心主任。

本报告分析面向全国及东部、中部、西部和东北四大区域、31个省级行政区划（以下统称"省域"，包括省、自治区和直辖市），首先检测文化投入总量、人均值增长，其次检测经济、财政增长的相关社会背景，其次检测教科文卫投入增长的相邻同步关系，再次检测居民文化消费占收入、支出比的同构可比关系，最后检测文化投入人均值演算的地区差变动状况，由此形成多重关系交叉对比，综合测评2015年各省域文化投入增长指数排行。鉴于另有省域报告详加考察，本报告侧重于全国总体增长与东、中、西部及东北四大区域各自增长的比较，对31个省域则着眼于各项检测指标排行。

一 各省域文化投入增长基本情况

全国及各省域文化投入总量增长态势可以提供一种宏观视角，便于把握基本态势，本报告分析检测从各省域文化投入总量占全国份额增减变化状况为起点展开。

（一）文化投入总量份额增减变化

文化投入总量增长及其占全国份额变动状况见表1，全国总体数据及其相关衍生值作为演算基准，列于表中首行。各省域依所处地理方位，从北到南、由东至西分为东北和东、中、西四大区域，按15年间文化投入总量占全国份额变化幅度由高到低排列。其中，省域主排行以1、2、3……为序，四大区域作为附加排行以［1］、［2］、［3］、［4］为序（本报告同）。

2000～2015年，全国文化投入总量从300.29亿元增长至3076.64亿元，增量绝对值为2776.35亿元，总增长924.57%，年均增长16.78%。

同期，东部整体总量年均增长16.68%，低于全国平均增长0.10个百分点，占全国份额由40.84%降为40.32%，降幅为1.28%；东北整体总量年均增长15.49%，低于全国平均增长1.29个百分点，占全国份额由8.25%降为6.98%，降幅为15.37%；中部整体总量年均增长17.02%，高于

表1 文化投入总量增长及其占全国份额变动状况

单位：亿元，%

地区	文化投入总量增长				占全国份额变动			
	2000年总量	2015年总量	15年年均增长		2000年份额	2015年份额	15年份额增减	
			增长指数（上年=1）	指数排序			增减（%）	增减排序
全　国	300.29	3076.64	1.1678	—	100	100	—	—
中央财政	33.69	271.99	1.1494	—	11.2192	8.8405	-21.20	—
青　海	1.39	33.60	1.2366	1	0.4629	1.0921	135.93	1
西　藏	2.01	34.73	1.2092	3	0.6694	1.1288	68.63	3
新　疆	5.13	78.96	1.1999	5	1.7083	2.5664	50.23	5
内蒙古	6.61	95.81	1.1951	6	2.2012	3.1141	41.47	6
重　庆	3.37	47.01	1.1921	7	1.1222	1.5280	36.16	7
陕　西	7.60	103.09	1.1899	8	2.5309	3.3507	32.39	8
四　川	10.627	139.41	1.1872	9	3.5389	4.5312	28.04	9
宁　夏	1.81	20.97	1.1774	14	0.6028	0.6816	13.07	14
甘　肃	5.75	62.76	1.1727	19	1.9148	2.0399	6.53	19
贵　州	5.78	61.20	1.1704	20	1.9248	1.9892	3.35	20
广　西	8.18	79.00	1.1632	21	2.7240	2.5677	-5.74	21
云　南	10.634	61.66	1.1243	31	3.5412	2.0041	-43.41	31
西　部	68.89	818.20	1.1794	[1]	22.9412	26.5939	15.92	[1]
江　西	5.48	68.90	1.1838	10	1.8249	2.2395	22.72	10
湖　南	9.03	111.74	1.1826	11	3.0071	3.6319	20.78	11
山　西	6.50	73.08	1.1751	16	2.1646	2.3753	9.73	16
安　徽	7.92	88.19	1.1743	18	2.6375	2.8664	8.68	18
河　南	11.49	105.38	1.1592	23	3.8263	3.4252	-10.48	23
湖　北	9.88	84.03	1.1534	25	3.2902	2.7312	-16.99	25
中　部	50.29	531.32	1.1702	[2]	16.7471	17.2695	3.12	[2]
北　京	9.26	188.50	1.2225	2	3.0837	6.1268	98.68	2
海　南	1.65	25.48	1.2002	4	0.5495	0.8282	50.72	4
浙　江	13.69	165.38	1.1807	12	4.5589	5.3753	17.91	12
江　苏	17.05	196.06	1.1768	15	5.6778	6.3725	12.24	15
天　津	4.64	51.73	1.1744	17	1.5452	1.6814	8.81	17
上　海	11.67	108.22	1.1601	22	3.8862	3.5175	-9.49	22
福　建	10.05	84.82	1.1528	26	3.3468	2.7569	-17.63	26
河　北	10.73	88.34	1.1509	27	3.5732	2.8713	-19.64	27
山　东	17.57	137.26	1.1469	28	5.8510	4.4614	-23.75	28
广　东	26.33	194.58	1.1426	29	8.7682	6.3244	-27.87	29

续表

地区	文化投入总量增长				占全国份额变动			
	2000年总量	2015年总量	15年年均增长		2000年份额	2015年份额	15年份额增减	
			增长指数（上年=1）	指数排序			增减（%）	增减排序
东 部	122.64	1240.37	1.1668	[3]	40.8405	40.3157	-1.28	[3]
吉 林	6.09	73.01	1.1801	13	2.0280	2.3730	17.01	13
辽 宁	10.10	88.59	1.1558	24	3.3634	2.8794	-14.39	24
黑龙江	8.57	53.17	1.1294	30	2.8539	1.7282	-39.44	30
东 北	24.77	214.77	1.1549	[4]	8.2487	6.9807	-15.37	[4]

注：①表中全国、中央财政及各地文化投入总量数据来源于《中国统计年鉴》，地方财政合计分解为东、中、西部和东北四大区域，其余均为演算衍生数值；②部分地区总量份额较小，故保留4位小数，份额增减百分比负值为下降百分比。另2000年四川与云南文化投入总量需以3位小数比较。

全国平均增长0.24个百分点，占全国份额由16.75%提升为17.27%，升幅为3.12%；西部整体总量年均增长17.94%，高于全国平均增长1.16个百分点，占全国份额由22.94%提升为26.59%，升幅为15.92%。

2000~2015年各省域文化投入总量年均增长幅度比较。20个省域年均增长幅度高于全国平均增长；11个省域年均增长幅度低于全国平均增长。青海占据首位，年均增长高于全国平均增长6.88个百分点；云南处于末位，年均增长低于全国平均增长4.35个百分点。

各省域文化投入历年总量份额比较。2000年，广东占据首位，文化投入总量占全国份额的8.77%；青海处于末位，文化投入总量占全国份额的0.46%。2015年，江苏占据首位，文化投入总量占全国份额的6.37%；宁夏处于末位，文化投入总量占全国份额的0.68%。

这15年间，各省域文化投入总量占全国份额增减变化比较，20个省域份额提升；11个省域份额下降。青海占据首位，占全国份额提高了135.93%；云南处于末位，占全国份额降低了43.41%。

2015年，全国文化投入总量增长14.31%，低于"十五"年均增长4.25个百分点，低于"十一五"年均增长2.70个百分点。同年，14个省域文化投入总量增长幅度高于全国平均增长；17个省域文化投入总量增长幅度低于全国平均增长。

由于各省域之间人口规模差异极大，各地文化投入总量数值本身不具可比性，但增长幅度和份额变化可以进行比较，此处仅提供各地总量增长幅度和份额增减排序。鉴于各省域文化投入总量占全国份额差距巨大，各地份额增减并无比较意义，故采用份额增减百分比加以比较，便于进行排序。实际上，总量增长与份额增减是联系在一起的，总量年均增长排序与份额增减百分比排序也是一致的。

（二）文化投入人均值增长变化

以年平均人口衡量的文化投入人均值增长状况见表2，各地按15年间文化投入人均值年均增长指数由高到低排列。

表2 以年平均人口衡量的文化投入人均值增长状况

单位：元

地区	文化投入人均绝对值				人均值增长变动				
	2000年		2015年		15年增量及增量比			15年年均增长	
	人均值	排序	人均值	排序	增量值	增量比（全国=1）	增量比排序	增长指数（上年=1）	指数排序
全国	23.78	—	224.37	—	200.59	1	—	1.1614	—
青海	27.00	11	573.45	3	546.45	2.7242	3	1.2260	1
重庆	10.94	31	156.49	23	145.55	0.7256	22	1.1941	2
西藏	78.13	1	1082.74	1	1004.61	5.0083	1	1.1916	3
四川	12.39	29	170.59	20	158.20	0.7887	19	1.1910	4
内蒙古	27.92	10	382.03	5	354.11	1.7653	5	1.1905	5
陕西	20.94	19	272.43	11	251.49	1.2538	11	1.1865	7
新疆	28.29	9	339.02	6	310.73	1.5491	6	1.1801	9
贵州	15.49	25	173.92	19	158.43	0.7898	18	1.1750	14
甘肃	22.55	17	241.83	14	219.28	1.0932	14	1.1714	15
广西	17.29	22	165.45	21	148.16	0.7386	21	1.1625	19
宁夏	32.99	6	315.48	8	282.49	1.4083	8	1.1624	20
云南	25.22	12	130.42	29	105.20	0.5245	29	1.1158	30

续表

地区	文化投入人均绝对值				人均值增长变动				
	2000年		2015年		15年增量及增量比			15年年均增长	
	人均值	排序	人均值	排序	增量值	增量比（全国=1）	增量比排序	增长指数（上年=1）	指数排序
西部	19.13	[3]	221.22	[2]	202.09	1.0075	[2]	1.1773	[1]
湖南	13.80	26	165.29	22	151.49	0.7552	20	1.1800	10
江西	13.08	27	151.30	24	138.22	0.6891	24	1.1773	12
安徽	12.64	28	144.26	25	131.62	0.6562	25	1.1762	13
山西	20.14	20	199.89	17	179.75	0.8961	16	1.1653	17
河南	12.17	30	111.42	31	99.25	0.4948	31	1.1591	21
湖北	16.61	23	144.04	26	127.43	0.6353	26	1.1549	22
中部	14.12	[4]	146.07	[4]	131.95	0.6578	[4]	1.1686	[2]
吉林	22.81	15	265.22	12	242.41	1.2085	12	1.1777	11
辽宁	24.19	13	201.95	16	177.76	0.8862	17	1.1520	23
黑龙江	22.56	16	139.10	28	116.54	0.5810	28	1.1289	28
东北	23.26	[2]	195.92	[3]	172.66	0.8608	[3]	1.1527	[3]
海南	21.29	18	280.88	10	259.59	1.2941	10	1.1877	6
北京	70.87	3	872.26	2	801.39	3.9952	2	1.1822	8
江苏	23.45	14	246.05	13	222.60	1.1097	13	1.1697	16
浙江	30.19	7	299.41	9	269.22	1.3421	9	1.1653	18
福建	29.88	8	221.90	15	192.02	0.9573	15	1.1430	24
河北	16.14	24	119.31	30	103.17	0.5143	30	1.1427	25
天津	47.30	4	337.69	7	290.39	1.4477	7	1.1400	26
山东	19.66	21	139.80	27	120.14	0.5989	27	1.1397	27
上海	74.94	2	447.10	4	372.16	1.8553	4	1.1265	29
广东	35.16	5	180.39	18	145.23	0.7240	23	1.1152	31
东部	28.61	[1]	236.97	[1]	208.36	1.0387	[1]	1.1514	[4]

注：①表中均为衍生数值，演算依据为《中国统计年鉴》；②人均值"增量比"小于1为小于全国总体人均增量。

2000~2015年，全国文化投入人均值从23.78元增长至224.37元，人均增量绝对值为200.59元，总增长843.44%，年均增长16.14%。

同期，东部整体人均值年均增长15.14%，低于全国平均增长1.00个百分点，从全国人均值的120.31%降低至105.61%，人均增量为全国人均增量的103.87%；东北整体人均值年均增长15.27%，低于全国平均增长0.87个百分点，从全国人均值的97.81%降低至87.32%，人均增量为全国人均增量的86.08%；中部整体人均值年均增长16.86%，高于全国平均增长0.72个百分点，从全国人均值的59.39%提高至65.10%，人均增量为全国人均增量的65.78%；西部整体人均值年均增长17.73%，高于全国平均增长1.59个百分点，从全国人均值的80.42%提高至98.60%，人均增量为全国人均增量的100.75%。

2000~2015年各省域文化投入人均值年均增长幅度比较。20个省域年均增长幅度高于全国平均增长；11个省域年均增长幅度低于全国平均增长。青海占据首位，年均增长高于全国平均增长6.46个百分点；广东处于末位，年均增长低于全国平均增长4.62个百分点。

各省域文化投入历年人均值比较。2000年，13个省域人均值高于全国人均值；18个省域人均值低于全国人均值。西藏占据首位，人均值高达全国人均值的328.53%；重庆处于末位，人均值仅为全国人均值的46.01%。2015年，14个省域人均值高于全国人均值；17个省域人均值低于全国人均值。西藏占据首位，人均值高达全国人均值的482.56%；河南处于末位，人均值仅为全国人均值的49.66%。

2015年，全国文化投入人均值年度增长13.73%，低于"十五"年均增长4.07个百分点，低于"十一五"年均增长2.68个百分点。同年，14个省域人均值年均增长幅度高于全国平均增长；17个省域人均值年均增长幅度低于全国平均增长。

当然，文化投入增长状况分析不能孤立地进行，必须放到全国及各地经济、财政增长的相关社会背景当中，放到教科文卫投入增长的相邻同步关系当中，继续展开检测；同时有必要放到居民文化消费占居民收入、支出比的同构可比关联当中，放到检验各地之间协调性、均等性的地区差指标测算当中，深入展开检测。因基础数据未提供文化投入的城乡投向，故缺少反映"中国现实"极为重要的城乡比指标，这为本报告留下遗憾。在本项测评的具体演算过程中，文化投入相关各类关系比值以总量进行测算，文化投入地区差以人均值进行测算。

二 各省域文化投入相关背景协调状况

在本项测评里，全国及各省域文化投入增长首先需要放到经济、财政增长的相关社会背景中，考察其间的"背景协调增长"状况，从而得出背景关系平衡指标演算比值。

（一）文化投入与产值比变化

文化投入与产值比变动状况见表3，各省域按文化投入总量与产值总量的关系比值由高到低排列。表中同时提供了2000年和2015年各地产值总量数据，对照本报告表1里各地文化投入总量数据，可以进行重复验算。

表3 文化投入与产值比变动状况

单位：亿元，%

地区	2000年			2015年			15年比值升降变化	
	产值总量	文化投入与产值比		产值总量	文化投入与产值比		变化	排序
		比值	排序		比值	排序		
全　国	100280.10	0.2994	—	685505.80	0.4488	—	49.90	—
吉　林	1951.51	0.3121	13	14063.13	0.5192	12	66.36	10
辽　宁	4669.10	0.2164	27	28669.02	0.3090	24	42.79	15
黑龙江	3151.40	0.2720	19	15083.67	0.3525	21	29.60	20
东　北	9772.01	0.2534	[3]	57815.82	0.3715	[2]	46.61	[1]
北　京	3161.00	0.2930	14	23014.59	0.8190	5	179.52	1
海　南	526.82	0.3135	12	3702.76	0.6881	7	119.49	4
上　海	4771.17	0.2446	24	25123.45	0.4308	16	76.12	6
浙　江	6141.03	0.2230	26	42886.49	0.3856	20	72.91	7
江　苏	8553.69	0.1993	31	70116.38	0.2796	29	40.29	17
河　北	5043.96	0.2126	28	29806.11	0.2964	26	39.42	18
福　建	3764.54	0.2669	21	25979.82	0.3265	22	22.33	23
天　津	1701.88	0.2724	18	16538.19	0.3128	23	14.83	26
广　东	10741.25	0.2451	23	72812.55	0.2672	30	9.02	27
山　东	8337.47	0.2108	29	63002.33	0.2179	31	3.37	29

续表

地区	2000年			2015年			15年比值升降变化	
	产值总量	文化投入与产值比		产值总量	文化投入与产值比		变化	排序
		比值	排序		比值	排序		
东 部	52742.81	0.2325	[4]	372982.67	0.3326	[4]	43.05	[2]
青 海	263.68	0.5259	6	2417.05	1.3901	2	164.33	2
新 疆	1363.56	0.3759	10	9324.80	0.8468	4	125.27	3
西 藏	117.80	1.7046	1	1026.39	3.3837	1	98.50	5
四 川	3928.20	0.2705	20	30053.10	0.4639	14	71.50	8
甘 肃	1052.88	0.5462	4	6790.32	0.9243	3	69.22	9
重 庆	1603.16	0.2105	30	15717.27	0.2991	25	42.09	16
陕 西	1804.00	0.4215	8	18021.86	0.5720	10	35.71	19
内蒙古	1539.12	0.4294	7	17831.51	0.5373	11	25.13	22
广 西	2080.04	0.3934	9	16803.12	0.4702	13	19.52	24
宁 夏	295.02	0.6133	2	2911.77	0.7202	6	17.43	25
贵 州	1029.92	0.5615	3	10502.56	0.5827	8	3.78	28
云 南	2011.19	0.5287	5	13619.17	0.4527	15	-14.37	31
西 部	17088.57	0.4032	[1]	145018.92	0.5642	[1]	39.93	[3]
山 西	1845.72	0.3521	11	12766.49	0.5724	9	62.57	11
湖 南	3551.49	0.2543	22	28902.21	0.3866	19	52.03	12
江 西	2003.07	0.2736	16	16723.78	0.4120	17	50.58	13
安 徽	2902.09	0.2727	17	22005.63	0.4008	18	46.97	14
河 南	5052.99	0.2274	25	37002.16	0.2848	27	25.24	21
湖 北	3545.39	0.2787	15	29550.19	0.2844	28	2.05	30
中 部	18900.75	0.2661	[2]	146950.46	0.3616	[3]	35.89	[4]

注：①表中全国及各地产值总量数据来源于《中国统计年鉴》，其余为演算衍生数值；②因比值太小，表中保留4位小数，并按4位小数演算比值变化，本报告正文表述按惯例保留2位小数，表4~表5同；③比值升降百分比负值为下降百分比。

2000~2015年，全国产值总量从100280.10亿元增长至685505.80亿元，年均增长13.67%，低于同期文化投入总量年均增长3.11个百分点，文化投入与产值比从0.30%上升至0.45%，升幅为49.90%。

与此同时，东部整体产值年均增长低于文化投入年均增长2.75个百分点，文化投入与产值比从0.23%上升至0.33%，升幅为43.05%；东北整体产值年均增长低于文化投入年均增长2.91个百分点，文化投入与产值比从

0.25%上升至0.37%,升幅为46.61%;中部整体产值年均增长低于文化投入年均增长2.37个百分点,文化投入与产值比从0.27%上升至0.36%,升幅为35.89%;西部整体产值年均增长低于文化投入年均增长2.62个百分点,文化投入与产值比从0.40%上升至0.56%,升幅为39.93%。

各省域文化投入与产值比历年高低对比。2000年,13个省域此项比值高于全国总体比值;18个省域此项比值低于全国总体比值。西藏占据首位,此项比值高于全国总体比值1.41个百分点;江苏处于末位,此项比值低于全国总体比值0.10个百分点。2015年,15个省域此项比值高于全国总体比值;16个省域此项比值低于全国总体比值。西藏占据首位,此项比值高于全国总体比值2.93个百分点;山东处于末位,此项比值低于全国总体比值0.2309个百分点。

2000~2015年各省域文化投入与产值比升降变化比较。30个省域此项比值上升;1个省域此项比值下降。其中,北京、青海、新疆、海南、西藏、上海、浙江、四川、甘肃、吉林、山西、湖南、江西13个省域此项比值变动状况依次好于全国总体;其余18个省域此项比值变动状况依次逊于全国总体。北京占据首位,此项比值升高了179.52%;云南处于末位,此项比值降低了14.37%。2015年与上一年相比,全国此项比值上升7.39%。同时,25个省域此项比值上升;6个省域此项比值下降。

这一比值关系分析表明,2000~2015年,全国及各省域文化投入增长与产值增长相比较,其间"背景增长协调性"普遍向好。在全国及绝大部分省域,文化投入增长超过了产值增长,经济增长的成果已经在提升文化投入上明显体现出来。

(二)文化投入占财政收入比变化

文化投入占财政收入比变动状况见表4,各省域按文化投入总量与财政收入总量的关系比值由高到低排列。表中同时提供了2000年和2015年各地财政收入总量数据,对照本报告表1里各地文化投入总量数据,可以进行重复验算。

表4 文化投入占财政收入比变动状况

单位：亿元，%

地区	2000年			2015年			15年比值升降变化	
	财政收入总量	文化投入占财政收入比		财政收入总量	文化投入占财政收入比		变化	排序
		比值	排序		比值	排序		
全 国	13395.23	2.2417	—	152269.23	2.0205	—	-9.87	—
辽 宁	295.63	3.4181	28	2127.39	4.1643	13	21.83	3
吉 林	103.83	5.8666	10	1229.35	5.9389	4	1.23	4
黑龙江	185.34	4.6245	16	1165.88	4.5605	10	-1.38	5
东 北	584.79	4.2351	[3]	4522.62	4.7488	[2]	12.13	[1]
北 京	345.00	2.6849	30	4723.86	3.9904	17	48.62	2
海 南	39.20	4.2128	22	627.70	4.0593	16	-3.64	6
浙 江	342.77	3.9949	23	4809.94	3.4383	20	-13.93	12
上 海	485.38	2.4046	31	5519.50	1.9607	30	-18.46	13
福 建	234.11	4.2919	21	2544.24	3.3338	23	-22.32	16
河 北	248.76	4.3113	20	2649.18	3.3346	22	-22.65	17
广 东	910.56	2.8917	29	9366.78	2.0773	29	-28.16	20
山 东	463.68	3.7902	26	5529.33	2.4824	26	-34.50	23
江 苏	448.31	3.8032	25	8028.59	2.4420	27	-35.79	26
天 津	133.61	3.4694	27	2667.11	1.9396	31	-44.09	31
东 部	3651.37	3.3588	[4]	46466.23	2.6694	[4]	-20.53	[2]
青 海	16.58	8.3615	4	267.13	12.5781	2	50.43	1
广 西	147.05	5.5644	12	1515.16	5.2140	7	-6.30	7
新 疆	79.07	6.4820	8	1330.85	5.9331	5	-8.47	8
四 川	233.86	4.5439	18	3355.44	4.1547	14	-8.57	9
甘 肃	61.28	9.3844	2	743.86	8.4371	3	-10.09	10
陕 西	114.97	6.6139	7	2059.95	5.0045	8	-24.33	18
内蒙古	95.03	6.9539	5	1964.48	4.8771	9	-29.87	21
西 藏	5.38	37.2902	1	137.13	25.3263	1	-32.08	22
宁 夏	20.82	8.6888	3	373.45	5.6152	6	-35.37	25
贵 州	85.23	6.7845	6	1503.38	4.0708	15	-40.00	28
云 南	180.75	5.8832	9	1808.15	3.4101	21	-42.04	29
重 庆	87.24	3.8673	24	2154.83	2.1816	28	-43.59	30
西 部	1127.29	6.1113	[1]	17213.81	4.7532	[1]	-22.22	[3]
湖 南	177.04	5.1014	13	2515.43	4.4422	12	-12.92	11
安 徽	178.72	4.4288	19	2454.30	3.5933	18	-18.87	14
山 西	114.48	5.6767	11	1642.35	4.4497	11	-21.61	15
河 南	246.47	4.6613	15	3016.05	3.4940	19	-25.04	19
江 西	111.55	4.9132	14	2165.74	3.1814	24	-35.25	24
湖 北	214.35	4.6095	17	3005.53	2.7958	25	-39.35	27
中 部	1042.60	4.8240	[2]	14799.40	3.5901	[3]	-25.58	[4]

资料来源：表中全国及各地财政收入总量数据来源于《中国统计年鉴》，其余同前表。

2000～2015年，全国财政收入总量从13395.23亿元增长至152269.23亿元，年均增长17.59%，高于同期文化投入总量年均增长0.81个百分点，文化投入占财政收入比从2.24%下降至2.02%，降幅为9.87%。

与此同时，东部整体财政收入年均增长高于文化投入年均增长1.80个百分点，文化投入占财政收入比从3.36%下降至2.67%，降幅为20.53%；东北整体财政收入年均增长低于文化投入年均增长0.88个百分点，文化投入占财政收入比从4.24%上升至4.75%，升幅为12.13%；中部整体财政收入年均增长高于文化投入年均增长2.33个百分点，文化投入占财政收入比从4.82%下降至3.59%，降幅为25.58%；西部整体财政收入年均增长高于文化投入年均增长1.99个百分点，文化投入占财政收入比从6.11%下降至4.75%，降幅为22.22%。

各省域文化投入占财政收入比历年高低对比。2000年，31个省域此项比值全都高于全国总体比值。西藏占据首位，此项比值高于全国总体比值35.05个百分点；上海处于末位，此项比值低于全国总体比值0.16个百分点。2015年，29个省域此项比值高于全国总体比值；2个省域此项比值低于全国总体比值。西藏占据首位，此项比值高于全国总体比值23.31个百分点；天津处于末位，此项比值低于全国总体比值0.0810个百分点。

2000～2015年各省域文化投入占财政收入比升降变化比较。4个省域此项比值上升；27个省域此项比值下降。其中，青海、北京、辽宁、吉林、黑龙江、海南、广西、新疆、四川9个省域此项比值变动状况依次好于全国总体；其余22个省域此项比值变动状况依次逊于全国总体。青海占据首位，此项比值升高了50.43%；天津处于末位，此项比值降低了44.09%。2015年与上一年相比，全国此项比值上升5.38%。同时，17个省域此项比值上升；14个省域此项比值下降。

这一比值分析表明，2000～2015年，全国及各省域文化投入增长与财政收入增长相比较，其间"背景增长协调性"普遍欠佳。在全国及绝大部分省域，文化投入增长滞后于财政收入增长，财政收入增长的成效并未在提升文化投入上同步体现出来。

（三）文化投入占财政支出比变化

文化投入占财政支出比变动状况见表5，各省域按文化投入总量与财政支出总量的关系比值由高到低排列。表中同时提供了2000年和2015年各地财政支出总量数据，对照本报告表1里各地文化投入总量数据，可以进行重复验算。

表5 文化投入占财政支出比变动状况

单位：亿元，%

地区	2000年			2015年			15年比值升降变化	
	财政支出总量	文化投入占财政支出比		财政支出总量	文化投入占财政支出比		变化	排序
		比值	排序		比值	排序		
全 国	15886.50	1.8902	—	175877.77	1.7493	—	-7.45	—
辽 宁	518.08	1.9504	29	4481.61	1.9767	14	1.35	3
吉 林	260.67	2.3367	25	3217.10	2.2694	5	-2.88	4
黑龙江	381.87	2.2445	26	4020.66	1.3224	29	-41.08	27
东 北	1160.63	2.1339	[4]	11719.37	1.8326	[3]	-14.12	[1]
北 京	443.00	2.0909	27	5737.70	3.2853	1	57.12	1
上 海	608.56	1.9179	30	6191.56	1.7479	19	-8.86	5
海 南	64.12	2.5755	18	1239.43	2.0558	12	-20.18	8
浙 江	431.30	3.1750	2	6645.98	2.4884	3	-21.63	10
江 苏	591.28	2.8836	8	9687.58	2.0238	13	-29.82	15
福 建	324.18	3.0993	4	4001.58	2.1197	10	-31.61	19
天 津	187.05	2.4781	20	3232.35	1.6004	22	-35.42	20
广 东	1080.32	2.4373	23	12827.80	1.5169	27	-37.76	22
河 北	415.54	2.5810	16	5632.19	1.5685	23	-39.23	25
山 东	613.08	2.8666	10	8250.01	1.6638	21	-41.96	28
东 部	4758.42	2.5774	[3]	63446.18	1.9550	[1]	-24.15	[2]
青 海	68.26	2.0315	28	1515.16	2.2176	7	9.16	2
内蒙古	247.27	2.6726	14	4252.96	2.2528	6	-15.71	6
陕 西	271.76	2.7981	11	4376.06	2.3558	4	-15.81	7
四 川	452.00	2.3510	24	7497.51	1.8594	17	-20.91	9
新 疆	190.95	2.6842	12	3804.87	2.0752	11	-22.69	11

续表

地区	2000年			2015年			15年比值升降变化	
	财政支出总量	文化投入占财政支出比		财政支出总量	文化投入占财政支出比		变化	排序
		比值	排序		比值	排序		
西 藏	59.97	3.3484	1	1381.46	2.5140	2	-24.92	13
甘 肃	188.23	3.0554	5	2958.31	2.1215	9	-30.57	16
重 庆	187.64	1.7981	31	3792.00	1.2397	31	-31.06	17
宁 夏	60.84	2.9741	6	1138.49	1.8419	18	-38.07	23
广 西	258.49	3.1656	3	4065.51	1.9432	16	-38.62	24
贵 州	201.57	2.8688	9	3939.50	1.5535	25	-45.85	29
云 南	414.11	2.5678	19	4712.83	1.3083	30	-49.05	31
西 部	2601.09	2.6486	[1]	43434.66	1.8837	[2]	-28.88	[3]
湖 南	347.83	2.5965	15	5728.72	1.9505	15	-24.88	12
山 西	225.06	2.8875	7	3422.97	2.1350	8	-26.06	14
安 徽	323.47	2.4469	22	5239.01	1.6833	20	-31.21	18
江 西	223.47	2.4526	21	4412.55	1.5615	24	-36.33	21
河 南	445.53	2.5786	17	6799.35	1.5499	26	-39.89	26
湖 北	368.77	2.6793	13	6132.84	1.3702	28	-48.86	30
中 部	1934.13	2.6004	[2]	31735.44	1.6742	[4]	-35.62	[4]

资料来源：表中全国及各地财政支出总量数据来源于《中国统计年鉴》，其余同前表。

2000～2015年，全国财政支出总量从15886.50亿元增长至175877.77亿元，年均增长17.38%，高于同期文化投入总量年均增长0.60个百分点，文化投入占财政支出比从1.89%下降至1.75%，降幅为7.45%。

与此同时，东部整体财政支出年均增长高于文化投入年均增长2.17个百分点，文化投入占财政支出比从2.58%下降至1.95%，降幅为24.15%；东北整体财政支出年均增长高于文化投入年均增长1.18个百分点，文化投入占财政支出比从2.13%下降至1.83%，降幅为14.12%；中部整体财政支出年均增长高于文化投入年均增长3.48个百分点，文化投入占财政支出比从2.60%下降至1.67%，降幅为35.62%；西部整体财政支出年均增长高于文化投入年均增长2.71个百分点，文化投入占财政支出比从2.65%下降至

1.88%，降幅为28.88%。

各省域文化投入占财政支出比历年高低对比。2000年，30个省域此项比值高于全国总体比值；1个省域此项比值低于全国总体比值。西藏占据首位，此项比值高于全国总体比值1.46个百分点；重庆处于末位，此项比值低于全国总体比值0.09个百分点。2015年，18个省域此项比值高于全国总体比值；13个省域此项比值低于全国总体比值。北京占据首位，此项比值高于全国总体比值1.54个百分点；重庆处于末位，此项比值低于全国总体比值0.5096个百分点。

2000~2015年各省域文化投入占财政支出比升降变化比较。3个省域此项比值上升；28个省域此项比值下降。其中，北京、青海、辽宁、吉林4个省域此项比值变动状况依次好于全国总体；其余27个省域此项比值变动状况依次逊于全国总体。北京占据首位，此项比值升高了57.12%；云南处于末位，此项比值降低了49.05%。2015年与上一年相比，全国此项比值下降1.35%。同时，14个省域此项比值上升；17个省域此项比值下降。

这一比值分析表明，2000~2015年，全国及各省域文化投入增长与财政支出增长相比较，其间"背景增长协调性"普遍欠佳。在全国及绝大部分省域，文化投入增长滞后于财政支出增长，财政支出增长的效应并未在提升文化投入上同步体现出来。

三 各省域文化投入相邻关系协调状况

在本项测评里，全国及各省域文化投入增长其次需要放到教育、科技、卫生投入增长的相邻同步关系中，考察其间的"相邻协调增长"状况，从而得出相邻关系平衡指标演算比值。

（一）文化投入与教育投入关系比值变化

文化投入与教育投入比变动状况见表6，各省域按文化投入总量与教育投入总量的关系比值由高到低排列。表中同时提供了2000年和2015年各地教育投入总量数据，对照本报告表1里各地文化投入总量数据，可以进行重复验算。

表6 文化投入与教育投入比变动状况

单位：亿元，%

地区	2000年			2015年			15年比值变化	
	教育投入总量	文化投入与教育投入比		教育投入总量	文化投入与教育投入比		变化	排序
		比值	排序		比值	排序		
全 国	1768.75	16.98	—	26271.88	11.71	—	-31.04	—
辽 宁	65.91	15.33	22	610.24	14.52	7	-5.28	5
吉 林	35.81	17.01	18	477.57	15.29	5	-10.11	6
黑龙江	48.98	17.50	13	549.66	9.67	22	-44.74	24
东 北	150.70	16.43	[2]	1637.47	13.12	[1]	-20.15	[1]
北 京	60.07	15.42	21	855.67	22.03	1	42.87	2
上 海	84.10	13.88	30	767.32	14.10	8	1.59	4
江 苏	117.42	14.52	28	1746.22	11.23	16	-22.66	8
浙 江	78.19	17.51	12	1264.93	13.07	10	-25.36	9
海 南	9.63	17.15	14	206.84	12.32	12	-28.16	12
福 建	61.97	16.21	20	757.51	11.20	17	-30.91	15
天 津	30.87	15.01	23	507.44	10.19	20	-32.11	17
河 北	73.65	14.56	27	1041.16	8.48	27	-41.76	22
山 东	118.10	14.88	24	1690.62	8.12	29	-45.43	26
广 东	144.75	18.30	10	2040.65	9.54	23	-47.55	28
东 部	778.76	15.75	[4]	10878.36	11.40	[3]	-27.62	[2]
重 庆	64.80	5.21	31	536.24	8.77	25	68.33	1
青 海	7.27	19.07	7	163.19	20.59	3	7.97	3
内蒙古	29.75	22.21	4	536.53	17.86	4	-19.59	7
新 疆	31.35	16.35	19	647.93	12.19	13	-25.44	10
西 藏	6.98	28.77	2	167.27	20.76	2	-27.84	11
陕 西	38.46	19.77	6	758.07	13.60	9	-31.21	16
宁 夏	8.08	22.39	3	142.51	14.71	6	-34.30	19
甘 肃	27.55	20.88	5	498.33	12.59	11	-39.70	21
广 西	44.71	18.30	8	789.69	10.00	21	-45.36	25
云 南	62.31	17.07	16	767.46	8.03	30	-52.96	29
贵 州	31.78	18.20	9	772.91	7.92	31	-56.48	30
四 川	25.45	41.75	1	1252.33	11.13	18	-73.34	31

续表

地区	2000年			2015年			15年比值变化	
	教育投入总量	文化投入与教育投入比		教育投入总量	文化投入与教育投入比		变化	排序
		比值	排序		比值	排序		
西 部	378.51	18.20	[1]	7032.46	11.63	[2]	-36.10	[3]
山 西	38.16	17.03	17	602.85	12.12	14	-28.83	13
安 徽	53.99	14.66	26	856.73	10.29	19	-29.81	14
湖 南	50.88	17.75	11	928.54	12.03	15	-32.23	18
江 西	38.14	14.37	29	793.27	8.69	26	-39.53	20
河 南	77.33	14.86	25	1271.00	8.29	28	-44.21	23
湖 北	57.66	17.14	15	913.05	9.20	24	-46.32	27
中 部	316.17	15.91	[3]	5365.44	9.90	[4]	-37.77	[4]

资料来源：表中全国及各地教育投入总量数据来源于《中国统计年鉴》，其余同前表。

2000~2015年，全国教育投入总量从1768.75亿元增长至26271.88亿元，年均增长19.71%，高于同期文化投入总量年均增长2.93个百分点，文化投入与教育投入比从16.98%下降至11.71%，降幅为31.04%。

与此同时，东部整体教育投入年均增长高于文化投入年均增长2.54个百分点，文化投入与教育投入比从15.75%下降至11.40%，降幅为27.62%；东北整体教育投入年均增长高于文化投入年均增长1.75个百分点，文化投入与教育投入比从16.43%下降至13.12%，降幅为20.15%；中部整体教育投入年均增长高于文化投入年均增长3.76个百分点，文化投入与教育投入比从15.91%下降至9.90%，降幅为37.77%；西部整体教育投入年均增长高于文化投入年均增长3.57个百分点，文化投入与教育投入比从18.20%下降至11.63%，降幅为36.10%。

各省域文化投入与教育投入比历年高低对比。2000年，18个省域此项比值高于全国总体比值；13个省域此项比值低于全国总体比值。四川占据首位，此项比值高于全国总体比值24.77个百分点；重庆处于末位，此项比值低于全国总体比值11.77个百分点。2015年，15个省域此项比值高于全国总体比值；16个省域此项比值低于全国总体比值。北京占据首位，此项比值高于全国总体比值10.32个百分点；贵州处于末位，此项比值低于全国总体比值3.7926个百分点。

2000~2015年各省域文化投入与教育投入比升降变化比较。4个省域此项比值上升；27个省域此项比值下降。其中，重庆、北京、青海、上海、辽宁、吉林、内蒙古、江苏、浙江、新疆、西藏、海南、山西、安徽、福建15个省域此项比值变动状况依次好于全国总体；其余16个省域此项比值变动状况依次逊于全国总体。重庆占据首位，此项比值升高了68.33%；四川处于末位，此项比值降低了73.34%。2015年与上一年相比，全国此项比值上升0.26%。同时，14个省域此项比值上升；17个省域此项比值下降。

这一比值关系分析表明，2000~2015年，全国及各省域文化投入增长与教育投入增长相比较，其间"相邻增长协调性"普遍欠佳。在全国及绝大部分省域，文化投入增长滞后于教育投入增长，教育投入增长进展并未在具有相邻关系的文化投入上引发同步效应，反而在教科文卫综合投入中压低了文化投入的比重。

（二）文化投入与科技投入关系比值变化

文化投入与科技投入比变动状况见表7，各省域按文化投入总量与科技投入总量的关系比值由高到低排列。表中同时提供了2000年和2015年各地科技投入总量数据，对照本报告表1里各地文化投入总量数据，可以进行重复验算。

2000~2015年，全国科技投入总量从173.58亿元增长至5862.57亿元，年均增长26.45%，高于同期文化投入总量年均增长9.67个百分点，文化投入与科技投入比从172.99%下降至52.48%，降幅为69.66%。

与此同时，东部整体科技投入年均增长高于文化投入年均增长13.02个百分点，文化投入与科技投入比从279.89%下降至57.26%，降幅为79.54%；东北整体科技投入年均增长高于文化投入年均增长6.53个百分点，文化投入与科技投入比从319.72%下降至140.17%，降幅为56.16%；中部整体科技投入年均增长高于文化投入年均增长14.52个百分点，文化投

表7 文化投入与科技投入比变动状况

单位：亿元，%

地区	2000年			2015年			15年比值变化	
	科技投入总量	文化投入与科技投入比		科技投入总量	文化投入与科技投入比		变化	排序
		比值	排序		比值	排序		
全 国	173.58	172.99	—	5862.57	52.48	—	-69.66	—
吉 林	1.75	347.13	23	41.39	176.40	10	-49.18	2
辽 宁	3.26	309.76	28	68.92	128.54	14	-58.50	9
黑龙江	2.73	313.99	27	42.91	123.91	17	-60.54	12
东 北	7.75	319.72	[3]	153.22	140.17	[2]	-56.16	[1]
西 藏	0.19	1074.95	1	5.41	641.96	1	-40.28	1
内蒙古	1.20	549.88	6	35.72	268.23	3	-51.22	3
甘 肃	1.27	452.74	15	29.85	210.25	4	-53.56	5
四 川	3.30	322.40	24	96.69	144.18	13	-55.28	6
广 西	2.13	383.37	18	49.63	159.18	12	-58.48	8
青 海	0.19	722.99	2	11.22	299.47	2	-58.58	10
云 南	3.38	314.64	26	48.56	126.98	15	-59.64	11
新 疆	1.04	492.22	10	41.64	189.63	8	-61.47	13
陕 西	1.49	510.27	9	57.28	179.27	9	-64.73	15
宁 夏	0.46	394.81	17	17.25	121.57	18	-69.21	19
贵 州	1.54	374.33	19	58.68	104.29	20	-72.14	20
重 庆	0.73	462.64	12	45.67	102.93	21	-77.75	23
西 部	16.92	407.05	[2]	497.60	164.43	[1]	-59.60	[2]
海 南	0.38	431.63	16	12.38	205.82	5	-52.32	4
北 京	6.21	149.23	31	287.80	65.50	25	-56.11	7
河 北	2.08	515.80	7	45.50	194.15	7	-62.36	14
福 建	3.12	321.72	25	76.60	110.73	19	-65.58	16
上 海	7.32	159.52	30	271.85	39.81	30	-75.04	22
浙 江	3.94	347.52	22	250.79	65.94	24	-81.03	25
山 东	3.85	455.97	14	159.05	86.30	23	-81.07	26
江 苏	4.63	368.58	20	371.96	52.71	28	-85.70	27
广 东	10.96	240.28	29	569.55	34.16	31	-85.78	28
天 津	1.33	348.50	21	120.82	42.82	29	-87.71	29
东 部	43.82	279.89	[4]	2166.30	57.26	[4]	-79.54	[3]
湖 南	1.75	514.89	8	66.26	168.64	11	-67.25	17
山 西	1.08	601.32	4	37.47	195.04	6	-67.56	18
河 南	2.34	491.76	11	83.25	126.58	16	-74.26	21
江 西	1.19	462.16	13	74.79	92.12	22	-80.07	24
安 徽	1.39	569.15	5	147.94	59.61	26	-89.53	30
湖 北	1.54	640.79	3	157.36	53.40	27	-91.67	31
中 部	9.29	541.42	[1]	567.07	93.70	[3]	-82.69	[4]

资料来源：表中全国及各地科技投入总量数据来源于《中国统计年鉴》，其余同前表。

入与科技投入比从541.42%下降至93.70%,降幅为82.69%;西部整体科技投入年均增长高于文化投入年均增长7.34个百分点,文化投入与科技投入比从407.05%下降至164.43%,降幅为59.60%。

各省域文化投入与科技投入比历年高低对比。2000年,29个省域此项比值高于全国总体比值;2个省域此项比值低于全国总体比值。西藏占据首位,此项比值高于全国总体比值901.95个百分点;北京处于末位,此项比值低于全国总体比值23.76个百分点。2015年,28个省域此项比值高于全国总体比值;3个省域此项比值低于全国总体比值。西藏占据首位,此项比值高于全国总体比值589.48个百分点;广东处于末位,此项比值低于全国总体比值18.3156个百分点。

2000~2015年各省域文化投入与科技投入比升降变化比较。31个省域此项比值全都下降。其中,西藏、吉林、内蒙古、海南、甘肃、四川、北京、广西、辽宁、青海、云南、黑龙江、新疆、河北、陕西、福建、湖南、山西、宁夏19个省域此项比值变动状况依次好于全国总体;其余12个省域此项比值变动状况依次逊于全国总体。西藏占据首位,此项比值降低了40.28%;湖北处于末位,此项比值降低了91.67%。2015年与上一年相比,全国此项比值上升3.62%。同时,15个省域此项比值上升;16个省域此项比值下降。

这一比值关系分析表明,2000~2015年,全国及各省域文化投入增长与科技投入增长相比较,其间"相邻增长协调性"普遍欠佳。在全国及绝大部分省域,文化投入增长滞后于科技投入增长,科技投入增长进展并未在具有相邻关系的文化投入上引发同步效应,反而在教科文卫综合投入中压低了文化投入的比重。

(三)文化投入与卫生投入关系比值变化

文化投入与卫生投入比变动状况见表8,各省域按文化投入总量与卫生投入总量的关系比值由高到低排列。表中同时提供了2000年和2015年各地卫生投入总量数据,对照本报告表1里各地文化投入总量数据,可以进行重复验算。

全国省域公共文化投入增长综合评价排行

表 8　文化投入与卫生投入比变动状况

单位：亿元，%

地区	2000 年			2015 年			15 年比值变化	
	卫生投入总量	文化投入与卫生投入比		卫生投入总量	文化投入与卫生投入比		变化	排序
		比值	排序		比值	排序		
全　国	494.26	60.75	—	11953.18	25.74	—	-57.63	—
北　京	28.53	32.47	31	370.52	50.87	2	56.67	1
上　海	32.58	35.82	30	303.46	35.66	4	-0.45	2
浙　江	27.24	50.27	24	485.50	34.06	5	-32.25	5
江　苏	32.57	52.35	21	649.31	30.20	9	-42.31	7
天　津	8.69	53.36	19	195.02	26.53	13	-50.28	10
海　南	2.80	58.93	17	100.54	25.34	14	-57.00	12
福　建	16.14	62.25	11	351.19	24.15	17	-61.20	15
广　东	47.73	55.16	18	918.36	21.19	19	-61.58	16
山　东	28.26	62.19	12	701.43	19.57	21	-68.53	23
河　北	17.46	61.42	15	535.09	16.51	27	-73.12	29
东　部	242.00	50.68	[4]	4610.42	26.90	[1]	-46.92	[1]
辽　宁	17.13	58.98	16	281.96	31.42	8	-46.73	8
吉　林	9.38	64.95	9	245.81	29.70	10	-54.27	11
黑龙江	13.61	62.97	10	273.96	19.41	22	-69.18	24
东　北	40.12	61.73	[2]	801.73	26.79	[2]	-56.60	[2]
西　藏	3.24	62.04	14	62.80	55.30	1	-10.86	3
青　海	2.82	49.14	25	99.43	33.79	6	-31.24	4
新　疆	10.65	48.13	27	244.01	32.36	7	-32.77	6
内蒙古	9.11	72.56	4	257.15	37.26	3	-48.65	9
四　川	21.90	48.53	26	686.42	20.31	20	-58.15	13
宁　夏	2.35	76.93	2	74.11	28.30	11	-63.21	17
重　庆	8.04	41.97	29	313.98	14.97	29	-64.33	18
甘　肃	8.06	71.38	5	250.10	25.09	16	-64.85	19
贵　州	11.06	52.30	22	360.80	16.96	26	-67.57	21
云　南	22.38	47.52	28	422.66	14.59	31	-69.30	25
陕　西	8.29	91.74	1	369.38	27.91	12	-69.58	26
广　西	11.64	70.30	6	413.87	19.09	23	-72.84	28
西　部	119.52	57.64	[3]	3554.71	23.02	[3]	-60.06	[3]
山　西	10.45	62.18	13	290.71	25.14	15	-59.57	14
江　西	10.32	53.13	20	398.79	17.28	25	-67.48	20
湖　北	19.09	51.76	23	515.25	16.31	28	-68.49	22
湖　南	11.88	76.03	3	493.74	22.63	18	-70.24	27
安　徽	11.71	67.58	7	485.60	18.16	24	-73.13	30
河　南	17.30	66.41	8	717.74	14.68	30	-77.89	31
中　部	80.74	62.29	[1]	2901.83	18.31	[4]	-70.61	[4]

资料来源：表中全国及各地卫生投入总量数据来源于《中国统计年鉴》，其余同前表。

2000~2015年，全国卫生投入总量从494.26亿元增长至11953.18亿元，年均增长23.66%，高于同期文化投入总量年均增长6.88个百分点，文化投入与卫生投入比从60.75%下降至25.74%，降幅为57.63%。

与此同时，东部整体卫生投入年均增长高于文化投入年均增长5.03个百分点，文化投入与卫生投入比从50.68%下降至26.90%，降幅为46.92%；东北整体卫生投入年均增长高于文化投入年均增长6.61个百分点，文化投入与卫生投入比从61.73%下降至26.79%，降幅为56.60%；中部整体卫生投入年均增长高于文化投入年均增长9.95个百分点，文化投入与卫生投入比从62.29%下降至18.31%，降幅为70.61%；西部整体卫生投入年均增长高于文化投入年均增长7.44个百分点，文化投入与卫生投入比从57.64%下降至23.02%，降幅为60.06%。

各省域文化投入与卫生投入比历年高低对比。2000年，15个省域此项比值高于全国总体比值；16个省域此项比值低于全国总体比值。陕西占据首位，此项比值高于全国总体比值30.98个百分点；北京处于末位，此项比值低于全国总体比值28.29个百分点。2015年，13个省域此项比值高于全国总体比值；18个省域此项比值低于全国总体比值。西藏占据首位，此项比值高于全国总体比值29.56个百分点；云南处于末位，此项比值低于全国总体比值11.1505个百分点。

2000~2015年各省域文化投入与卫生投入比升降变化比较。1个省域此项比值上升；30个省域此项比值下降。其中，北京、上海、西藏、青海、浙江、新疆、江苏、辽宁、内蒙古、天津、吉林、海南12个省域此项比值变动状况依次好于全国总体；其余19个省域此项比值变动状况依次逊于全国总体。北京占据首位，此项比值升高了56.67%；河南处于末位，此项比值降低了77.89%。2015年与上一年相比，全国此项比值下降2.68%。同时，10个省域此项比值上升；21个省域此项比值下降。

这一比值关系分析表明，2000~2015年，全国及各省域文化投入增长与卫生投入增长相比较，其间"相邻增长协调性"普遍欠佳。在全国及绝大部分省域，文化投入增长滞后于卫生投入增长，卫生投入增长进展并未在具有相邻关系的文化投入上引发同步效应，反而在教科文卫综合投入中压低了文化投入的比重。

四 各省域文化投入与居民文化消费同构关联对比

在本项测评里，全国及各省域文化投入增长再次需要放到居民文化消费增长的同构可比关系中，考察其间的"同构协调增长"状况，从而得出占比倍差指数校正指标演算结果。此项测算与"中国文化消费需求景气评价体系"形成互动。

（一）文化消费与文化投入占收入比变化

文化消费与文化投入占收入比倍差变动状况见表9，各省域按居民文化消费与公共文化投入占收入比之间的倍差变化排列。表中同时提供了2000年和2015年各地居民文化消费占收入比演算结果，对照本报告表4里各地公共文化投入占财政收入比演算结果，可以进行重复验算。

表9 文化消费与文化投入占收入比倍差变动状况

单位：%

地区	2000年			2015年			15年倍差变化	
	文化消费占居民收入比	文化消费与投入占收入比倍差		文化消费占居民收入比	文化消费与投入占收入比倍差		变化	排序（倒序）
		无差距=1	差距排序（倒序）		无差距=1	差距排序（倒序）		
全 国	5.8155	2.5942	—	5.6189	2.7809	—	7.20	—
吉 林	4.9463	1.1569	9	5.8248	1.0192	1	-11.90	2
辽 宁	4.5753	1.3386	19	5.4569	1.3104	8	-2.11	9
黑龙江	4.1269	1.1076	5	5.5012	1.2063	5	8.91	12
东 北	4.5062	1.0640	[2]	5.4998	1.1581	[1]	8.84	[1]
北 京	6.9268	2.5799	31	5.5033	1.3791	12	-46.54	1
浙 江	5.6556	1.4157	22	4.4992	1.3086	7	-7.57	5
海 南	4.7724	1.1328	6	4.9659	1.2233	6	7.99	11

续表

地区	2000年			2015年			15年倍差变化	
	文化消费占居民收入比	文化消费与投入占收入比倍差		文化消费占居民收入比	文化消费与投入占收入比倍差		变化	排序（倒序）
		无差距=1	差距排序（倒序）		无差距=1	差距排序（倒序）		
上 海	5.7602	2.3954	30	5.3686	2.7381	31	14.31	15
山 东	6.0025	1.5837	27	5.0882	2.0497	23	29.42	18
福 建	5.2022	1.2121	15	5.3786	1.6133	17	33.10	20
广 东	5.1616	1.7850	28	5.5467	2.6701	29	49.59	22
天 津	5.0870	1.4662	23	4.5135	2.3271	27	58.72	25
河 北	4.5893	1.0645	3	5.7404	1.7215	18	61.72	26
江 苏	5.6897	1.4960	24	6.2205	2.5473	28	70.27	28
东 部	5.5169	1.6425	[4]	5.3248	1.9947	[4]	21.44	[2]
广 西	6.7914	1.2205	16	5.8399	1.1200	4	-8.23	3
甘 肃	8.0123	1.1462	8	7.9814	1.0540	2	-8.04	4
新 疆	5.4027	1.1665	11	5.3407	1.0998	3	-5.72	6
四 川	6.3037	1.3873	20	5.4759	1.3180	9	-5.00	7
青 海	4.1598	1.5025	25	6.7678	1.4619	16	-2.70	8
西 藏	1.5931	1.9573	29	2.0756	1.9180	22	-2.01	10
宁 夏	6.8644	1.2100	14	7.6016	1.3538	11	11.88	13
陕 西	7.5754	1.1454	7	6.6862	1.3360	10	16.64	16
内蒙古	6.3824	1.0822	4	6.9730	1.4297	15	32.11	19
重 庆	5.9788	1.5460	26	5.9005	2.7047	30	74.95	29
贵 州	5.4737	1.1932	12	8.5041	2.0890	26	75.08	30
云 南	5.9710	1.0149	1	7.0105	2.0558	24	102.56	31
西 部	6.3569	1.0402	[1]	6.1975	1.3039	[2]	25.35	[3]
安 徽	5.5547	1.2542	18	5.1174	1.4242	13	13.55	14
湖 南	7.1135	1.3944	21	7.7646	1.7479	19	25.35	17
山 西	5.3957	1.0495	2	6.3395	1.4247	14	35.75	21
江 西	5.9158	1.2041	13	5.8420	1.8363	21	52.50	23
河 南	5.4354	1.1661	10	6.3547	1.8187	20	55.96	24
湖 北	5.6928	1.2350	17	5.7825	2.0682	25	67.47	27
中 部	5.9024	1.2236	[3]	6.0904	1.6964	[3]	38.64	[4]

注：①文化消费占收入比测算同"中国文化消费需求景气评价体系"形成互动，取文化消费与投入各占收入比之间倍差（倍差演算：无差距基准值1加同构收入比之间商值与其绝对偏差值）衡量差距及其变动；②为检测细微差异，倍差指数保留4位小数，变化百分比负值为倍差减小，其余同前表。

2000~2015年，全国文化消费占居民收入比从5.82%下降至5.62%，降幅为3.38%；对照表4，同期全国文化投入占财政收入比降幅为9.87%，降幅大于文化消费占居民收入比降幅。于是，在这15年间，全国文化消费占居民收入比与文化投入占财政收入比之间的倍差从2.5942增大至2.7809，增幅为7.20%。这意味着，文化投入占财政收入比下降形成不利态势，甚于同期文化消费占居民收入比下降的不利态势。

与此同时，东部文化消费占居民收入比降幅为3.48%，文化投入占财政收入比降幅为20.53%，二者倍差从1.6425增大至1.9947；东北文化消费占居民收入比升幅为22.05%，文化投入占财政收入比升幅为12.13%，二者倍差从1.0640增大至1.1581；中部文化消费占居民收入比升幅为3.18%，文化投入占财政收入比降幅为25.58%，二者倍差从1.2236增大至1.6964；西部文化消费占居民收入比降幅为2.51%，文化投入占财政收入比降幅为22.22%，二者倍差从1.0402增大至1.3039。

各省域文化消费占居民收入比与文化投入占财政收入比之间历年倍差大小对比。2000年，31个省域此项倍差全都小于全国总体倍差。云南占据首位，此项倍差仅为全国总体倍差的39.12%；北京处于末位，此项倍差达到全国总体倍差的99.45%。2015年，31个省域此项倍差全都小于全国总体倍差。吉林占据首位，此项倍差仅为全国总体倍差的36.65%；上海处于末位，此项倍差达到全国总体倍差的98.46%。

2000~2015年各省域文化消费与文化投入占收入比之间倍差变化比较。10个省域此项倍差减小，即二者差距缩小；21个省域此项倍差增大，即二者差距扩大。其中，北京、吉林、广西、甘肃、浙江、新疆、四川、青海、辽宁、西藏10个省域此项倍差变动状况依次好于全国总体；其余21个省域此项倍差变动状况依次逊于全国总体。北京占据首位，此项倍差减小了46.54%；云南处于末位，此项倍差增大了102.56%。2015年与上一年相比，全国此项倍差增大41.04%。同时，22个省域此项倍差减小；9个省域此项倍差增大。

这一倍差分析表明，2000~2015年，全国及各省域文化消费占居民收入比变化动态与文化投入占财政收入比变化动态相比较,其间"同构增长协调性"普遍欠佳。在全国及绝大部分省域,文化投入占财政收入比及其变动幅度逊于文化消费占居民收入比及其变动幅度,以财政收入占比来衡量的文化投入增长滞后于以居民收入占比来衡量的文化消费增长所体现出来的需求动态。

(二) 文化消费与文化投入占支出比变化

文化消费与文化投入占支出比倍差变动状况见表10,各省域按居民文化消费与公共文化投入占支出比之间的倍差变化排列。表中同时提供了2000年和2015年各地居民文化消费占支出比演算结果,对照本报告表5里各地公共文化投入占财政支出比演算结果,可以进行重复验算。

表10 文化消费与文化投入占支出比倍差变动状况

单位:%

地区	2000年			2015年			15年倍差变化	
	文化消费占居民支出比	文化消费与投入占支出比倍差		文化消费占居民支出比	文化消费与投入占支出比倍差		变化	排序(倒序)
		无差距=1	差距排序(倒序)		无差距=1	差距排序(倒序)		
全 国	7.5109	3.9736	—	7.8553	4.4905	—	13.01	—
北 京	8.5338	4.0813	31	7.8892	2.4014	2	-41.16	1
上 海	7.6222	3.9742	29	7.6966	4.4035	15	10.80	3
浙 江	7.4655	2.3513	4	6.6298	2.6643	3	13.31	5
天 津	7.0489	2.8444	18	5.8452	3.6524	9	28.41	7
海 南	6.5386	2.5388	7	6.9427	3.3772	5	33.02	10
福 建	6.9020	2.2269	2	7.2487	3.4197	6	53.56	16
江 苏	7.8502	2.7224	14	8.9390	4.4169	16	62.24	18
山 东	8.2312	2.8714	19	7.9239	4.7627	20	65.87	19
广 东	6.4721	2.6555	12	7.3668	4.8566	21	82.89	24
河 北	7.1039	2.7524	16	7.9816	5.0887	22	84.88	25
东 部	7.3808	2.8637	[2]	7.5673	3.8707	[1]	35.16	[1]
西 藏	2.0217	1.3962	1	3.0847	1.2270	1	-12.12	2
四 川	7.8521	3.3399	28	6.9176	3.7203	10	11.39	4

续表

地区	2000 年			2015 年			15 年倍差变化	
	文化消费占居民支出比	文化消费与投入占支出比倍差		文化消费占居民支出比	文化消费与投入占支出比倍差		变化	排序（倒序）
		无差距 = 1	差距排序（倒序）		无差距 = 1	差距排序（倒序）		
陕 西	8.9469	3.1975	25	8.8870	3.7724	11	17.98	6
新 疆	6.9578	2.5921	9	6.9975	3.3719	4	30.08	8
内蒙古	8.2337	3.0808	23	9.0560	4.0199	13	30.48	9
青 海	5.1205	2.5206	6	7.8624	3.5455	8	40.66	13
甘 肃	10.0121	3.2769	27	9.8150	4.6265	19	41.19	14
重 庆	7.2078	4.0086	30	7.8378	6.3222	29	57.72	17
广 西	8.3203	2.6284	11	8.6430	4.4479	17	69.22	21
宁 夏	8.1638	2.7449	15	9.5348	5.1766	23	88.59	26
云 南	7.1307	2.7769	17	9.6968	7.4115	31	166.90	30
贵 州	6.6932	2.3331	3	11.1850	7.1999	30	208.60	31
西 部	7.8155	2.9508	[3]	8.2493	4.3792	[3]	48.41	[2]
辽 宁	5.7611	2.9538	21	7.7969	3.9443	12	33.53	11
吉 林	6.0665	2.5962	10	7.9069	3.4841	7	34.20	12
黑龙江	5.4281	2.4184	5	7.6316	5.7709	26	138.62	29
东 北	5.7232	2.6820	[1]	7.7014	4.2024	[2]	56.69	[3]
安 徽	7.4869	3.0597	22	7.3183	4.3475	14	42.09	15
湖 南	8.2704	3.1852	24	10.5129	5.3898	24	69.21	20
江 西	7.9796	3.2536	26	8.6840	5.5615	25	70.93	22
山 西	7.3582	2.5483	8	9.6499	4.5199	18	77.37	23
河 南	7.5409	2.9244	20	9.1948	5.9327	28	102.87	27
湖 北	7.2933	2.7221	13	8.0884	5.9032	27	116.86	28
中 部	7.6841	2.9550	[4]	8.7444	5.2230	[4]	76.75	[4]

注：文化消费占总消费支出比测算同"中国文化消费需求景气评价体系"形成互动，取文化消费与投入各占支出比之间倍差（倍差演算：无差距基准值 1 加同构支出比之间商值与其绝对偏差值）衡量差距及其变动，其余同前表。

2000~2015 年，全国文化消费占居民支出比从 7.51% 上升至 7.86%，升幅为 4.58%；对照表 5，同期全国文化投入占财政支出比降幅为 7.45%，降幅大于文化消费占居民支出比升幅。于是，在这 15 年间，全国文化消费占居民支出比与文化投入占财政支出比之间的倍差从3.9736增大至4.4905，增幅为13.01%。这意味着，文化投入占财政支出比下降形成不利态势，甚于同期文化消费占居民支出比上升的有利态势。

与此同时，东部文化消费占居民支出比升幅为2.53%，文化投入占财政支出比降幅为24.15%，二者倍差从2.8637增大至3.8707；东北文化消费占居民支出比升幅为34.56%，文化投入占财政支出比降幅为14.12%，二者倍差从2.6820增大至4.2024；中部文化消费占居民支出比升幅为13.80%，文化投入占财政支出比降幅为35.62%，二者倍差从2.9550增大至5.2230；西部文化消费占居民支出比升幅为5.55%，文化投入占财政支出比降幅为28.88%，二者倍差从2.9508增大至4.3792。

各省域文化消费占居民支出比与文化投入占财政支出比之间历年倍差大小对比。2000年，28个省域此项倍差小于全国总体倍差；3个省域此项倍差大于全国总体。西藏占据首位，此项倍差仅为全国总体倍差的35.14%；北京处于末位，此项倍差达到全国总体倍差的102.71%。2015年，17个省域此项倍差小于全国总体倍差；14个省域此项倍差大于全国总体。西藏占据首位，此项倍差仅为全国总体倍差的27.32%；云南处于末位，此项倍差达到全国总体倍差的165.05%。

2000~2015年各省域文化消费与文化投入占支出比之间倍差变化比较。2个省域此项倍差减小，即二者差距缩小；29个省域此项倍差增大，即二者差距扩大。其中，北京、西藏、上海、四川4个省域此项倍差变动状况依次好于全国总体；其余27个省域此项倍差变动状况依次逊于全国总体。北京占据首位，此项倍差减小了41.16%；贵州处于末位，此项倍差增大了208.60%。2015年与上一年相比，全国此项倍差增大129.41%。同时，1个省域此项倍差减小；30个省域此项倍差增大。

这一倍差指数分析表明，2000~2015年，全国及各省域文化消费占居民支出比变化动态与文化投入占财政支出比变化动态相比较，其间"同构增长协调性"普遍欠佳。在全国及绝大部分省域，文化投入占财政支出比及其变动幅度逊于文化消费占居民支出比及其变动幅度，以财政支出占比来衡量的文化投入增长滞后于以居民支出占比来衡量的文化消费增长所体现出来的需求动态。

五 各省域文化投入人均值地区差状况检测

在本项测评里，全国及各省域文化投入增长最后仍需要展开人均值演算的地区差距检测，考察其间的"地区均衡增长"状况，从而得出地区差校正指标演算结果。这一点正是今后逐步实现公共文化服务、文化投入均等化理想目标的必然要求。

文化投入人均值地区差变动状况见表11，各省域按地区差扩减变化排列。表中同时提供了2000年和2015年各地文化投入人均值地区差演算结果，可以进行重复验算。

表11 文化投入人均值地区差变动状况

单位：%

地区	2000年			2015年			15年地区差变化	
	地区差（无差距=1）	地区差倒数	倒数排序	地区差（无差距=1）	地区差倒数	倒数排序	变化	排序（倒序）
全 国	1.4571	0.6863	—	1.5626	0.6400	—	7.24	—
湖 南	1.4199	0.7043	21	1.2633	0.7916	13	-11.03	7
江 西	1.4500	0.6897	22	1.3257	0.7543	15	-8.57	9
安 徽	1.4685	0.6810	23	1.3570	0.7369	17	-7.59	10
山 西	1.1530	0.8673	10	1.1091	0.9016	5	-3.81	11
河 南	1.4881	0.6720	26	1.5034	0.6652	24	1.03	13
湖 北	1.3017	0.7683	17	1.3580	0.7364	18	4.33	16
中 部	1.3802	0.7245	[2]	1.3194	0.7579	[2]	-4.41	[1]
上 海	3.1510	0.3174	30	1.9927	0.5018	28	-36.76	1
天 津	1.9889	0.5028	28	1.5050	0.6644	25	-24.33	2
福 建	1.2563	0.7960	14	1.0110	0.9891	1	-19.53	3
广 东	1.4785	0.6764	24	1.1960	0.8361	7	-19.11	4
浙 江	1.2695	0.7877	15	1.3344	0.7494	16	5.11	17
江 苏	1.0139	0.9863	1	1.0966	0.9119	3	8.16	19
河 北	1.3212	0.7569	18	1.4683	0.6811	23	11.13	21

续表

地区	2000年			2015年			15年地区差变化	
	地区差（无差距=1）	地区差倒数	倒数排序	地区差（无差距=1）	地区差倒数	倒数排序	变化	排序（倒序）
海 南	1.1046	0.9053	7	1.2518	0.7988	11	13.33	22
山 东	1.1735	0.8522	11	1.3769	0.7263	19	17.33	24
北 京	2.9800	0.3356	29	3.8876	0.2572	30	30.46	26
东 部	1.6737	0.5975	[4]	1.6120	0.6203	[3]	-3.69	[2]
辽 宁	1.0171	0.9832	2	1.0999	0.9092	4	8.14	18
吉 林	1.0408	0.9608	3	1.1820	0.8460	6	13.57	23
黑龙江	1.0515	0.9511	4	1.3800	0.7246	20	31.24	27
东 北	1.0364	0.9648	[1]	1.2207	0.8192	[1]	17.78	[3]
四 川	1.4790	0.6761	25	1.2397	0.8067	10	-16.18	5
重 庆	1.5399	0.6494	27	1.3025	0.7677	14	-15.42	6
贵 州	1.3487	0.7415	19	1.2248	0.8164	9	-9.19	8
广 西	1.2728	0.7857	16	1.2626	0.7920	12	-0.80	12
宁 夏	1.3871	0.7209	20	1.4060	0.7112	21	1.36	14
甘 肃	1.0517	0.9509	5	1.0778	0.9278	2	2.48	15
陕 西	1.1194	0.8933	8	1.2142	0.8236	8	8.47	20
新 疆	1.1897	0.8405	13	1.5109	0.6618	26	27.00	25
云 南	1.0604	0.9430	6	1.4187	0.7049	22	33.79	28
内蒙古	1.1739	0.8518	12	1.7027	0.5873	27	45.05	29
西 藏	3.2853	0.3044	31	4.8256	0.2072	31	46.88	30
青 海	1.1355	0.8807	9	2.5558	0.3913	29	125.08	31
西 部	1.4203	0.7041	[3]	1.7285	0.5785	[4]	21.70	[4]

注：①表中均为演算衍生数值；②为检测细微差异，地区差及其倒数保留4位小数，变化百分比负值为地区差缩小。

2000~2015年，全国文化投入人均值地区差从1.4571增至1.5626，扩大了7.24%。

同期，东部整体文化投入人均值地区差从1.6737减至1.6120，缩小了3.69%；东北整体文化投入人均值地区差从1.0364增至1.2207，扩大了17.78%；中部整体文化投入人均值地区差从1.3802减至1.3194，缩小了4.41%；西部整体文化投入人均值地区差从1.4203增至1.7285，扩大了21.70%。

各省域文化投入人均值地区差历年对比。2000年，22个省域地区差小于全国总体地区差；9个省域地区差大于全国总体地区差。江苏占据首位，人均文化投入地区差仅为全国总体地区差的69.58%；西藏处于末位，人均文化投入地区差达到全国总体地区差的225.46%。2015年，26个省域地区差小于全国总体地区差；5个省域地区差大于全国总体地区差。福建占据首位，人均文化投入地区差仅为全国总体地区差的64.70%；西藏处于末位，人均文化投入地区差达到全国总体地区差的308.82%。

2000~2015年各省域文化投入人均值地区差变化比较。12个省域地区差缩小，即与全国总体人均值的绝对偏差值减小；19个省域地区差扩大，即与全国总体人均值的绝对偏差值增大。其中，上海、天津、福建、广东、四川、重庆、湖南、贵州、江西、安徽、山西、广西、河南、宁夏、甘肃、湖北、浙江17个省域地区差变动依次好于全国总体状况；其余14个省域地区差变动依次逊于全国总体状况。上海占据首位，人均文化投入地区差缩小了36.76%；青海处于末位，人均文化投入地区差扩大了125.08%。2015年与上一年相比，全国文化投入人均值地区差缩小2.21%。同时，18个省域文化投入人均值地区差缩小；13个省域文化投入人均值地区差扩大。

地区差指数分析表明，2000~2015年，在公共财政、公共文化服务体制和机制逐步完备，公共文化投入"均等化"的理想要求逐步明确的同时，各省域之间文化投入人均值变化动态的"增长均衡性"却明显欠佳。在较多省域，文化投入人均值及其变动向着与全国总体平均值更加偏离（包括偏高和偏低两个方面）的方向发展，不仅导致自身地区差扩大，而且带来全国总体地区差扩大。

六 各省域文化投入增长综合评价排行

基于以上几个方面各项指标的分析数值，按照本项测评体系的测算方式和演算权重，最后得出2015年各地文化投入增长综合指数评价排行。基于不同时间段、不同基准值的各类测评结果均落实在2015年数据之上。景气指数取百分制，以便横向衡量百分点高低，纵向衡量百分比升降。

全国及各地文化投入增长测评综合指数变动状况见表12，各地以无差距理想状态横向测评的综合指数排行由高到低排列。

表12　全国及各地文化投入增长测评综合指数变动状况

地区	2000年以来时段纵向测评（起点年基数值=100）						2015年度测评			
	"十五"以来(2000~2015年)		"十一五"以来(2005~2015年)		"十二五"以来(2010~2015年)		基数值纵向权衡(2014年=100)		无差距横向权衡(理想值=100)	
	综合指数	排序	综合指数	排序	综合指数	排序	综合指数	排序	综合指数	排序
全 国	261.43	—	155.33	—	119.91	—	104.03	—	83.90	—
吉 林	305.86	12	171.16	13	122.58	17	104.17	12	103.17	5
辽 宁	243.03	22	155.96	21	122.64	16	99.63	26	96.06	15
黑龙江	187.30	29	131.81	28	96.01	31	106.17	6	83.31	24
东 北	239.49	[4]	152.45	[3]	113.63	[4]	102.92	[3]	93.08	[1]
西 藏	346.30	4	226.79	2	127.38	11	101.39	22	176.90	1
青 海	482.64	1	242.17	1	136.96	5	102.42	20	117.68	3
甘 肃	289.22	15	176.45	10	120.01	22	106.00	7	107.67	4
宁 夏	267.27	19	176.07	11	118.74	25	105.14	8	102.57	7
内蒙古	337.93	6	191.13	5	118.92	24	102.79	18	102.37	8
新 疆	308.15	11	173.30	12	124.19	13	103.18	15	100.56	10
陕 西	333.37	7	196.43	4	120.41	21	102.63	19	100.23	12
广 西	265.32	20	167.43	14	137.68	4	104.82	9	89.80	19
贵 州	299.34	14	141.44	25	142.87	3	100.51	25	87.13	20
四 川	355.70	3	182.42	8	130.22	9	94.75	31	86.32	21
重 庆	375.50	2	166.91	15	116.68	26	112.39	3	85.61	22
云 南	164.57	31	120.99	31	109.52	28	100.51	24	78.88	27
西 部	298.74	[1]	166.07	[1]	121.63	[2]	103.15	[2]	84.76	[2]
北 京	324.92	8	184.27	7	124.61	12	103.07	16	131.05	2
福 建	235.44	24	158.41	20	165.26	1	115.95	2	102.68	6
浙 江	276.05	18	161.08	18	123.38	14	107.72	4	102.11	9
上 海	221.27	26	152.70	22	122.83	15	104.66	10	100.43	11
海 南	338.43	5	215.06	3	121.03	20	103.24	14	99.91	13
江 苏	282.27	16	158.65	19	121.08	19	101.79	21	93.92	17

续表

| 地区 | 2000年以来时段纵向测评(起点年基数值=100) | | | | | | 2015年度测评 | | | |
| | "十五"以来(2000~2015年) | | "十一五"以来(2005~2015年) | | "十二五"以来(2010~2015年) | | 基数值纵向权衡(2014年=100) | | 无差距横向权衡(理想值=100) | |
	综合指数	排序	综合指数	排序	综合指数	排序	综合指数	排序	综合指数	排序
天　津	231.00	25	152.23	23	119.33	23	103.35	13	92.81	18
广　东	183.61	30	132.25	27	98.20	30	101.23	23	84.75	23
山　东	207.81	28	121.16	30	115.21	27	98.80	29	78.19	28
河　北	217.12	27	133.69	26	134.57	7	99.30	27	78.02	29
东　部	242.51	[3]	151.35	[4]	117.52	[3]	102.80	[4]	84.33	[3]
山　西	277.45	17	151.69	24	135.77	6	106.39	5	99.56	14
湖　南	323.45	9	181.71	9	149.50	2	119.24	1	94.21	16
江　西	309.70	10	166.44	16	132.36	8	102.85	17	82.41	25
安　徽	303.73	13	189.92	6	107.60	29	98.39	30	79.63	26
湖　北	242.75	23	162.17	17	128.79	10	98.99	28	77.99	30
河　南	255.96	21	124.95	29	122.18	18	104.56	11	76.93	31
中　部	282.68	[2]	158.22	[2]	127.69	[1]	104.79	[1]	83.40	[4]

（一）各年度理想值横向测评

以文化投入人均值地区无差距、文化消费与投入同构占比无差距状态为理想值100，在年度横向测评中，2015年全国文化投入增长综合指数为83.90，低于理想值16.10。此项测评中，由于全国文化投入总量份额值（全国份额为100%基准）、人均绝对值、各项比值作为演算基准，全国总体综合指数高低，全都缘于文化投入人均值地区差、文化消费与投入同构占比的缩小或扩大。

东部整体综合指数为84.33，低于理想值15.67个点，同时高于全国总体指数0.43个点；东北整体综合指数为93.08，低于理想值6.92个点，同时高于全国总体指数9.18个点；中部整体综合指数为83.40，低于理想值16.60个点，同时低于全国总体指数0.50个点；西部整体综合指数为84.76，低于理想值15.24个点，同时高于全国总体指数0.86个点。

在理想值横向测评中，四大区域和各省域综合指数高低，除了缘于自身文化投入人均值地区差、文化消费与投入同构占比倍差的存在及其变化以外，更有可能缘于其文化投入总量份额值、文化投入人均值及相关各项比值。

各省域综合指数比较，西藏、北京、青海、甘肃、吉林综合评价指数占据"2015年度综合指数排名"全国前5位。此外，18个省域综合指数高于全国总体指数；8个省域综合指数低于全国总体指数。

（二）"十五"以来基数值纵向测评

以"九五"末年2000年为起点基数值100，在"十五"至2015年15年间自身纵向测评中，2015年全国文化投入增长综合指数为261.43，高于2000年基数值161.43%。此项测评中，全国总体综合指数升降，缘于与自身2000年相比，2015年各项指标数值的升降。四大区域和各省域亦然。

东部整体综合指数为242.51，高于基数值142.51%，同时低于全国总体指数18.92个点；东北整体综合指数为239.49，高于基数值139.49%，同时低于全国总体指数21.94个点；中部整体综合指数为282.68，高于基数值182.68%，同时高于全国总体指数21.25个点；西部整体综合指数为298.74，高于基数值198.74%，同时高于全国总体指数37.31个点。

各省域综合指数比较，青海、重庆、四川、西藏、海南综合评价指数占据"2000~2015年综合指数提升"全国前5位。此外，15个省域综合指数提升高于全国总体指数提升；11个省域综合指数提升低于全国总体指数提升。

（三）"十一五"以来基数值纵向测评

以"十五"末年2005年为起点基数值100，在"十一五"至2015年以来10年间自身纵向测评中，2015年全国文化投入增长综合指数为155.33，高于2005年基数值55.33%。此项测评中，全国总体综合指数升降，缘于与自身2005年相比，2015年各项指标数值的升降。四大区域和各省域亦然。

东部整体综合指数为151.35，高于基数值51.35%，同时低于全国总体指数3.98个点；东北整体综合指数为152.45，高于基数值52.45%，同时低于全国总体指数2.88个点；中部整体综合指数为158.22，高于基数值58.22%，同时高于全国总体指数2.89个点；西部整体综合指数为166.07，高于基数值66.07%，同时高于全国总体指数10.74个点。

各省域综合指数比较，青海、西藏、海南、陕西、内蒙古综合评价指数占据"2005～2015年综合指数提升"全国前5位。此外，16个省域综合指数提升高于全国总体指数提升；10个省域综合指数提升低于全国总体指数提升。

（四）"十二五"以来基数值纵向测评

以"十一五"末年2010年为起点基数值100，在"十二五"至2015年以来5年间自身纵向测评中，2015年全国文化投入增长综合指数为119.91，高于2010年基数值19.91%。此项测评中，全国总体综合指数升降，缘于与自身2010年相比，2015年各项指标数值的升降。四大区域和各省域亦然。

东部整体综合指数为117.52，高于基数值17.52%，同时低于全国总体指数2.39个点；东北整体综合指数为113.63，高于基数值13.63%，同时低于全国总体指数6.28个点；中部整体综合指数为127.69，高于基数值27.69%，同时高于全国总体指数7.78个点；西部整体综合指数为121.63，高于基数值21.63%，同时高于全国总体指数1.72个点。

各省域综合指数比较，福建、湖南、贵州、广西、青海综合评价指数占据"2010～2015年综合指数提升"全国前5位。此外，17个省域综合指数提升高于全国总体指数提升；9个省域综合指数提升低于全国总体指数提升。

（五）逐年度基数值纵向测评

以最新数据年度2014年为起点基数值100，在逐年度自身纵向测评中，2015年全国文化投入增长综合指数为104.03，高于2014年基数值4.03%。此项测评中，全国总体综合指数升降，缘于与自身2014年相比，2015年各项指标数值的升降。四大区域和各省域亦然。

东部整体综合指数为102.80，高于基数值2.80%，同时低于全国总体指数1.23个点；东北整体综合指数为102.92，高于基数值2.92%，同时低于全国总体指数1.11个点；中部整体综合指数为104.79，高于基数值4.79%，同时高于全国总体指数0.76个点；西部整体综合指数为103.15，高于基数值3.15%，同时低于全国总体指数0.88个点。

各省域综合指数比较，湖南、福建、重庆、浙江、山西综合评价指数占据"2014~2015年综合指数提升"全国前5位。此外，7个省域综合指数提升高于全国总体指数提升；19个省域综合指数提升低于全国总体指数提升。

B.5
全国省域公共文化投入增长的应然目标
——2016~2020年预期增长测算

魏海燕 孙瑞 王亚南*

摘　要： 测算2020年全国文化投入预期增长目标，按照2000~2015年平均增速"自然增长"，可达到6682.24亿元；实现产值—财政支出—教科文卫综合投入—文化投入历年各项最佳比值"应然增长"，应达到10752.02亿元；进而实现文化投入与消费同构占比平衡"民生增长"，应达到17331.48亿元；最终实现文化投入各地人均值均等化"理想增长"，将达到23615.38亿元。以到2020年所需年均增长率衡量各类增长目标距离，分别测算各省域排行：北京、上海、西藏、浙江、海南排在最佳比值增长目标前5位，西藏、北京、上海、浙江、新疆排在同构占比增长目标前5位，西藏、北京、青海、上海、内蒙古排在均等化增长目标前5位。

关键词： 省域　文化投入　增长目标　测算排行

本报告基于公共财政"协调增长"、公共文化服务建设"均衡发展"的要求，特别是基于公共财政、公共文化服务"均等化"的理想，检测2000~

---

* 魏海燕，云南省政协信息中心主任编辑，主要从事传媒信息分析研究；孙瑞，云南省社会科学院培训部主任、研究员，主要从事文化相关研究；王亚南，云南省社会科学院研究员，文化发展研究中心主任。

2015年全国及各地文化投入增长的"应然差距"和"理想差距",测算此后年度直至2020年全国及各地文化投入增长的"应然空间"和"理想空间",为"全面小康"建设进程最后冲刺几年间全国及各地公共文化投入增长目标提供预测参考。

有必要说明,国家统计局正式出版公布年度统计数据存在较长的滞后期,一般是在秋冬之际出版当年卷统计年鉴,而其中公布的数据为上一年度。这就是说,每年年鉴出版已经接近年底,而年鉴卷号年度与其中数据年度又错落一年。加之本书编撰出版也有一定周期,读者见到的"最新数据"已是两年前的数据。因此,当前最新数据年度为2015年,2016年各类数据只能通过测算得出。

一 各省域文化投入增长基本态势

2016年文化投入增长及其相关性比值动态检测见表1,各地以测算人均值高低排列。表格结构设置方式同本书《中国公共文化投入应然增长差距测算——2015年相关协调性、均衡性检验》一文,不再重复解释。实际说来,本报告正是该篇的延续伸展,在2000~2015年相关数据事实检测基础上,测算2016年全国及各地文化投入"自然增长"、"应然增长"和"理想增长"空间,并据此推算至2020年全国及各地文化投入增长的或然目标、应有目标和理想目标。

依照2000~2015年文化投入总量年均增长推算,2016年全国文化投入总量将"自然增长"至3592.91亿元,增长率同前保持在16.78%。

20个省域增长率将高于全国,占全国份额上升;11个省域增长率将低于全国,占全国份额下降。其中,青海处于首位,总量将增长至41.55亿元,占全国份额1.16%,增长率为23.66%,高于全国6.88个百分点;云南处于末位,总量将增长至69.33亿元,占全国份额1.93%,增长率为12.43%,低于全国4.35个百分点。

依照2000~2015年文化投入人均值年均增长推算,2016年全国文化投入人均值将"自然增长"至260.59元,增长率同前保持在16.14%。

全国省域公共文化投入增长的应然目标

表1　2016年文化投入增长及其相关性比值动态检测

地区	2016年增长测算(基于2000~2015年年均增长)						2016年相关性比值(%)测算			
	文化投入总量(亿元)	既往实际年均增长		文化投入人均值(元)	排序	地区差(无差距=1)	与产值比	占财政收入比	占财政支出比	占教科文卫投入比
		增长率(%)	排序							
全　国	3592.91	16.78	—	260.59	—	1.5771	0.46	2.01	1.74	6.28
北　京	230.44	22.25	2	1031.16	2	3.9571	0.88	4.10	3.39	11.17
上　海	125.54	16.01	22	503.64	4	1.9327	0.45	1.93	1.74	7.33
天　津	60.75	17.44	17	384.97	7	1.4773	0.32	1.87	1.55	5.65
浙　江	195.26	18.07	12	348.90	9	1.3389	0.40	3.40	2.45	7.40
海　南	30.58	20.02	4	333.59	10	1.2801	0.73	4.05	2.03	7.15
江　苏	230.73	17.68	15	287.80	13	1.1044	0.29	2.37	1.98	6.39
福　建	97.78	15.28	26	253.63	15	1.0267	0.33	3.28	2.07	6.44
广　东	222.34	14.26	29	201.17	20	1.2280	0.27	2.03	1.47	4.92
山　东	157.42	14.69	28	159.33	27	1.3886	0.32	2.41	1.60	4.85
河　北	101.67	15.09	27	136.33	30	1.4768	0.30	3.28	1.52	4.91
东　部	1452.51	16.68	[3]	272.83	[1]	1.6211	0.34	2.63	1.92	6.35
西　藏	42.00	20.92	3	1290.14	1	4.9509	3.54	24.68	2.47	12.65
青　海	41.55	23.66	1	703.03	3	2.6979	1.48	12.92	2.23	10.84
内蒙古	114.51	19.51	6	454.82	5	1.7454	0.55	4.76	2.23	10.12
新　疆	94.75	19.99	5	400.06	6	1.5352	0.89	5.90	2.04	7.63
宁　夏	24.69	17.74	14	366.72	8	1.4073	0.73	5.45	1.78	7.90
陕　西	122.66	18.99	8	323.25	11	1.2405	0.58	4.91	2.33	7.68
甘　肃	73.60	17.27	19	283.28	14	1.0871	0.96	8.38	2.07	7.15
贵　州	71.63	17.04	20	204.35	18	1.2158	0.58	3.93	1.49	4.60
四　川	165.51	18.72	9	203.18	19	1.2203	0.48	4.13	1.83	5.97
广　西	91.89	16.32	21	192.33	22	1.2619	0.48	5.19	1.88	5.62
重　庆	56.04	19.21	7	186.86	23	1.2829	0.31	2.10	1.21	4.94
云　南	69.33	12.43	31	145.52	29	1.4416	0.45	3.29	1.25	4.48
西　部	968.14	17.94	[1]	260.44	[2]	1.7572	0.58	4.68	1.85	6.60
吉　林	86.16	18.01	13	312.34	12	1.1986	0.54	5.94	2.27	8.53
辽　宁	102.39	15.58	24	232.64	17	1.1072	0.32	4.22	1.98	8.29
黑龙江	60.05	12.94	30	157.04	28	1.3974	0.36	4.56	1.28	5.50
东　北	248.60	15.49	[4]	225.83	[3]	1.2344	0.38	4.79	1.82	7.45
山　西	85.87	17.51	16	232.94	16	1.1061	0.59	4.38	2.09	7.03
湖　南	132.14	18.26	11	195.05	21	1.2515	0.40	4.40	1.91	6.69

续表

地区	2016年增长测算（基于2000~2015年年均增长）						2016年相关性比值(%)测算			
	文化投入总量（亿元）	既往实际年均增长		文化投入人均值（元）	排序	地区差（无差距=1）	与产值比	占财政收入比	占财政支出比	占教科文卫投入比
		增长率(%)	排序							
江 西	81.57	18.38	10	178.12	24	1.3165	0.42	3.09	1.52	4.91
安 徽	103.56	17.43	18	169.68	25	1.3488	0.41	3.54	1.64	5.29
湖 北	96.92	15.34	25	166.35	26	1.3616	0.28	2.70	1.31	4.73
河 南	122.16	15.92	23	129.14	31	1.5044	0.29	3.43	1.50	4.56
中 部	622.22	17.02	[2]	170.69	[4]	1.3148	0.37	3.52	1.63	5.39

注：①表中数据演算依据为《中国统计年鉴》，以既往年均增长率测算，未涉及人口增长，并省略中央财政部分，各地总量之和不等于全国总量，后同；②教科卫投入简化归入教科文卫综合测算；③对照上文各表相应数据，全国及各地相关协调性"应然"差距持续存在，除文化投入与产值比普遍提高外，占财政收入和支出比普遍降低，与教科卫投入比普遍降低（占教科文卫综合投入比亦同），各地人均值地区差大多扩大。由于各地诸方面绝对增长及其间相对关系变化的差异巨大，难免一部分地区若干数据项出现逆向变动，譬如较多省域人均值地区差即缩小。

东部人均值将增长至272.83元，降低为全国人均值的104.70%，增长率保持15.14%，低于全国人均值增长；东北人均值将增长至225.83元，降低为全国人均值的86.66%，增长率保持15.27%，低于全国人均值增长；中部人均值将增长至170.69元，提高为全国人均值的65.50%，增长率保持16.86%，高于全国人均值增长；西部人均值将增长至260.44元，提高为全国人均值的99.94%，增长率保持17.73%，高于全国人均值增长。

14个省域人均值高于全国人均值；17个省域人均值低于全国人均值。其中，西藏处于首位，人均值将增长至1290.14元，继续提高为全国人均值的495.09%，增长率保持19.16%；河南处于末位，人均值将增长至129.14元，继续降低为全国人均值的49.56%，增长率保持15.91%。

在2016年全国及各地文化投入人均值增长测算基础上，即可推算文化投入人均值地区差。与2015年现有地区差相比，全国文化投入人均值地区差将扩大至1.5771，扩大0.93%。

10个省域地区差趋于缩小；21个省域地区差趋于扩大。其中，上海处于首位，地区差将缩小至1.9327，缩小3.01%，变为全国地区差的122.55%；青海处于末位，地区差将扩大至2.6979，扩大5.56%，变为全国地区差的171.07%。

需要注意，表1里推演测算值直接显示，26个省域地区差小于全国地区差；仅有5个省域地区差大于全国地区差。地区差测算值大于全国总体的地区如此之少，却能够拉动全国地区差继续明显扩大，这表明，这几个省域文化投入人均值增长与其余地区相比悬殊。这一情形对于当地诚然体现了不错的增长态势，但对于全国更加不利于公共文化投入、公共文化服务必须逐步趋于"均等化"的理想追求。

进一步演绎推算。假如全国产值、财政收入和支出、教科文卫投入增长依然同前保持2000~2015年平均增长率，那么2016年全国文化投入与产值比将继续上升至0.46%，占财政收入比将继续下降至2.01%，占财政支出比将继续下降至1.74%，占教科文卫综合投入比将继续下降至6.28%。

对各地全面展开相关假定推算。有30个省域文化投入与产值比将继续上升。仅有4个省域文化投入占财政收入比将继续上升，按升幅高低依次为青海、北京、辽宁、吉林。仅有3个省域文化投入占财政支出比将继续上升，按升幅高低依次为北京、青海、辽宁。仅有1个省域文化投入占教科文卫综合投入比将继续上升，即北京。

显然，如果继续全面维持2000~2015年相关各方面增长关系，尽管全国及各地文化投入总量、人均绝对值增长显著，但是文化投入占财政收入比值、占财政支出比值、占教科文卫综合投入比值普遍降低，尤其是文化投入人均值地区差普遍扩大。这样一种增长格局的协调性、均衡性明显欠佳。

二 各省域文化投入增长协调性分析

在以上分析基础上，有必要层层深入检验全国及各地文化投入占教科文卫综合投入比、教科文卫投入占财政支出比、财政支出与产值比例的历年关系动态，测算文化投入"应然增长"突破现有格局的合理空间。

（一）文化投入占教科文卫综合投入比变化态势检测

"中国公共文化投入增长测评体系"以"文化投入增长系数"来界定文化投入占教科文卫综合投入的比重，深入检验文化投入在教科文卫综合投入中的相邻关系比值。这一相邻关系比值历年发生变化，就是"文化投入增长系数"的演算依据，也是文化投入增长的"应有空间"测量依据。

2016年文化投入占教科文卫投入比动态及其差距检测见表2，各地以初次演算差距指数高低倒序排列。

表2 2016年文化投入占教科文卫投入比动态及其差距检测

单位：亿元，%

地区	2000年		2016年测算		比值变化	2000~2015年最佳比值	2016年最佳比值假定测算		
	教科文卫投入总量	文化投入占比	教科文卫投入总量	文化投入占比			初次演算差距指数（无差距=1）	差距排序（倒序）	文化投入总量
全 国	2736.88	10.97	57236.83	6.28	-42.75	11.52	1.8344	—	6590.83
辽 宁	96.41	10.48	1234.54	8.29	-20.90	11.84	1.4282	6	146.23
吉 林	53.04	11.48	1010.46	8.53	-25.70	14.14	1.6577	10	142.83
黑龙江	73.89	11.60	1092.07	5.50	-52.59	11.94	2.1709	21	130.36
东 北	223.33	11.09	3337.08	7.45	-32.82	11.98	1.6081	[1]	419.42
北 京	104.07	8.90	2063.16	11.17	25.51	11.53	1.0322	1	237.86
上 海	135.67	8.60	1712.79	7.33	-14.77	9.53	1.3001	4	163.21
浙 江	123.07	11.12	2637.20	7.40	-33.45	11.31	1.5284	7	298.44
海 南	14.46	11.41	427.60	7.15	-37.34	11.69	1.6350	9	50.00
江 苏	171.67	9.93	3612.26	6.39	-35.65	11.17	1.7480	12	403.32
福 建	91.28	11.01	1518.93	6.44	-41.51	12.02	1.8665	15	182.51
天 津	45.53	10.19	1075.47	5.65	-44.55	11.07	1.9593	18	119.03
河 北	103.92	10.33	2072.03	4.91	-52.47	10.57	2.1527	20	218.87
广 东	229.77	11.46	4516.31	5.07	-57.07	11.99	2.4370	26	541.84
山 东	167.79	10.47	3248.96	4.85	-53.68	12.63	2.6041	28	409.94
东 部	1187.23	10.33	22884.72	6.35	-38.53	10.88	1.7134	[2]	2625.00
青 海	11.67	11.91	383.15	10.84	-8.98	13.59	1.2537	2	52.09
西 藏	12.41	16.20	332.02	12.65	-21.91	16.18	1.2791	3	53.72
内蒙古	46.67	14.16	1131.21	10.12	-28.53	14.16	1.3992	5	160.22
新 疆	48.17	10.65	1241.54	7.63	-28.36	12.39	1.6239	8	153.86

续表

地区	2000年		2016年测算			2000~2015年最佳比值	2016年最佳比值假定测算		
	教科文卫投入总量	文化投入占比	教科文卫投入总量	文化投入占比	比值变化		初次演算差距指数（无差距=1）	差距排序（倒序）	文化投入总量
陕 西	55.84	13.61	1596.25	7.68	-43.57	13.62	1.7734	13	217.53
宁 夏	12.70	14.25	312.49	7.90	-44.56	14.37	1.8190	14	44.91
甘 肃	42.63	13.49	1029.34	7.15	-47.00	13.49	1.8867	16	138.86
广 西	66.67	12.27	1634.52	5.62	-54.20	12.27	2.1833	22	200.62
云 南	98.70	10.77	1548.76	4.48	-58.40	10.77	2.4040	24	166.67
重 庆	76.95	4.38	1134.46	4.94	12.79	12.36	2.5020	27	140.21
贵 州	50.16	11.52	1557.73	4.60	-60.07	13.27	2.8848	29	206.64
四 川	61.27	17.35	2774.02	5.97	-65.59	17.34	2.9045	30	480.72
西 部	583.85	11.80	14675.50	6.60	-44.07	12.19	1.8470	[3]	2016.06
山 西	56.19	11.57	1220.83	7.03	-39.24	12.75	1.7340	11	148.90
湖 南	73.55	12.28	1976.46	6.69	-45.52	12.75	1.9058	17	251.83
安 徽	75.01	10.56	1958.07	5.29	-49.91	10.59	2.0019	19	207.32
湖 北	88.17	11.21	2050.64	4.73	-57.81	11.21	2.3700	23	229.70
江 西	55.13	9.94	1660.13	4.91	-50.60	11.86	2.4155	25	197.03
河 南	108.46	10.59	2679.67	4.56	-56.94	13.73	3.0110	31	367.82
中 部	456.50	11.02	11545.79	5.39	-51.09	12.04	2.2338	[4]	1402.60

注：①表中2000年教科文卫综合投入数据来源于《中国统计年鉴》，其余为演算衍生数值；②比值升降百分比负值为下降百分比；③全国及各地分别取最佳比值测算文化投入"应然"值，各地之和不等于全国总量。表3~表5同。

依照本项测评的假定测算，2016年，全国文化投入占教科文卫综合投入比将为6.28%。

17个省域此项比值将高于全国比值；14个省域此项比值将低于全国比值。其中，西藏处于首位，此项比值将高于全国比值6.37个百分点；云南处于末位，此项比值将低于全国比值1.80个百分点。

取假定测算的2016年此项比值与2000年相比，全国文化投入占教科文卫综合投入比将下降42.75%。

仅有2个省域此项测算比值将上升；29个省域此项测算比值将下降。其中，北京处于首位，此项测算比值将上升25.51%；四川处于末位，此项测算比值将下降65.59%。

根据本项测评数据库筛测，2000~2015年，全国文化投入占教科文卫综合投入比的历年最佳（最高）值为11.52%。

23个省域最佳比值高于全国最佳比值；8个省域最佳比值低于全国最佳比值。其中，四川处于首位，最佳比值高于全国最佳比值5.82个百分点；上海处于末位，最佳比值低于全国最佳比值1.99个百分点。

全国及各地历年此项最佳比值与2016年测算比值之差，构成此项系数比值的差距指数，这就是假定测算"增长差距"的重要事实依据。演算结果，全国差距指数为1.8344，即对照历年最佳比值，"应有"比值为测算比值的183.44%。

14个省域差距指数低于全国差距指数；17个省域差距指数高于全国差距指数。其中，北京处于首位，差距指数为1.0322，即"应有"比值为测算比值的103.22%，仅为全国差距指数的56.27%；河南处于末位，差距指数为3.0110，即"应有"比值为测算比值的301.10%，高达全国差距指数的164.14%。

据此差距指数测算，如果保持文化投入占教科文卫综合投入比历年最佳比值，那么2016年全国文化投入测算总量应达到6590.83亿元，与2015年现有总量相比需增长114.22%。

当然，这只是一种假定的"增长差距"测算，并不可能期待很快完成如此高增长。在此，所需增长率便起到"增长差距"衡量器的作用，所需增长率越低，意味着"增长目标"距离越小。

14个省域所需增长率低于全国所需增长率；17个省域所需增长率高于全国所需增长率。其中，北京处于首位，总量应达到237.86亿元，占全国份额3.61%，需增长26.19%，仅为全国所需增长率的22.93%；河南处于末位，总量应达到367.82亿元，占全国份额5.58%，需增长249.05%，高达全国所需增长率的218.04%。

这就是假设全国及各地保持2000～2015年文化投入占教科文卫综合投入比各自历年最佳值，文化投入总量"应然增长"绝对数值、所需增长率的目标距离检测结果。

（二）教科文卫投入占财政支出比变化态势检测

"中国公共文化投入增长测评体系"以"教科文卫投入增长系数"来界定教科文卫投入占财政支出的比重，深入检验教科文卫投入在财政支出中的相关性比值。这一相关性比值历年发生变化，就是"教科文卫投入增长系数"的演算依据，也是教科文卫综合投入增长带动文化投入增长的"应有空间"测量依据。

2016年教科文卫投入占财政支出比动态及其差距检测见表3，各地以二重演算差距指数高低倒序排列。

依照本项测评的假定测算，2016年，全国教科文卫投入占财政支出比将为27.72%。

19个省域此项比值将高于全国比值；12个省域此项比值将低于全国比值。其中，广西处于首位，此项比值将高于全国比值5.73个百分点；西藏处于末位，此项比值将低于全国比值8.23个百分点。

取假定测算的2016年此项比值与2000年相比，全国教科文卫投入占财政支出比将上升60.88%。

29个省域此项测算比值将上升；2个省域此项测算比值将下降。其中，四川处于首位，此项测算比值将上升126.25%；重庆处于末位，此项测算比值将下降40.31%。

根据本项测评数据库筛测，2000～2015年，全国教科文卫投入占财政支出比的历年最佳（最高）值为27.95%。

23个省域最佳比值高于全国最佳比值；8个省域最佳比值低于全国最佳比值。其中，重庆处于首位，最佳比值高于全国最佳比值13.05个百分点；西藏处于末位，最佳比值低于全国最佳比值6.20个百分点。

表3 2016年教科文卫投入占财政支出比动态及其差距检测

单位：亿元，%

地区	2000年		2016年测算			2000~2015年最佳比值	2016年最佳比值假定测算		
	财政支出总量	教科文卫投入占比	财政支出总量	教科文卫投入占比	比值变化		二重演算差距指数（无差距=1）	差距排序（倒序）	文化投入总量
全　国	15886.50	17.23	206453.92	27.72	60.88	27.95	1.8496	—	6645.45
辽　宁	518.08	18.61	5174.91	23.86	28.21	24.34	1.4570	4	149.18
吉　林	260.67	20.35	3803.85	26.56	30.52	27.67	1.7270	10	148.80
黑龙江	381.87	19.35	4703.88	23.22	20.00	25.32	2.3672	22	142.15
东　北	1160.63	19.24	13682.63	24.39	26.77	25.45	1.6779	[1]	440.13
北　京	443.00	23.49	6806.03	30.31	29.03	33.39	1.1371	1	262.03
上　海	608.56	22.29	7227.14	23.70	6.33	27.83	1.5267	6	191.66
浙　江	431.30	28.53	7975.26	33.07	15.91	34.69	1.6032	7	313.04
海　南	64.12	22.55	1509.98	28.35	25.59	27.85	1.6078	8	49.17
江　苏	591.28	29.03	11672.85	30.95	6.61	30.98	1.7497	11	403.71
福　建	324.18	28.16	4731.45	32.10	13.99	32.32	1.8793	15	183.76
天　津	187.05	24.34	3908.61	27.52	13.06	28.95	2.0611	18	125.21
河　北	415.54	25.01	6701.14	30.92	23.63	31.69	2.2064	20	224.32
山　东	613.08	27.37	9811.09	33.12	21.01	33.43	2.6285	26	413.78
广　东	1080.32	21.27	15128.37	29.85	40.34	33.30	2.7187	27	604.48
东　部	4758.42	24.95	75471.90	30.32	21.52	31.74	1.7936	[2]	2771.16
西　藏	59.97	20.69	1702.81	19.50	-5.75	21.75	1.4266	2	59.92
内蒙古	247.27	18.87	5141.14	22.00	16.59	22.75	1.4469	3	165.68
青　海	68.26	17.10	1862.99	20.57	20.29	24.02	1.4640	5	60.83
新　疆	190.95	25.23	4644.80	26.73	5.95	28.35	1.7223	9	163.19
甘　肃	188.23	22.65	3554.68	28.96	27.86	28.43	1.8522	13	136.32
陕　西	271.76	20.55	5266.76	30.31	47.49	31.66	1.8524	14	227.22
广　西	258.49	25.79	4885.33	33.46	29.74	32.88	2.1454	19	197.14
宁　夏	60.84	20.87	1384.01	22.58	8.19	29.18	2.3507	21	58.04
云　南	414.11	23.83	5542.34	27.94	17.25	29.01	2.4961	24	173.05
四　川	452.00	13.56	9041.39	30.68	126.25	29.31	2.7748	28	459.26
贵　州	201.57	24.88	4802.96	32.43	30.35	31.82	2.8305	29	202.75
重　庆	187.64	41.01	4633.45	24.48	-40.31	41.01	4.1915	31	234.89
西　部	2601.09	22.45	52462.65	27.97	24.59	27.40	1.8093	[3]	2138.29
山　西	225.06	24.97	4104.03	29.75	19.14	30.15	1.7573	12	150.90
湖　南	347.83	21.15	6905.10	28.62	35.32	29.24	1.9471	16	257.29
安　徽	323.47	23.19	6307.78	31.04	33.85	30.42	1.9619	17	203.17
江　西	223.47	24.67	5383.37	30.84	25.01	30.27	2.3708	23	193.39
湖　北	368.77	23.91	7397.00	27.72	15.93	29.71	2.5401	25	246.19
河　南	445.53	24.34	8154.05	32.86	35.00	33.39	3.0595	30	373.75
中　部	1934.13	23.60	38251.33	30.18	27.88	30.69	2.2715	[4]	1424.68

资料来源：表中2000年财政支出数据来源于《中国统计年鉴》，其余为演算衍生数值。

全国及各地历年此项最佳比值与2016年测算比值之差，构成此项系数比值的差距指数，与前一项系数比值的差距指数形成二重演算，就是假定测算"增长差距"的重要事实依据。二重演算结果，全国差距指数为1.8496，即对照历年最佳比值，"应有"比值为测算比值的184.96%。

12个省域差距指数低于全国差距指数；19个省域差距指数高于全国差距指数。其中，北京处于首位，差距指数为1.1371，即"应有"比值为测算比值的113.71%，仅为全国差距指数的61.48%；重庆处于末位，差距指数为4.1915，即"应有"比值为测算比值的419.15%，为全国差距指数的226.61%。

据此差距指数测算，如果保持文化投入占教科文卫综合投入比、教科文卫投入占财政支出比二重历年最佳比值，那么2016年全国文化投入测算总量应达到6645.45亿元，与2015年现有总量相比需增长116.00%。

这只是一种假定的"增长差距"测算，鉴于全国及各地教科文卫投入占财政支出比动态普遍向好，两项系数比值叠加演算的"增长差距"普遍缩短，总量"增长目标"数值普遍减小。

12个省域所需增长率低于全国所需增长率；19个省域所需增长率高于全国所需增长率。其中，北京处于首位，总量应达到262.03亿元，占全国份额3.94%，需增长39.01%，仅为全国所需增长率的33.63%；重庆处于末位，总量应达到234.89亿元，占全国份额3.53%，需增长399.66%，高达全国所需增长率的344.55%。

这就是假设全国及各地保持2000～2015年以来文化投入占教科文卫综合投入比、教科文卫投入占财政支出比各自历年最佳值，文化投入总量"应然增长"绝对数值、所需增长率的目标距离检测结果。

（三）财政支出与产值比变化态势检测

"中国公共文化投入增长测评体系"以"财政支出增长系数"来界定财政支出与产值的比例，深入检验财政支出在产值增长所体现的经济发展中的相关性比值。这一相关性比值历年发生变化，就是"财政支出增长系数"

的演算依据，也是财政支出增长带动教科文卫投入增长，继而教科文卫综合投入增长带动文化投入增长的"应有空间"测量依据。

2016年财政支出与产值比动态及其差距检测见表4，各地以三重演算差距指数高低倒序排列。

表4 2016年财政支出与产值比动态及其差距检测

单位：亿元，%

地区	2000年		2016年测算			2000~2015年最佳比值	2016年最佳比值假定测算		
	产值总量	财政支出与产值比	产值总量	财政支出与产值比	比值变化		三重演算差距指数（无差距=1）	差距排序（倒序）	文化投入总量
全 国	100280.10	15.84	779227.42	26.49	67.23	25.66	1.7917	—	6437.42
吉 林	1951.51	13.36	16042.16	23.71	77.47	22.88	1.6665	9	143.59
辽 宁	4669.10	11.10	32356.24	15.99	44.05	19.10	1.7403	12	178.19
黑龙江	3151.40	12.12	16743.28	28.09	131.77	26.66	2.2467	22	134.91
东 北	9772.01	11.88	65141.68	21.00	76.77	20.67	1.6516	[1]	456.69
北 京	3161.00	14.01	26271.32	25.91	84.94	24.93	1.0941	1	252.12
上 海	4771.17	12.75	28065.72	25.75	101.96	24.64	1.4609	5	183.40
海 南	526.82	12.17	4216.80	35.81	194.25	33.47	1.5028	6	45.96
浙 江	6141.03	7.02	48819.40	16.34	132.76	15.50	1.5208	7	296.95
江 苏	8553.69	6.91	80673.44	14.47	109.41	13.82	1.6711	11	385.57
福 建	3764.54	8.61	29550.47	16.01	85.95	15.40	1.8076	15	176.75
天 津	1701.88	10.99	19245.32	20.31	84.80	19.54	1.9830	18	120.47
河 北	5043.96	8.24	33553.74	19.97	142.35	18.90	2.0881	20	212.30
山 东	8337.47	7.35	72096.05	13.61	85.17	13.09	2.5281	26	397.97
广 东	10741.25	10.06	82721.11	18.29	81.81	17.62	2.6191	27	582.33
东 部	52742.81	9.02	425213.36	17.75	96.78	17.01	1.7189	[2]	2653.82
西 藏	117.80	50.91	1185.74	143.61	182.09	134.59	1.3370	2	56.15
青 海	263.68	25.89	2801.77	66.49	156.82	62.69	1.3803	3	57.35
内蒙古	1539.12	16.07	20995.00	24.49	52.40	23.85	1.4091	4	161.36
新 疆	1363.56	14.00	10599.45	43.82	213.00	40.80	1.6036	8	151.94
甘 肃	1052.88	17.88	7688.78	46.23	158.56	43.57	1.7456	13	128.48

续表

地区	2000年		2016年测算			2000~2015年最佳比值	2016年最佳比值假定测算		
	产值总量	财政支出与产值比	产值总量	财政支出与产值比	比值变化		三重演算差距指数（无差距=1）	差距排序（倒序）	文化投入总量
陕西	1804.00	15.06	21010.54	25.07	66.47	24.28	1.7941	14	220.06
广西	2080.04	12.43	19314.25	25.29	103.46	24.19	2.0521	19	188.57
宁夏	295.02	20.62	3391.91	40.80	97.87	39.10	2.2527	23	55.62
云南	2011.19	20.59	15471.43	35.82	73.97	34.65	2.4146	24	167.40
四川	3928.20	11.51	34419.32	26.27	128.24	25.37	2.6798	28	443.53
贵州	1029.92	19.57	12261.06	39.17	100.15	40.20	2.9064	29	208.19
重庆	1603.16	11.70	18300.82	25.32	116.41	26.70	4.4200	31	247.70
西部	17088.57	15.22	167440.57	31.33	105.85	29.95	1.7296	[3]	2086.35
山西	1845.72	12.19	14523.30	28.26	131.83	26.81	1.6671	10	143.15
湖南	3551.49	9.79	33237.82	20.77	112.16	19.82	1.8581	16	245.53
安徽	2902.09	11.15	25187.71	25.04	124.57	23.81	1.8655	17	193.19
江西	2003.07	11.16	19265.35	27.94	150.36	26.38	2.2385	21	182.59
湖北	3545.39	10.40	34037.16	21.73	108.94	20.75	2.4256	25	235.09
河南	5052.99	8.82	42254.44	19.30	118.82	18.38	2.9137	30	355.94
中部	18900.75	10.23	168505.77	22.70	121.90	21.60	2.1614	[4]	1355.50

资料来源：表中2000年产值数据来源于《中国统计年鉴》，其余为演算衍生数值。

依照本项测评的假定测算，2016年，全国财政支出与产值比将为26.49%。

11个省域此项比值将高于全国比值；20个省域此项比值将低于全国比值。其中，西藏处于首位，此项比值将高于全国比值117.11个百分点；山东处于末位，此项比值将低于全国比值12.89个百分点。

取假定测算的2016年此项比值与2000年相比，全国财政支出与产值比将上升67.23%。

全部31个省域此项测算比值将上升。其中，新疆处于首位，此项测算比值将上升213.00%；辽宁处于末位，此项测算比值将下降44.05%。

根据本项测评数据库筛测，2000~2015年，全国财政支出与产值比的历年最佳（最高）值为25.66%。

12个省域最佳比值高于全国最佳比值;19个省域最佳比值低于全国最佳比值。其中,西藏处于首位,最佳比值高于全国最佳比值108.94个百分点;山东处于末位,最佳比值低于全国最佳比值12.56个百分点。

全国及各地历年此项最佳比值与2016年测算比值之差,构成此项系数比值的差距指数,与前两项系数比值的差距指数形成三重演算,就是假定测算"增长差距"的重要事实依据。三重演算结果,全国差距指数为1.7917,即对照历年最佳比值,"应有"比值为测算比值的179.17%。

13个省域差距指数低于全国差距指数;18个省域差距指数高于全国差距指数。其中,北京处于首位,差距指数为1.0941,即"应有"比值为测算比值的109.41%,仅为全国差距指数的61.07%;重庆处于末位,差距指数为4.4200,即"应有"比值为测算比值的442.00%,高达全国差距指数的246.70%。

据此差距指数测算,如果保持文化投入占教科文卫综合投入比、教科文卫投入占财政支出比、财政支出与产值比三重历年最佳比值,那么2016年全国文化投入测算总量应达到6437.42亿元,与2015年现有总量相比需增长109.24%。

这只是一种假定的"增长差距"测算,鉴于全国及各地财政支出与产值比动态极普遍向好,三项系数比值多重演算的"增长差距"极普遍缩短,总量"增长目标"数值极普遍减小。

14个省域所需增长率低于全国所需增长率;17个省域所需增长率高于全国所需增长率。其中,北京处于首位,总量应达到252.12亿元,占全国份额3.92%,需增长33.75%,仅为全国所需增长率的30.90%;重庆处于末位,总量应达到247.70亿元,占全国份额3.85%,需增长426.90%,为全国所需增长率的390.81%。

这就是假设全国及各地保持2000~2015年文化投入占教科文卫综合投入比、教科文卫投入占财政支出比、财政支出与产值比各自历年最佳值,文化投入总量"应然增长"绝对数值、所需增长率的目标距离检测结果。

三 各省域文化投入应然增长差距检测

在表2~表4分别检测各单项最佳比值增长预期基础上，有必要汇集各项最佳比值增长测算结果进行综合演算，并与表1"自然增长"测算结果各项数值形成直接对比。

（一）多重最佳比值测算预期结果

2016年文化投入多重最佳比值增长假定测算见表5，各地以总量增长测算增长率高低倒序排列。

表5 2016年文化投入多重最佳比值增长假定测算

地区	2016年多重最佳比值假定测算（基于2000~2015年最佳比值）					2016年相关性比值假定测算（%，各项增长取既往年均增长）			
	文化投入总量（亿元）	所需年度增长		文化投入人均值（元）	地区差（无差距=1）	与产值比	占财政收入比	占财政支出比	占教科文卫综合投入比
		增长率（%）	排序（倒序）						
全 国	6437.42	109.24	—	466.89	1.4008	0.83	3.60	3.12	11.25
吉 林	143.59	96.67	11	520.53	1.1149	0.90	9.91	3.77	14.21
辽 宁	178.19	101.14	12	404.87	1.1328	0.55	7.34	3.44	14.43
黑龙江	134.91	153.74	21	352.82	1.2443	0.81	10.24	2.87	12.35
东 北	456.69	112.64	[1]	414.87	1.1640	0.70	8.79	3.34	13.69
北 京	252.12	33.75	1	1128.19	2.4164	0.96	4.48	3.70	12.22
上 海	183.40	69.47	4	735.75	1.5758	0.65	2.83	2.54	10.71
浙 江	296.95	79.56	6	530.59	1.1364	0.61	5.18	3.72	11.26
海 南	45.96	80.36	7	501.30	1.0737	1.09	6.09	3.04	10.75
江 苏	385.57	96.66	10	480.94	1.0301	0.48	3.96	3.30	10.67
福 建	176.75	108.38	14	458.46	1.0181	0.60	5.93	3.74	11.64
天 津	120.47	132.88	18	763.38	1.6350	0.63	3.70	3.08	11.20
河 北	212.30	140.32	20	284.67	1.3903	0.63	6.84	3.17	10.25
山 东	397.97	189.94	26	402.80	1.1373	0.55	6.10	4.06	12.25
广 东	582.33	199.28	27	526.89	1.1285	0.70	5.32	3.85	12.89

续表

地区	2016年多重最佳比值假定测算（基于2000~2015年最佳比值）					2016年相关性比值假定测算（%，各项增长取既往年均增长）			
	文化投入总量（亿元）	所需年度增长		文化投入人均值（元）	地区差（无差距=1）	与产值比	占财政收入比	占财政支出比	占教科文卫综合投入比
		增长率（%）	排序（倒序）						
东部	2653.82	113.95	[2]	498.48	1.3542	0.62	4.81	3.52	11.60
西藏	56.15	61.69	2	1725.10	3.6948	4.74	33.00	3.30	16.91
内蒙古	161.36	68.41	3	640.92	1.3727	0.77	6.71	3.14	14.26
青海	57.35	70.69	5	970.41	2.0784	2.05	17.84	3.08	14.97
新疆	151.94	92.43	8	641.56	1.3741	1.43	9.46	3.27	12.24
甘肃	128.48	104.71	13	494.48	1.0591	1.67	14.62	3.61	12.48
陕西	220.06	113.47	15	579.94	1.2421	1.05	8.81	4.18	13.79
广西	188.57	138.69	19	394.66	1.1547	0.98	10.65	3.86	11.54
宁夏	55.62	165.23	23	826.11	1.7694	1.64	12.29	4.02	17.80
云南	167.40	171.50	24	351.38	1.2474	1.08	7.94	3.02	10.81
四川	443.53	218.15	28	544.50	1.1662	1.29	11.07	4.91	15.99
贵州	208.19	240.17	30	593.96	1.2722	1.70	11.44	4.33	13.36
重庆	247.70	426.90	31	825.95	1.7690	1.35	9.28	5.35	21.83
西部	2086.35	154.99	[3]	561.25	1.6000	1.25	10.08	3.98	14.22
山西	143.15	95.89	9	388.31	1.1683	0.99	7.30	3.49	11.73
安徽	193.19	119.06	16	316.54	1.3220	0.77	6.61	3.06	9.87
湖南	245.53	119.73	17	362.41	1.2238	0.74	8.18	3.56	12.42
江西	182.59	165.01	22	398.74	1.1460	0.95	6.92	3.39	11.00
湖北	235.09	179.77	25	403.50	1.1358	0.69	6.56	3.18	11.46
河南	355.94	237.77	29	376.29	1.1941	0.84	9.99	4.37	13.28
中部	1355.50	155.12	[4]	371.84	1.1983	0.80	7.67	3.54	11.74

注：①表中数据演算依据《中国统计年鉴》；②最佳比值测算取全国及各地最佳比值，各地之和不等于全国总量；经校正各项"应然差距"，全国及各地相关协调性、均衡性普遍增强，比值提高，地区差缩小（对照本报告表1相应数值），极少数地区个别数据项例外。

依照2000~2015年全国及各地三项系数最佳比值测算总量增长空间，表5里首列总量数值移自表4，文字不再复述。

同样测算人均值增长空间（与总量演算基数不同，所需增长测算有微小差异），2016年全国文化投入测算人均值应达到466.89元，与2015年现有人均值相比需增长108.09%。

东部人均值应达到498.48元，提高为全国人均值的106.77%，需增长110.36%，高于全国所需增长；东北人均值应达到414.87元，提高为全国人均值的88.86%，需增长111.75%，高于全国所需增长；中部人均值应达到371.84元，提高为全国人均值的79.64%，需增长154.57%，高于全国所需增长；西部人均值应达到561.25元，提高为全国人均值的120.21%，需增长153.70%，高于全国所需增长。

18个省域人均值高于全国人均值；13个省域人均值低于全国人均值。其中，西藏处于首位，人均值应达到1725.10元，降低为全国人均值的369.48%，需增长59.33%；河北处于末位，人均值应达到284.67元，提高为全国人均值的60.97%，需增长138.60%。

在全国及各地三项系数最佳比值多重演算文化投入人均值基础上，即可演算得出2016年全国及各地文化投入人均值地区差。

与2015年现有地区差相比，全国文化投入人均值地区差应缩小至1.4008，缩小10.36%。

23个省域地区差趋于缩小；仅有8个省域地区差趋于扩大。其中，北京处于首位，地区差应缩小至2.4164，缩小37.84%，变为全国地区差的172.50%；重庆处于末位，地区差应扩大至1.7690，扩大35.81%，变为全国地区差的126.29%。

另与本报告表1"自然增长"测算值相比，全国文化投入人均值地区差应缩小11.18%。

24个省域地区差趋于缩小；仅有7个省域地区差趋于扩大。其中，北京处于首位，地区差应缩小38.94%；重庆处于末位，地区差应扩大37.89%。

对照表1清晰可见，若因循既往"自然增长"状况，全国及各地文化投入人均值地区差普遍明显扩大；而在最佳比值"应然增长"情况下，全国及各地文化投入人均值地区差普遍明显缩小。其间高下优劣一目了然。

不过尚需注意，以表 5 中演算得出的各地地区差指数来看，24 个省域地区差小于全国地区差；7 个省域地区差大于全国地区差。地区差演算值大于全国总体的地区仍然很少，却能够支撑全国地区差明显存在，这同样表明，这几个省域文化投入人均值增长与其余地区相比仍过于悬殊。

进一步演绎推算。在全国三项系数最佳比值多重演算情况下，2016 年全国文化投入与产值比测算值应上升至 0.83%，与 2015 年相比提高 0.38 个百分点；占财政收入比测算值应上升至 3.60%，与 2015 年相比提高 1.58 个百分点；占财政支出比测算值应上升至 3.12%，与 2015 年相比提高 1.37 个百分点；占教科文卫综合投入比测算值应上升至 11.25%，与 2015 年相比提高 4.73 个百分点。

同样在各地三项系数最佳比值多重演算情况下，全部 31 个省域文化投入与产值比上升。全部 31 个省域文化投入占财政收入比上升。全部 31 个省域文化投入占财政支出比上升。全部 31 个省域文化投入占教科文卫综合投入比上升。

在三项系数最佳比值多重演算假定条件下，全国及各地文化收入增长及其相关关系数值呈现几点重要态势。

（1）全国及各地文化投入总量、人均数值极普遍、极显著增长，特别是中部增长突出，占全国份额明显上升。这无疑表明，正是在三项系数最佳比值多重演算中，检测出中部"增长差距"明显。

（2）北京文化投入总量、人均数值增长与既往年均增速"自然增长"相比略微降低，相关各项比值也相应略微下降，原因在于北京既往年度（准确时间为 2012 年，可参看北京报告）已经实现三项系数最佳比值增长，但不可也不应期待三项系数比值无休止提高。于是，全国及各地统一取 2000~2015 年各自三项系数最佳比值展开假定演算，这样一来合理保持已有三项系数最佳比值增长的"良好势头"，而抑制三项系数最佳比值永续"向好"的不现实期许。

（3）全国及各地文化投入各项关系比值极普遍、极显著提高。

（4）全国及各地文化投入人均值地区差普遍明显缩小。以四大区域整体人均值测算来看，其显示了向全国人均值"均等化"趋近的态势，仅有中部人均值还显得稍微偏低。再以人均值最高与最低的几个省域来看，既往年均增长情况下，其差距继续增大（见本报告表1人均值演算），而最佳比值增长情况下，其差距明显减小（见表5）。

设置三项系数最佳比值多重演算的假定条件，无疑提供了全国各地文化投入协调增长、均衡增长的一种可资参考的预测示例。认真说来，这一点本来就是应当做到的，而据以进行演算的三项系数最佳比值，也是全国及各地既往年度曾经出现的数据事实，本项测评体系不过是通过精心设计，集中取值，综合演算而已。在此基础上，进一步测算全国各地文化投入人均值"均等化"理想增长目标，便成了理所当然的逻辑推导。正因为北京既往已成为三项系数最佳比值增长的范例，所以随后"均等化"理想增长测算即以北京人均值为基准。

（二）同构占比平衡测算预期结果

"中国公共文化投入增长测评体系"以"文化民生需求系数"来界定文化消费与文化投入同构占比关系的平衡检测差距值，增补一项别开生面的附加测算。在保持2000~2015年三项系数最佳比值多重演算基础上，同样假定全国及各地保持2015年文化消费占居民收入、支出比不变，据此进行文化消费与文化投入同构占比平衡假定测算。

2016年文化消费与投入同构占比平衡假定测算见表6，各地以同构占比倍差平衡差距指数倒序排列。表中另附人均值地区均等假定测算。

测算2016年文化消费与文化投入各占收入比的倍差，与2015年现有占比倍差相比，全国文化消费与投入占收入比倍差将减至1.5629，减小43.80%。22个省域此项倍差将减小，9个省域此项倍差将增大。

同样测算2016年文化消费与文化投入各占支出比的倍差，全国文化消费与投入占支出比倍差亦将减至2.5193，减小43.90%。31个省域此项倍差将都减小。

表6　2016年文化消费与投入同构占比平衡假定测算

地区	消费与投入同构占比检测				同构占比平衡增长假定测算				地区均等假定测算文化投入总量（亿元）
	收入比倍差（无差距=1）	支出比倍差（无差距=1）	收支占比倍差平衡差距指数	差距排序（倒序）	文化投入总量（亿元）	所需年度增长率（%）	文化投入人均值（元）	地区差（无差距=1）	
全　国	1.5629	2.5193	1.6119	—	10376.48	237.27	752.59	1.3717	15555.18
西　藏	1.9371	1.0646	0.5496	1	30.86	-11.14	948.05	1.2597	36.72
四　川	1.5052	1.4101	0.9368	2	415.50	198.04	510.09	1.3222	918.98
重　庆	1.3643	1.4661	1.0746	3	266.18	466.22	887.57	1.1794	338.34
新　疆	1.4353	2.1391	1.4903	5	226.44	186.77	956.12	1.2704	267.19
广　西	1.4518	2.2392	1.5423	6	290.83	268.14	608.70	1.1912	539.04
青　海	1.6206	2.5540	1.5760	10	90.38	169.00	1529.33	2.0321	66.68
陕　西	1.2414	2.1269	1.7134	13	377.05	265.75	993.65	1.3203	428.10
宁　夏	1.3813	2.3726	1.7177	14	95.54	355.60	1419.03	1.8855	75.96
甘　肃	1.4542	2.7156	1.8674	21	239.92	282.29	923.42	1.2270	293.13
贵　州	1.2564	2.5804	2.0539	24	427.60	598.70	1219.96	1.6210	395.43
内蒙古	1.0389	2.8854	2.7774	29	448.16	367.76	1780.13	2.3653	284.03
云　南	1.1171	3.2104	2.8738	31	481.07	680.20	1009.77	1.3417	537.49
西　部	1.3850	2.0743	1.4978	[1]	3389.54	314.27	911.81	1.5013	4181.10
吉　林	1.4120	2.0947	1.4835	4	213.02	191.76	772.22	1.0261	311.21
辽　宁	1.2569	2.2644	1.8015	18	321.01	262.35	729.37	1.0308	496.54
黑龙江	1.4626	2.6608	1.8192	19	245.43	361.59	641.82	1.1472	431.41
东　北	1.3745	2.3074	1.6787	[2]	779.45	262.92	708.07	1.0680	1239.16
天　津	1.2200	1.8965	1.5545	8	187.27	262.02	1186.70	1.5768	178.04
浙　江	1.1309	1.7806	1.5745	9	467.55	182.71	835.41	1.1101	631.41
上　海	1.9000	3.0329	1.5963	11	292.76	170.52	1174.47	1.5606	281.22
山　东	1.1660	1.9534	1.6753	12	666.72	385.73	674.81	1.1033	1114.66
江　苏	1.5700	2.7062	1.7237	15	664.61	238.98	829.00	1.1015	904.47
北　京	1.2276	2.1297	1.7348	16	437.38	132.03	1957.15	2.6006	252.12
福　建	1.0923	1.9404	1.7765	17	314.00	270.19	814.47	1.0822	434.94
广　东	1.0422	1.9138	1.8364	20	1069.39	449.26	967.59	1.2857	1246.89
海　南	1.1840	2.2812	1.9267	22	88.55	247.53	965.96	1.2835	103.42
河　北	1.1613	2.5194	2.1694	25	460.56	421.35	617.57	1.1794	841.37
东　部	1.1064	2.1520	1.9451	[3]	4648.79	274.79	873.21	1.3884	5988.55
河　南	1.3637	2.1064	1.5446	7	549.78	421.72	581.22	1.2277	1067.17
安　徽	1.2258	2.3895	1.9493	23	376.59	327.02	617.03	1.1801	688.56

续表

地区	消费与投入同构占比检测				同构占比平衡增长假定测算				地区均等假定测算
	收入比倍差(无差距=1)	支出比倍差(无差距=1)	收支占比倍差平衡差距指数	差距排序(倒序)	文化投入总量(亿元)	所需年度增长率(%)	文化投入人均值(元)	地区差距(无差距=1)	文化投入总量(亿元)
江西	1.1556	2.5603	2.2156	26	404.55	487.15	883.43	1.1739	516.63
湖北	1.1184	2.5450	2.2755	27	534.95	536.61	918.18	1.2200	657.31
山西	1.1314	2.7665	2.4453	28	350.04	378.99	949.52	1.2617	415.91
湖南	1.0506	2.9566	2.8143	30	691.00	518.40	1019.94	1.3552	764.33
中部	1.2059	2.4676	2.0463	[4]	2906.90	447.11	797.42	1.2364	4109.91

注：①文化消费与投入各占收入、支出比倍差演算是无差距基准值1加同构收入比或支出比之间商值与之绝对偏差值；②同构占比平衡测算取全国及各地最佳比值并假设占比平衡，各地之和不等于全国总量；③地区均等测算以北京人均值推演至各地，各地之间彻底回归"合理性"平衡。

收支两项同构占比倍差之间商值形成二重倍差指数，直接作为同构占比倍差平衡演算的差距指数。2016年，全国同构占比平衡差距指数为1.6119，即在最佳比值增长基础上消除同构占比倍差，文化投入需增长161.19%。

11个省域平衡差距指数小于全国；20个省域平衡差距指数大于全国。其中，西藏处于首位，平衡差距指数为0.3410，需增长34.10%；云南处于末位，平衡差距指数为1.7828，需增长178.28%。

假定同构占比差距得以在2016年实现平衡，全国文化投入测算总量将增至10376.48亿元，与2015年总量相比需增长237.27%。

8个省域增长目标距离小于全国；23个省域增长目标差距大于全国。其中，西藏处于首位，总量将增至30.86亿元，占全国份额0.30%，负增长11.14%（现有实际值已超过此数值，因趋向均等平衡而减量降幅）；云南处于末位，总量将增至481.07亿元，占全国份额4.64%，需增长680.20%。

在同构占比平衡情况下测算人均值增长空间（与总量演算基数不同，所需增长测算有微小差异），全国文化投入测算人均值将增至752.59元，与2015年现有人均值相比需增长235.42%。

东部人均值将增至873.21元，提高为全国人均值的116.03%，需增长268.49%，高于全国所需增长；东北人均值将增至708.07元，提高为全国人均值的94.08%，需增长261.40%，高于全国所需增长；中部人均值将增至797.42元，提高为全国人均值的105.96%，需增长445.93%，高于全国所需增长；西部人均值将增至911.81元，提高为全国人均值的121.16%，需增长312.17%，高于全国所需增长。

23个省域人均值高于全国人均值；8个省域人均值低于全国人均值。其中，北京处于首位，人均值将增至1957.15元，降低为全国人均值的260.06%，需增长124.38%；四川处于末位，人均值将增至510.09元，降低为全国人均值的67.78%，需增长199.01%。

基于人均值即可得出地区差。与2015年现有地区差相比，全国文化投入人均值地区差将缩小至1.3717，缩小12.22%。

18个省域地区差趋于缩小；13个省域地区差趋于扩大。其中，西藏处于首位，地区差将缩小至1.2597，缩小73.90%，变为全国地区差的91.84%；内蒙古处于末位，地区差将扩大至2.3653，扩大38.92%，变为全国地区差的172.44%。

另与本报告表1"自然增长"测算值相比，全国文化投入人均值地区差将缩小13.02%。

19个省域地区差趋于缩小；12个省域地区差趋于扩大。其中，西藏处于首位，地区差将缩小74.56%；内蒙古处于末位，地区差将扩大35.52%。

再与本报告表5"最佳比值增长"测算值相比，全国文化投入人均值地区差将缩小2.08%。

13个省域地区差趋于缩小；18个省域地区差趋于扩大。其中，西藏处于首位，地区差将缩小65.91%；内蒙古处于末位，地区差将扩大72.31%。

应当看到，各地在保持三项最佳比值增长的基础上，再进一步实现同构占比平衡增长，在此假定增长中各自增幅普遍翻番，各地数值关系变化颇大，于是地区差各有扩减。关键在于综合体现全部省域数值关系的全国人均值地区差，在各种对比测算里，全国地区差均呈现明显缩小趋势。同时，除极少数省域外,各地人均值普遍接近,包括原先人均值畸高者也向大多数省域相对接近。这表明,本项测评体系的精心设计具有可行性和建设性,最佳比值增长测算、同构占比平衡测算相继为全国各地均等测算做了步步趋近的良好铺垫。

(三)人均值地区均等测算预期结果

出于制表的便捷,全国各地均等测算结果置于表6中。

在三项系数最佳比值多重演算基础上,取北京人均值(见表5)测算"均等化"理想增长。2016年全国文化投入测算总量应达到15555.18亿元,与2015年相比需增长405.59%。

14个省域增长目标差距小于全国;17个省域增长目标差距大于全国。其中,西藏处于首位,总量应达到36.72亿元,占全国份额0.30%,需增长5.74%(现有实际值已超过此数值,因回归均等平衡而减量降幅);河南处于末位,总量应达到1,067.17亿元,占全国份额5.30%,需增长912.69%。

四 至2020年各省域文化投入增长测算

以上部分针对下一数据年度2016年进行假定测算,意图在于着眼现实检测所存在的增长差距。以下部分将把视野扩展至2020年,面向"全面建成小康社会"目标年,分别测算保持既往年均增速的"自然增长"目标、基于各项最佳比值的"应然增长"目标、实现同构占比平衡的"民生增长"目标、达到人均值均等化的"理想增长"目标,从中探寻促进文化投入协调、均衡增长的可行路径及合理标的。

(一)保持既往相关各项年均增长率测算

取既往历年相关各项年均增长测算2020年文化投入见表7,各地以既往总量增长年均增长率按由高到低排列。

表7 取既往历年相关各项年均增长测算2020年文化投入

地区	至2020年保持年均增长测算（基于2000~2015年年均增长）					至2020年产值年增按7%推算			
	文化投入总量（亿元）	所需年均增长 增长率（%）	排序	文化投入人均值（元）	地区差（无差距=1）	文化投入总量（亿元）	所需年均增长 增长率（%）	排序	文化投入人均值（元）
全 国	6682.24	16.78	—	474.12	1.6394	4938.28	9.93	—	350.38
青 海	97.15	23.66	1	1588.09	3.3496	65.11	14.15	2	1064.28
西 藏	89.79	20.92	3	2600.72	5.4854	61.20	12.00	5	1772.65
新 疆	196.41	19.99	5	775.80	1.6363	145.13	12.95	3	573.25
内蒙古	233.60	19.51	6	913.74	1.9272	144.80	8.61	22	566.37
重 庆	113.16	19.21	7	379.88	1.1988	74.16	9.55	16	248.94
陕 西	245.86	18.99	8	640.74	1.3514	160.11	9.20	19	417.27
四 川	328.76	18.72	9	408.87	1.1376	234.01	10.91	8	291.03
宁 夏	47.45	17.74	14	669.62	1.4123	31.03	8.15	25	437.84
甘 肃	139.22	17.27	19	533.30	1.1248	104.90	10.82	9	401.84
贵 州	134.39	17.04	20	389.46	1.1786	86.92	7.27	28	251.89
广 西	168.24	16.32	21	351.25	1.2592	117.60	8.28	24	245.52
云 南	110.79	12.43	31	225.53	1.5243	82.13	5.90	31	167.20
西 部	1904.82	17.94	[1]	500.26	1.8821	1307.09	9.82	[2]	343.28
江 西	160.21	18.38	10	342.17	1.2783	110.77	9.96	13	236.57
湖 南	258.45	18.26	11	378.19	1.2023	180.22	10.03	12	263.71
山 西	163.72	17.51	16	429.57	1.0940	120.52	10.52	11	316.21
安 徽	196.93	17.43	18	324.80	1.3149	140.59	9.78	14	231.88
河 南	220.58	15.92	23	233.09	1.5084	159.32	8.62	21	168.35
湖 北	171.52	15.34	25	295.93	1.3758	118.65	7.14	30	204.71
中 部	1171.42	17.02	[2]	318.27	1.2956	830.06	9.33	[4]	225.52
北 京	514.69	22.25	2	2013.91	4.2477	372.45	14.59	1	1457.36
海 南	63.45	20.02	4	663.70	1.3999	46.46	12.76	4	485.96
浙 江	379.47	18.07	12	643.28	1.3568	278.44	10.98	7	472.02
江 苏	442.53	17.68	15	538.67	1.1362	307.83	9.44	17	374.70
天 津	115.56	17.44	17	650.35	1.3715	75.95	7.98	26	427.37
上 海	227.36	16.01	22	810.91	1.7103	183.30	11.11	6	653.74
福 建	172.69	15.28	26	432.92	1.0869	127.22	8.45	23	318.92
河 北	178.38	15.09	27	232.41	1.5098	138.38	9.39	18	180.30
山 东	272.35	14.69	28	268.83	1.4330	194.66	7.24	29	192.14
广 东	379.01	14.26	29	311.13	1.3438	280.88	7.62	27	230.57

续表

地区	至2020年保持年均增长测算（基于2000~2015年均增长）					至2020年产值年增按7%推算			
	文化投入总量（亿元）	所需年均增长		文化投入人均值（元）	地区差（无差距=1）	文化投入总量（亿元）	所需年均增长		文化投入人均值（元）
		增长率（%）	排序				增长率（%）	排序	
东 部	2745.50	16.68	[3]	479.45	1.6596	2005.57	10.09	[1]	350.24
吉 林	167.10	18.01	13	600.84	1.2673	121.33	10.69	10	436.29
辽 宁	182.70	15.58	24	409.68	1.1359	139.94	9.57	15	313.79
黑龙江	97.70	12.94	30	255.07	1.4620	81.31	8.87	20	212.28
东 北	447.50	15.49	[4]	398.64	1.2884	342.58	9.79	[3]	305.18

注：全国及各地皆取既往年均增长测算，演算未涉及人口增长，各地之和不等于全国总量。

依照2000~2015年全国文化投入总量年均增长推算，2020年全国文化投入总量将"自然增长"至6682.24亿元，年均增长率同前保持在16.78%。

20个省域年均增长率高于全国，占全国份额上升；11个省域年均增长率低于全国，占全国份额下降。其中，青海处于首位，总量将增长至97.15亿元，占全国份额1.45%，年均增长率为23.66%，高于全国6.88个百分点；云南处于末位，总量将增长至110.79亿元，占全国份额1.66%，年均增长率为12.43%，低于全国4.35个百分点。

同样推算人均值增长，2020年全国文化投入人均值将"自然增长"至474.12元，年均增长率同前保持在16.14%。

东部人均值将增长至479.45元，降低为全国人均值的101.12%，年均增长率保持15.14%，低于全国人均值增长；东北人均值将增长至398.64元，降低为全国人均值的84.08%，年均增长率保持15.27%，低于全国人均值增长；中部人均值将增长至318.27元，提高为全国人均值的67.13%，年均增长率保持16.86%，高于全国人均值增长；西部人均值将增长至500.26元，提高为全国人均值的105.51%，年均增长率保持17.73%，高于全国人均值增长。

14个省域人均值将高于全国人均值；17个省域人均值将低于全国人均值。其中，西藏处于首位，人均值将增长至2600.72元，继续提高为全国人均值的548.54%，年均增长率为19.16%；云南处于末位，人均值将增长至225.53元，继续降低为全国人均值的47.57%，年均增长率为11.58%。省域间人均值差距持续增大。

继而演算地区差指数。与2015年现有地区差相比，全国文化投入人均值地区差将扩大至1.6394，扩大4.91%。

10个省域地区差趋于缩小；21个省域地区差趋于扩大。其中，上海处于首位，地区差将缩小至1.7103，缩小14.17%，变为全国地区差的104.33%；青海处于末位，地区差将扩大至3.3496，扩大31.06%，变为全国地区差的204.32%。

假设把全国及各地产值增长速度统一控制在年均7%，在此情况下测算2020年全国及各地文化投入增长目标，应当更加容易实现。全国文化投入总量将相应"缩减"增长至4938.28亿元，年均增长率（指与自身相比在此情况下所需增长率，下同）仅需9.93%。

13个省域年均增长率高于全国，占全国份额上升；18个省域年均增长率低于全国，占全国份额下降。其中，北京处于首位，总量将增长至372.45亿元，占全国份额7.54%，年均增长率为14.59%，高于全国4.66个百分点；云南处于末位，总量将增长至82.13亿元，占全国份额1.66%，年均增长率为5.90%，低于全国4.03个百分点。

全国文化投入人均值将相应"缩减"增长至350.38元，年均增长率仅需9.32%。

东部人均值将增长至350.24元，降低为全国人均值的99.96%，年均增长率仅需8.13%，低于全国人均值增长；东北人均值将增长至305.18元，降低为全国人均值的87.10%，年均增长率仅需9.27%，低于全国人均值增长；中部人均值将增长至225.52元，降低为全国人均值的64.37%，年均增长率仅需9.08%，低于全国人均值增长；西部人均值将增长至343.28元，降低为全国人均值的97.97%，年均增长率仅需9.19%，低于全国人均值增长。

14个省域人均值高于全国人均值；17个省域人均值低于全国人均值。其中，西藏处于首位，人均值将增长至1772.65元，为全国人均值的505.92%，年均增长率为10.36%；云南处于末位，人均值将增长至167.20元，为全国人均值的47.72%，年均增长率为5.09%。

如果全面保持既往年度相应关系中的文化投入增长，那么这意味着相关背景比值、相邻关系比值大多继续趋向下滑，尤其是人均值地区差继续扩大。这些显然都不是协调性、均衡性、均等化期待的应有结果。因此，"保持既往相关各项年均增长率测算"恰恰是为了说明不可继续维持这样的增长格局。

（二）实现多重最佳比值增长目标测算

所谓"增长"不仅在于增长的数量，而且在于增长的质量。如果数量绝对值的增长总有局限，不可能无节制地增长下去，那么相关关系值的调节是无限制的，总有必要探寻更加协调、更加均衡的增长方式。在本项测评体系的预测模型设计中，各项系数最佳比值演算就是符合既有理念、具有事实依据的一种"应然"测算方式。

取既往历年多重最佳比值测算2020年文化投入见表8，各地以总量增长测算所需增长率高低倒序排列。

依照2000~2015年三项系数最佳比值测算总量增长目标。2020年全国文化投入预期总量应达到10752.02亿元，与2015年总量相比，所需年均增长率（依此倒序测量目标距离，所需增长率越低距离越小，下同）为28.43%，为既往年增的169.45%。

14个省域增长目标距离小于全国；17个省域增长目标差距大于全国。其中，北京处于首位，总量应达到428.22亿元，占全国份额3.98%，所需年均增长率为17.83%，低于全国10.60个百分点，仅为既往年增的80.15%；重庆处于末位，总量应达到455.15亿元，占全国份额4.23%，所需年均增长率为57.47%，高于全国29.04个百分点，为既往年增的299.19%。

表8　取既往历年多重最佳比值测算2020年文化投入

地区	至2020年多重最佳比值测算（基于2000~2015年最佳比值）						至2020年产值年增按7%推算		
	文化投入总量（亿元）	所需年均增长			文化投入人均值（元）	地区差（无差距=1）	文化投入总量（亿元）	所需年均增长	
		增长率（%）	排序（倒序）	对比既往（既往=1）				增长率（%）	对比既往（既往=1）
全　国	10752.02	28.43	—	1.6945	762.88	1.4161	7945.91	20.90	1.2453
辽　宁	289.03	26.68	9	1.7129	648.13	1.1504	221.38	20.10	1.2905
吉　林	243.11	27.20	11	1.5103	874.18	1.1459	176.53	19.31	1.0724
黑龙江	204.91	30.97	17	2.3936	534.97	1.2987	170.53	26.25	2.0286
东　北	737.06	27.97	[1]	1.8059	656.58	1.1984	568.45	21.49	1.3876
北　京	428.22	17.83	1	0.8015	1675.56	2.1964	309.88	10.45	0.4698
上　海	285.70	21.43	2	1.3387	1018.96	1.3357	230.32	16.31	1.0188
浙　江	498.65	24.70	4	1.3669	845.32	1.1081	365.89	17.21	0.9526
海　南	77.28	24.85	5	1.2412	808.35	1.0596	56.59	17.30	0.8642
江　苏	676.04	28.09	13	1.5886	822.91	1.0787	470.26	19.12	1.0814
福　建	296.06	28.40	14	1.8588	742.19	1.0271	218.10	20.79	1.3606
河　北	341.06	31.02	18	2.0556	444.37	1.4175	264.59	24.53	1.6258
天　津	221.03	33.70	21	1.9326	1243.68	1.6303	145.27	22.94	1.3153
广　东	969.05	37.86	26	2.6545	795.49	1.0428	718.15	29.84	2.0923
山　东	683.74	37.87	27	2.5783	674.90	1.1153	488.69	28.91	1.9685
东　部	4476.82	29.27	[2]	1.7546	781.79	1.3011	3267.74	21.38	1.2817
山　西	239.62	26.81	10	1.5313	628.72	1.1759	176.39	19.27	1.1008
安　徽	331.41	30.31	15	1.7391	546.59	1.2835	236.60	21.82	1.2518
湖　南	429.44	30.90	16	1.6923	628.39	1.1763	299.44	21.79	1.1935
江　西	321.32	36.06	23	1.9616	686.26	1.1004	222.15	26.38	1.4350
湖　北	414.05	37.57	25	2.4492	714.37	1.0636	286.43	27.80	1.8120
河　南	605.22	41.85	29	2.6286	639.52	1.1617	437.12	32.91	2.0673
中　部	2341.06	34.53	[3]	2.0287	636.05	1.1602	1658.13	25.56	1.5018
西　藏	100.03	23.56	3	1.1263	2897.53	3.7982	68.18	14.44	0.6904
青　海	103.49	25.23	6	1.0665	1691.68	2.2175	69.35	15.60	0.6593
新　疆	253.62	26.29	7	1.3148	1001.77	1.3131	187.41	18.87	0.9439
内蒙古	309.98	26.47	8	1.3565	1212.49	1.5894	192.14	14.93	0.7652
甘　肃	211.22	27.47	12	1.5903	809.14	1.0606	159.15	20.46	1.1842
陕　西	406.36	31.56	19	1.6626	1059.04	1.3882	264.63	20.75	1.0929
广　西	329.23	33.04	20	2.0242	687.38	1.0990	230.13	23.84	1.4609

续表

地区	至2020年多重最佳比值测算（基于2000~2015年最佳比值）						至2020年产值年增按7%推算		
	文化投入总量（亿元）	所需年均增长			文化投入人均值（元）	地区差（无差距=1）	文化投入总量（亿元）	所需年均增长	
		增长率（%）	排序（倒序）	对比既往（既往=1）				增长率（%）	对比既往（既往=1）
云南	279.08	35.25	22	2.8351	568.12	1.2553	206.89	27.39	2.2031
宁夏	102.40	37.32	24	2.1037	1445.11	1.8943	66.96	26.14	1.4732
四川	763.77	40.52	28	2.1647	949.88	1.2451	543.65	31.28	1.6712
贵州	386.67	44.58	30	2.6169	1120.58	1.4689	250.09	32.52	1.9086
重庆	455.15	57.47	31	2.9919	1527.89	2.0028	298.27	44.70	2.3275
西部	3701.01	35.24	[4]	1.9645	972.00	1.6944	2536.86	25.40	1.4160

注：全国及各地皆取多重最佳比值测算，演算未涉及人口增长，各地之和不等于全国总量。

同样测算人均值增长目标。2020年全国文化投入人均值应达到762.88元，与2015年人均值相比，所需年均增长率为27.73%。

东部人均值应达到781.79元，为全国人均值的102.48%，所需年均增长率为26.96%，低于全国所需增长；东北人均值应达到656.58元，为全国人均值的86.07%，所需年均增长率为27.36%，低于全国所需增长；中部人均值应达到636.05元，为全国人均值的83.38%，所需年均增长率为34.21%，高于全国所需增长；西部人均值应达到972.00元，为全国人均值的127.41%，所需年均增长率为34.45%，高于全国所需增长。

18个省域人均值高于全国人均值；13个省域人均值低于全国人均值。其中，西藏处于首位，人均值应达到2897.53元，为全国人均值的379.82%，所需年均增长率为21.76%；河北处于末位，人均值应达到444.37元，为全国人均值的58.25%，所需年均增长率为30.08%。省域间人均值差距明显减小。

继而演算地区差指数。与2015年现有地区差相比，全国文化投入人均值地区差将缩小至1.4161，缩小9.37%。

22个省域地区差趋于缩小；仅有9个省域地区差趋于扩大。其中，北京处于首位，地区差将缩小至2.1964，缩小43.50%，变为全国地区差的155.10%；重庆处于末位，地区差将扩大至2.0028，扩大53.76%，变为全国地区差的141.43%。

另与本报告表7"自然增长"测算值相比，全国文化投入人均值地区差将缩小13.62%。23个省域地区差趋于缩小；仅有8个省域地区差趋于扩大。其中，北京处于首位，地区差将缩小48.29%；重庆处于末位，地区差将扩大67.07%。

假设把全国及各地产值增速统一控制在年均7%，2020年全国文化投入总量将相应"缩减"增长至7945.91亿元，年均增长率仅需20.90%，为既往年增的124.53%。

15个省域增长目标距离小于全国；16个省域增长目标距离大于全国。其中，北京处于首位，总量将增长至309.88亿元，占全国份额3.90%，年均增长率仅需10.45%，低于全国10.45个百分点，仅为既往年增的46.98%；重庆处于末位，总量将增长至298.27亿元，占全国份额3.75%，年均增长率需为44.70%，高于全国23.80个百分点，高达既往年增的232.75%。

在"实现多重最佳比值增长目标测算"假定情况下，不仅全国及各地文化投入总量、人均值极普遍显著增长，而且文化投入人均值地区差普遍明显缩小。特别应当看到，中部整体及所属各省域文化投入显著增长，以人均值衡量的中部"文化塌陷"迹象不复存在。至此或许可以得出一点启示，追求"均等化"理想需从落实"协调性"起步，在实现文化投入增长的相关协调性的同时，亦可实现文化投入增长的地区均衡性。

（三）实现同构占比平衡增长目标测算

在三项系数最佳比值多重演算基础上，再进行文化消费与文化投入同构占比平衡假定测算。

取既往最佳比值同构占比平衡测算2020年文化投入见表9，各地以总量增长测算所需增长率高低倒序排列。

表9 取既往最佳比值同构占比平衡测算2020年文化投入

地区	至2020年同构占比平衡测算（基于2000~2015年最佳比值）						至2020年产值年增按7%推算		
	文化投入总量（亿元）	所需年均增长			文化投入人均值（元）	地区差（无差距=1）	文化投入总量（亿元）	所需年均增长	
		增长率（%）	排序（倒序）	对比既往（既往=1）				增长率（%）	对比既往（既往=1）
全 国	17331.48	41.30	—	2.4614	1229.70	1.3966	12808.23	33.01	1.9672
吉 林	360.67	37.64	7	2.0900	1296.86	1.0546	261.89	29.11	1.6161
辽 宁	520.71	42.51	10	2.7290	1167.63	1.0505	398.83	35.11	2.2538
黑龙江	372.78	47.62	17	3.6805	973.24	1.2086	310.24	42.30	3.2691
东 北	1254.15	42.32	[1]	2.7326	1117.21	1.1046	970.96	35.22	2.2741
北 京	742.86	31.56	2	1.4184	2906.73	2.3638	537.57	23.32	1.0480
上 海	456.06	33.33	3	2.0826	1626.59	1.3227	367.67	27.71	1.7313
浙 江	785.11	36.55	4	2.0227	1330.93	1.0823	576.09	28.35	1.5690
海 南	148.90	42.34	9	2.1152	1557.48	1.2665	109.02	33.74	1.6855
江 苏	1165.29	42.83	11	2.4220	1418.45	1.1535	810.58	32.83	1.8564
福 建	525.95	44.04	12	2.8822	1318.49	1.0722	387.45	35.50	2.3233
天 津	343.59	46.04	15	2.6397	1933.27	1.5721	225.83	34.28	1.9655
山 东	1145.45	52.86	20	3.5987	1130.64	1.0806	818.70	42.93	2.9226
河 北	739.90	52.97	21	3.5102	964.03	1.2160	574.00	45.40	3.0083
广 东	1779.54	55.68	25	3.9037	1460.83	1.1880	1318.79	46.63	3.2689
东 部	7832.66	44.57	[2]	2.6720	1367.83	1.3318	5725.71	35.79	2.1455
西 藏	54.98	9.62	1	0.4599	1592.45	1.2950	37.47	1.53	0.0732
新 疆	377.98	36.78	5	1.8396	1492.97	1.2141	279.30	28.75	1.4378
青 海	163.09	37.16	6	1.5706	2666.03	2.1680	109.30	26.61	1.1246
四 川	715.52	38.70	8	2.0673	889.87	1.2764	509.30	29.58	1.5802
甘 肃	394.44	44.43	13	2.5721	1510.99	1.2287	297.21	36.48	2.1120
广 西	507.79	45.08	14	2.7621	1060.17	1.1379	354.94	35.05	2.1478
陕 西	696.25	46.52	16	2.4505	1814.54	1.4756	453.42	34.48	1.8161
宁 夏	175.90	53.01	22	2.9882	2482.26	2.0186	115.01	40.55	2.2856
内蒙古	860.93	55.14	24	2.8256	3367.54	2.7385	533.64	40.98	2.1003
重 庆	489.11	59.75	27	3.1108	1641.91	1.3352	320.52	46.80	2.4367
贵 州	794.17	66.97	30	3.9308	2301.52	1.8716	513.65	53.03	3.1129
云 南	802.01	67.05	31	5.3921	1632.65	1.3277	594.57	57.34	4.6115
西 部	6032.17	49.12	[3]	2.7384	1584.24	1.5906	4118.34	38.16	2.1274
安 徽	646.01	48.92	18	2.8068	1065.46	1.1336	461.19	39.22	2.2500

续表

地区	至2020年同构占比平衡测算（基于2000~2015年最佳比值）				文化投入人均值（元）	地区差（无差距=1）	至2020年产值年增按7%推算		
	文化投入总量（亿元）	增长率（%）	排序（倒序）	对比既往（既往=1）			文化投入总量（亿元）	增长率（%）	对比既往（既往=1）
山 西	585.92	51.64	19	2.9498	1537.37	1.2502	431.31	42.63	2.4350
河 南	934.84	54.74	23	3.4381	987.83	1.1967	675.20	44.99	2.8257
江 西	711.91	59.53	26	3.2380	1520.45	1.2364	492.19	48.18	2.6205
湖 南	1208.56	60.99	28	3.3405	1768.46	1.4381	842.71	49.79	2.7271
湖 北	942.18	62.16	29	4.0522	1625.55	1.3219	651.76	50.64	3.3010
中 部	5029.43	56.76	[4]	3.3349	1366.47	1.2628	3554.37	46.25	2.7172

注：全国及各地皆取多重最佳比值并以同构占比平衡测算，演算未涉及人口增长，各地之和不等于全国总量。

基于2000~2015年三项系数最佳比值，假定实现同构占比平衡，以此测算总量增长目标。2020年全国文化投入预期总量应达到17331.48亿元，与2015年总量相比，所需年均增长率为41.30%，为既往年增的246.14%。

8个省域增长目标距离小于全国；23个省域增长目标距离大于全国。其中，西藏处于首位，总量应达到54.98亿元，占全国份额0.32%，所需年均增长率为9.62%，低于全国31.68个百分点，仅为既往年增的45.99%；云南处于末位，总量应达到802.01亿元，占全国份额4.63%，所需年均增长率为67.05%，高于全国25.75个百分点，为既往年增的539.21%。

同样测算人均值增长目标。2020年全国文化投入人均值应达到1229.70元，与2015年人均值相比，所需年均增长率为40.53%。

东部人均值应达到1367.83元，为全国人均值的111.23%，所需年均增长率为41.99%，高于全国所需增长；东北人均值应达到1117.21元，为全国人均值的90.85%，所需年均增长率为41.65%，高于全国所需增长；中部人均值应达到1366.47元，为全国人均值的111.12%，所需年均增长率为56.39%，高于全国所需增长；西部人均值应达到1584.24元，为全国人均值的128.83%，所需年均增长率为48.25%，高于全国所需增长。

23个省域人均值高于全国人均值；8个省域人均值低于全国人均值。其中，内蒙古处于首位，人均值应达到3367.54元，为全国人均值的273.85%，所需年均增长率为54.54%；四川处于末位，人均值应达到889.87元，为全国人均值的72.36%，所需年均增长率为39.15%。省域间人均值差距继续明显减小。

继而演算地区差指数。与2015年现有地区差相比，全国文化投入人均值地区差将缩小至1.3966，缩小10.62%。

18个省域地区差趋于缩小；13个省域地区差趋于扩大。其中，西藏处于首位，地区差将缩小至1.2950，缩小73.16%，变为全国地区差的92.72%；内蒙古处于末位，地区差将扩大至2.7385，扩大60.84%，变为全国地区差的196.08%。

另与本报告表7"自然增长"测算值相比，全国文化投入人均值地区差将缩小14.81%。20个省域地区差趋于缩小；11个省域地区差趋于扩大。其中，西藏处于首位，地区差将缩小76.39%；贵州处于末位，地区差将扩大58.80%。

再与本报告表8"最佳比值增长"测算值相比，全国文化投入人均值地区差将缩小1.38%。13个省域地区差趋于缩小；18个省域地区差趋于扩大。其中，西藏处于首位，地区差将缩小65.90%；内蒙古处于末位，地区差将扩大72.30%。

假设把全国及各地产值增速统一控制在年均7%，2020年全国文化投入总量将相应"缩减"增长至12808.23亿元，年均增长率仅需33.01%，为既往年增的196.72%。

9个省域增长目标距离小于全国；22个省域增长目标距离大于全国。其中，西藏处于首位，总量将增长至37.47亿元，占全国份额0.29%，年均增长率仅需1.53%，低于全国31.48个百分点，仅为既往年增的7.32%；云南处于末位，总量将增长至594.57亿元，占全国份额4.64%，年均增长率需为57.34%，高于全国24.33个百分点，高达既往年增的461.15%。

在"实现同构占比平衡增长目标测算"假定情况下，不仅全国及各地文化投入总量、人均值继续普遍显著增长，而且文化投入人均值地区差继续普遍明显缩小。尤其重要的是，此项假定测算所突出的协调性和均衡性已经不限于文化投入本身，而在于文化投入增长与文化需求增长之间的协调性，在于各地文化投入与文化需求同步增长的均衡性。

（四）实现人均值地区均等增长目标测算

在三项系数最佳比值多重演算基础上，同上文取北京文化投入人均值（见表8）进一步测算全国"均等化"理想增长。在此假定情况下，全国各地人均值全面均等，人均值地区差彻底消除，仅仅需要测算全国及各地总量。

基于既往历年多重最佳比值测算2020年地区均等文化投入见表10，各地以总量增长测算所需增长率高低倒序排列。

表10 基于既往历年多重最佳比值测算2020年地区均等文化投入

单位：亿元，%

地区	至2020年地区均等测算（基于多重最佳比值测算）					至2020年产值年增按7%推算				
	文化投入总量	所需年均增长				文化投入总量	所需年均增长			
		增长率	排序（倒序）	对比既往（既往=1）			增长率	排序（倒序）	对比既往（既往=1）	
				既往=1	排序（倒序）					
全 国	23615.38	50.32	—	2.9989	—	17089.17	40.91	—	2.4377	
北 京	428.22	17.83	2	0.8015	2	309.88	10.45	2	0.4698	
上 海	469.80	34.13	4	2.1321	6	339.97	25.73	4	1.6072	
天 津	297.79	41.92	8	2.4035	11	215.49	33.03	8	1.8938	
浙 江	988.40	42.98	9	2.3788	10	715.25	34.03	9	1.8831	
海 南	160.19	44.44	11	2.2199	7	115.92	35.39	11	1.7679	
江 苏	1376.51	47.67	14	2.6957	13	996.11	38.42	14	2.1725	
福 建	668.38	51.11	15	3.3451	20	483.67	41.65	15	2.7256	
广 东	2041.12	60.01	22	4.2072	26	1477.05	49.99	22	3.5045	
山 东	1697.51	65.37	28	4.4505	27	1228.40	55.01	28	3.7452	
河 北	1286.00	70.85	30	4.6952	29	930.61	60.15	30	3.9860	

续表

地区	至2020年地区均等测算（基于多重最佳比值测算）					至2020年产值年增按7%推算			
	文化投入总量	所需年均增长				文化投入总量	所需年均增长		
		增长率	排序(倒序)	对比既往(既往=1)			增长率	排序(倒序)	对比既往(既往=1)
				既往=1	排序(倒序)				
东 部	9413.92	49.98	[1]	2.9967	[2]	6812.34	40.59	[1]	2.4334
西 藏	57.85	10.74	1	0.5135	1	41.86	3.81	1	0.1819
青 海	102.50	24.99	3	1.0564	3	74.18	17.16	3	0.7254
内蒙古	428.37	34.92	5	1.7897	4	309.99	26.47	5	1.3565
新 疆	424.21	39.97	6	1.9993	5	306.98	31.20	6	1.5607
宁 夏	118.73	41.45	7	2.3362	9	85.92	32.59	7	1.8368
陕 西	642.92	44.21	10	2.3285	8	465.25	35.17	10	1.8527
甘 肃	437.40	47.45	13	2.7468	14	316.52	38.21	13	2.2121
贵 州	578.18	56.70	18	3.3280	19	418.39	46.88	18	2.7518
四 川	1347.27	57.41	19	3.0671	15	974.94	47.55	19	2.5403
广 西	802.54	58.99	20	3.6143	23	580.76	49.03	20	3.0041
重 庆	499.14	60.40	23	3.1446	17	361.20	50.35	23	2.6215
云 南	823.09	67.91	29	5.4620	31	595.63	57.40	29	4.6160
西 部	6262.19	50.24	[2]	2.8008	[1]	4531.61	40.82	[2]	2.2761
吉 林	465.98	44.88	12	2.4918	12	337.21	35.80	12	1.9879
辽 宁	747.22	53.18	16	3.4143	22	540.72	43.59	16	2.7983
黑龙江	641.79	64.57	27	4.9900	30	464.43	54.26	27	4.1933
东 北	1854.99	53.91	[3]	3.4809	[3]	1342.36	44.27	[3]	2.8584
山 西	638.59	54.27	17	3.1002	16	462.11	44.61	17	2.5482
湖 南	1145.07	59.27	21	3.2459	18	828.63	49.29	21	2.6995
江 西	784.54	62.66	24	3.4082	21	567.73	52.47	24	2.8540
安 徽	1015.93	63.04	25	3.6166	24	735.17	52.82	25	3.0307
湖 北	971.17	63.14	26	4.1164	25	702.78	52.92	26	3.4502
河 南	1585.68	71.99	31	4.5214	28	1147.47	61.21	31	3.8447
中 部	6140.98	63.15	[4]	3.7102	[4]	4443.89	52.93	[4]	3.1097

注：全国及各地皆取多重最佳比值测算结果之北京人均值（见表8）进行地区均等测算，演算未涉及人口增长，各地总量可能会存在误差，各地之和不等于全国总量。在此假定情况下，全国及各地人均值均等，地区差消除，各地总量份额仅与人口规模相关，无须再列出人均值部分。

按照"均等化"理想增长目标测算，2020年全国文化投入预期总量应达到23615.38亿元，与2015年总量相比，所需年均增长率为50.32%，为既往年增的299.89%。

14个省域增长目标距离小于全国；17个省域增长目标距离大于全国。其中，西藏处于首位，总量应达到57.85亿元，占全国份额0.24%，所需年均增长率为10.74%，低于全国39.58个百分点，仅为既往年增的51.35%；河南处于末位，总量应达到1585.68亿元，占全国份额6.71%，所需年均增长率为71.99%，高于全国21.67个百分点，为既往年增的452.14%。

假设把全国及各地产值增速统一控制在年均7%，2020年全国文化投入总量将相应"缩减"增长至17089.17亿元，年均增长率仅需40.91%，为既往年增的243.77%。

14个省域增长目标距离小于全国；17个省域增长目标距离大于全国。其中，西藏处于首位，总量将增长至41.86亿元，占全国份额0.24%，年均增长率仅需3.81%，低于全国37.10个百分点，仅为既往年增的18.19%；河南处于末位，总量将增长至1147.47亿元，占全国份额6.71%，年均增长率需为61.21%，高于全国20.30个百分点，高达既往年增的384.47%。

"实现人均值地区均等增长目标测算"毕竟只是一种假定演算方式。实事求是地说，真正要实现这一"理想增长"目标，恐怕不是为时已经不远的"全面小康"目标年就能够做到的。以上分析测算表明，"实现多重最佳比值增长目标测算"和"实现同构占比平衡增长目标测算"正好向"均等化"目标逐步趋近。希望2020年有可能向各项最佳比值"应然增长"目标、同构占比平衡"民生增长"目标逼近。

省域报告

Reports on Provinces

B.6
西藏：2015年度综合指数排名第1位

袁春生**

摘　要： 2000~2015年，西藏文化投入总量由2.01亿元增至34.73亿元，年均增长20.92%，明显高于全国平均增长4.14个百分点。西藏综合评价排行：在省域横向测评中，处于2015年度综合指数排名第1位；在自身纵向测评中，处于2000~2015年综合指数提升第4位，2005~2015年综合指数提升第2位，2010~2015年综合指数提升第11位，2014~2015年综合指数提升第22位。

关键词： 西藏　文化投入　综合评价

---

* 囿于篇幅，书中无法全面展开各省域单独分析，以兼顾区域分布方式选取子报告：按B.4评价排行报告表12(2015年排行汇总表)横向、纵向测评结果，取东、中、西部和东北(为平衡数量归并河北、山东)四大区域各自范围内省排名、直辖市单列排名、自治区单列排名首位(福建重复顺延浙江)，最后以先横向后纵向测评位次排文。未有独立子报告的省域可见该报告详尽展列表的各地分析对比及各类排行。

** 袁春生，云南省社会科学院科研处副处长、副研究员，主要从事民族文化和政治社会学研究。

一 文化投入及其相关背景基本态势

（一）经济财政基本面背景状况

2000年以来西藏文化投入总量增长及相关背景关系态势见图1。

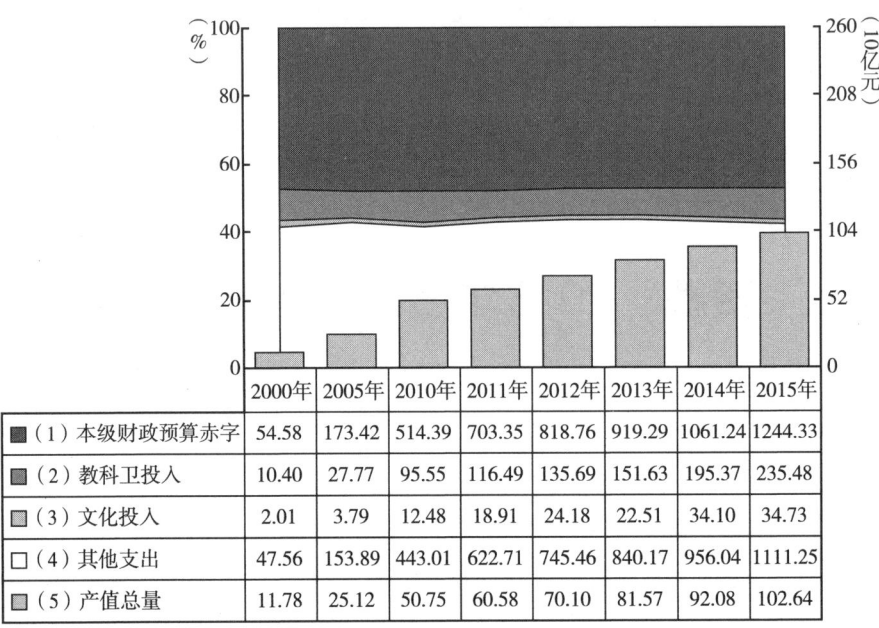

图1 2000年以来西藏文化投入总量增长及相关背景关系态势

	2000年	2005年	2010年	2011年	2012年	2013年	2014年	2015年
（1）本级财政预算赤字	54.58	173.42	514.39	703.35	818.76	919.29	1061.24	1244.33
（2）教科卫投入	10.40	27.77	95.55	116.49	135.69	151.63	195.37	235.48
（3）文化投入	2.01	3.79	12.48	18.91	24.18	22.51	34.10	34.73
（4）其他支出	47.56	153.89	443.01	622.71	745.46	840.17	956.04	1111.25
（5）产值总量	11.78	25.12	50.75	60.58	70.10	81.57	92.08	102.64

左轴面积：本级财政预算赤字（中央财政税收返还和转移支付等，"财政包干"地区可为国债份额）、教科卫投入、文化投入、其他支出总量（亿元转换为%），（2）+（3）+（4）＝财政支出总量，（2）+（3）+（4）-（1）＝财政收入总量，各项数值历年变动呈直观比例。右轴柱形：产值总量（10亿元）。图中省略若干年度，后台演算历年增长变化包括省略年度，本报告同。

2000～2015年，西藏产值总量年均增长15.53%；财政收入总量年均增长24.10%；财政支出总量年均增长23.26%；教科文卫综合投入（图中教科卫投入与文化投入之和，后同）总量年均增长22.80%；教科文卫综合投入之外财政支出统归为"其他支出"，其总量年均增长23.38%。

在此期间，西藏教科文卫综合投入总量年均增长高于产值年均增长7.27个百分点，低于财政收入总量年均增长1.30个百分点，低于财政支出总量年均增长0.46个百分点，低于其他支出总量年均增长0.58个百分点。

"十五"以来，西藏教科文卫建设作为公共服务的一个重要方面，确实处于一种高增长状态。"十一五"以来，西藏教科文卫综合投入增长高于其他支出增长的情况更加明显。

（二）文化投入总量增长状况

2000年以来西藏文化投入总量及相邻关系、占全国份额变动态势见图2。

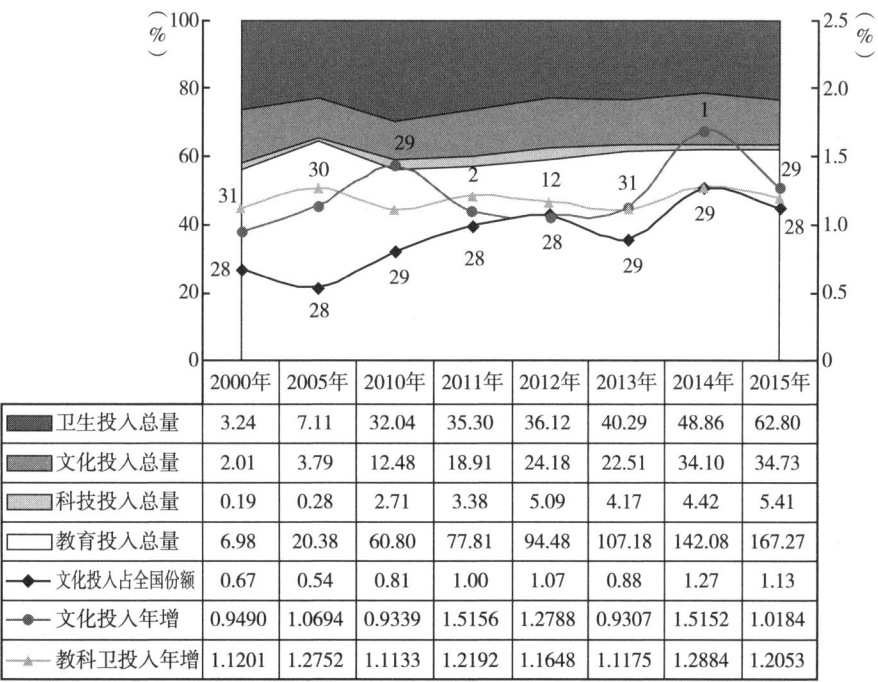

图2　2000年以来西藏文化投入总量及相邻关系、占全国份额变动态势

左轴面积：教育、科技、文化、卫生投入总量（亿元转换为%），各项数值变动呈直观比例关系。右轴曲线：文化、教科卫投入年增（上年=1，小于1为负增长，保留4位小数，本报告正文转换为2位小数增长百分比，后同）；文化投入占全国份额（%）。后台数据库包含不出现的1999年相关数据，以此测量2000年相应数据变动，本报告同。标明历年文化投入增长、份额省域排序。

2000～2015年，西藏文化投入总量由2.01亿元增至34.73亿元，年均增长20.92%，省域间增长位次排序为第3位。其中，"十五"期间年均增长13.52%，"十一五"期间年均增长26.92%，"十二五"期间年均增长22.72%。最高增长年度为2007年，增长70.17%；最低增长年度为2013年，负增长6.93%。

相比之下，西藏文化投入总量年均增长高于产值总量年均增长5.39个百分点，其中"十五"期间低于产值总量年均增长2.83个百分点，"十一五"期间高于产值总量年均增长11.82个百分点，"十二五"期间高于产值总量年均增长7.59个百分点；同时低于财政收入总量年均增长3.18个百分点，其中"十五"期间低于财政收入总量年均增长3.94个百分点，"十一五"期间高于财政收入总量年均增长1.96个百分点，"十二五"期间低于财政收入总量年均增长7.48个百分点；低于财政支出总量年均增长2.34个百分点，其中"十五"期间低于财政支出总量年均增长11.81个百分点，"十一五"期间高于财政支出总量年均增长2.59个百分点，"十二五"期间高于财政支出总量年均增长2.54个百分点。

认真对比，西藏文化投入总量年均增长低于教科卫投入总量年均增长2.20个百分点，其中"十五"期间低于教科卫投入总量年均增长8.19个百分点，"十一五"期间低于教科卫投入总量年均增长1.12个百分点，"十二五"期间高于教科卫投入总量年均增长2.95个百分点。在2000年以来西藏教科文卫综合投入高增长当中，文化投入增长处于明显失衡状态。

从图2亦可清楚、直观地看出，文化投入所占面积呈逐渐收窄之势，表明其在教科文卫综合投入中的比例持续降低。

与此同时，全国文化投入总量年均增长16.78%。2000年以来，西藏文化投入总量年均增长高于全国年均增长4.14个百分点，占全国份额从2000年的0.67%上升至2015年的1.13%，省域间份额位次前后保持在第28位。

（三）人均值增长及其地区差变动状况

2000年以来西藏文化投入人均值及其地区差变动态势见图3。

2000～2015年，西藏文化投入人均值由78.13元增至1082.74元，年均增长

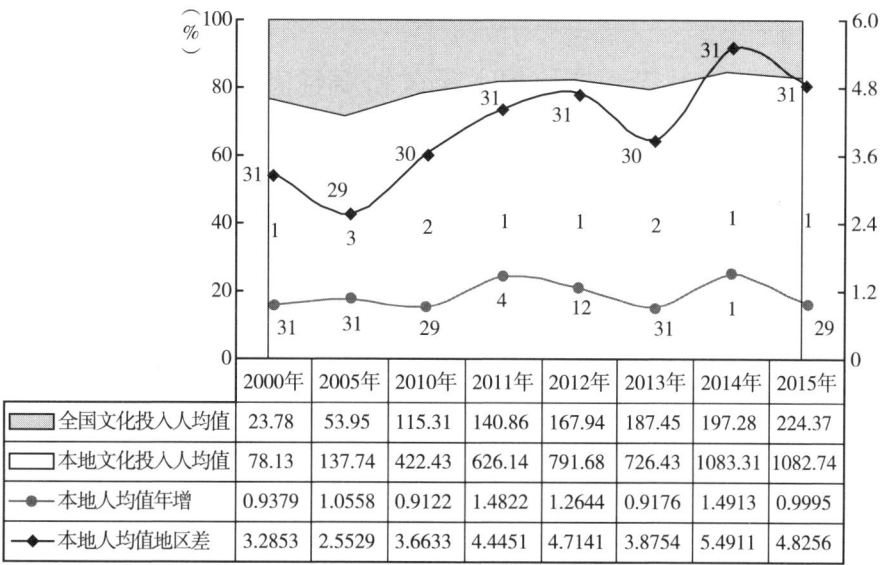

图3 2000年以来西藏文化投入人均值及其地区差变动态势

左轴面积：本地、全国文化投入人均值（元转换为%），二者历年变动呈直观比例。右轴曲线：本地人均值年增（上年=1，小于1为负增长，由于历年人口增长，人均值年增指数略低于总量年增指数）；本地人均值地区差（无差距=1，为检测细微差异，保留4位小数）。标明历年本地人均值及其增长、地区差省域排序。

19.16%，省域间增长位次排序为第3位。其中，"十五"期间年均增长12.01%，"十一五"期间年均增长25.12%，"十二五"期间年均增长20.71%。最高增长年度为2007年，增长68.06%；最低增长年度为2010年，负增长8.78%。

2000年以来，西藏文化投入人均值年均增长高于全国人均值年均增长3.02个百分点，人均绝对值从2000年为全国人均值的328.55%上升至2015年为全国人均值的482.57%，省域间人均绝对值高低位次前后保持在第1位。

同期，西藏文化投入人均值地区差由3.2853扩大至4.8256，扩大46.88%，省域间地区差位次变化幅度排第30位，地区差位次前后保持在第31位。其中，"十五"期间地区差缩小22.29%，"十一五"期间地区差扩大43.50%，"十二五"期间地区差扩大31.73%。最小地区差为2006年的2.3713，最大地区差为2014年的5.4911。

二 文化投入相关协调性态势

(一) 相关背景变动状况

2000年以来西藏文化投入相关背景比值变动态势见图4。

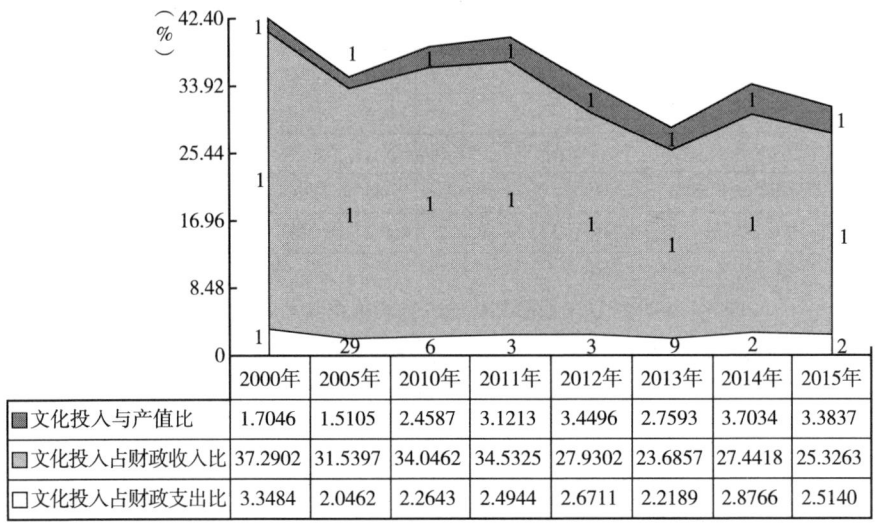

图4 2000年以来西藏文化投入相关背景比值变动态势

左轴面积：文化投入与产值比、占财政收入和支出比（%），各项比值历年升降呈直观比例叠加。因比值很小，图中保留4位小数并依此演算，本报告正文按惯例保留2位小数。标明历年各项比值省域排序。

1. 文化投入与产值比

2000~2015年，西藏文化投入总量年均增长高于产值年均增长5.39个百分点。文化投入与产值比从1.70%增高至3.38%，上升程度为98.50%，上升1.68个百分点，省域间位次变化幅度排第5位，比值高低位次前后保持在第1位。最高比值为2014年的3.70%，最低比值为2006年的1.46%。

2. 文化投入占财政收入比

2000~2015年，西藏文化投入总量年均增长低于财政收入年均增长

3.18个百分点。西藏文化投入占财政收入比从37.29%降低至25.33%，下降程度为32.08%，下降11.96个百分点，省域间位次变化幅度排第22位，比值高低位次前后保持在第1位。最高比值为2002年的44.50%，最低比值为2013年的23.69%。

3. 文化投入占财政支出比

2000~2015年，西藏文化投入总量年均增长低于财政支出年均增长2.34个百分点。文化投入占财政支出比从3.35%降低至2.51%，下降程度为24.92%，下降0.83个百分点，省域间位次变化幅度排第13位，比值高低位次从第1位下降为第2位。最高比值为2000年的3.35%，最低比值为2005年的2.05%。

（二）相邻关系变动状况

2000年以来西藏文化投入相邻关系比值变动态势见图5。

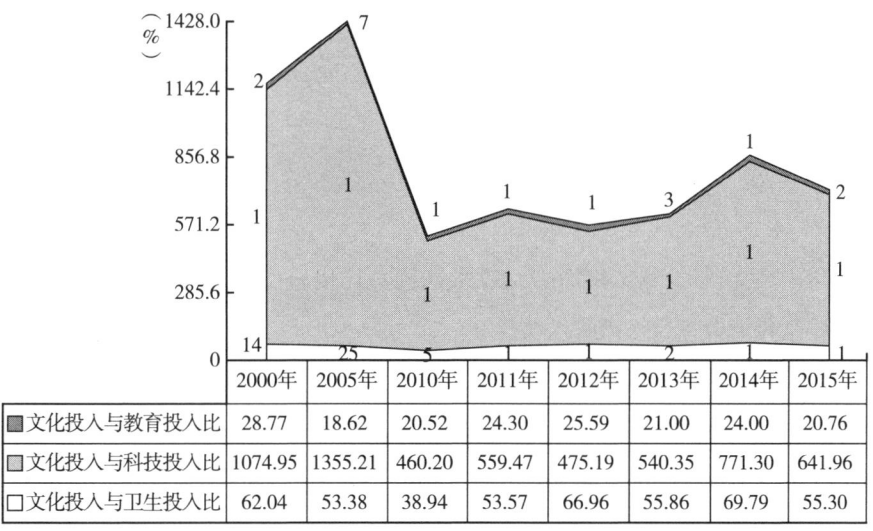

图5　2000年以来西藏文化投入相邻关系比值变动态势

左轴面积：文化投入与教育、科技、卫生投入比（%），各项比值历年升降呈直观比例叠加。标明历年各项比值省域排序。

1.文化投入与教育投入比

2000~2015年,西藏文化投入总量年均增长低于教育投入年均增长2.67个百分点。文化投入与教育投入比从28.77%降低至20.76%,下降程度为27.84%,下降8.01个百分点,省域间位次变化幅度排第11位,比值高低位次前后保持在第2位。最高比值为2000年的28.77%,最低比值为2005年的18.62%。

2.文化投入与科技投入比

2000~2015年,西藏文化投入总量年均增长低于科技投入年均增长4.10个百分点。文化投入与科技投入比从1074.95%降低至641.96%,下降程度为40.28%,下降432.99个百分点,省域间位次变化幅度排第1位,比值高低位次前后保持在第1位。最高比值为2003年的1410.33%,最低比值为2008年的317.34%。

3.文化投入与卫生投入比

2000~2015年,西藏文化投入总量年均增长低于卫生投入年均增长0.93个百分点。文化投入与卫生投入比从62.04%降低为55.30%,下降程度为10.86%,下降6.74个百分点,省域间位次变化幅度排第3位。由于各地不同变动,西藏比值高低位次从第14位上升为第1位。最高比值为2014年的69.79%,最低比值为2010年的38.94%。

(三)同构占比变动状况

2000年以来西藏文化消费与投入同构占比倍差变动态势见图6。

1.文化消费与投入占收入比

2000~2015年,西藏城乡居民文化消费占居民收入比从1.59%增高至2.08%,上升程度为30.82%。逐年比较,最高比值为2013年的2.72%,最低比值为2012年的1.24%。

对照本报告图4,同期,西藏文化投入占财政收入比下降32.08%,2015年比值高于文化消费占居民收入比23.25个百分点。二者之间占比倍差由1.9573减小至1.9180,减小程度为2.01%,省域间位次变化幅度排第10位,倍差高低位次(倒序)前后保持在第31位。

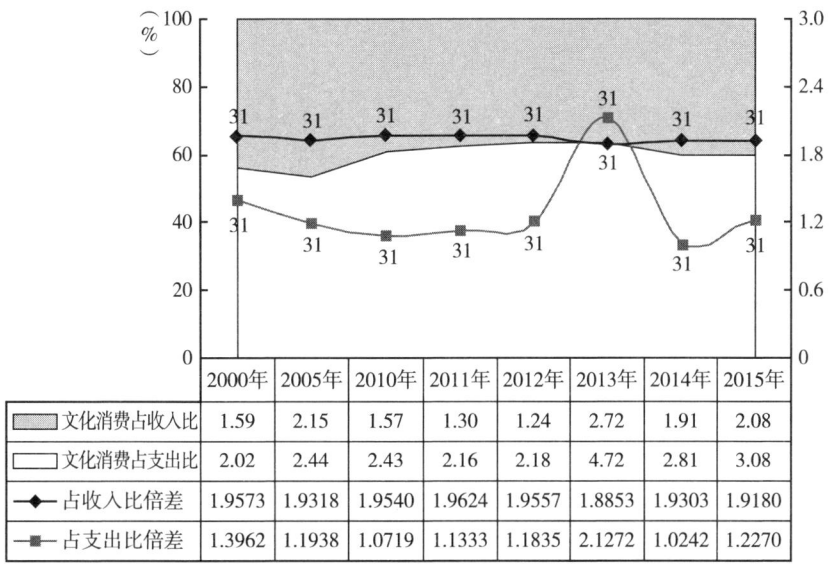

图6 2000年以来西藏文化消费与投入同构占比倍差变动态势

左轴面积：文化消费占居民收入、占居民总消费支出比（％），两项比值历年升降呈直观比例叠加。右轴曲线：文化消费占居民收入比与文化投入占财政收入比、文化消费占居民支出比与文化投入占财政支出比倍差（无差距＝1，为检测细微差异，保留4位小数）。标明历年各项倍差省域排序。

2. 文化消费与投入占支出比

2000~2015年，西藏城乡居民文化消费占居民支出比从2.02％增高至3.08％，上升程度为52.48％。逐年比较，最高比值为2013年的4.72％，最低比值为的2000年的2.02％。

对照本报告图4，同期，西藏文化投入占财政支出比下降24.92％，2015年比值低于文化消费占居民支出比0.57个百分点。二者之间占比倍差由1.3962减小至1.2270，减小程度为12.12％，省域间位次变化幅度排第2位，倍差高低位次（倒序）前后保持在第31位。

三 2015年文化投入纵横向双重测评

综合以上分析，2000年以来西藏文化投入总量年均增长20.92％，明显高于全国平均增长 4.14 个百分点，人均值地区差扩大 46.88%；文化投入增长明显高于产值增长，但明显低于财政收入增长，也较明显低于财政支出增长；同时较明显低于教育投入增长，明显低于科技投入增长，亦略微低于卫生投入增长；文化投入占财政收入比极显著高于文化消费占居民收入比，占财政支出比却略微低于文化消费占居民支出比。

这些都集中体现在文化投入增长综合指数测评演算之中。2000 年以来西藏文化投入增长综合指数变动态势见图 7。

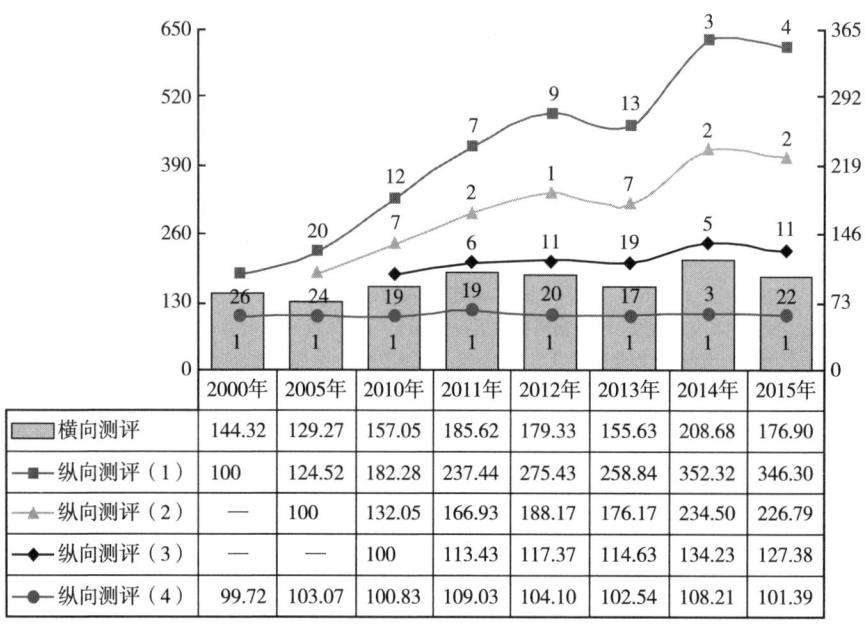

图 7　2000 年以来西藏文化投入增长综合指数变动态势

左轴柱形：横向测评（无差距理想值=100）。右轴曲线：纵向测评（起点年基数值=100），（1）以 2000 年为起点，（2）以 2005 年为起点，（3）以 2010 年为起点。左轴曲线：纵向测评（4），以上年为起点。标明历年各项测评指数省域排行。

（一）各年度横向测评综合指数

以文化投入人均值地区无差距、文化消费与投入同构占比无差距状态为理想值 100，2015 年西藏文化投入增长状况此项综合指数为 176.90，处于省域间第1位,高于无差距理想值76.90%,但低于上年测评指数31.78个点。

各年度此项综合指数对比,全部各个年度均高于无差距理想值100;2002年、2007年、2009年、2011年、2014年5个年度高于上年指数值。其中,最高值为2014年的208.68,最低值为2006年的126.76。西藏此项综合指数在省域间排行变化,2000年为第1位,2005年与之持平,2010年与之持平,2015年与上年持平,皆为第1位。

(二)"十五"以来纵向测评综合指数

以"九五"末年2000年为起点基数值100,2015年西藏文化投入增长状况此项综合指数为346.30,处于省域间第4位,高出2000年起点基数246.30%,但低于上年测评指数6.02个点。

"十五"以来各年度此项综合指数对比,全部各个年度均高于2000年起点基数值100;2002~2009年、2011~2012年、2014年11个年度高于上年指数值。其中,最高值为2014年的352.32,最低值为2001年的104.78。西藏此项综合指数在省域间排行变化,2005年为第20位,2010年为第12位,2015年从上年第3位下降为第4位。

(三)"十一五"以来纵向测评综合指数

以"十五"末年2005年为起点基数值100,2015年西藏文化投入增长状况此项综合指数为226.79,处于省域间第2位,高出2005年起点基数126.79%,但低于上年测评指数7.71个点。

"十一五"以来各年度此项综合指数对比,全部各个年度均高于2005年起点基数值100;2007~2009年、2011~2012年、2014年6个年度高于上年指数值。其中,最高值为2014年的234.50,最低值为2006年的105.87。西藏此项综合指数在省域间排行变化,2010年为第7位,2015年与上年持平,皆为第2位。

(四)"十二五"以来纵向测评综合指数

以"十一五"末年2010年为起点基数值100,2015年西藏文化投入增长状况此项综合指数为127.38,处于省域间第11位,高出2010年起点基数27.38%,但低于上年测评指数6.85个点。

"十二五"以来各年度此项综合指数对比,全部各个年度均高于2010年起点基数值100;2012年、2014年2个年度高于上年指数值。其中,最高值为2014年的134.23,最低值为2011年的113.43。西藏此项综合指数在省域间排行变化,2011年为第6位,2015年从上年第5位下降为第11位。

(五)逐年度纵向测评综合指数

以上一年(2014年)为起点基数值100,2015年西藏文化投入增长状况此项综合指数为101.39,处于省域间第22位,高出2014年起点基数1.39%,但低于上年基于2013年基数值的测评指数6.82个点。

逐年度此项景气指数对比,2001~2015年15个年度高于自身上年起点基数值100;2001~2002年、2004年、2006~2007年、2009年、2011年、2014年8个年度高于上年指数值。其中,最高值为2009年的110.46,最低值为2000年的99.72。西藏此项综合指数在省域间排行变化,2000年为第26位,2005年为第24位,2010年为第19位,2015年从上年第3位下降为第22位。

B.7
北京：2015年度综合指数排名第2位

汪洋*

摘　要： 2000~2015年，北京文化投入总量由9.26亿元增至188.50亿元，年均增长22.25%，明显高于全国平均增长5.47个百分点。北京综合评价排行：在省域横向测评中，处于2015年度综合指数排名第2位；在自身纵向测评中，处于2000~2015年综合指数提升第8位，2005~2015年综合指数提升第7位，2010~2015年综合指数提升第12位，2014~2015年综合指数提升第16位。

关键词： 北京　文化投入　综合评价

一　文化投入及其相关背景基本态势

（一）经济财政基本面背景状况

2000年以来北京文化投入总量增长及相关背景关系态势见图1。

2000~2015年，北京产值总量年均增长14.15%；财政收入总量年均增长19.06%；财政支出总量年均增长18.62%；教科文卫综合投入（图中教科卫投入与文化投入之和，后同）总量年均增长20.48%；教科文卫综合投入之外财政支出统归为"其他支出"，其总量年均增长17.96%。

---

* 汪洋，云南省社会科学院信息中心副主任、副研究员，主要从事民族文化、社会经济研究。

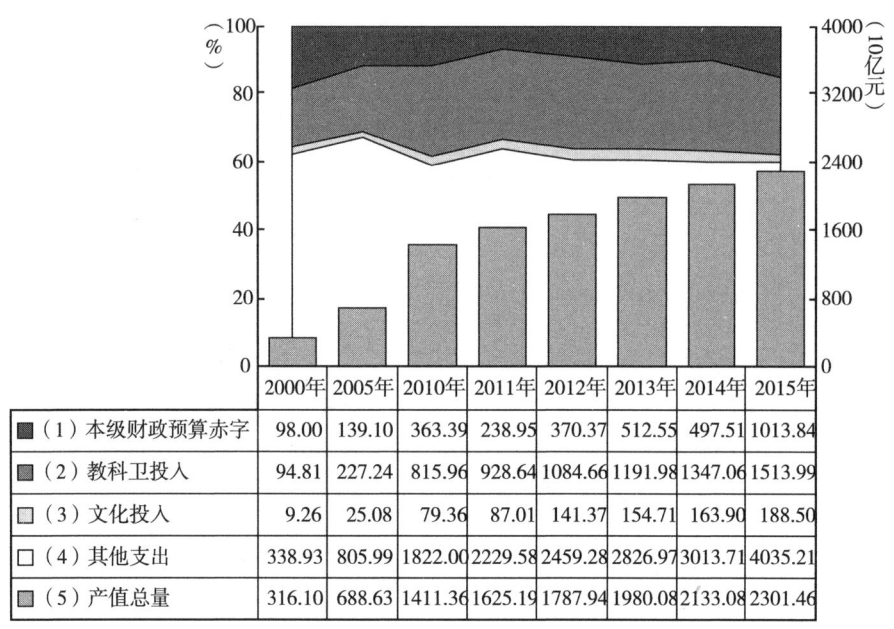

图1　2000年以来北京文化投入总量增长及相关背景关系态势

左轴面积：本级财政预算赤字（中央财政税收返还和转移支付等，"财政包干"地区可为国债份额）、教科文卫投入、文化投入、其他支出总量（亿元转换为%），（2）+（3）+（4）=财政支出总量，（2）+（3）+（4）-（1）=财政收入总量，各项数值历年变动呈直观比例。右轴柱形：产值总量（10亿元）。图中省略若干年度，后台演算历年增长变化包括省略年度，本报告同。

在此期间，北京教科文卫综合投入总量年均增长高于产值年均增长6.33个百分点，高于财政收入总量年均增长1.42个百分点，高于财政支出总量年均增长1.86个百分点，高于其他支出总量年均增长2.52个百分点。

"十五"以来，北京教科文卫建设作为公共服务的一个重要方面，确实处于一种极为特殊的优先发展地位。"十一五"以来，北京教科文卫综合投入增长高于其他支出增长的情况更加明显。

（二）文化投入总量增长状况

2000年以来北京文化投入总量及相邻关系、占全国份额变动态势见图2。

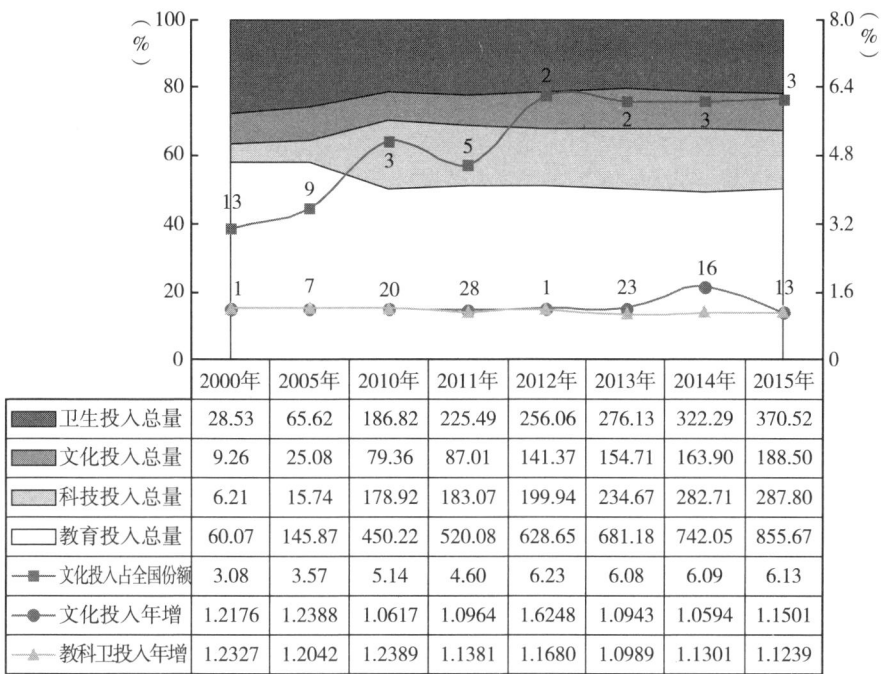

图 2　2000 年以来北京文化投入总量及相邻关系、占全国份额变动态势

左轴面积：教育、科技、文化、卫生投入总量（亿元转换为%），各项数值呈直观比例关系。右轴曲线：文化、教科卫投入年增（上年 = 1，保留 4 位小数，本报告正文转换为 2 位小数增长百分比，后同）；文化投入占全国份额（%）。后台数据库包含不出现的 1999 年相关数据，以此测量 2000 年相应数据变动，本报告同。标明历年文化投入增长、份额省域排序。

2000～2015 年，北京文化投入总量由 9.26 亿元增至 188.50 亿元，年均增长 22.25%，省域间增长位次排序为第 2 位。其中，"十五"期间年均增长 22.05%，"十一五"期间年均增长 25.91%，"十二五"期间年均增长 18.89%。最高增长年度为 2007 年，增长 72.74%；最低增长年度为 2014 年，增长 5.94%。

相比之下，北京文化投入总量年均增长高于产值总量年均增长 8.10 个百分点，其中"十五"期间高于产值总量年均增长 5.20 个百分点，"十一五"期间高于产值总量年均增长 10.48 个百分点，"十二五"期间高于产值总量年均增长 8.62 个百分点；同时高于财政收入总量年均增长 3.19 个百分点,其中"十五"期间高于财政收入总量年均增长0.40个百分点,"十一五"期间高于财政收入总量年均增长5.22个百分点,"十二五"期间高于财政收入总量年均增长3.94个百分点;高于财政支出总量年均增长3.63个百分点,其中"十五"期间高于财政支出总量年均增长3.02个百分点,"十一五"期间高于财政支出总量年均增长5.15个百分点,"十二五"期间高于财政支出总量年均增长2.77个百分点。

认真对比,北京文化投入总量年均增长高于教科卫投入总量年均增长1.96个百分点,其中"十五"期间高于教科卫投入总量年均增长2.95个百分点,"十一五"期间低于教科卫投入总量年均增长3.22个百分点,"十二五"期间高于教科卫投入总量年均增长5.73个百分点。在2000年以来北京教科文卫综合投入优先高增长当中,文化投入增长处于良性平衡状态。

从图2亦可清楚、直观地看出,文化投入所占面积呈逐渐拓宽之势,表明其在教科文卫综合投入中的比例持续增高。

与此同时,全国文化投入总量年均增长16.78%。2000年以来,北京文化投入总量年均增长高于全国年均增长5.47个百分点,占全国份额从2000年的3.08%上升至2015年的6.13%,省域间份额位次从第13位上升为第3位。

(三)人均值增长及其地区差变动状况

2000年以来北京文化投入人均值及其地区差变动态势见图3。

2000~2015年,北京文化投入人均值由70.87元增至872.26元,年均增长18.22%,省域间增长位次排序为第8位。其中,"十五"期间年均增长18.49%,"十一五"期间年均增长20.87%,"十二五"期间年均增长15.35%。最高增长年度为2007年,增长67.63%;最低增长年度为2010年,负增长1.46%。

2000年以来,北京文化投入人均值年均增长高于全国人均值年均增长2.08个百分点,人均绝对值从2000年为全国人均值的298.02%上升至2015年为全国人均值的388.76%,省域间人均绝对值高低位次从第3位上升为第2位。

同期,北京文化投入人均值地区差由2.9800扩大至3.8876,扩大

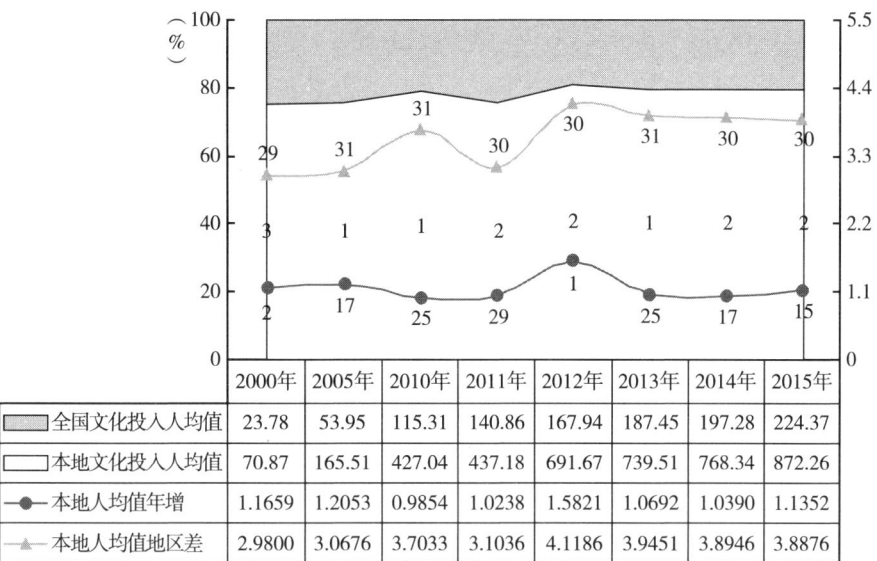

图 3　2000 年以来北京文化投入人均值及其地区差变动态势

左轴面积：本地、全国文化投入人均值（元转换为%），二者历年变动呈直观比例。右轴曲线：本地人均值年增（上年 =1，小于 1 为负增长，由于历年人口增长，人均值年增指数略低于总量年增指数）；本地人均值地区差（无差距 =1，为检测细微差异，保留 4 位小数）。标明历年本地人均值及其增长、地区差省域排序。

30.46%，省域间地区差位次变化幅度排第 26 位，地区差位次从第 29 位下降为第 30 位。其中，"十五"期间地区差扩大 2.94%，"十一五"期间地区差扩大 20.72%，"十二五"期间地区差扩大 4.98%。最小地区差为 2001 年的 2.9478，最大地区差为 2007 年的 4.8933。

二　文化投入相关协调性态势

（一）相关背景变动状况

2000 年以来北京文化投入相关背景比值变动态势见图 4。

1. 文化投入与产值比

2000～2015 年，北京文化投入总量年均增长高于产值年均增长 8.10 个

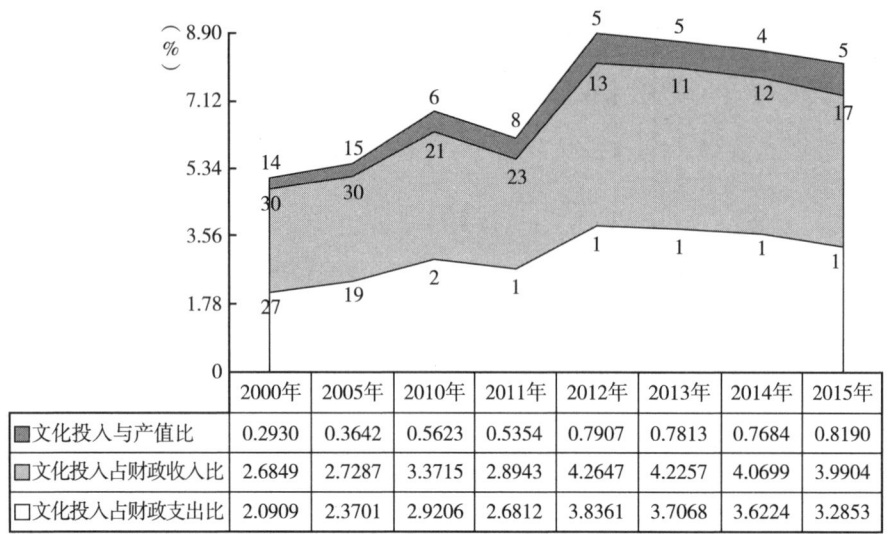

图4 2000年以来北京文化投入相关背景比值变动态势

左轴面积：文化投入与产值比、占财政收入和支出比（%），各项比值历年升降呈直观比例叠加。因比值很小，图中保留4位小数并依此演算，本报告正文按惯例保留2位小数。标明历年各项比值省域排序。

百分点。文化投入与产值比从0.29%增高至0.82%，上升程度为179.52%，上升0.53个百分点，省域间位次变化幅度排第1位，比值高低位次从第14位上升为第5位。最高比值为2015年的0.82%，最低比值为2000年的0.29%。

2. 文化投入占财政收入比

2000~2015年，北京文化投入总量年均增长高于财政收入年均增长3.19个百分点。文化投入占财政收入比从2.68%增高至3.99%，上升程度为48.62%，上升1.31个百分点，省域间位次变化幅度排第2位，比值高低位次从第30位上升为第17位。最高比值为2012年的4.26%，最低比值为2001年的2.53%。

3. 文化投入占财政支出比

2000~2015年，北京文化投入总量年均增长高于财政支出年均增长3.63个百分点。文化投入占财政支出比从2.09%增高至3.29%，上升程度为57.12%，上升1.19个百分点,省域间位次变化幅度排第1位,比值高低位次从第27位上升为第1位。最高比值为2012年的3.84%,最低比值为2001年的2.05%。

(二)相邻关系变动状况

2000年以来北京文化投入相邻关系比值变动态势见图5。

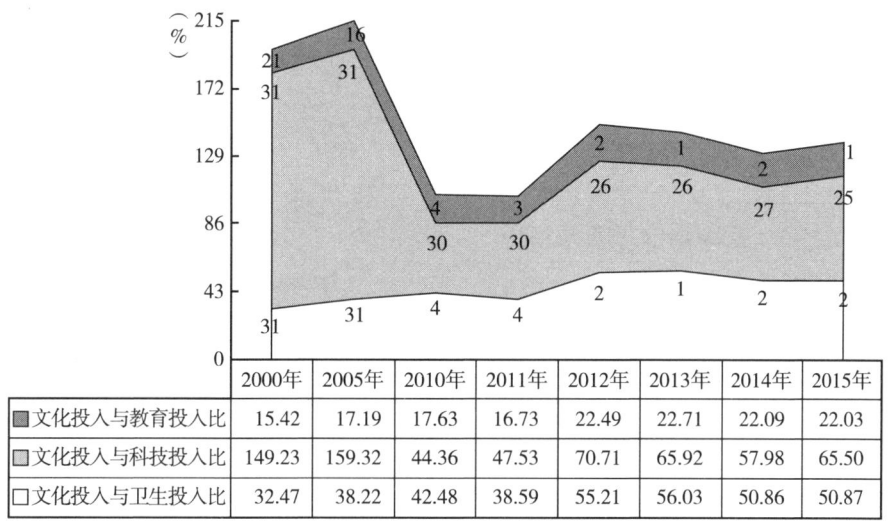

图5　2000年以来北京文化投入相邻关系比值变动态势

左轴面积:文化投入与教育、科技、卫生投入比(%),各项比值历年升降呈直观比例叠加。标明历年各项比值省域排序。

1. 文化投入与教育投入比

2000~2015年,北京文化投入总量年均增长高于教育投入年均增长2.88个百分点。文化投入与教育投入比从15.42%增高至22.03%,上升程度为42.87%,上升6.61个百分点,省域间位次变化幅度排第2位,比值高低位次从第21位上升为第1位。最高比值为2013年的22.71%,最低比值为2000年的15.42%。

2. 文化投入与科技投入比

2000~2015年,北京文化投入总量年均增长低于科技投入年均增长6.89个百分点。文化投入与科技投入比从149.23%降低至65.50%,下降程度为56.11%，下降83.73个百分点，省域间位次变化幅度排第7位。由于各地不同变动，北京比值高低位次从第31位上升为第25位。最高比值为2002年的161.58%，最低比值为2010年的44.36%。

3. 文化投入与卫生投入比

2000~2015年，北京文化投入总量年均增长高于卫生投入年均增长3.61个百分点。文化投入与卫生投入比从32.47%增高为50.87%，上升程度为56.67%，上升18.40个百分点，省域间位次变化幅度排第1位，比值高低位次从第31位上升为第2位。最高比值为2013年的56.03%，最低比值为2000年的32.47%。

（三）同构占比变动状况

2000年以来北京文化消费与投入同构占比倍差变动态势见图6。

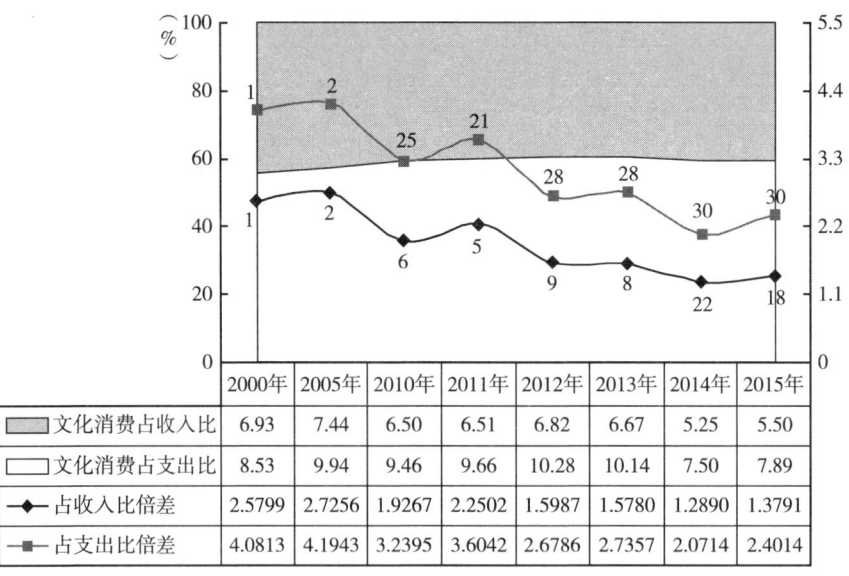

图6　2000年以来北京文化消费与投入同构占比倍差变动态势

左轴面积：文化消费占居民收入、占居民总消费支出比（%），两项比值历年升降呈直观比例叠加。右轴曲线：文化消费占居民收入比与文化投入占财政收入比、文化消费占居民支出比与文化投入占财政支出比倍差（无差距=1，为检测细微差异，保留4位小数）。标明历年各项倍差省域排序。

1. 文化消费与投入占收入比

2000~2015年，北京城乡居民文化消费占居民收入比从6.93%降低至5.50%，下降程度为20.63%。逐年比较，最高比值为2006年的7.89%，最低比值为2014年的5.25%。

对照本报告图4，同期，北京文化投入占财政收入比上升48.62%，2015年比值低于文化消费占居民收入比1.51个百分点。二者之间占比倍差由2.5799减小至1.3791，减小程度为46.54%，省域间位次变化幅度排第1位。由于各地不同变动，北京倍差高低位次（倒序）从第1位下降为第18位。

2. 文化消费与投入占支出比

2000~2015年，北京城乡居民文化消费占居民支出比从8.53%降低至7.89%，下降程度为7.50%。逐年比较，最高比值为2006年的10.69%，最低比值为2014年的7.50%。

对照本报告图4，同期，北京文化投入占财政支出比上升57.12%，2015年比值低于文化消费占居民支出比4.60个百分点。二者之间占比倍差由4.0813减小至2.4014，减小程度为41.16%，省域间位次变化幅度排第1位。由于各地不同变动，北京倍差高低位次（倒序）从第1位下降为第30位。

三 2015年文化投入纵横向双重测评

综合以上分析，2000年以来北京文化投入总量年均增长22.25%，明显高于全国平均增长5.47个百分点，人均值地区差扩大30.46%；文化投入增长显著高于产值增长，也明显高于财政收入、财政支出增长；同时较明显高于教育投入增长，但显著低于科技投入增长，而明显高于卫生投入增长；文化投入占财政收入比较明显低于文化消费占居民收入比，占财政支出比更明显低于文化消费占居民支出比。

这些都集中体现在文化投入增长综合指数测评演算之中。2000年以来北京文化投入增长综合指数变动态势见图7。

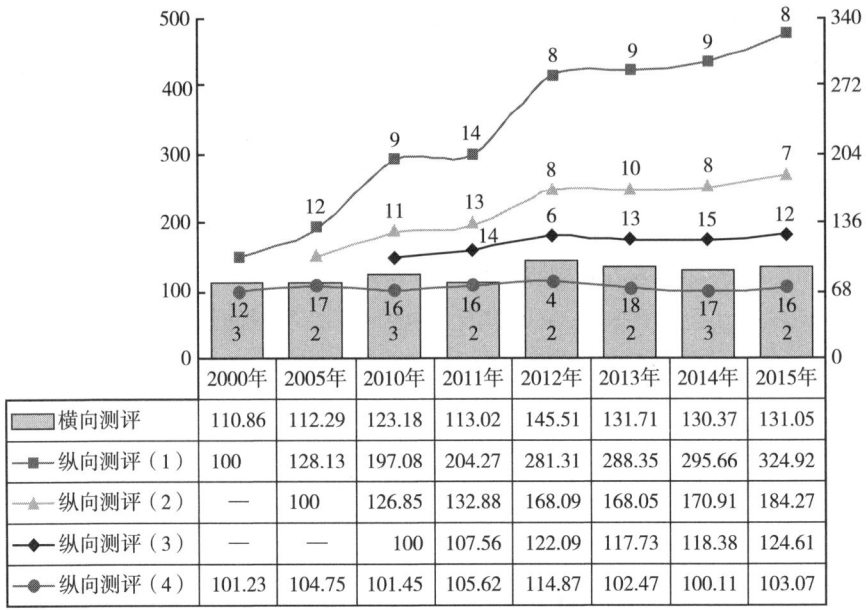

图 7　2000 年以来北京文化投入增长综合指数变动态势

左轴柱形：横向测评（无差距理想值＝100）。右轴曲线：纵向测评（起点年基数值＝100），（1）以 2000 年为起点，（2）以 2005 年为起点，（3）以 2010 年为起点。左轴曲线：纵向测评（4），以上年为起点。标明历年各项测评指数省域排行。

（一）各年度横向测评综合指数

以文化投入人均值地区无差距、文化消费与投入同构占比无差距状态为理想值 100，2015 年北京文化投入增长状况此项综合指数为 131.05，处于省域间第 2 位，高于无差距理想值 31.05%，也高于上年测评指数 0.68 个点。

各年度此项综合指数对比，全部各个年度均高于无差距理想值 100；2002 年、2004～2007 年、2012 年、2015 年 7 个年度高于上年指数值。其中，最高值为 2007 年的 154.83，最低值为 2001 年的 110.01。北京此项综合指数在省域间排行变化，2000 年为第 3 位，2005 年为第 2 位，2010 年为第 3 位，2015 年从上年第 3 位上升为第 2 位。

(二)"十五"以来纵向测评综合指数

以"九五"末年2000年为起点基数值100,2015年北京文化投入增长状况此项综合指数为324.92,处于省域间第8位,高出2000年起点基数224.92%,也高出上年测评指数29.26个点。

"十五"以来各年度此项综合指数对比,全部各个年度均高于2000年起点基数值100;2002~2009年、2011~2015年13个年度高于上年指数值。其中,最高值为2015年的324.92,最低值为2001年的104.92。北京此项综合指数在省域间排行变化,2005年为第12位,2010年为第9位,2015年从上年第9位上升为第8位。

(三)"十一五"以来纵向测评综合指数

以"十五"末年2005年为起点基数值100,2015年北京文化投入增长状况此项综合指数为184.27,处于省域间第7位,高出2005年起点基数84.27%,也高出上年测评指数13.36个点。

"十一五"以来各年度此项综合指数对比,全部各个年度均高于2005年起点基数值100;2007~2009年、2011~2012年、2014~2015年7个年度高于上年指数值。其中,最高值为2015年的184.27,最低值为2006年的103.63。北京此项综合指数在省域间排行变化,2010年为第11位,2015年从上年第8位上升为第7位。

(四)"十二五"以来纵向测评综合指数

以"十一五"末年2010年为起点基数值100,2015年北京文化投入增长状况此项综合指数为124.61,处于省域间第12位,高出2010年起点基数24.61%,也高出上年测评指数6.23个点。

"十二五"以来各年度此项综合指数对比,全部各个年度均高于2010年起点基数值100;2012年、2014~2015年3个年度高于上年指数值。其中,最高值为2015年的124.61,最低值为2011年的107.56。北京此项综合指数在省域间排行变化，2011年为第14位，2015年从上年第15位上升为第12位。

（五）逐年度纵向测评综合指数

以上一年（2014年）为起点基数值100，2015年北京文化投入增长状况此项综合指数为103.07，处于省域间第16位，高出2014年起点基数3.07%，也高出上年基于2013年基数值的测评指数2.96个点。

逐年度此项景气指数对比，全部各个年度均高于自身上年起点基数值100；2001~2002年、2004~2005年、2007年、2009年、2011~2012年、2015年9个年度高于上年指数值。其中，最高值为2012年的114.87，最低值为2014年的100.11。北京此项综合指数在省域间排行变化，2000年为第12位，2005年为第17位，2010年为第16位，2015年从上年第17位上升为第16位。

B.8
青海：2015年度综合指数排名第3位

郭 娜*

摘 要： 2000~2015年，青海文化投入总量由1.39亿元增至33.60亿元，年均增长23.66%，显著高于全国平均增长6.88个百分点。青海综合评价排行：在省域横向测评中，处于2015年度综合指数排名第3位；在自身纵向测评中，处于2000~2015年综合指数提升第1位，2005~2015年综合指数提升第1位，2010~2015年综合指数提升第5位，2014~2015年综合指数提升第20位。

关键词： 青海 文化投入 综合评价

一 文化投入及其相关背景基本态势

（一）经济财政基本面背景状况

2000年以来青海文化投入总量增长及相关背景关系态势见图1。

2000~2015年，青海产值总量年均增长15.92%；财政收入总量年均增长20.36%；财政支出总量年均增长22.96%；教科文卫综合投入（图中教科卫投入与文化投入之和，后同）总量年均增长24.37%；教科文卫综合投入之外财政支出统归为"其他支出"，其总量年均增长22.64%。

---

* 郭娜，云南省社会科学院科研处副处长、副研究员，主要从事生态文化、环境经济相关研究。

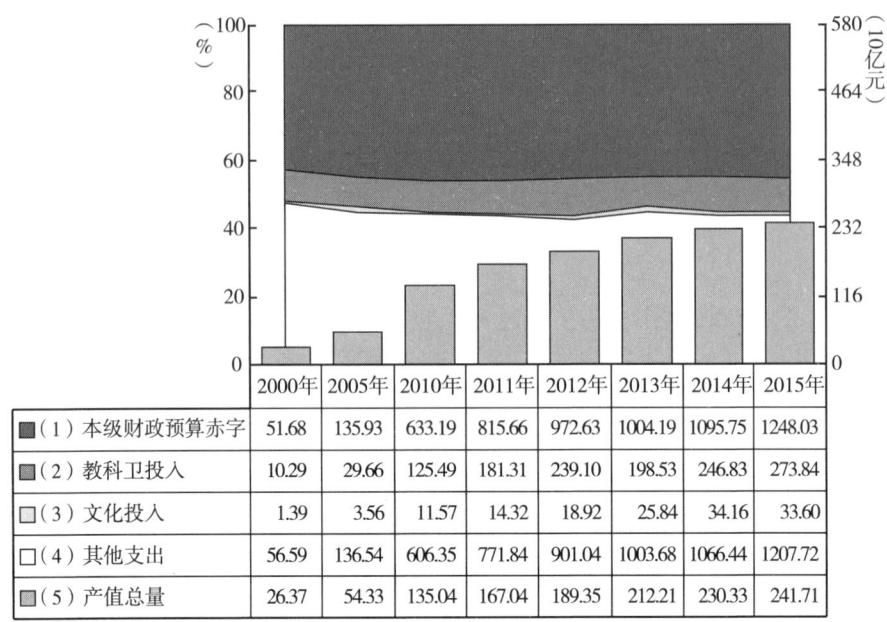

图1 2000年以来青海文化投入总量增长及相关背景关系态势

左轴面积：本级财政预算赤字（中央财政税收返还和转移支付等，"财政包干"地区可为国债份额）、教科文卫投入、文化投入、其他支出总量（亿元转换为%），（2）+（3）+（4）=财政支出总量，（2）+（3）+（4）-（1）=财政收入总量，各项数值呈直观比例。右轴柱形：产值总量（10亿元）。图中省略若干年度，后台演算历年增长变化包括省略年度，本报告同。

在此期间，青海教科文卫综合投入总量年均增长高于产值总量年均增长8.45个百分点，高于财政收入总量年均增长4.01个百分点，高于财政支出总量年均增长1.41个百分点，高于其他支出总量年均增长1.73个百分点。

"十五"以来，青海教科文卫建设作为公共服务的一个重要方面，确实处于一种极为特殊的优先发展地位。"十一五"以来，青海教科文卫综合投入增长明显高于其他支出增长。

（二）文化投入总量增长状况

2000年以来青海文化投入总量及相邻关系、占全国份额变动态势见图2。

2000~2015年，青海文化投入总量由1.39亿元增至33.60亿元，年均

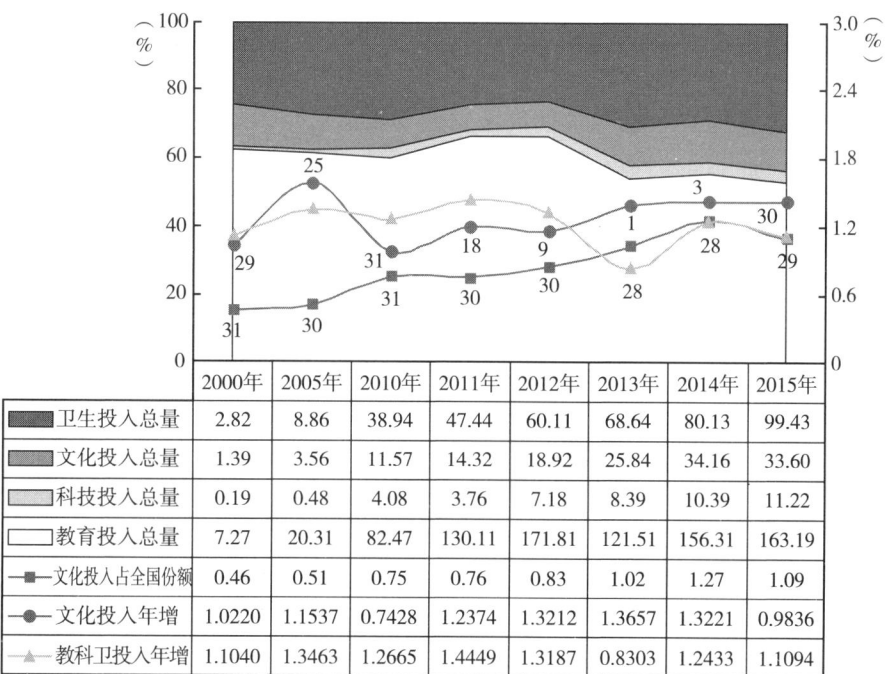

图2　2000年以来青海文化投入总量及相邻关系、占全国份额变动态势

左轴面积：教育、科技、文化、卫生投入总量（亿元转换为%），各项数值呈直观比例。
右轴曲线：文化、教科卫投入年增（上年=1，小于1为负增长，保留4位小数，本报告正文转换为2位小数增长百分比，后同）；文化投入占全国份额（%）。后台数据库包含不出现的1999年相关数据，以此测量2000年相应数据变动，本报告同。标明历年文化投入增长、份额省域排序。

增长23.66%，省域间增长位次排序为第1位。其中，"十五"期间年均增长20.69%，"十一五"期间年均增长26.58%，"十二五"期间年均增长23.77%。最高增长年度为2009年，增长57.52%；最低增长年度为2010年，负增长25.72%。

相比之下，青海文化投入总量年均增长高于产值总量年均增长7.74个百分点，其中"十五"期间高于产值总量年均增长5.14个百分点，"十一五"期间高于产值总量年均增长6.61个百分点，"十二五"期间高于产值总量年均增长11.42个百分点；同时高于财政收入总量年均增长3.30个百分点，其中"十五"期间高于财政收入总量年均增长5.37个百分点，"十一五"期间低于财政收入总量年均增长0.07个百分点,"十二五"期间高于财政收入总量年均增长4.40个百分点;高于财政支出总量年均增长0.70个百分点,其中"十五"期间高于财政支出总量年均增长0.70个百分点,"十一五"期间低于财政支出总量年均增长7.78个百分点,"十二五"期间高于财政支出总量年均增长8.47个百分点。

认真对比,青海文化投入总量年均增长低于教科卫投入总量年均增长0.79个百分点,其中"十五"期间低于教科卫投入总量年均增长2.89个百分点,"十一五"期间低于教科卫投入总量年均增长6.86个百分点,"十二五"期间高于教科卫投入总量年均增长6.88个百分点。在2000年以来青海教科文卫综合投入优先高增长当中,文化投入增长处于基本平衡状态。

从图2亦可清楚、直观地看出,文化投入所占面积大体上呈保持之势,表明其在教科文卫综合投入中的比例基本稳定。

与此同时,全国文化投入总量年均增长16.78%。2000年以来,青海文化投入总量年均增长高于全国年均增长6.88个百分点,占全国份额从2000年的0.46%上升至2015年的1.09%,省域间份额位次从第31位上升为第29位。

(三)人均值增长及其地区差变动状况

2000年以来青海文化投入人均值及其地区差变动态势见图3。

2000~2015年,青海文化投入人均值由27.00元增至573.45元,年均增长22.60%,省域间增长位次排序为第1位。其中,"十五"期间年均增长19.48%,"十一五"期间年均增长25.74%,"十二五"期间年均增长22.64%。最高增长年度为2009年,增长56.81%;最低增长年度为2010年,负增长26.32%。

2000年以来,青海文化投入人均值年均增长高于全国年均增长6.46个百分点,人均绝对值从2000年为全国人均值的113.54%上升至2015年为全国人均值的255.58%,省域间人均绝对值高低位次从第11位上升为第3位。

同期,青海文化投入人均值地区差由1.1355扩大至2.5558,扩大125.08%,省域间地区差位次变化幅度排第31位,地区差位次从第9位下

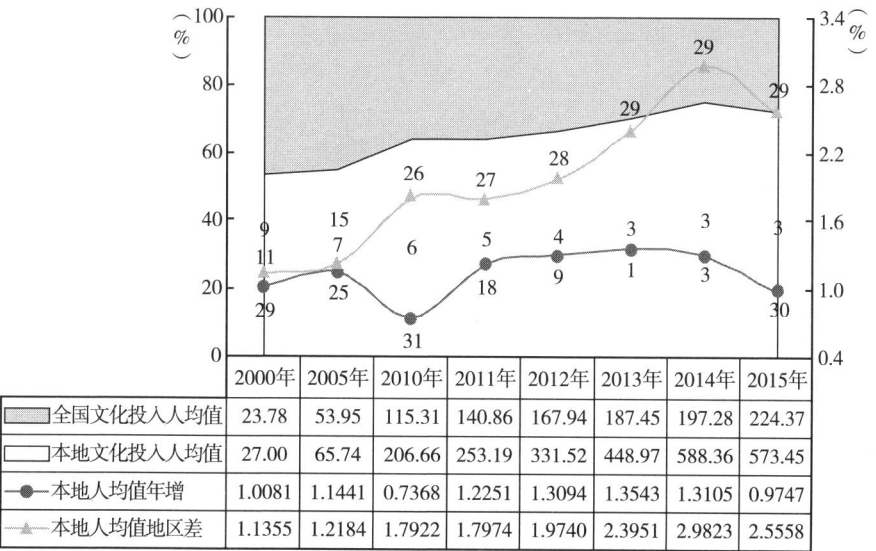

图 3　2000 年以来青海文化投入人均值及其地区差变动态势

左轴面积：本地、全国文化投入人均值（元转换为%），二者历年变动呈直观比例。右轴曲线：本地人均值年增（上年 =1，小于 1 为负增长，由于历年人口增长，人均值年增指数略低于总量年增指数）；本地人均值地区差（无差距 =1，为检测细微差异，保留 4 位小数）。标明历年本地人均值及其增长、地区差省域排序。

降为第 29 位。其中，"十五"期间地区差扩大 7.30%，"十一五"期间地区差扩大 47.09%，"十二五"期间地区差扩大 42.61%。最小地区差为 2000 年的 1.1355，最大地区差为 2014 年的 2.9823。

二　文化投入相关协调性态势

（一）相关背景变动状况

2000 年以来青海文化投入相关背景比值变动态势见图 4。

1. 文化投入与产值比

2000~2015 年，青海文化投入总量年均增长高于产值年均增长 7.74 个百分点。文化投入与产值比从 0.53% 增高至 1.39%，上升程度为 164.33%，

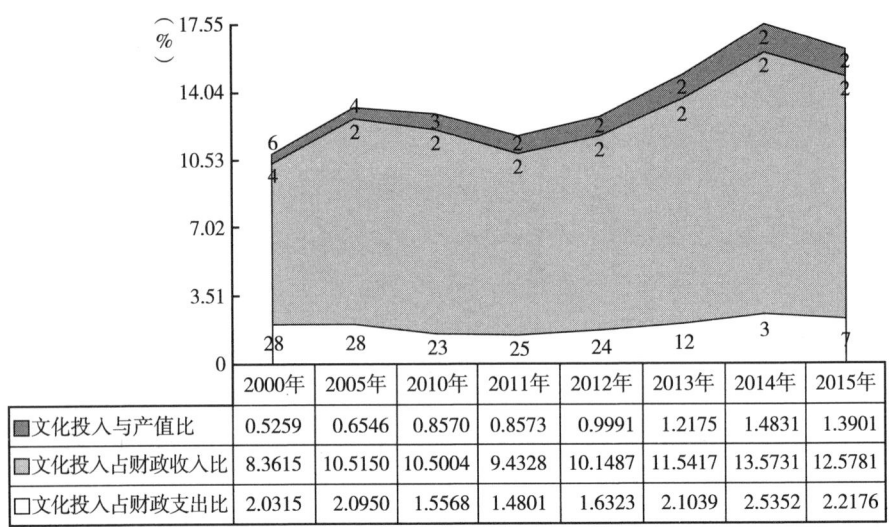

图 4　2000 年以来青海文化投入相关背景比值变动态势

左轴面积：文化投入与产值比、占财政收入和支出比（%），各项比值历年升降呈直观比例叠加。因比值很小，图中保留 4 位小数并依此演算，本报告正文按惯例保留 2 位小数。标明历年各项比值省域排序。

上升 0.86 个百分点，省域间位次变化幅度排第 2 位，比值高低位次从第 6 位上升为第 2 位。最高比值为 2014 年的 1.48%，最低比值为 2000 年的 0.53%。

2. 文化投入占财政收入比

2000～2015 年，青海文化投入总量年均增长高于财政收入年均增长 3.30 个百分点。文化投入占财政收入比从 8.36% 增高至 12.58%，上升程度为 50.43%，上升 4.22 个百分点，省域间位次变化幅度排第 1 位，比值高低位次从第 4 位上升为第 2 位。最高比值为 2009 年的 17.76%，最低比值为 2000 年的 8.36%。

3. 文化投入占财政支出比

2000～2015 年，青海文化投入总量年均增长高于财政支出年均增长 0.70 个百分点。文化投入占财政支出比从 2.03% 增高至 2.22%，上升程度为 9.16%，上升 0.19 个百分点，省域间位次变化幅度排第 2 位，比值高低位次从第28位上升为第7位。最高比值为2009年的3.20%，最低比值为2011年的1.48%。

（二）相邻关系变动状况

2000年以来青海文化投入相邻关系比值变动态势见图5。

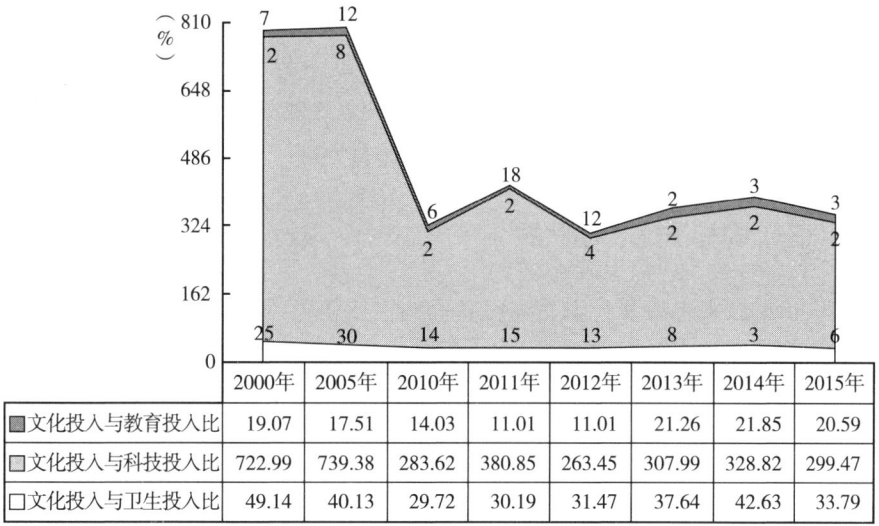

图5　2000年以来青海文化投入相邻关系比值变动态势

左轴面积：文化投入与教育、科技、卫生投入比（%），各项比值历年升降呈直观比例叠加。标明历年各项比值省域排序。

1. 文化投入与教育投入比

2000~2015年，青海文化投入总量年均增长高于教育投入年均增长0.61个百分点。文化投入与教育投入比从19.07%增高至20.59%，上升程度为7.97%，上升1.52个百分点，省域间位次变化幅度排第3位，比值高低位次从第7位上升为第3位。最高比值为2009年的25.20%，最低比值为2011年的11.01%。

2. 文化投入与科技投入比

2000~2015年，青海文化投入总量年均增长低于科技投入年均增长7.58个百分点。文化投入与科技投入比从722.99%降低至299.47%，下降程度为58.58%，下降423.52个百分点，省域间位次变化幅度排第10位，比值高低位次前后保持在第2位。最高比值为2006年的846.88%，最低比值为2008年的249.37%。

3. 文化投入与卫生投入比

2000~2015年，青海文化投入总量年均增长低于卫生投入年均增长3.15个百分点。文化投入与卫生投入比从49.14%降低为33.79%，下降程度为31.24%，下降15.35个百分点，省域间位次变化幅度排第4位。由于各地不同变动，青海比值高低位次从第25位上升为第6位。最高比值为2001年的52.51%，最低比值为2010年的29.72%。

（三）同构占比变动状况

2000年以来青海文化消费与投入同构占比倍差变动态势见图6。

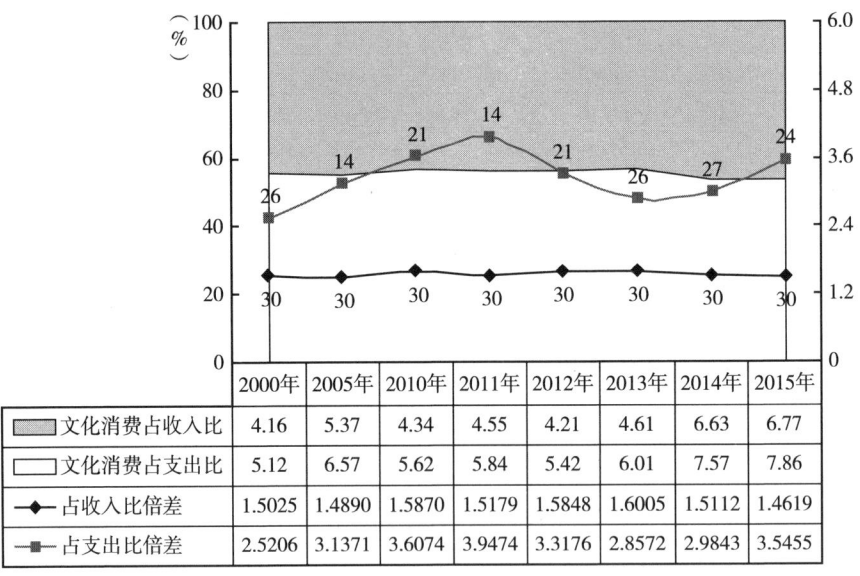

图6　2000年以来青海文化消费与投入同构占比倍差变动态势

左轴面积：文化消费占居民收入、占居民总消费支出比（%），两项比值历年升降呈直观比例叠加。右轴曲线：文化消费占居民收入比与文化投入占财政收入比、文化消费占居民支出比与文化投入占财政支出比倍差（无差距=1，为检测细微差异，保留4位小数）。标明历年各项倍差省域排序。

1. 文化消费与投入占收入比

2000~2015年，青海城乡居民文化消费占居民收入比从4.16%增高至6.77%，上升程度为62.74%。逐年比较，最高比值为2015年的6.77%，最低比值为2000年的4.16%。

对照本报告图4，同期，青海文化投入占财政收入比上升50.43%，2015年比值高于文化消费占居民收入比5.81个百分点。二者之间占比倍差由1.5025减小至1.4619，减小程度为2.70%，省域间位次变化幅度排第8位，倍差高低（倒序）位次前后保持在第30位。

2. 文化消费与投入占支出比

2000~2015年，青海城乡居民文化消费占居民支出比从5.12%增高至7.86%，上升程度为53.52%。逐年比较，最高比值为2015年的7.86%，最低比值为2000年的5.12%。

对照本报告图4，同期，青海文化投入占财政支出比上升9.16%，2015年比值低于文化消费占居民支出比5.64个百分点。二者之间占比倍差由2.5206增大至3.5455，增大程度为40.66%，省域间位次变化幅度排第13位。由于各地不同变动，青海倍差高低（倒序）位次从第26位上升为第24位。

三 2015年文化投入纵横向双重测评

综合以上分析，2000年以来青海文化投入总量年均增长23.66%，显著高于全国平均增长6.88个百分点，人均值地区差扩大125.08%；文化投入增长显著高于产值增长，也明显高于财政收入增长，亦略微高于财政支出增长；同时略微高于教育投入增长，但显著低于科技投入增长，也明显低于卫生投入增长；文化投入占财政收入比明显高于文化消费占居民收入比，占财政支出比却明显低于文化消费占居民支出比。

这些都集中体现在文化投入增长综合指数测评演算之中。2000年以来青海文化投入增长综合指数变动态势见图7。

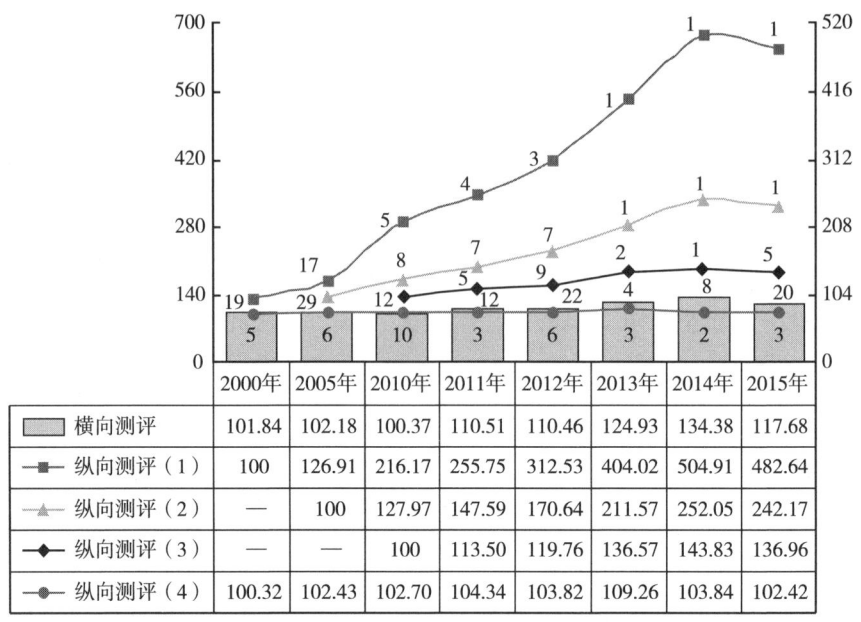

图7 2000年以来青海文化投入增长综合指数变动态势

左轴柱形：横向测评（无差距理想值=100）。右轴曲线：纵向测评（起点年基数值=100），（1）以2000年为起点，（2）以2005年为起点，（3）以2010年为起点。左轴曲线：纵向测评（4），以上年为起点。标明历年各项测评指数省域排行。

（一）各年度横向测评综合指数

以文化投入人均值地区无差距、文化消费与投入同构占比无差距状态为理想值100，2015年青海文化投入增长状况此项综合指数为117.68，处于省域间第3位，高于无差距理想值17.68%，但低于上年测评指数16.70个点。

各年度此项综合指数对比，全部各个年度均高于无差距理想值100；2001年、2003年、2006~2009年、2011年、2013~2014年9个年度高于上年指数值。其中，最高值为2014年的134.38，最低值为2002年的100.32。青海此项综合指数在省域间排行变化，2000年为第5位，2005年为第6位，2010年为第10位，2015年从上年第2位下降为第3位。

（二）"十五"以来纵向测评综合指数

以"九五"末年2000年为起点基数值100，2015年青海文化投入增长状况此项综合指数为482.64，处于省域间第1位，高出2000年起点基数382.64%，但低于上年测评指数22.27个点。

"十五"以来各年度此项综合指数对比，全部各个年度均高于2000年起点基数值100；2003~2009年、2011~2014年11个年度高于上年指数值。其中，最高值为2014年的504.91，最低值为2002年的108.25。青海此项综合指数在省域间排行变化，2000年起点不计，2005年为第17位，2010年为第5位，2015年与上年持平，皆为第1位。

（三）"十一五"以来纵向测评综合指数

以"十五"末年2005年为起点基数值100，2015年青海文化投入增长状况此项综合指数为242.17，处于省域间第1位，高出2005年起点基数142.17%，但低于上年测评指数9.88个点。

"十一五"以来各年度此项综合指数对比，全部各个年度均高于2005年起点基数值100；2007~2009年、2011~2014年7个年度高于上年指数值。其中，最高值为2014年的252.05，最低值为2006年的107.55。青海此项综合指数在省域间排行变化，2005年起点不计，2010年为第8位，2015年与上年持平，皆为第1位。

（四）"十二五"以来纵向测评综合指数

以"十一五"末年2010年为起点基数值100，2015年青海文化投入增长状况此项综合指数为136.96，处于省域间第5位，高出2010年起点基数36.96%，但低于上年测评指数6.87个点。

"十二五"以来各年度此项综合指数对比，全部各个年度均高于2010年起点基数值100；2012~2014年3个年度高于上年指数值。其中，最高值为2014年的143.83，最低值为2011年的113.50。青海此项综合指数在省域间排行变化,2011年为第5位,2015年从上年第1位下降为第5位。

(五)逐年度纵向测评综合指数

以上一年(2014年)为起点基数值100,2015年青海文化投入增长状况此项综合指数为102.42,处于省域间第20位,高出2014年起点基数2.42%,但低于上年基于2013年基数值的测评指数1.42个点。

逐年度此项景气指数对比,2000~2006年、2008~2015年15个年度高于自身上年起点基数值100;2001年、2004年、2006年、2008~2009年、2011年、2013年7个年度高于上年指数值。其中,最高值为2009年的111.75,最低值为2007年的99.55。青海此项综合指数在省域间排行变化,2000年为第19位,2005年为第29位,2010年为第12位,2015年从上年第8位下降为第20位。

B.9
吉林：2015年度综合指数排名第5位

邓云斐*

摘　要： 2000~2015年，吉林文化投入总量由6.09亿元增至73.01亿元，年均增长18.01%，较明显高于全国平均增长1.23个百分点。吉林综合评价排行：在省域横向测评中，处于2015年度综合指数排名第5位；在自身纵向测评中，处于2000~2015年综合指数提升第12位，2005~2015年综合指数提升第13位，2010~2015年综合指数提升第17位，2014~2015年综合指数提升第12位。

关键词： 吉林　文化投入　综合评价

一　文化投入及其相关背景基本态势

（一）经济财政基本面背景状况

2000年以来吉林文化投入总量增长及相关背景关系态势见图1。

2000~2015年，吉林产值总量年均增长14.07%；财政收入总量年均增长17.91%；财政支出总量年均增长18.24%；教科文卫综合投入（图中教科卫投入与文化投入之和，后同）总量年均增长20.20%；教科文卫综合投入之外财政支出统归为"其他支出"，其总量年均增长17.66%。

---

* 邓云斐，云南省社会科学院东南亚研究所助理研究员，主要从事文化、社会研究。

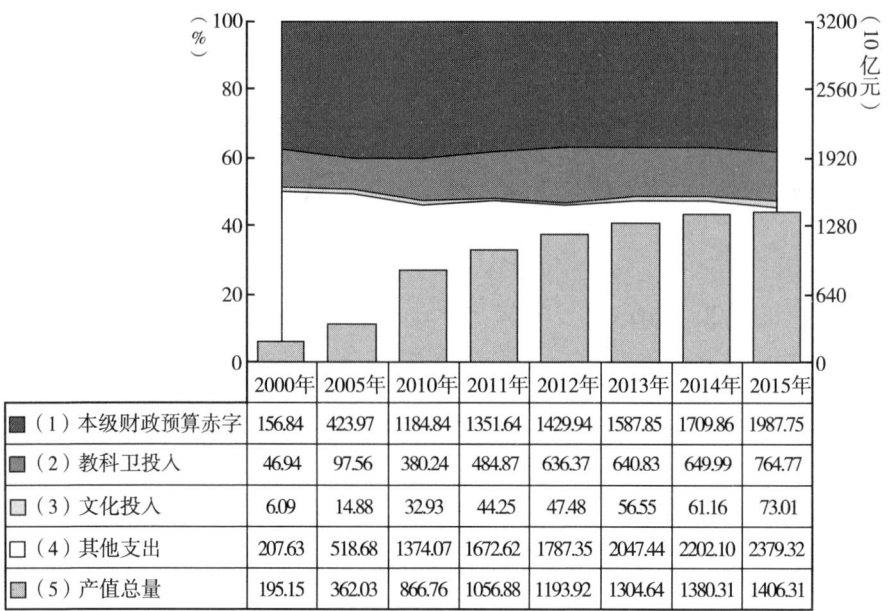

图1 2000年以来吉林文化投入总量增长及相关背景关系态势

左轴面积：本级财政预算赤字（中央财政税收返还和转移支付等，"财政包干"地区可为国债份额）、教科卫投入、文化投入、其他支出总量（亿元转换为%），（2）+（3）+（4）=财政支出总量，（2）+（3）+（4）-（1）=财政收入总量，各项数值历年变动呈直观比例。右轴柱形：产值总量（10亿元）。图中省略若干年度，后台演算历年增长变化包括省略年度，本报告同。

在此期间，吉林教科文卫综合投入总量年均增长高于产值总量年均增长6.13个百分点，高于财政收入总量年均增长2.29个百分点，高于财政支出总量年均增长1.96个百分点，高于其他支出总量年均增长2.54个百分点。

"十五"以来，吉林教科文卫建设作为公共服务的一个重要方面，确实处于一种极为特殊的优先发展地位。"十一五"以来，吉林教科文卫综合投入增长高于其他支出增长的情况更加明显。

（二）文化投入总量增长状况

2000年以来吉林文化投入总量及相邻关系、占全国份额变动态势见图2。

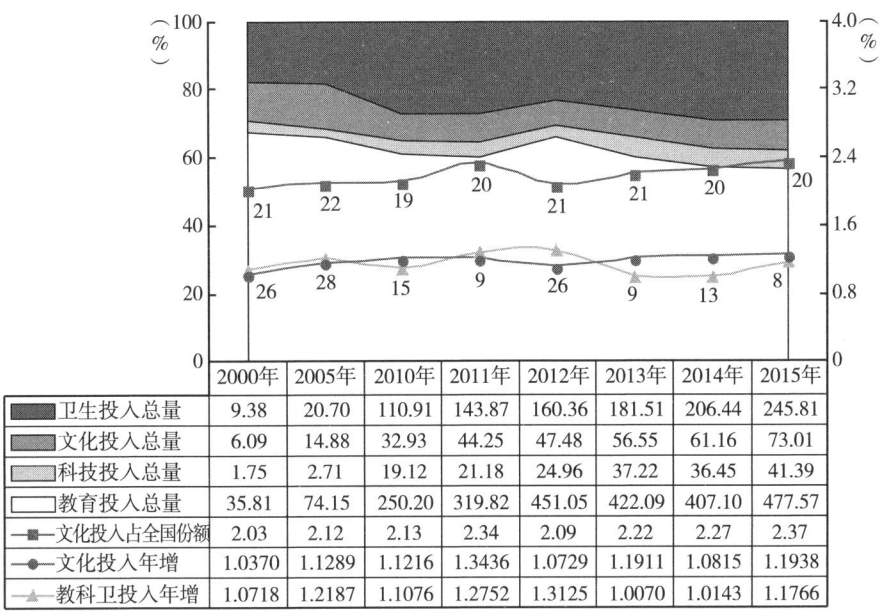

图 2　2000 年以来吉林文化投入总量及相邻关系、占全国份额变动态势

左轴面积：教育、科技、文化、卫生投入总量（亿元转换为%），各项数值呈直观比例。右轴曲线：文化、教科卫投入年增（上年＝1，保留 4 位小数，本报告正文转换为 2 位小数增长百分比，后同）；文化投入占全国份额（%）。后台数据库包含不出现的 1999 年相关数据，以此测量 2000 年相应数据变动，本报告同。标明历年文化投入增长、份额省域排序。

2000~2015 年，吉林文化投入总量由 6.09 亿元增至 73.01 亿元，年均增长 18.01%，省域间增长位次排序为第 13 位。其中，"十五"期间年均增长 19.56%，"十一五"期间年均增长 17.22%，"十二五"期间年均增长 17.26%。最高增长年度为 2011 年，增长 34.36%；最低增长年度为 2000 年，增长 3.70%。

相比之下，吉林文化投入总量年均增长高于产值总量年均增长 3.94 个百分点，其中"十五"期间高于产值总量年均增长 6.40 个百分点，"十一五"期间低于产值总量年均增长 1.86 个百分点，"十二五"期间高于产值总量年均增长 7.10 个百分点；同时高于财政收入总量年均增长 0.10 个百分点，其中"十五"期间高于财政收入总量年均增长 4.75 个百分点，"十一五"期间低于财政收入总量年均增长 6.58 个百分点，"十二五"期间高于财政收入总量年均增长1.93个百分点；低于财政支出总量年均增长0.23个百分点，其中"十五"期间高于财政支出总量年均增长0.22个百分点，"十一五"期间低于财政支出总量年均增长5.92个百分点，"十二五"期间高于财政支出总量年均增长4.79个百分点。

认真对比，吉林文化投入总量年均增长低于教科卫投入总量年均增长2.44个百分点，其中"十五"期间高于教科卫投入总量年均增长3.80个百分点，"十一五"期间低于教科卫投入总量年均增长14.05个百分点，"十二五"期间高于教科卫投入总量年均增长2.26个百分点。在2000年以来吉林教科文卫综合投入优先高增长当中，文化投入增长处于明显失衡状态。

从图2亦可清楚、直观地看出，文化投入所占面积呈逐渐收窄之势，表明其在教科文卫综合投入中的比例持续降低。

与此同时，全国文化投入总量年均增长16.78%。2000年以来，吉林文化投入总量年均增长高于全国年均增长1.23个百分点，占全国份额从2000年的2.03%上升至2015年的2.37%，省域间份额位次从第21位上升为第20位。

（三）人均值增长及其地区差变动状况

2000年以来吉林文化投入人均值及其地区差变动态势见图3。

2000~2015年，吉林文化投入人均值由22.81元增至265.22元，年均增长17.77%，省域间增长位次排序为第11位。其中，"十五"期间年均增长19.19%，"十一五"期间年均增长16.96%，"十二五"期间年均增长17.18%。最高增长年度为2011年，增长34.13%；最低增长年度为2000年，增长2.97%。

2000年以来，吉林文化投入人均值年均增长高于全国年均增长1.63个百分点，人均绝对值从2000年为全国人均值的95.92%上升至2015年为全国人均值的118.21%，省域间人均绝对值高低位次从第15位上升为第12位。

同期，吉林文化投入人均值地区差由1.0408扩大至1.1820，扩大13.57%，省域间地区差位次变化幅度排第23位，地区差位次从第3位下降为第6位。其中，"十五"期间地区差缩小2.31%，"十一五"期间地区差

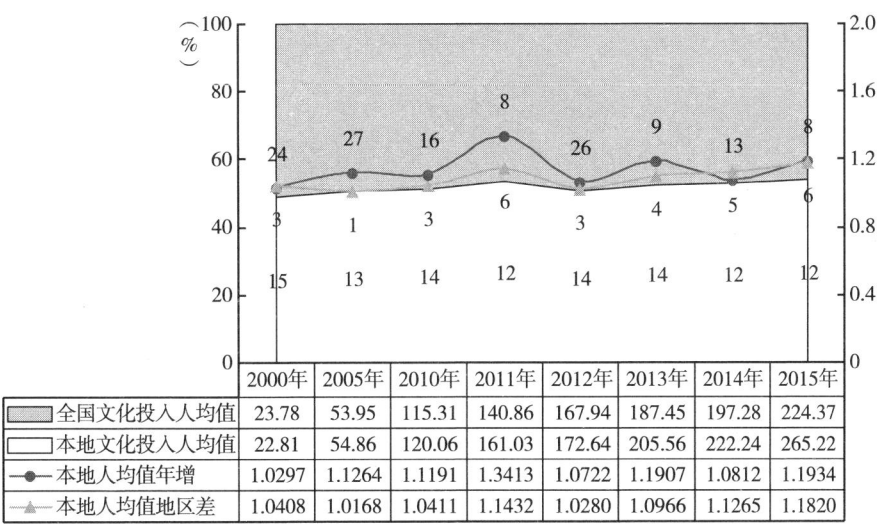

图3 2000年以来吉林文化投入人均值及其地区差变动态势

左轴面积：本地、全国文化投入人均值（元转换为%），二者历年变动呈直观比例。右轴曲线：本地人均值年增（上年=1，由于历年人口增长，人均值年增指数略低于总量年增指数）；本地人均值地区差（无差距=1，为检测细微差异，保留4位小数）。标明历年本地人均值及其增长、地区差省域排序。

扩大2.39%，"十二五"期间地区差扩大13.53%。最小地区差为2005年的1.0168，最大地区差为2008年的1.2483。

二 文化投入相关协调性态势

（一）相关背景变动状况

2000年以来吉林文化投入相关背景比值变动态势见图4。

1. 文化投入与产值比

2000~2015年，吉林文化投入总量年均增长高于产值年均增长3.94个百分点。文化投入与产值比从0.31%增高至0.52%，上升程度为66.36%，上升0.21个百分点，省域间位次变化幅度排第10位，比值高低位次从第

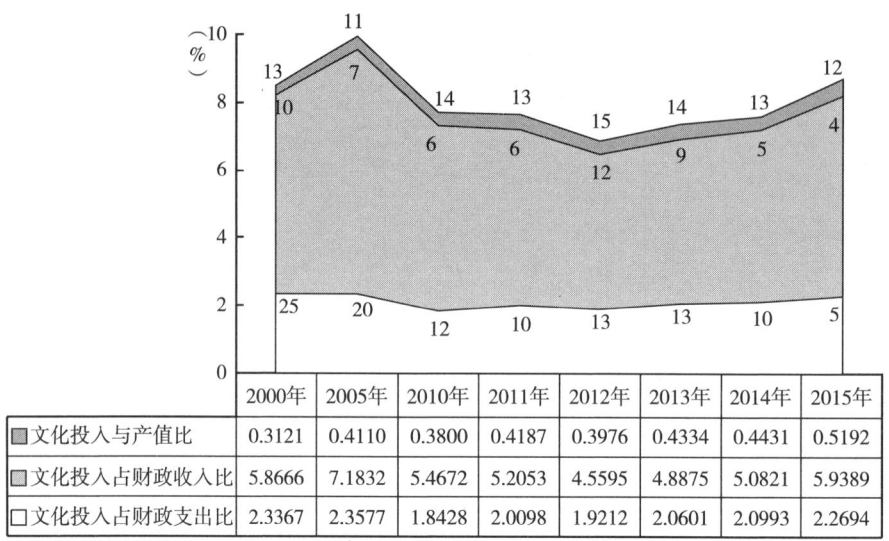

图4 2000年以来吉林文化投入相关背景比值变动态势

左轴面积：文化投入与产值比、占财政收入和支出比（%），各项比值历年升降呈直观比例叠加。因比值很小，图中保留4位小数并依此演算，本报告正文按惯例保留2位小数。标明历年各项比值省域排序。

13位上升为第12位。最高比值为2015年的0.52%，最低比值为2000年的0.31%。

2. 文化投入占财政收入比

2000~2015年，吉林文化投入总量年均增长高于财政收入年均增长0.10个百分点。文化投入占财政收入比从5.87%增高至5.94%，上升程度为1.23%，上升0.07个百分点，省域间位次变化幅度排第4位，比值高低位次从第10位上升为第4位。最高比值为2004年的7.93%，最低比值为2012年的4.56%。

3. 文化投入占财政支出比

2000~2015年，吉林文化投入总量年均增长低于财政支出年均增长0.23个百分点。文化投入占财政支出比从2.34%降低至2.27%，下降程度为2.88%，下降0.07个百分点，省域间位次变化幅度排第4位。由于各地不同变动,吉林比值高低位次从第25位上升为第5位。最高比值为2004年的2.60%,最低比值为2010年的1.84%。

(二)相邻关系变动状况

2000年以来吉林文化投入相邻关系比值变动态势见图5。

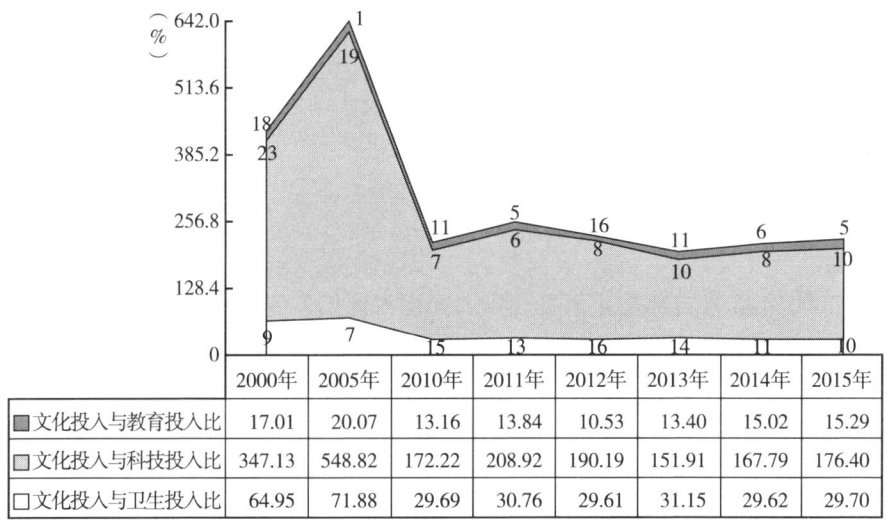

图5　2000年以来吉林文化投入相邻关系比值变动态势

左轴面积:文化投入与教育、科技、卫生投入比(%),各项比值历年升降呈直观比例叠加。标明历年各项比值省域排序。

1. 文化投入与教育投入比

2000~2015年,吉林文化投入总量年均增长低于教育投入年均增长0.84个百分点。文化投入与教育投入比从17.01%降低至15.29%,下降程度为10.11%,下降1.72个百分点,省域间位次变化幅度排第6位。由于各地不同变动,吉林比值高低位次从第18位上升为第5位。最高比值为2004年的21.70%,最低比值为2012年的10.53%。

2. 文化投入与科技投入比

2000~2015年,吉林文化投入总量年均增长低于科技投入年均增长5.47个百分点。文化投入与科技投入比从347.13%降低至176.40%,下降程度为49.18%，下降170.73个百分点，省域间位次变化幅度排第2位。由于各地不同变动，吉林比值高低位次从第23位上升为第10位。最高比值为2004年的575.40%，最低比值为2013年的151.91%。

3. 文化投入与卫生投入比

2000~2015年，吉林文化投入总量年均增长低于卫生投入年均增长6.32个百分点。文化投入与卫生投入比从64.95%降低为29.70%，下降程度为54.27%，下降35.25个百分点，省域间位次变化幅度排第11位，比值高低位次从第9位下降为第10位。最高比值为2004年的77.45%，最低比值为2009年的27.36%。

（三）同构占比变动状况

2000年以来吉林文化消费与投入同构占比倍差变动态势见图6。

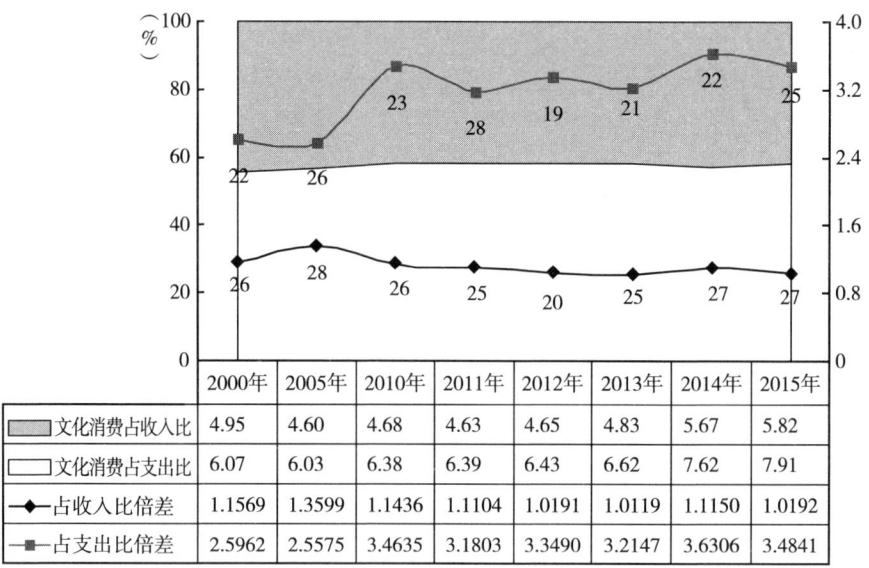

图6 2000年以来吉林文化消费与投入同构占比倍差变动态势

左轴面积：文化消费占居民收入、占居民总消费支出比（%），两项比值历年升降呈直观比例叠加。右轴曲线：文化消费占居民收入比与文化投入占财政收入比、文化消费占居民支出比与文化投入占财政支出比倍差（无差距=1，为检测细微差异，保留4位小数）。标明历年各项倍差省域排序。

1. 文化消费与投入占收入比

2000~2015年,吉林城乡居民文化消费占居民收入比从4.95%增高至5.82%,上升程度为17.58%。逐年比较,最高比值为2015年的5.82%,最低比值为2009年的3.74%。

对照本报告图4,同期,吉林文化投入占财政收入比上升1.23%,2015年比值高于文化消费占居民收入比0.12个百分点。二者之间占比倍差由1.1569减小至1.0192,减小程度为11.90%,省域间位次变化幅度排第2位。由于各地不同变动,吉林倍差高低(倒序)位次从第26位下降为第27位。

2. 文化消费与投入占支出比

2000~2015年,吉林城乡居民文化消费占居民支出比从6.07%增高至7.91%,上升程度为30.31%。逐年比较,最高比值为2015年的7.91%,最低比值为2009年的4.86%。

对照本报告图4,同期,吉林文化投入占财政支出比下降2.88%,2015年比值低于文化消费占居民支出比5.64个百分点。二者之间占比倍差由2.5962增大至3.4841,增大程度为34.20%,省域间位次变化幅度排第12位,倍差高低(倒序)位次从第22位下降为第25位。

三 2015年文化投入纵横向双重测评

综合以上分析,2000年以来吉林文化投入总量年均增长18.01%,较明显高于全国平均增长1.23个百分点,人均值地区差扩大13.57%;文化投入增长明显高于产值增长,也略微高于财政收入增长,但略微低于财政支出增长;同时略微低于教育投入增长,也明显低于科技投入增长,亦显著低于卫生投入增长;文化投入占财政收入比略微高于文化消费占居民收入比,占财政支出比却明显低于文化消费占居民支出比。

这些都集中体现在文化投入增长综合指数测评演算之中。2000年以来吉林文化投入增长综合指数变动态势见图7。

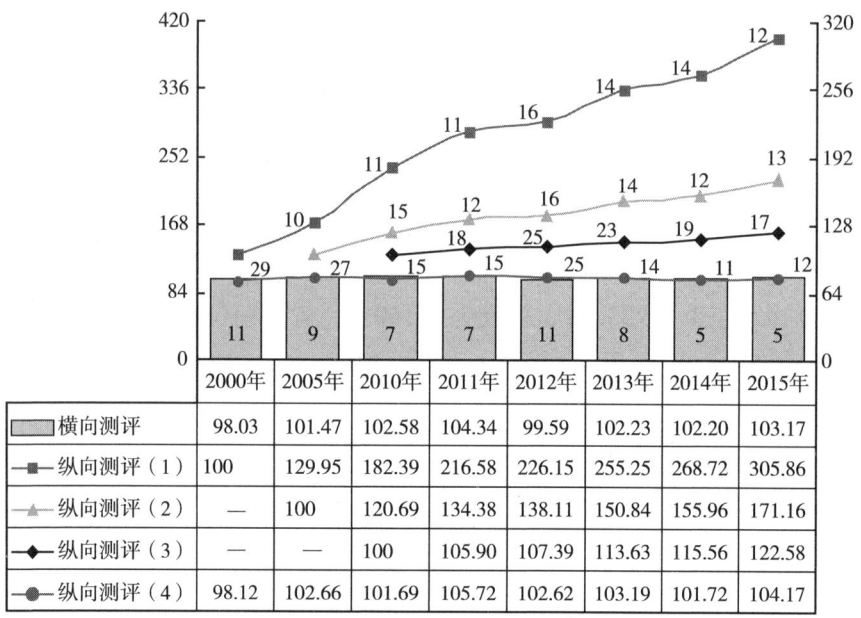

图 7　2000 年以来吉林文化投入增长综合指数变动态势

左轴柱形：横向测评（无差距理想值 = 100）。右轴曲线：纵向测评（起点年基数值 = 100），（1）以 2000 年为起点，（2）以 2005 年为起点，（3）以 2010 年为起点。左轴曲线：纵向测评（4），以上年为起点。标明历年各项测评指数省域排行。

（一）各年度横向测评综合指数

以文化投入人均值地区无差距、文化消费与投入同构占比无差距状态为理想值 100，2015 年吉林文化投入增长状况此项综合指数为 103.17，处于省域间第 5 位，高于无差距理想值 3.17%，也高于上年测评指数 0.97 个点。

各年度此项综合指数对比，2002～2008 年、2010～2011 年、2013～2015 年 12 个年度高于无差距理想值 100；2002～2003 年、2006 年、2008 年、2010～2011 年、2013 年、2015 年 8 个年度高于上年指数值。其中，最高值为 2003 年的 105.33，最低值为 2001 年的 96.79。吉林此项综合指数在省域间排行变化，2000 年为第 11 位，2005 年为第 9 位，2010 年为第 7 位，2015 年与上年持平，皆为第 5 位。

（二）"十五"以来纵向测评综合指数

以"九五"末年2000年为起点基数值100，2015年吉林文化投入增长状况此项综合指数为305.86，处于省域间第12位，高出2000年起点基数205.86%，也高出上年测评指数37.14个点。

"十五"以来各年度此项综合指数对比，全部各个年度均高于2000年起点基数值100；全部各个年度均高于上年指数值。其中，最高值为2015年的305.86，最低值为2001年的102.04。吉林此项综合指数在省域间排行变化，2000年起点不计，2005年为第10位，2010年为第11位，2015年从上年第14位上升为第12位。

（三）"十一五"以来纵向测评综合指数

以"十五"末年2005年为起点基数值100，2015年吉林文化投入增长状况此项综合指数为171.16，处于省域间第13位，高出2005年起点基数71.16%，也高出上年测评指数15.20个点。

"十一五"以来各年度此项综合指数对比，全部各个年度均高于2005年起点基数值100；2008~2015年8个年度高于上年指数值。其中，最高值为2015年的171.16，最低值为2007年的102.19。吉林此项综合指数在省域间排行变化，2010年为第15位，2015年从上年第12位下降为第13位。

（四）"十二五"以来纵向测评综合指数

以"十一五"末年2010年为起点基数值100，2015年吉林文化投入增长状况此项综合指数为122.58，处于省域间第17位，高出2010年起点基数22.58%，也高出上年测评指数7.02个点。

"十二五"以来各年度此项综合指数对比，全部各个年度均高于2010年起点基数值100；全部各个年度均高于上年指数值。其中，最高值为2015年的122.58，最低值为2011年的105.90。吉林此项综合指数在省域间排行变化，2011年为第18位，2015年从上年第19位上升为第17位。

（五）逐年度纵向测评综合指数

以上一年（2014年）为起点基数值100，2015年吉林文化投入增长状况此项综合指数为104.17，处于省域间第12位，高出2014年起点基数4.17%，也高出上年基于2013年基数值的测评指数2.45个点。

逐年度此项景气指数对比，2001~2006年、2008~2015年14个年度高于自身上年起点基数值100；2001~2003年、2006年、2008年、2011年、2013年、2015年8个年度高于上年指数值。其中，最高值为2003年的107.99，最低值为2007年的96.54。吉林此项综合指数在省域间排行变化，2000年为第29位，2005年为第27位，2010年为第15位，2015年从上年第11位下降为第12位。

B.10
福建：2015年度综合指数排名第6位

李 雪*

摘　要： 2000~2015年，福建文化投入总量由10.05亿元增至84.82亿元，年均增长15.28%，较明显低于全国平均增长1.50个百分点。福建综合评价排行：在省域横向测评中，处于2015年度综合指数排名第6位；在自身纵向测评中，处于2000~2015年综合指数提升第24位，2005~2015年综合指数提升第20位，2010~2015年综合指数提升第1位，2014~2015年综合指数提升第2位。

关键词： 福建　文化投入　综合评价

一　文化投入及其相关背景基本态势

（一）经济财政基本面背景状况

2000年以来福建文化投入总量增长及相关背景关系态势见图1。

2000~2015年，福建产值总量年均增长13.74%；财政收入总量年均增长17.24%；财政支出总量年均增长18.24%；教科文卫综合投入（图中教科卫投入与文化投入之和，后同）总量年均增长19.19%；教科文卫综合投入之外财政支出统归为"其他支出"，其总量年均增长17.84%。

---

* 李雪，云南省社会科学院哲学研究所助理研究员，主要从事文学、伦理学研究。

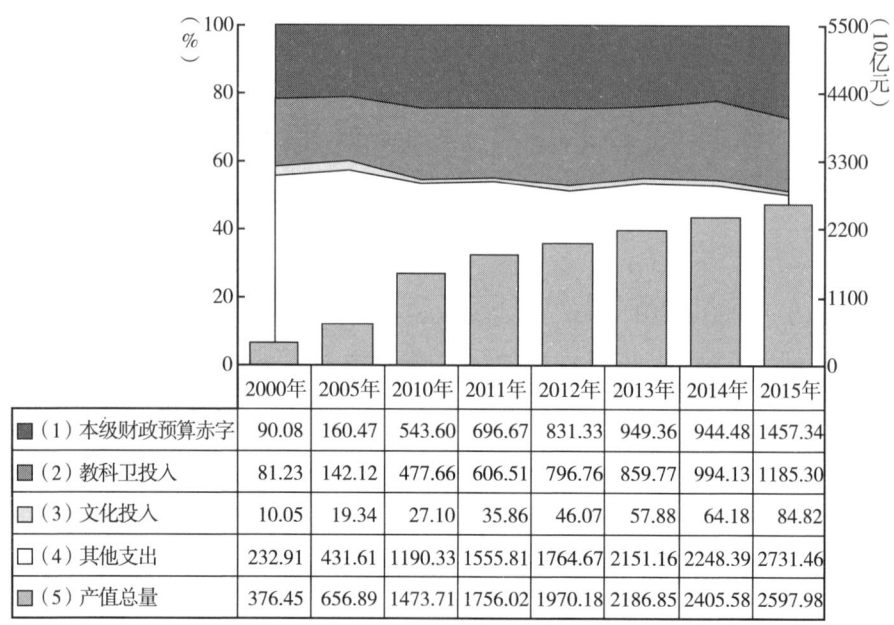

图 1　2000 年以来福建文化投入总量增长及相关背景关系态势

左轴面积：本级财政预算赤字（中央财政税收返还和转移支付等，"财政包干"地区可为国债份额）、教科卫投入、文化投入、其他支出总量（亿元转换为%），（2）+（3）+（4）= 财政支出总量，（2）+（3）+（4）-（1）= 财政收入总量，各项数值历年变动呈直观比例。右轴柱形：产值总量（10 亿元）。图中省略若干年度，后台演算历年增长变化包括省略年度，本报告同。

在此期间，福建教科文卫综合投入总量年均增长高于产值总量年均增长5.45 个百分点，高于财政收入总量年均增长 1.95 个百分点，高于财政支出总量年均增长 0.95 个百分点，高于其他支出总量年均增长 1.35 个百分点。

"十五"以来，福建教科文卫建设作为公共服务的一个重要方面，确实处于一种极为特殊的优先发展地位。"十一五"以来，福建教科文卫综合投入增长高于其他支出增长的情况更加明显。

（二）文化投入总量增长状况

2000 年以来福建文化投入总量及相邻关系、占全国份额变动态势见图 2。

福建：2015年度综合指数排名第6位

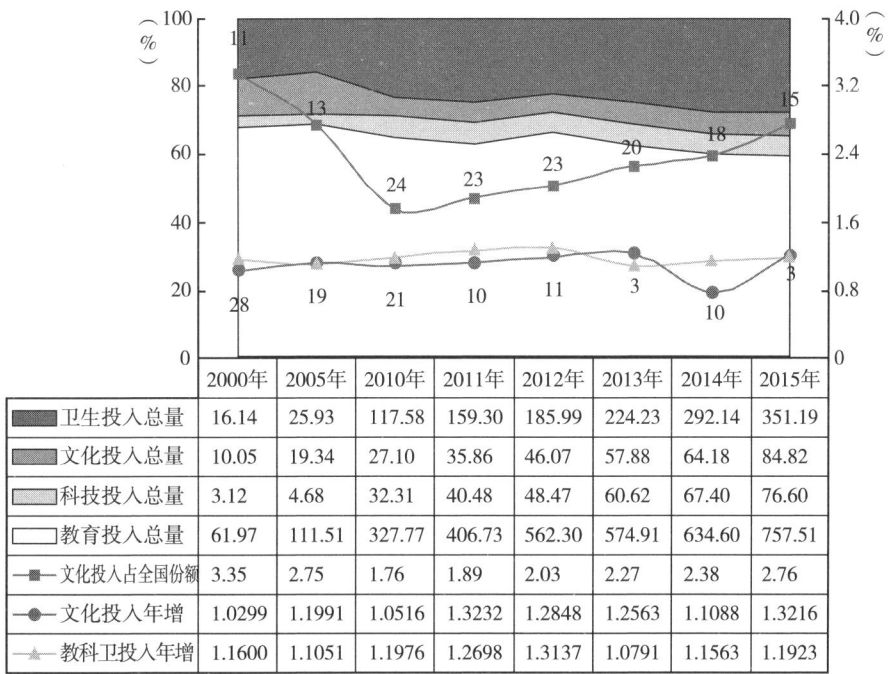

图2　2000年以来福建文化投入总量及相邻关系、占全国份额变动态势

左轴面积：教育、科技、文化、卫生投入总量（亿元转换为%），各项数值呈直观比例。右轴曲线：文化、教科卫投入年增（上年=1，小于1为负增长，保留4位小数，本报告正文转换为2位小数增长百分比，后同）；文化投入占全国份额（%）。后台数据库包含不出现的1999年相关数据，以此测量2000年相应数据变动，本报告同。标明历年文化投入增长、份额省域排序。

2000~2015年，福建文化投入总量由10.05亿元增至84.82亿元，年均增长15.28%，省域间增长位次排序为第26位。其中，"十五"期间年均增长13.99%，"十一五"期间年均增长6.98%，"十二五"期间年均增长25.63%。最高增长年度为2011年，增长32.32%；最低增长年度为2007年，负增长23.74%。

相比之下，福建文化投入总量年均增长高于产值总量年均增长1.54个百分点，其中"十五"期间高于产值总量年均增长2.21个百分点，"十一五"期间低于产值总量年均增长10.56个百分点，"十二五"期间高于产值总量年均增长13.62个百分点；同时低于财政收入总量年均增长1.96个百分点,其中"十五"期间高于财政收入总量年均增长 0.92 个百分点,"十一五"期间低于财政收入总量年均增长 14.65 个百分点,"十二五"期间高于财政收入总量年均增长 8.45 个百分点;低于财政支出总量年均增长 2.96 个百分点,其中"十五"期间高于财政支出总量年均增长 1.15 个百分点,"十一五"期间低于财政支出总量年均增长 16.39 个百分点,"十二五"期间高于财政支出总量年均增长 6.89 个百分点。

认真对比,福建文化投入总量年均增长低于教科卫投入总量年均增长 4.29 个百分点,其中"十五"期间高于教科卫投入总量年均增长 2.15 个百分点,"十一五"期间低于教科卫投入总量年均增长 20.46 个百分点,"十二五"期间高于教科卫投入总量年均增长 5.70 个百分点。在 2000 年以来福建教科文卫综合投入优先高增长当中,文化投入增长处于严重失衡状态。

从图 2 亦可清楚、直观地看出,文化投入所占面积呈逐渐收窄之势,表明其在教科文卫综合投入中的比例持续降低。

与此同时,全国文化投入总量年均增长 16.78%。2000 年以来,福建文化投入总量年均增长低于全国年均增长 1.50 个百分点,占全国份额从 2000 年的 3.35% 下降至 2015 年的 2.76%,省域间份额位次从第 11 位下降为第 15 位。

(三)人均值增长及其地区差变动状况

2000 年以来福建文化投入人均值及其地区差变动态势见图 3。

2000~2015 年,福建文化投入人均值由 29.88 元增至 221.90 元,年均增长 14.30%,省域间增长位次排序为第 24 位。其中,"十五"期间年均增长 12.93%,"十一五"期间年均增长 6.17%,"十二五"期间年均增长 24.55%。最高增长年度为 2015 年,增长 31.04%;最低增长年度为 2007 年,负增长 24.23%。

2000 年以来,福建文化投入人均值年均增长低于全国年均增长 1.84 个百分点,人均绝对值从 2000 年为全国人均值的 125.65% 下降至 2015 年为全国人均值的 98.90%,省域间人均绝对值高低位次从第 8 位下降为第 15 位。

同期,福建文化投入人均值地区差由 1.2563 缩小至 1.0110,缩小

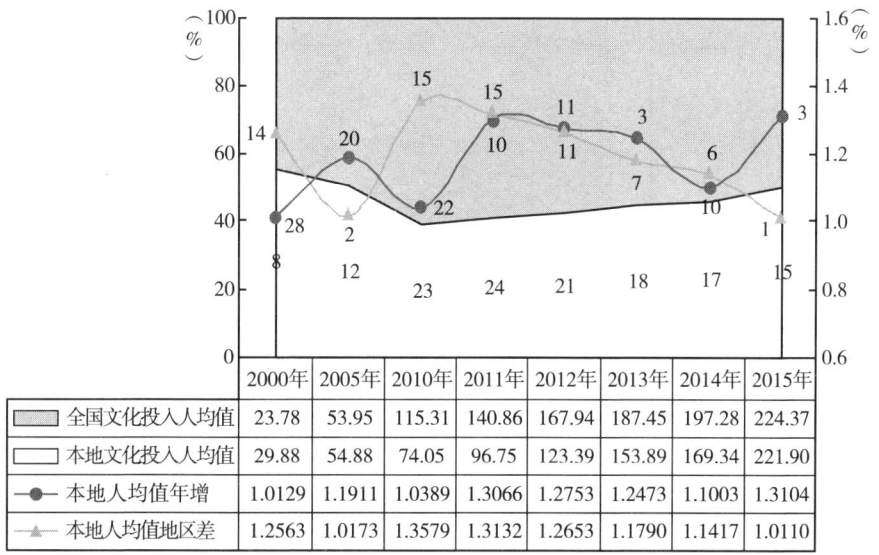

图 3　2000 年以来福建文化投入人均值及其地区差变动态势

左轴面积：本地、全国文化投入人均值（元转换为%），二者历年变动呈直观比例。右轴曲线：本地人均值年增（上年=1，由于历年人口增长，人均值年增指数略低于总量年增指数）；本地人均值地区差（无差距=1，为检测细微差异，保留4位小数）。标明历年本地人均值及其增长、地区差省域排序。

19.53%，省域间地区差位次变化幅度排第3位，地区差位次从第14位上升为第1位。其中，"十五"期间地区差缩小19.02%，"十一五"期间地区差扩大33.48%，"十二五"期间地区差缩小25.55%。最小地区差为2015年的1.0110，最大地区差为2010年的1.3579。

二　文化投入相关协调性态势

（一）相关背景变动状况

2000年以来福建文化投入相关背景比值变动态势见图4。

1. 文化投入与产值比

2000~2015年，福建文化投入总量年均增长高于产值年均增长1.54个

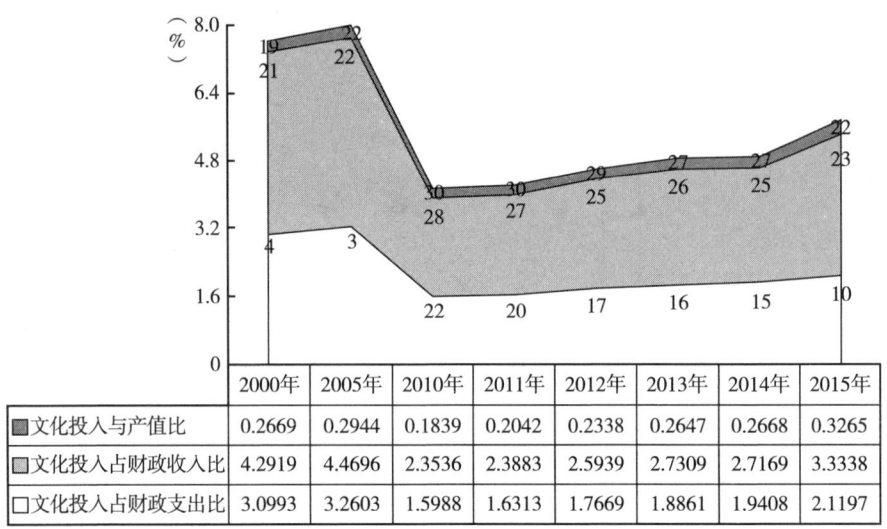

图4 2000年以来福建文化投入相关背景比值变动态势

左轴面积：文化投入与产值比、占财政收入和支出比（%），各项比值历年升降呈直观比例叠加。因比值很小，图中保留4位小数并依此演算，本报告正文按惯例保留2位小数。标明历年各项比值省域排序。

百分点。文化投入与产值比从0.27%增高至0.33%，上升程度为22.33%，上升0.06个百分点，省域间位次变化幅度排第23位。由于各地不同变动，福建比值高低位次从第19位下降为第22位。最高比值为2015年的0.33%，最低比值为2010年的0.18%。

2. 文化投入占财政收入比

2000～2015年，福建文化投入总量年均增长低于财政收入年均增长1.96个百分点。文化投入占财政收入比从4.29%降低至3.33%，下降程度为22.32%，下降0.96个百分点，省域间位次变化幅度排第16位，比值高低位次从第21位下降为第23位。最高比值为2004年的4.83%，最低比值为2010年的2.35%。

3. 文化投入占财政支出比

2000～2015年，福建文化投入总量年均增长低于财政支出年均增长2.96个百分点。文化投入占财政支出比从3.10%降低至2.12%，下降程度为31.61%，下降 0.98 个百分点，省域间位次变化幅度排第 19 位，比值高低位次从第 4 位下降为第 10 位。最高比值为 2006 年的 3.29%，最低比值为 2010 年的 1.60%。

（二）相邻关系变动状况

2000 年以来福建文化投入相邻关系比值变动态势见图 5。

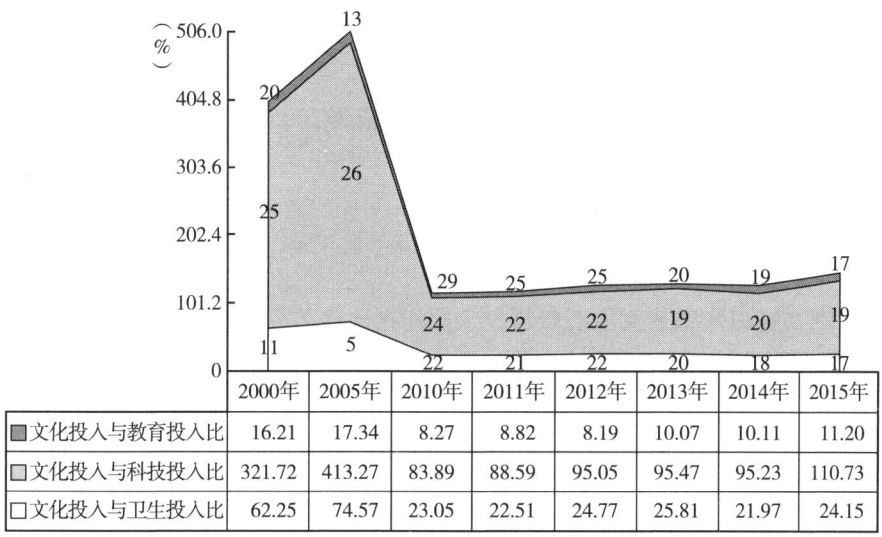

图 5　2000 年以来福建文化投入相邻关系比值变动态势

左轴面积：文化投入与教育、科技、卫生投入比（%），各项比值历年升降呈直观比例叠加。标明历年各项比值省域排序。

1. 文化投入与教育投入比

2000~2015 年，福建文化投入总量年均增长低于教育投入年均增长 2.88 个百分点。文化投入与教育投入比从 16.21% 降低至 11.20%，下降程度为 30.91%，下降 5.01 个百分点，省域间位次变化幅度排第 15 位。由于各地不同变动，福建比值高低位次从第 20 位上升为第 17 位。最高比值为 2006 年的 17.61%，最低比值为 2012 年的 8.19%。

2. 文化投入与科技投入比

2000~2015 年，福建文化投入总量年均增长低于科技投入年均增长 8.51 个百分点。文化投入与科技投入比从 321.72% 降低至 110.73%，下降程度为65.58%，下降210.99个百分点，省域间位次变化幅度排第16位。由于各地不同变动，福建比值高低位次从第25位上升为第19位。最高比值为2006年的458.54%，最低比值为2010年的83.89%。

3. 文化投入与卫生投入比

2000~2015年，福建文化投入总量年均增长低于卫生投入年均增长7.51个百分点。文化投入与卫生投入比从62.25%降低为24.15%，下降程度为61.20%，下降38.10个百分点，省域间位次变化幅度排第15位，比值高低位次从第11位下降为第17位。最高比值为2005年的74.57%，最低比值为2014年的21.97%。

（三）同构占比变动状况

2000年以来福建文化消费与投入同构占比倍差变动态势见图6。

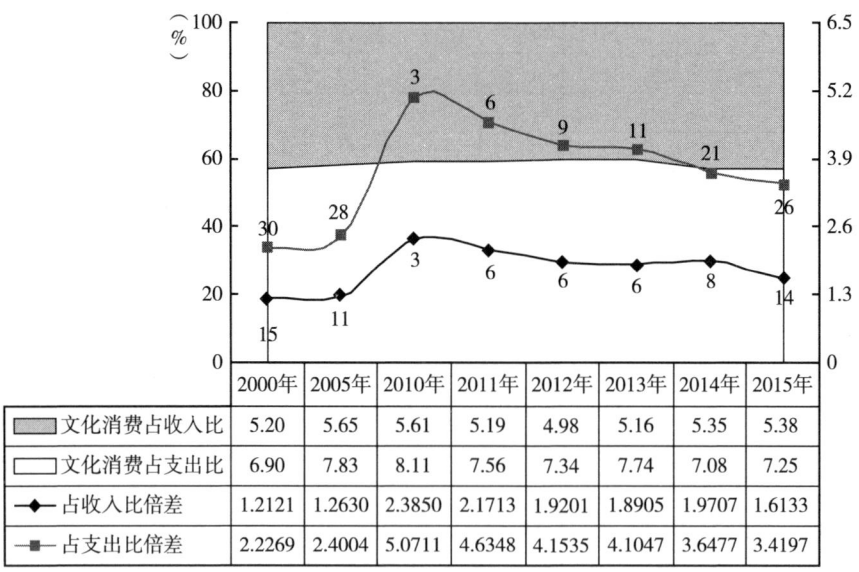

图6 2000年以来福建文化消费与投入同构占比倍差变动态势

左轴面积：文化消费占居民收入、占居民总消费支出比（%），两项比值历年升降呈直观比例叠加。右轴曲线：文化消费占居民收入比与文化投入占财政收入比、文化消费占居民支出比与文化投入占财政支出比倍差（无差距=1，为检测细微差异，保留4位小数）。标明历年各项倍差省域排序。

1. 文化消费与投入占收入比

2000~2015年，福建城乡居民文化消费占居民收入比从5.20%增高至5.38%，上升程度为3.46%。逐年比较，最高比值为2002年的5.85%，最低比值为2001年的4.68%。

对照本报告图4，同期，福建文化投入占财政收入比下降22.32%，2015年比值低于文化消费占居民收入比2.05个百分点。二者之间占比倍差由1.2121增大至1.6133，增大程度为33.10%，省域间位次变化幅度排第20位。由于各地不同变动，福建倍差高低（倒序）位次从第15位上升为第14位。

2. 文化消费与投入占支出比

2000~2015年，福建城乡居民文化消费占居民支出比从6.90%增高至7.25%，上升程度为5.07%。逐年比较，最高比值为2010年的8.11%，最低比值为2001年的6.41%。

对照本报告图4，同期，福建文化投入占财政支出比下降31.61%，2015年比值低于文化消费占居民支出比5.13个百分点。二者之间占比倍差由2.2269增大至3.4197，增大程度为53.56%，省域间位次变化幅度排第16位。由于各地不同变动，福建倍差高低（倒序）位次从第30位上升为第26位。

三 2015年文化投入纵横向双重测评

综合以上分析，2000年以来福建文化投入总量年均增长15.28%，较明显低于全国平均增长1.50个百分点，人均值地区差缩小19.53%；文化投入增长较明显高于产值增长，但较明显低于财政收入、财政支出增长；同时较明显低于教育投入增长，也显著低于科技、卫生投入增长；文化投入占财政收入比较明显低于文化消费占居民收入比，占财政支出比更明显低于文化消费占居民支出比。

这些都集中体现在文化投入增长综合指数测评演算之中。2000年以来福建文化投入增长综合指数变动态势见图7。

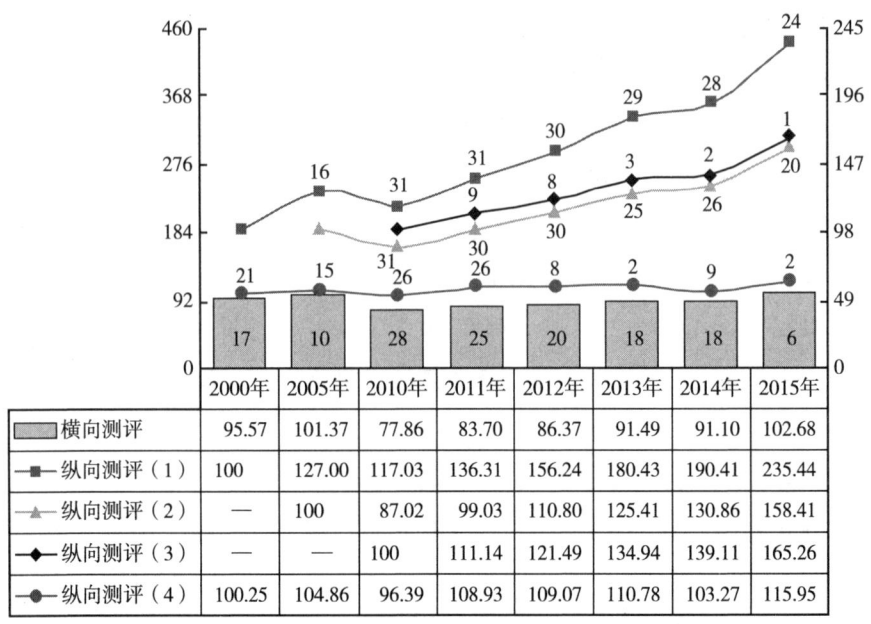

图7 2000年以来福建文化投入增长综合指数变动态势

左轴柱形：横向测评（无差距理想值＝100）。右轴曲线：纵向测评（起点年基数值＝100），（1）以2000年为起点，（2）以2005年为起点，（3）以2010年为起点。左轴曲线：纵向测评（4），以上年为起点。标明历年各项测评指数省域排行。

（一）各年度横向测评综合指数

以文化投入人均值地区无差距、文化消费与投入同构占比无差距状态为理想值100，2015年福建文化投入增长状况此项综合指数为102.68，处于省域间第6位，高于无差距理想值2.68%，也高于上年测评指数11.58个点。

各年度此项综合指数对比，2004～2006年、2015年4个年度高于无差距理想值100；2001～2005年、2008年、2011～2013年、2015年10个年度高于上年指数值。其中，最高值为2015年的102.68，最低值为2007年的75.70。福建此项综合指数在省域间排行变化，2000年为第17位，2005年为第10位，2010年为第28位，2015年从上年第18位上升为第6位。

（二）"十五"以来纵向测评综合指数

以"九五"末年2000年为起点基数值100，2015年福建文化投入增长状况此项综合指数为235.44，处于省域间第24位，高出2000年起点基数135.44%，也高出上年测评指数45.03个点。

"十五"以来各年度此项综合指数对比，全部各个年度均高于2000年起点基数值100；2002~2006年、2008~2009年、2011~2015年12个年度高于上年指数值。其中，最高值为2015年的235.44，最低值为2007年的100.95。福建此项综合指数在省域间排行变化，2000年起点不计，2005年为第16位，2010年为第31位，2015年从上年第28位上升为第24位。

（三）"十一五"以来纵向测评综合指数

以"十五"末年2005年为起点基数值100，2015年福建文化投入增长状况此项综合指数为158.41，处于省域间第20位，高出2005年起点基数58.41%，也高出上年测评指数27.55个点。

"十一五"以来各年度此项综合指数对比，2006年、2012~2015年5个年度高于2005年起点基数值100；2008~2009年、2011~2015年7个年度高于上年指数值。其中，最高值为2015年的158.41，最低值为2007年的78.10。福建此项综合指数在省域间排行变化，2010年为第31位，2015年从上年第26位上升为第20位。

（四）"十二五"以来纵向测评综合指数

以"十一五"末年2010年为起点基数值100，2015年福建文化投入增长状况此项综合指数为165.26，处于省域间第1位，高出2010年起点基数65.26%，也高出上年测评指数26.15个点。

"十二五"以来各年度此项综合指数对比，全部各个年度均高于2010年起点基数值100；全部各个年度均高于上年指数值。其中，最高值为2015

年的165.26,最低值为2011年的111.14。福建此项综合指数在省域间排行变化,2011年为第9位,2015年从上年第2位上升为第1位。

（五）逐年度纵向测评综合指数

以上一年（2014年）为起点基数值100,2015年福建文化投入增长状况此项综合指数为115.95,处于省域间第2位,高出2014年起点基数15.95%,也高出上年基于2013年基数值的测评指数12.68个点。

逐年度此项景气指数对比,2000~2006年、2008年、2011~2015年13个年度高于自身上年起点基数值100;2001年、2004年、2008年、2011~2013年、2015年7个年度高于上年指数值。其中,最高值为2015年的115.95,最低值为2007年的75.74。福建此项综合指数在省域间排行变化,2000年为第21位,2005年为第15位,2010年为第26位,2015年从上年第9位上升为第2位。

B.11
山西：2015年度综合指数排名第14位

沈宗涛*

摘　要： 2000~2015年，山西文化投入总量由6.50亿元增至73.08亿元，年均增长17.51%，略微高于全国平均增长0.73个百分点。山西综合评价排行：在省域横向测评中，处于2015年度综合指数排名第14位；在自身纵向测评中，处于2000~2015年综合指数提升第17位，2005~2015年综合指数提升第24位，2010~2015年综合指数提升第6位，2014~2015年综合指数提升第5位。

关键词： 山西　文化投入　综合评价

一　文化投入及其相关背景基本态势

（一）经济财政基本面背景状况

2000年以来山西文化投入总量增长及相关背景关系态势见图1。

2000~2015年，山西产值总量年均增长13.76%；财政收入总量年均增长19.43%；财政支出总量年均增长19.90%；教科文卫综合投入（图中教科卫投入与文化投入之和，后同）总量年均增长21.19%；教科文卫综合投入之外财政支出统归为"其他支出"，其总量年均增长19.42%。

---

* 沈宗涛，云南省社会科学院信息中心副主任、助理研究员，主要从事网络信息分析研究。

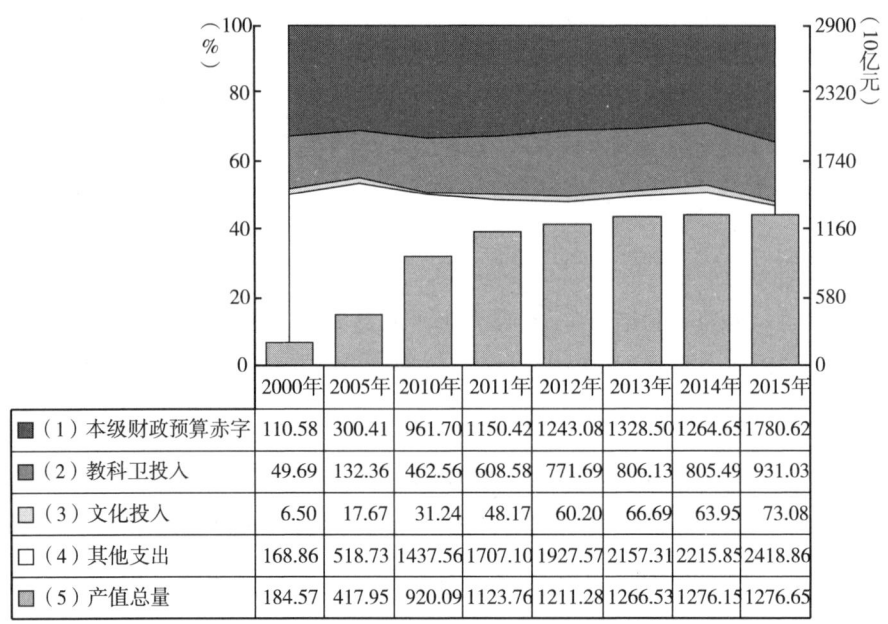

图1 2000年以来山西文化投入总量增长及相关背景关系态势

左轴面积：本级财政预算赤字（中央财政税收返还和转移支付等，"财政包干"地区可为国债份额）、教科卫投入、文化投入、其他支出总量（亿元转换为%），（2）+（3）+（4）=财政支出总量，（2）+（3）+（4）-（1）=财政收入总量，各项数值历年变动呈直观比例。右轴柱形：产值总量（10亿元）。图中省略若干年度，后台演算历年增长变化包括省略年度，本报告同。

在此期间，山西教科文卫综合投入总量年均增长高于产值总量年均增长7.43个百分点，高于财政收入总量年均增长1.76个百分点，高于财政支出总量年均增长1.29个百分点，高于其他支出总量年均增长1.77个百分点。

"十五"以来，山西教科文卫建设作为公共服务的一个重要方面，确实处于一种极为特殊的优先发展地位。"十一五"以来，山西教科文卫综合投入增长高于其他支出增长的情况更加明显。

（二）文化投入总量增长状况

2000年以来山西文化投入总量及相邻关系、占全国份额变动态势见图2。

山西：2015年度综合指数排名第14位

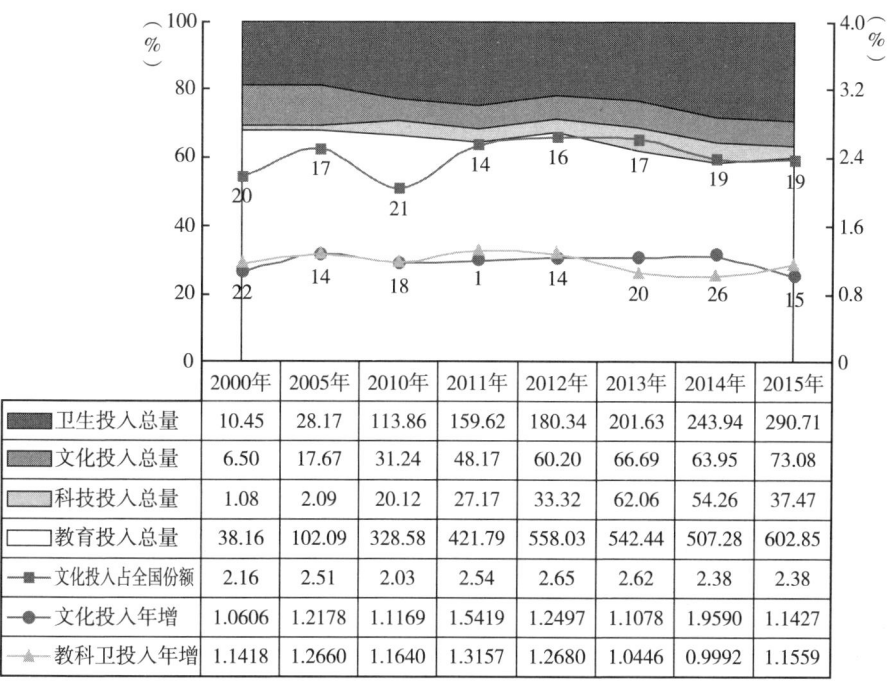

图2　2000年以来山西文化投入总量及相邻关系、占全国份额变动态势

左轴面积：教育、科技、文化、卫生投入总量（亿元转换为%），各项数值历年变动呈直观比例。右轴曲线：文化、教科卫投入年增（上年＝1，小于1为负增长，保留4位小数，本报告正文转换为2位小数增长百分比，后同）；文化投入占全国份额（%）。后台数据库包含不出现的1999年相关数据，以此测量2000年相应数据变动，本报告同。标明历年文化投入增长、份额省域排序。

2000～2015年，山西文化投入总量由6.50亿元增至73.08亿元，年均增长17.51%，省域间增长位次排序为第16位。其中，"十五"期间年均增长22.14%，"十一五"期间年均增长12.07%，"十二五"期间年均增长18.53%。最高增长年度为2011年，增长54.19%；最低增长年度为2014年，负增长4.10%。

相比之下，山西文化投入总量年均增长高于产值总量年均增长3.75个百分点，其中"十五"期间高于产值总量年均增长4.38个百分点，"十一五"期间低于产值总量年均增长5.03个百分点，"十二五"期间高于产值总量年均增长11.76个百分点；同时低于财政收入总量年均增长1.92个百分点,其中"十五"期间低于财政收入总量年均增长4.19个百分点,"十一五"期间低于财政收入总量年均增长9.29个百分点,"十二五"期间高于财政收入总量年均增长7.42个百分点;低于财政支出总量年均增长2.39个百分点,其中"十五"期间低于财政支出总量年均增长2.19个百分点,"十一五"期间低于财政支出总量年均增长11.56个百分点,"十二五"期间高于财政支出总量年均增长6.40个百分点。

认真对比,山西文化投入总量年均增长低于教科卫投入总量年均增长4.07个百分点,其中"十五"期间高于教科卫投入总量年均增长0.49个百分点,"十一五"期间低于教科卫投入总量年均增长16.36个百分点,"十二五"期间高于教科卫投入总量年均增长3.51个百分点。在2000年以来山西教科文卫综合投入优先高增长当中,文化投入增长处于严重失衡状态。

从图2亦可清楚、直观地看出,文化投入所占面积呈逐渐收窄之势,表明其在教科文卫综合投入中的比例持续降低。

与此同时,全国文化投入总量年均增长16.78%。2000年以来,山西文化投入总量年均增长高于全国年均增长0.73个百分点,占全国份额从2000年的2.16%上升至2015年的2.38%,省域间份额位次从第20位上升为第19位。

(三)人均值增长及其地区差变动状况

2000年以来山西文化投入人均值及其地区差变动态势见图3。

2000~2015年,山西文化投入人均值由20.14元增至199.89元,年均增长16.53%,省域间增长位次排序为第17位。其中,"十五"期间年均增长21.27%,"十一五"期间年均增长11.06%,"十二五"期间年均增长17.50%。最高增长年度为2011年,增长50.62%;最低增长年度为2014年,负增长4.59%。

2000年以来,山西文化投入人均值年均增长高于全国年均增长0.39个百分点,人均绝对值从2000年为全国人均值的84.69%上升至2015年为全国人均值的89.09%,省域间人均绝对值高低位次从第20位上升为第17位。

同期,山西文化投入人均值地区差由1.1530缩小至1.1091,缩小

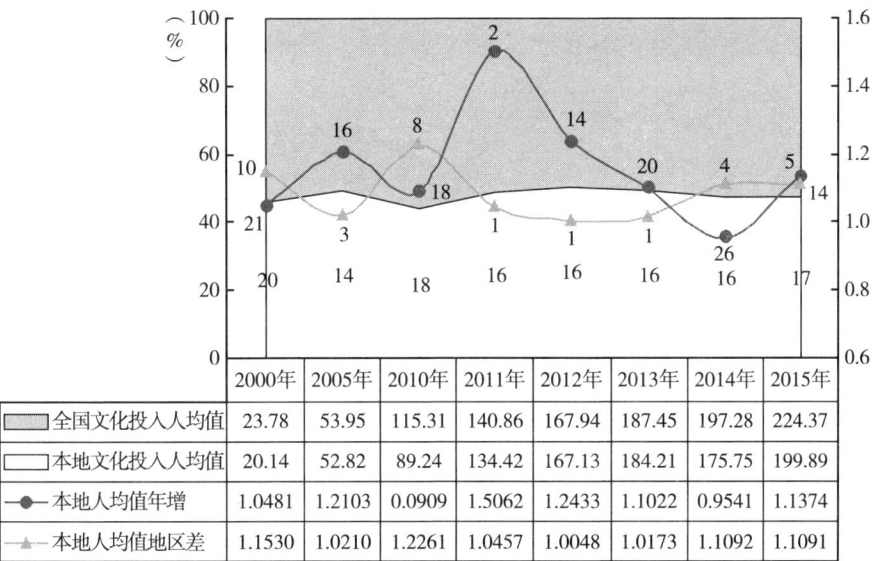

图3 2000年以来山西文化投入人均值及其地区差变动态势

左轴面积：本地、全国文化投入人均值（元转换为%），二者历年变动呈直观比例。右轴曲线：本地人均值年增（上年=1，小于1为负增长，由于历年人口增长，人均值年增指数略低于总量年增指数）；本地人均值地区差（无差距=1，为检测细微差异，保留4位小数）。标明历年本地人均值及其增长、地区差省域排序。

3.81%，省域间地区差位次变化幅度排第11位，地区差位次从第10位上升为第5位。其中，"十五"期间地区差缩小11.45%，"十一五"期间地区差扩大20.09%，"十二五"期间地区差缩小9.54%。最小地区差为2006年的1.0028，最大地区差为2010年的1.2261。

二 文化投入相关协调性态势

（一）相关背景变动状况

2000年以来山西文化投入相关背景比值变动态势见图4。

1. 文化投入与产值比

2000~2015年，山西文化投入总量年均增长高于产值年均增长3.75个百

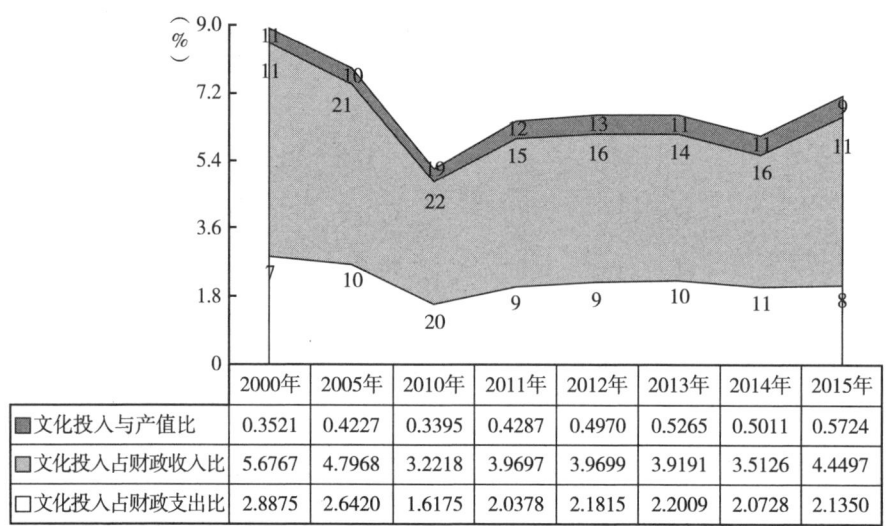

图4 2000年以来山西文化投入相关背景比值变动态势

左轴面积：文化投入与产值比、占财政收入和支出比（%），各项比值历年升降呈直观比例叠加。因比值很小，图中保留4位小数并依此演算，本报告正文按惯例保留2位小数。标明历年各项比值省域排序。

分点。文化投入与产值比从0.35%增高至0.57%，上升程度为62.57%，上升0.22个百分点，省域间位次变化幅度排第11位，比值高低位次从第11位上升为第9位。最高比值为2015年的0.57%，最低比值为2010年的0.34%。

2. 文化投入占财政收入比

2000~2015年，山西文化投入总量年均增长低于财政收入年均增长1.92个百分点。文化投入占财政收入比从5.68%降低至4.45%，下降程度为21.61%，下降1.23个百分点，省域间位次变化幅度排第15位，比值高低位次前后保持在第11位。最高比值为2002年的6.37%，最低比值为2010年的3.22%。

3. 文化投入占财政支出比

2000~2015年，山西文化投入总量年均增长低于财政支出年均增长2.39个百分点。文化投入占财政支出比从2.89%降低至2.13%，下降程度为26.06%，下降0.75个百分点，省域间位次变化幅度排第14位，比值高低位次从第7位下降为第8位。最高比值为2000年的2.89%，最低比值为2010年的1.62%。

（二）相邻关系变动状况

2000年以来山西文化投入相邻关系比值变动态势见图5。

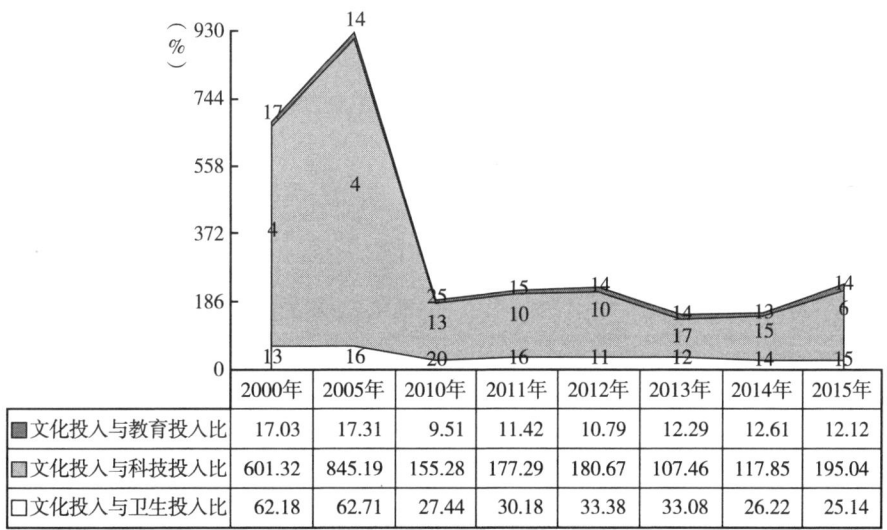

图5　2000年以来山西文化投入相邻关系比值变动态势

左轴面积：文化投入与教育、科技、卫生投入比（%），各项比值历年升降呈直观比例叠加。标明历年各项比值省域排序。

1. 文化投入与教育投入比

2000~2015年，山西文化投入总量年均增长低于教育投入年均增长2.69个百分点。文化投入与教育投入比从17.03%降低至12.12%，下降程度为28.83%，下降4.91个百分点，省域间位次变化幅度排第13位。由于各地不同变动，山西比值高低位次从第17位上升为第14位。最高比值为2004年的18.08%，最低比值为2010年的9.51%。

2. 文化投入与科技投入比

2000~2015年，山西文化投入总量年均增长低于科技投入年均增长9.16个百分点。文化投入与科技投入比从601.32%降低至195.04%，下降程度为67.56%,下降406.28个百分点,省域间位次变化幅度排第18位,比值高低位次从第4位下降为第6位。最高比值为2006年的864.03%,最低比值为2013年的107.46%。

3. 文化投入与卫生投入比

2000~2015年,山西文化投入总量年均增长低于卫生投入年均增长7.31个百分点。文化投入与卫生投入比从62.18%降低为25.14%,下降程度为59.57%,下降37.04个百分点,省域间位次变化幅度排第14位,比值高低位次从第13位下降为第15位。最高比值为2004年的64.80%,最低比值为2015年的25.14%。

(三)同构占比变动状况

2000年以来山西文化消费与投入同构占比倍差变动态势见图6。

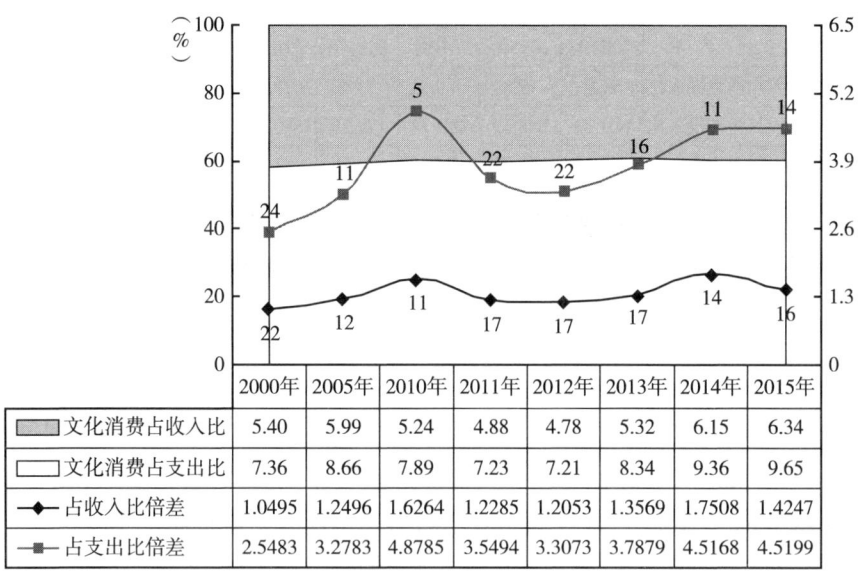

图6 2000年以来山西文化消费与投入同构占比倍差变动态势

左轴面积:文化消费占居民收入、占居民总消费支出比(%),两项比值历年升降呈直观比例叠加。右轴曲线:文化消费占居民收入比与文化投入占财政收入比、文化消费占居民支出比与文化投入占财政支出比倍差(无差距=1,为检测细微差异,保留4位小数)。标明历年各项倍差省域排序。

1. 文化消费与投入占收入比

2000～2015年，山西城乡居民文化消费占居民收入比从5.40%增高至6.34%，上升程度为17.41%。逐年比较，最高比值为2006年的6.47%，最低比值为2012年的4.78%。

对照本报告图4，同期，山西文化投入占财政收入比下降21.61%，2015年比值低于文化消费占居民收入比1.89个百分点。二者之间占比倍差由1.0495增大至1.4247，增大程度为35.75%，省域间位次变化幅度排第21位。由于各地不同变动，山西倍差高低（倒序）位次从第22位上升为第16位。

2. 文化消费与投入占支出比

2000～2015年，山西城乡居民文化消费占居民支出比从7.36%增高至9.65%，上升程度为31.11%。逐年比较，最高比值为2015年的9.65%，最低比值为2001年的7.00%。

对照本报告图4，同期，山西文化投入占财政支出比下降26.06%，2015年比值低于文化消费占居民支出比7.52个百分点。二者之间占比倍差由2.5483增大至4.5199，增大程度为77.37%，省域间位次变化幅度排第23位。由于各地不同变动，山西倍差高低（倒序）位次从第24位上升为第14位。

三 2015年文化投入纵横向双重测评

综合以上分析，2000年以来山西文化投入总量年均增长17.51%，略微高于全国平均增长0.73个百分点，人均值地区差缩小3.81%；文化投入增长明显高于产值增长，但较明显低于财政收入、财政支出增长；同时较明显低于教育投入增长，也显著低于科技、卫生投入增长；文化投入占财政收入比较明显低于文化消费占居民收入比，占财政支出比更显著低于文化消费占居民支出比。

这些都集中体现在文化投入增长综合指数测评演算之中。2000年以来山西文化投入增长综合指数变动态势见图7。

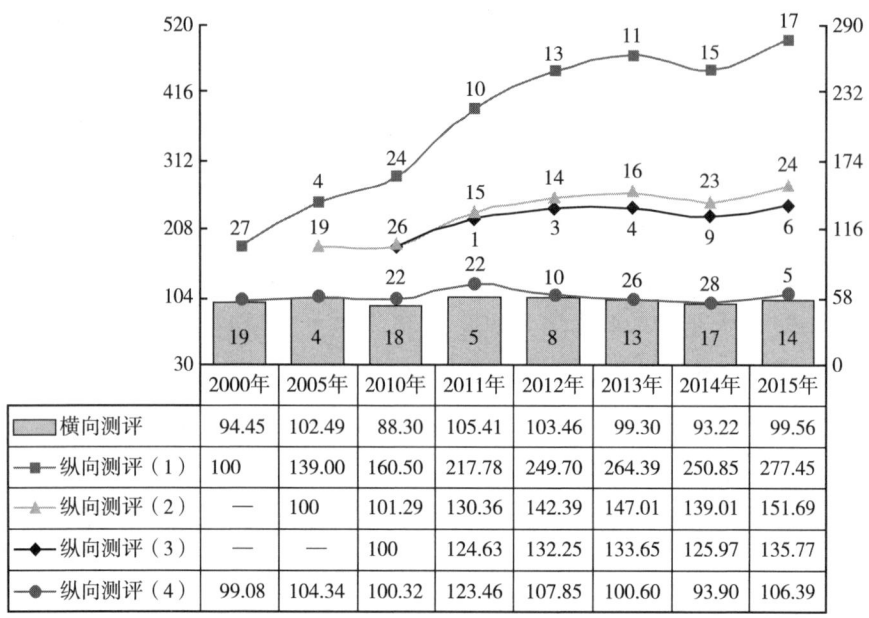

图7　2000年以来山西文化投入增长综合指数变动态势

左轴柱形：横向测评（无差距理想值=100）。右轴曲线：纵向测评（起点年基数值=100），(1)以2000年为起点，(2)以2005年为起点，(3)以2010年为起点。左轴曲线：纵向测评(4)，以上年为起点。标明历年各项测评指数省域排行。

（一）各年度横向测评综合指数

以文化投入人均值地区无差距、文化消费与投入同构占比无差距状态为理想值100，2015年山西文化投入增长状况此项综合指数为99.56，处于省域间第14位，低于无差距理想值0.44%，但高于上年测评指数6.34个点。

各年度此项综合指数对比，2004~2007年、2011~2012年6个年度高于无差距理想值100；2001年、2003~2004年、2006年、2010~2011年、2015年7个年度高于上年指数值。其中，最高值为2011年的105.41，最低值为2009年的85.94。山西此项综合指数在省域间排行变化，2000年为第19位，2005年为第4位，2010年为第18位，2015年从上年第17位上升为第14位。

(二)"十五"以来纵向测评综合指数

以"九五"末年2000年为起点基数值100,2015年山西文化投入增长状况此项综合指数为277.45,处于省域间第17位,高出2000年起点基数177.45%,也高出上年测评指数26.60个点。

"十五"以来各年度此项综合指数对比,全部各个年度均高于2000年起点基数值100;2002~2008年、2010~2013年、2015年12个年度高于上年指数值。其中,最高值为2015年的277.45,最低值为2001年的108.65。山西此项综合指数在省域间排行变化,2000年起点不计,2005年为第4位,2010年为第24位,2015年从上年第15位下降为第17位。

(三)"十一五"以来纵向测评综合指数

以"十五"末年2005年为起点基数值100,2015年山西文化投入增长状况此项综合指数为151.69,处于省域间第24位,高出2005年起点基数51.69%,也高出上年测评指数12.68个点。

"十一五"以来各年度此项综合指数对比,2006~2008年、2010~2015年9个年度高于2005年起点基数值100;2008年、2010~2013年、2015年6个年度高于上年指数值。其中,最高值为2015年的151.69,最低值为2009年的98.37。山西此项综合指数在省域间排行变化,2010年为第26位,2015年从上年第23位下降为第24位。

(四)"十二五"以来纵向测评综合指数

以"十一五"末年2010年为起点基数值100,2015年山西文化投入增长状况此项综合指数为135.77,处于省域间第6位,高出2010年起点基数35.77%,也高出上年测评指数9.80个点。

"十二五"以来各年度此项综合指数对比,全部各个年度均高于2010年起点基数值100;2012~2013年、2015年3个年度高于上年指数值。其中,最高值为2015年的135.77,最低值为2011年的124.63。山西此项综合指数在省域间排行变化，2011年为第1位，2015年从上年第9位上升为第6位。

（五）逐年度纵向测评综合指数

以上一年（2014年）为起点基数值100，2015年山西文化投入增长状况此项综合指数为106.39，处于省域间第5位，高出2014年起点基数6.39%，也高出上年基于2013年基数值的测评指数12.49个点。

逐年度此项景气指数对比，2001~2006年、2010~2013年、2015年11个年度高于自身上年起点基数值100；2001年、2003~2004年、2008年、2010~2011年、2015年7个年度高于上年指数值。其中，最高值为2011年的123.46，最低值为2009年的90.57。山西此项综合指数在省域间排行变化，2000年为第27位，2005年为第19位，2010年为第22位，2015年从上年第28位上升为第5位。

B.12
湖南：2014~2015年综合指数提升第1位

代 丽*

摘 要： 2000~2015年，湖南文化投入总量由9.03亿元增至111.74亿元，年均增长18.26%，较明显高于全国平均增长1.48个百分点。湖南综合评价排行：在省域横向测评中，处于2015年度综合指数排名第16位；在自身纵向测评中，处于2000~2015年综合指数提升第9位，2005~2015年综合指数提升第9位，2010~2015年综合指数提升第2位，2014~2015年综合指数提升第1位。

关键词： 湖南 文化投入 综合评价

一 文化投入及其相关背景基本态势

（一）经济财政基本面背景状况

2000年以来湖南文化投入总量增长及相关背景关系态势见图1。

2000~2015年，湖南产值总量年均增长15.00%；财政收入总量年均增长19.35%；财政支出总量年均增长20.53%；教科文卫综合投入（图中教

---

* 代丽，云南省社会科学院信息中心助理研究员，主要从事文化消费、社会福利和社会保障研究。

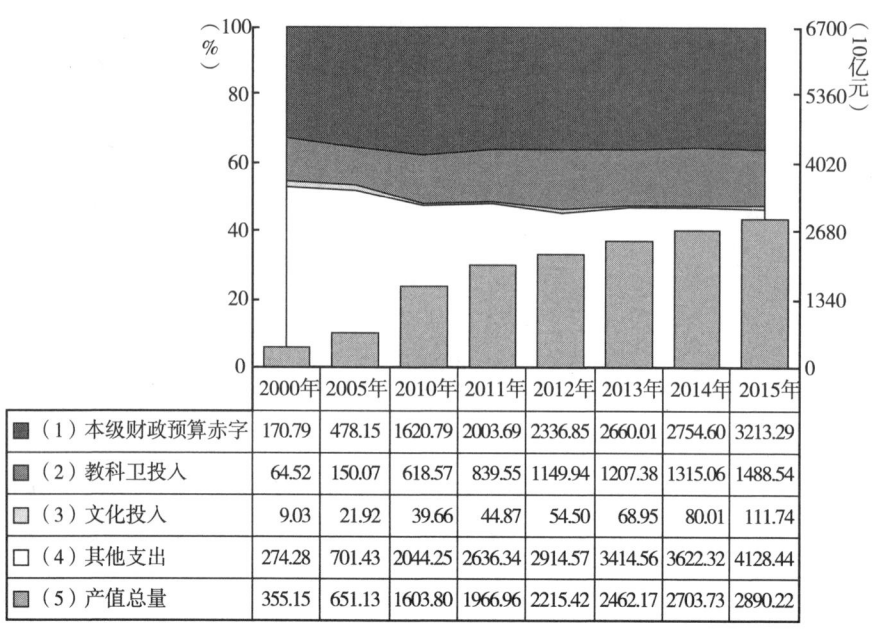

图1 2000年以来湖南文化投入总量增长及相关背景关系态势

左轴面积：本级财政预算赤字（中央财政税收返还和转移支付等，"财政包干"地区可为国债份额）、教科卫投入、文化投入、其他支出总量（亿元转换为%），(2)＋(3)＋(4)＝财政支出总量，(2)＋(3)＋(4)－(1)＝财政收入总量，各项数值历年变动呈直观比例。右轴柱形：产值总量（10亿元）。图中省略若干年度，后台演算历年增长变化包括省略年度，本报告同。

科卫投入与文化投入之和，后同）总量年均增长22.79%；教科文卫综合投入之外财政支出统归为"其他支出"，其总量年均增长19.81%。

在此期间，湖南教科文卫综合投入总量年均增长高于产值总量年均增长7.79个百分点，高于财政收入总量年均增长3.44个百分点，高于财政支出总量年均增长2.26个百分点，高于其他支出总量年均增长2.98个百分点。

"十五"以来，湖南教科文卫建设作为公共服务的一个重要方面，确实处于一种极为特殊的优先发展地位。"十一五"以来，湖南教科文卫综合投入增长高于其他支出增长的情况更加明显。

（二）文化投入总量增长状况

2000年以来湖南文化投入总量及相邻关系、占全国份额变动态势见图2。

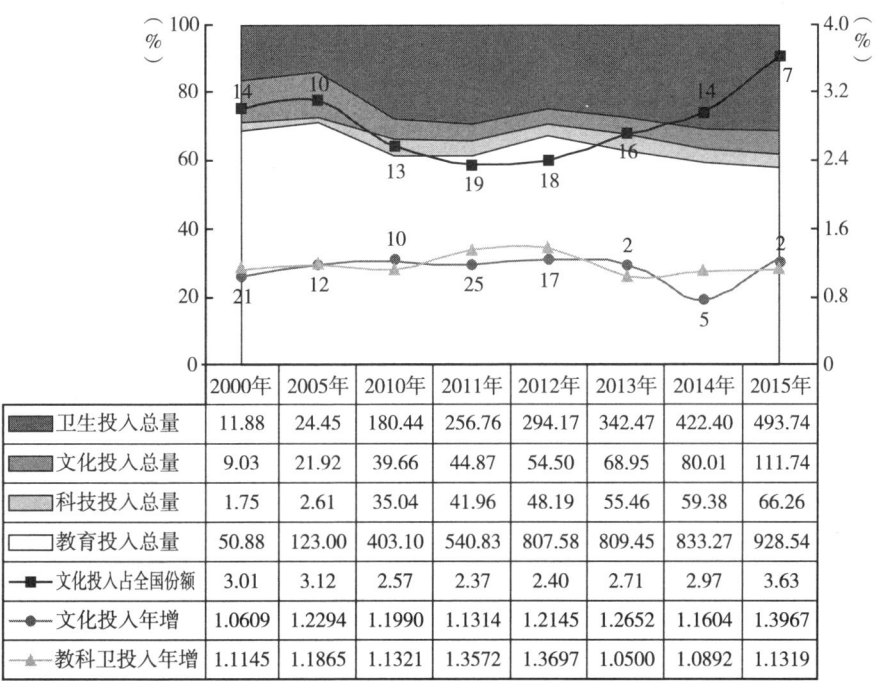

图 2　2000 年以来湖南文化投入总量及相邻关系、占全国份额变动态势

左轴面积：教育、科技、文化、卫生投入总量（亿元转换为%），各项数值历年变动呈直观比例。右轴曲线：文化、教科卫投入年增（上年 = 1，小于 1 为负增长，保留 4 位小数，本报告正文转换为 2 位小数增长百分比，后同）；文化投入占全国份额（%）。后台数据库包含不出现的 1999 年相关数据，以此测量 2000 年相应数据变动，本报告同。标明历年文化投入增长、份额省域排序。

2000~2015 年，湖南文化投入总量由 9.03 亿元增至 111.74 亿元，年均增长 18.26%，省域间增长位次排序为第 11 位。其中，"十五"期间年均增长 19.41%，"十一五"期间年均增长 12.59%，"十二五"期间年均增长 23.02%。最高增长年度为 2015 年，增长 39.67%；最低增长年度为 2007 年，负增长 22.40%。

相比之下，湖南文化投入总量年均增长高于产值总量年均增长 3.26 个百分点，其中"十五"期间高于产值总量年均增长 6.52 个百分点，"十一五"期间低于产值总量年均增长 7.17 个百分点，"十二五"期间高于产值总量年均增长 10.52 个百分点；同时低于财政收入总量年均增长 1.09 个百分点，其中"十五"期间高于财政收入总量年均增长1.98个百分点,"十一五"期间低于财政收入总量年均增长9.71个百分点,"十二五"期间高于财政收入总量年均增长4.63个百分点;低于财政支出总量年均增长2.27个百分点,其中"十五"期间低于财政支出总量年均增长0.81个百分点,"十一五"期间低于财政支出总量年均增长12.76个百分点,"十二五"期间高于财政支出总量年均增长6.81个百分点。

认真对比,湖南文化投入总量年均增长低于教科卫投入总量年均增长5.01个百分点,其中"十五"期间高于教科卫投入总量年均增长1.02个百分点,"十一五"期间低于教科卫投入总量年均增长20.16个百分点,"十二五"期间高于教科卫投入总量年均增长3.82个百分点。在2000年以来湖南教科文卫综合投入优先高增长当中,文化投入增长处于严重失衡状态。

从图2亦可清楚、直观地看出,文化投入所占面积呈逐渐收窄之势,表明其在教科文卫综合投入中的比例持续降低。

与此同时,全国文化投入总量年均增长16.78%。2000年以来,湖南文化投入总量年均增长高于全国年均增长1.48个百分点,占全国份额从2000年的3.01%上升至2015年的3.63%,省域间份额位次从第14位上升为第7位。

(三)人均值增长及其地区差变动状况

2000年以来湖南文化投入人均值及其地区差变动态势见图3。

2000~2015年,湖南文化投入人均值由13.80元增至165.29元,年均增长18.00%,省域间增长位次排序为第10位。其中,"十五"期间年均增长19.52%,"十一五"期间年均增长12.68%,"十二五"期间年均增长22.01%。最高增长年度为2015年,增长38.71%;最低增长年度为2007年,负增长22.58%。

2000年以来,湖南文化投入人均值年均增长高于全国年均增长1.86个百分点,人均绝对值从2000年为全国人均值的58.03%上升至2015年为全国人均值的73.67%,省域间人均绝对值高低位次从第26位上升为第22位。

同期,湖南文化投入人均值地区差由1.4199缩小至1.2633,缩小

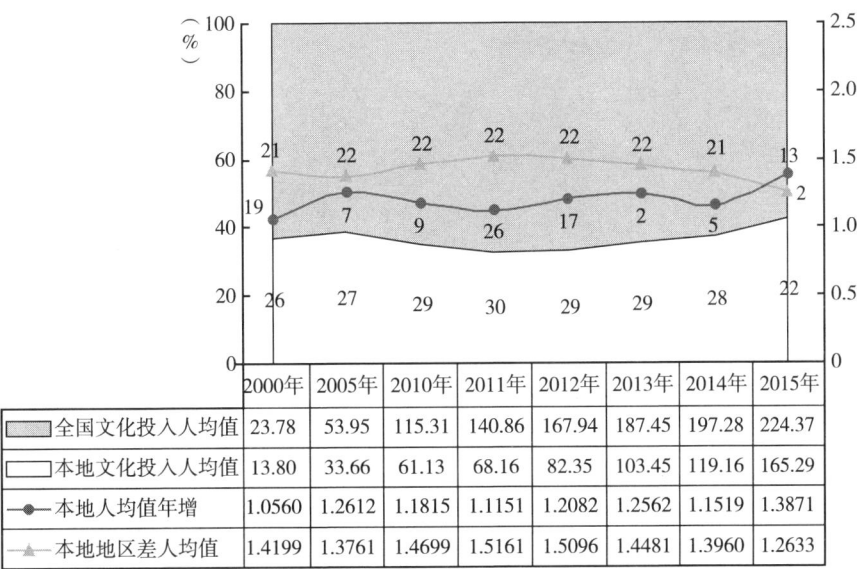

图 3　2000 年以来湖南文化投入人均值及其地区差变动态势

左轴面积：本地、全国文化投入人均值（元转换为%），二者历年变动呈直观比例。右轴曲线：本地人均值年增（上年=1，由于历年人口增长，人均值年增指数略低于总量年增指数）；本地人均值地区差（无差距=1，为检测细微差异，保留4位小数）。标明历年本地人均值及其增长、地区差省域排序。

11.03%，省域间地区差位次变化幅度排第 7 位，地区差位次从第 21 位上升为第 13 位。其中，"十五"期间地区差缩小 3.08%，"十一五"期间地区差扩大 6.82%，"十二五"期间地区差缩小 14.06%。最小地区差为 2015 年的 1.2633，最大地区差为 2007 年的 1.5345。

二　文化投入相关协调性态势

（一）相关背景变动状况

2000 年以来湖南文化投入相关背景比值变动态势见图 4。

1. 文化投入与产值比

2000~2015 年，湖南文化投入总量年均增长高于产值年均增长 3.26 个百

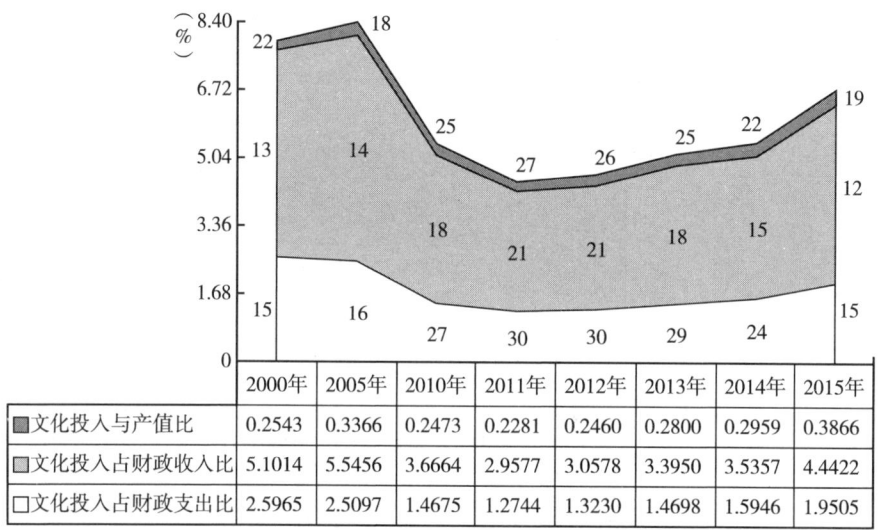

图 4　2000 年以来湖南文化投入相关背景比值变动态势

左轴面积：文化投入与产值比、占财政收入和支出比（%），各项比值历年升降呈直观比例叠加。因比值很小，图中保留 4 位小数并依此演算，本报告正文按惯例保留 2 位小数。标明历年各项比值省域排序。

分点。文化投入与产值比从 0.25% 增高至 0.39%，上升程度为 52.03%，上升 0.13 个百分点，省域间位次变化幅度排第 12 位，比值高低位次从第 22 位上升为第 19 位。最高比值为 2015 年的 0.39%，最低比值为 2007 年的 0.22%。

2. 文化投入占财政收入比

2000～2015 年，湖南文化投入总量年均增长低于财政收入年均增长 1.09 个百分点。文化投入占财政收入比从 5.10% 降低至 4.44%，下降程度为 12.92%，下降 0.66 个百分点，省域间位次变化幅度排第 11 位。由于各地不同变动，湖南比值高低位次从第 13 位上升为第 12 位。最高比值为 2003 年的 5.77%，最低比值为 2011 年的 2.96%。

3. 文化投入占财政支出比

2000～2015 年，湖南文化投入总量年均增长低于财政支出年均增长 2.27 个百分点。文化投入占财政支出比从 2.60% 降低至 1.95%，下降程度为 24.88%，下降 0.65 个百分点，省域间位次变化幅度排第 12 位，比值高低位次前后保持在第15位。最高比值为2003年的2.70%，最低比值为2011年的1.27%。

（二）相邻关系变动状况

2000年以来湖南文化投入相邻关系比值变动态势见图5。

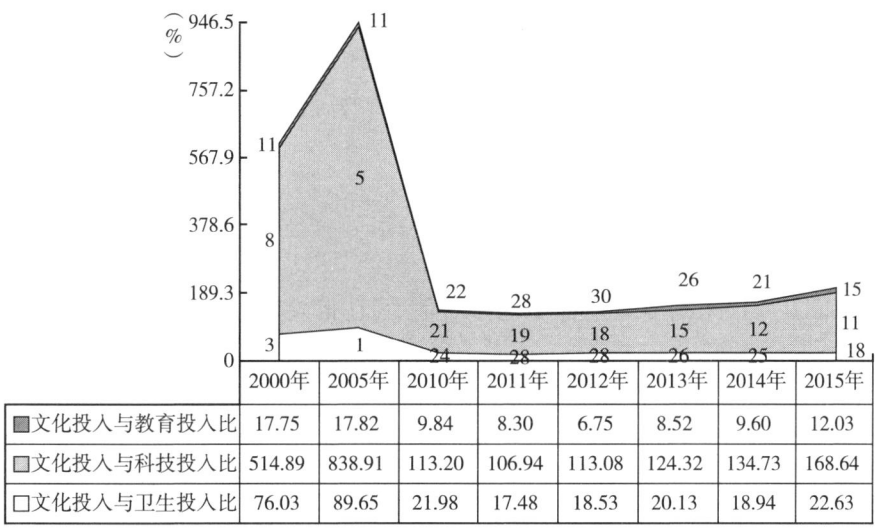

图5 2000年以来湖南文化投入相邻关系比值变动态势

左轴面积：文化投入与教育、科技、卫生投入比（%），各项比值历年升降呈直观比例叠加。标明历年各项比值省域排序。

1. 文化投入与教育投入比

2000~2015年，湖南文化投入总量年均增长低于教育投入年均增长3.10个百分点。文化投入与教育投入比从17.75%降低至12.03%，下降程度为32.23%，下降5.72个百分点，省域间位次变化幅度排第18位，比值高低位次从第11位下降为第15位。最高比值为2006年的18.25%，最低比值为2012年的6.75%。

2. 文化投入与科技投入比

2000~2015年，湖南文化投入总量年均增长低于科技投入年均增长9.15个百分点。文化投入与科技投入比从514.89%降低至168.64%，下降程度为67.25%，下降346.25个百分点，省域间位次变化幅度排第17位，比值高低位次从第8位下降为第11位。最高比值为2006年的850.81%，最低比值为2008年的95.32%。

3. 文化投入与卫生投入比

2000~2015年，湖南文化投入总量年均增长低于卫生投入年均增长9.95个百分点。文化投入与卫生投入比从76.03%降低为22.63%，下降程度为70.24%，下降53.40个百分点，省域间位次变化幅度排第27位，比值高低位次从第3位下降为第18位。最高比值为2003年的92.16%，最低比值为2011年的17.48%。

（三）同构占比变动状况

2000年以来湖南文化消费与投入同构占比倍差变动态势见图6。

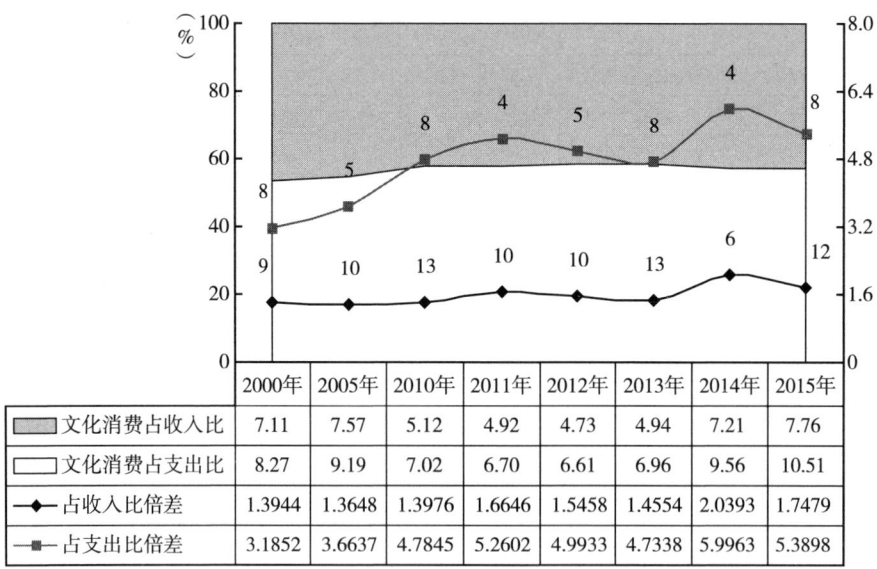

图6　2000年以来湖南文化消费与投入同构占比倍差变动态势

左轴面积：文化消费占居民收入、占居民总消费支出比（%），两项比值历年升降呈直观比例叠加。右轴曲线：文化消费占居民收入比与文化投入占财政收入比、文化消费占居民支出比与文化投入占财政支出比倍差（无差距＝1，为检测细微差异，保留4位小数）。标明历年各项倍差省域排序。

1. 文化消费与投入占收入比

2000~2015年，湖南城乡居民文化消费占居民收入比从7.11%增高至7.76%，上升程度为9.14%。逐年比较，最高比值为2002年的7.81%，最低比值为2009年的4.71%。

对照本报告图4，同期，湖南文化投入占财政收入比下降12.92%，2015年比值低于文化消费占居民收入比3.32个百分点。二者之间占比倍差由1.3944增大至1.7479，增大程度为25.35%，省域间位次变化幅度排第17位，倍差高低（倒序）位次从第9位下降为第12位。

2. 文化消费与投入占支出比

2000~2015年，湖南城乡居民文化消费占居民支出比从8.27%增高至10.51%，上升程度为27.09%。逐年比较，最高比值为2015年的10.51%，最低比值为2008年的6.27%。

对照本报告图4，同期，湖南文化投入占财政支出比下降24.88%，2015年比值低于文化消费占居民支出比8.56个百分点。二者之间占比倍差由3.1852增大至5.3898，增大程度为69.21%，省域间位次变化幅度排第20位，倍差高低（倒序）位次前后保持在第8位。

三　2015年文化投入纵横向双重测评

综合以上分析，2000年以来湖南文化投入总量年均增长18.26%，较明显高于全国平均增长1.48个百分点，人均值地区差缩小11.03%；文化投入增长明显高于产值增长，但较明显低于财政收入、财政支出增长；同时明显低于教育投入增长，也显著低于科技、卫生投入增长；文化投入占财政收入比明显低于文化消费占居民收入比，占财政支出比更显著低于文化消费占居民支出比。

这些都集中体现在文化投入增长综合指数测评演算之中。2000年以来湖南文化投入增长综合指数变动态势见图7。

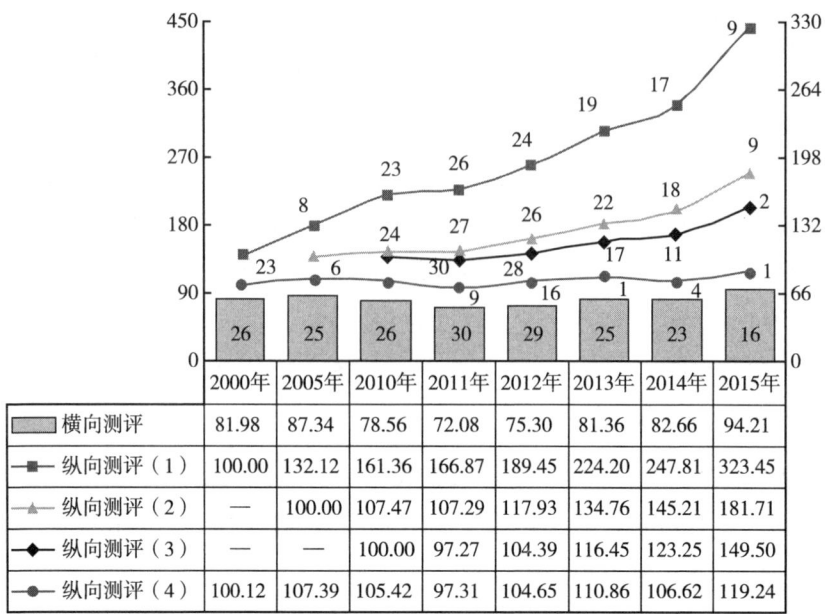

图 7　2000 年以来湖南文化投入增长综合指数变动态势

左轴柱形：横向测评（无差距理想值=100）。右轴曲线：纵向测评（起点年基数值=100），（1）以 2000 年为起点，（2）以 2005 年为起点，（3）以 2010 年为起点。左轴曲线：纵向测评（4），以上年为起点。标明历年各项测评指数省域排行。

（一）各年度横向测评综合指数

以文化投入人均值地区无差距、文化消费与投入同构占比无差距状态为理想值 100，2015 年湖南文化投入增长状况此项综合指数为 94.21，处于省域间第 16 位，低于无差距理想值 5.79%，但高于上年测评指数 11.55 个点。

各年度此项综合指数对比，全部各个年度均低于无差距理想值 100；2002~2003 年、2005 年、2008~2010 年、2012~2015 年 10 个年度高于上年指数值。其中，最高值为 2015 年的 94.21，最低值为 2007 年的 64.41。湖南此项综合指数在省域间排行变化，2000 年为第 26 位，2005 年为第 25 位，2010 年为第 26 位，2015 年从上年第 23 位上升为第 16 位。

（二）"十五"以来纵向测评综合指数

以"九五"末年2000年为起点基数值100，2015年湖南文化投入增长状况此项综合指数为323.45，处于省域间第9位，高出2000年起点基数223.45%，也高出上年测评指数75.64个点。

"十五"以来各年度此项综合指数对比，全部各个年度均高于2000年起点基数值100；2002~2006年、2008~2015年13个年度高于上年指数值。其中，最高值为2015年的323.45，最低值为2001年的103.39。湖南此项综合指数在省域间排行变化，2000年起点不计，2005年为第8位，2010年为第23位，2015年从上年第17位上升为第9位。

（三）"十一五"以来纵向测评综合指数

以"十五"末年2005年为起点基数值100，2015年湖南文化投入增长状况此项综合指数为181.71，处于省域间第9位，高出2005年起点基数81.71%，也高出上年测评指数36.50个点。

"十一五"以来各年度此项综合指数对比，2006年、2009~2015年8个年度高于2005年起点基数值100；2008~2010年、2012~2015年7个年度高于上年指数值。其中，最高值为2015年的181.71，最低值为2007年的80.56。湖南此项综合指数在省域间排行变化，2010年为第24位，2015年从上年第18位上升为第9位。

（四）"十二五"以来纵向测评综合指数

以"十一五"末年2010年为起点基数值100，2015年湖南文化投入增长状况此项综合指数为149.50，处于省域间第2位，高出2010年起点基数49.50%，也高出上年测评指数26.25个点。

"十二五"以来各年度此项综合指数对比，2012~2015年4个年度高于2010年起点基数值100；全部各个年度均高于上年指数值。其中，最高值为2015年的149.50，最低值为2011年的97.27。湖南此项综合指数在省域间排行变化,2011年为第30位,2015年从上年第11位上升为第2位。

(五)逐年度纵向测评综合指数

以上一年(2014年)为起点基数值100,2015年湖南文化投入增长状况此项综合指数为119.24,处于省域间第1位,高出2014年起点基数19.24%,也高出上年基于2013年基数值的测评指数12.62个点。

逐年度此项景气指数对比,2000~2006年、2008~2010年、2012~2015年14个年度高于自身上年起点基数值100;2001~2003年、2005年、2008~2009年、2012~2013年、2015年9个年度高于上年指数值。其中,最高值为2015年的119.24,最低值为2007年的77.27。湖南此项综合指数在省域间排行变化,2000年为第23位,2005年为第6位,2010年为第9位,2015年从上年第4位上升为第1位。

B.13
重庆：2014~2015年综合指数提升第3位

刘娟娟*

摘　要： 2000~2015年，重庆文化投入总量由3.37亿元增至47.01亿元，年均增长19.21%，较明显高于全国平均增长2.43个百分点。重庆综合评价排行：在省域横向测评中，处于2015年度综合指数排名第22位；在自身纵向测评中，处于2000~2015年综合指数提升第2位，2005~2015年综合指数提升第15位，2010~2015年综合指数提升第26位，2014~2015年综合指数提升第3位。

关键词： 重庆　文化投入　综合评价

一　文化投入及其相关背景基本态势

（一）经济财政基本面背景状况

2000年以来重庆文化投入总量增长及相关背景关系态势见图1。

2000~2015年，重庆产值总量年均增长16.44%；财政收入总量年均增长23.84%；财政支出总量年均增长22.19%；教科文卫综合投入（图中教科卫投入与文化投入之和，后同）总量年均增长18.18%；教科文卫综合投

---

* 刘娟娟，云南农业职业技术学院工程学院讲师，主要从事民族文化研究。

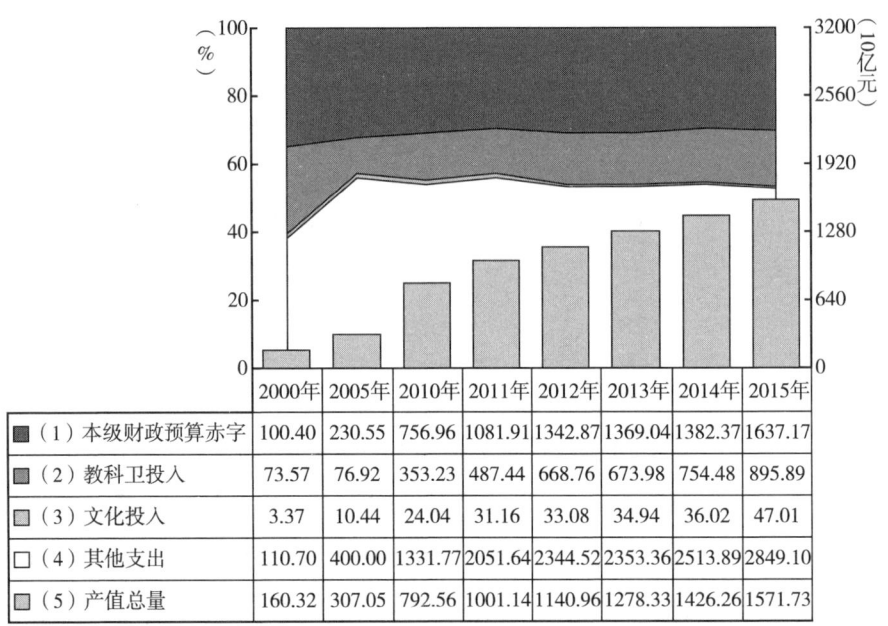

图 1　2000 年以来重庆文化投入总量增长及相关背景关系态势

左轴面积：本级财政预算赤字（中央财政税收返还和转移支付等，"财政包干"地区可为国债份额）、教科卫投入、文化投入、其他支出总量（亿元转换为%），（2）＋（3）＋（4）＝财政支出总量，（2）＋（3）＋（4）－（1）＝财政收入总量，各项数值历年变动呈直观比例。右轴柱形：产值总量（10亿元）。图中省略若干年度，后台演算历年增长变化包括省略年度，本报告同。

入之外财政支出统归为"其他支出"，其总量年均增长24.18%。

在此期间，重庆教科文卫综合投入总量年均增长高于产值总量年均增长1.74个百分点，低于财政收入总量年均增长5.66个百分点，低于财政支出总量年均增长4.01个百分点，低于其他支出总量年均增长6.00个百分点。

"十五"以来，重庆教科文卫建设作为公共服务的一个重要方面，确实处于一种高增长状态。"十一五"以来，重庆教科文卫综合投入增长反超，明显高于其他支出增长。

（二）文化投入总量增长状况

2000年以来重庆文化投入总量及相邻关系、占全国份额变动态势见图2。

重庆：2014~2015年综合指数提升第3位

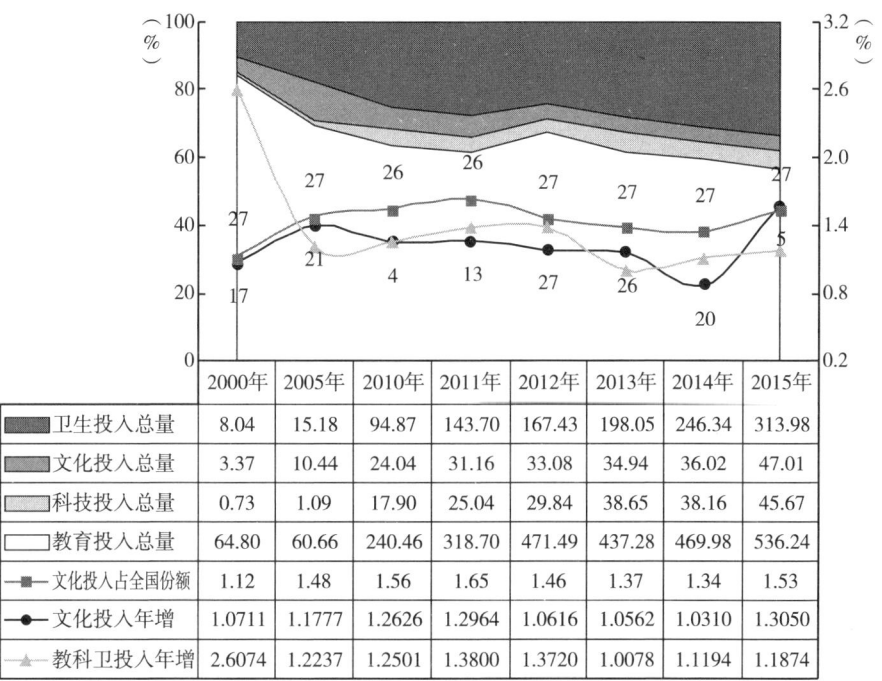

图 2　2000 年以来重庆文化投入总量及相邻关系、占全国份额变动态势

左轴面积：教育、科技、文化、卫生投入总量（亿元转换为%），各项数值历年变动呈直观比例。右轴曲线：文化、教科卫投入年增（上年＝1，小于 1 为负增长，保留 4 位小数，本报告正文转换为 2 位小数增长百分比，后同）；文化投入占全国份额（%）。后台数据库包含不出现的 1999 年相关数据，以此测量 2000 年相应数据变动，本报告同。标明历年文化投入增长、份额省域排序。

2000~2015 年，重庆文化投入总量由 3.37 亿元增至 47.01 亿元，年均增长 19.21%，省域间增长位次排序为第 7 位。其中，"十五"期间年均增长 25.38%，"十一五"期间年均增长 18.15%，"十二五"期间年均增长 14.35%。最高增长年度为 2008 年，增长 56.35%；最低增长年度为 2007 年，负增长 12.84%。

相比之下，重庆文化投入总量年均增长高于产值总量年均增长 2.77 个百分点，其中"十五"期间高于产值总量年均增长 11.50 个百分点，"十一五"期间低于产值总量年均增长 2.73 个百分点，"十二五"期间低于产值总量年均增长 0.33 个百分点；同时低于财政收入总量年均增长 4.63 个百分

247

点,其中"十五"期间高于财政收入总量年均增长 1.28 个百分点,"十一五"期间低于财政收入总量年均增长 11.81 个百分点,"十二五"期间低于财政收入总量年均增长 3.40 个百分点;低于财政支出总量年均增长 2.98 个百分点,其中"十五"期间高于财政支出总量年均增长 4.35 个百分点,"十一五"期间低于财政支出总量年均增长 10.37 个百分点,"十二五"期间低于财政支出总量年均增长 2.93 个百分点。

认真对比,重庆文化投入总量年均增长高于教科卫投入总量年均增长 1.08 个百分点,其中"十五"期间高于教科卫投入总量年均增长 24.49 个百分点,"十一五"期间低于教科卫投入总量年均增长 17.49 个百分点,"十二五"期间低于教科卫投入总量年均增长 6.11 个百分点。在 2000 年以来重庆教科文卫综合投入高增长当中,文化投入增长处于良性平衡状态。

从图 2 亦可清楚、直观地看出,文化投入所占面积大体上呈保持之势,表明其在教科文卫综合投入中的比例基本稳定。

与此同时,全国文化投入总量年均增长 16.78%。2000 年以来,重庆文化投入总量年均增长高于全国年均增长 2.43 个百分点,占全国份额从 2000 年的 1.12% 上升至 2015 年的 1.53%,省域间份额位次前后保持在第 27 位。

(三)人均值增长及其地区差变动状况

2000 年以来重庆文化投入人均值及其地区差变动态势见图 3。

2000~2015 年,重庆文化投入人均值由 10.94 元增至 156.49 元,年均增长 19.41%,省域间增长位次排序为第 2 位。其中,"十五"期间年均增长 26.37%,"十一五"期间年均增长 18.87%,"十二五"期间年均增长 13.33%。最高增长年度为 2008 年,增长 55.50%;最低增长年度为 2007 年,负增长 13.12%。

2000 年以来,重庆文化投入人均值年均增长高于全国年均增长 3.27 个百分点,人均绝对值从 2000 年为全国人均值的 46.01% 上升至 2015 年为全国人均值的 69.75%,省域间人均绝对值高低位次从第 31 位上升为第 23 位。

同期,重庆文化投入人均值地区差由 1.5399 缩小至 1.3025,缩小

重庆：2014~2015年综合指数提升第3位

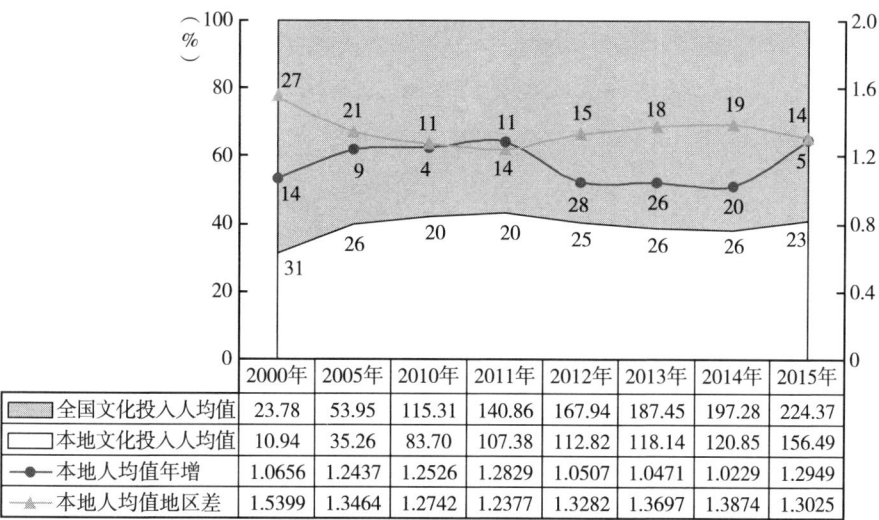

图3 2000年以来重庆文化投入人均值及其地区差变动态势

左轴面积：本地、全国文化投入人均值（元转换为%），二者历年变动呈直观比例。右轴曲线：本地人均值年增（上年=1，由于历年人口增长，人均值年增指数略低于总量年增指数）；本地人均值地区差（无差距=1，为检测细微差异，保留4位小数）。标明历年本地人均值及其增长、地区差省域排序。

15.42%，省域间地区差位次变化幅度排第6位，地区差位次从第27位上升为第14位。其中，"十五"期间地区差缩小12.57%，"十一五"期间地区差缩小5.36%，"十二五"期间地区差扩大2.22%。最小地区差为2011年的1.2377，最大地区差为2000年的1.5399。

二 文化投入相关协调性态势

（一）相关背景变动状况

2000年以来重庆文化投入相关背景比值变动态势见图4。

1. 文化投入与产值比

2000~2015年，重庆文化投入总量年均增长高于产值年均增长2.77个百分点。文化投入与产值比从0.21%增高至0.30%，上升程度为42.09%，

249

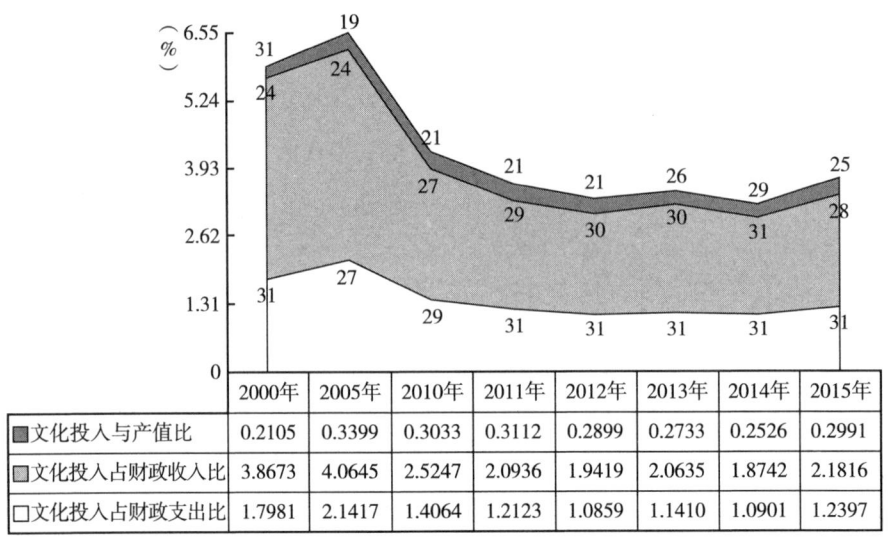

图 4　2000 年以来重庆文化投入相关背景比值变动态势

左轴面积：文化投入与产值比、占财政收入和支出比（%），各项比值历年升降呈直观比例叠加。因比值很小，图中保留 4 位小数并依此演算，本报告正文按惯例保留 2 位小数。标明历年各项比值省域排序。

上升 0.09 个百分点，省域间位次变化幅度排第 16 位，比值高低位次从第 31 位上升为第 25 位。最高比值为 2006 年的 0.35%，最低比值为 2000 年的 0.21%。

2. 文化投入占财政收入比

2000~2015 年，重庆文化投入总量年均增长低于财政收入年均增长 4.63 个百分点。文化投入占财政收入比从 3.87% 降低至 2.18%，下降程度为 43.59%，下降 1.69 个百分点，省域间位次变化幅度排第 30 位，比值高低位次从第 24 位下降为第 28 位。最高比值为 2002 年的 4.67%，最低比值为 2014 年的 1.87%。

3. 文化投入占财政支出比

2000~2015 年，重庆文化投入总量年均增长低于财政支出年均增长 2.98 个百分点。文化投入占财政支出比从 1.80% 降低至 1.24%，下降程度为 31.06%，下降 0.56 个百分点，省域间位次变化幅度排第 17 位，比值高低位次前后保持在第 31 位。最高比值为 2004 年的 2.24%,最低比值为 2012 年的 1.09%。

(二)相邻关系变动状况

2000 年以来重庆文化投入相邻关系比值变动态势见图 5。

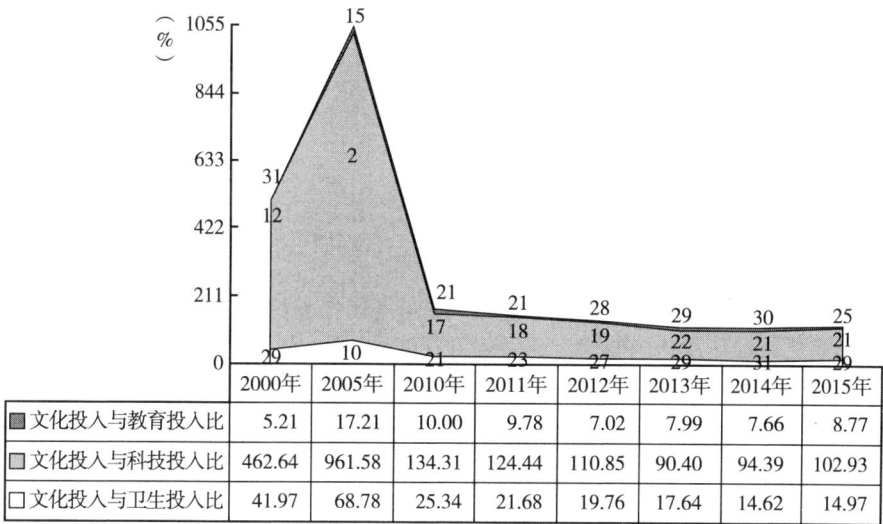

图 5 2000 年以来重庆文化投入相邻关系比值变动态势

左轴面积:文化投入与教育、科技、卫生投入比(%),各项比值历年升降呈直观比例叠加。标明历年各项比值省域排序。

1. 文化投入与教育投入比

2000~2015 年,重庆文化投入总量年均增长高于教育投入年均增长 4.08 个百分点。文化投入与教育投入比从 5.21% 增高至 8.77%,上升程度为 68.33%,上升 3.56 个百分点,省域间位次变化幅度排第 1 位,比值高低位次从第 31 位上升为第 25 位。最高比值为 2004 年的 17.80%,最低比值为 2000 年的 5.21%。

2. 文化投入与科技投入比

2000~2015 年,重庆文化投入总量年均增长低于科技投入年均增长 12.54 个百分点。文化投入与科技投入比从 462.64% 降低至 102.93%,下降程度为77.75%，下降359.71个百分点，省域间位次变化幅度排第23位，比值高低位次从第12位下降为第21位。最高比值为2005年的961.58%，最低比值为2013年的90.40%。

3. 文化投入与卫生投入比

2000~2015年，重庆文化投入总量年均增长低于卫生投入年均增长8.47个百分点。文化投入与卫生投入比从41.97%降低为14.97%，下降程度为64.33%，下降27.00个百分点，省域间位次变化幅度排第18位，比值高低位次前后保持在第29位。最高比值为2004年的73.51%，最低比值为2014年的14.62%。

（三）同构占比变动状况

2000年以来重庆文化消费与投入同构占比倍差变动态势见图6。

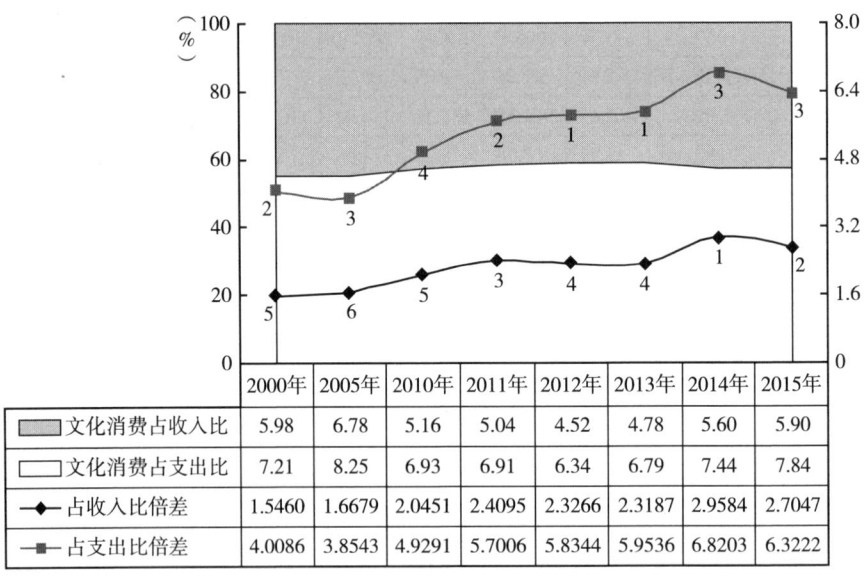

图6　2000年以来重庆文化消费与投入同构占比倍差变动态势

左轴面积：文化消费占居民收入、占居民总消费支出比（%），两项比值历年升降呈直观比例叠加。右轴曲线：文化消费占居民收入比与文化投入占财政收入比、文化消费占居民支出比与文化投入占财政支出比倍差（无差距＝1，为检测细微差异，保留4位小数）。标明历年各项倍差省域排序。

1. 文化消费与投入占收入比

2000~2015年，重庆城乡居民文化消费占居民收入比从5.98%降低至5.90%，下降程度为1.34%。逐年比较，最高比值为2005年的6.78%，最低比值为2012年的4.52%。

对照本报告图4，同期，重庆文化投入占财政收入比下降43.59%，2015年比值低于文化消费占居民收入比3.72个百分点。二者之间占比倍差由1.5460增大至2.7047，增大程度为74.95%，省域间位次变化幅度排第29位。由于各地不同变动，重庆倍差高低（倒序）位次从第5位上升为第2位。

2. 文化消费与投入占支出比

2000~2015年，重庆城乡居民文化消费占居民支出比从7.21%增高至7.84%，上升程度为8.74%。逐年比较，最高比值为2005年的8.25%，最低比值为2012年的6.34%。

对照本报告图4，同期，重庆文化投入占财政支出比下降31.06%，2015年比值低于文化消费占居民支出比6.60个百分点。二者之间占比倍差由4.0086增大至6.3222，增大程度为57.72%，省域间位次变化幅度排第17位，倍差高低（倒序）位次从第2位下降为第3位。

三 2015年文化投入纵横向双重测评

综合以上分析，2000年以来重庆文化投入总量年均增长19.21%，较明显高于全国平均增长2.43个百分点，人均值地区差缩小15.42%；文化投入增长较明显高于产值增长，但明显低于财政收入增长，也较明显低于财政支出增长；同时明显高于教育投入增长，但极显著低于科技投入增长，也显著低于卫生投入增长；文化投入占财政收入比明显低于文化消费占居民收入比，占财政支出比更显著低于文化消费占居民支出比。

这些都集中体现在文化投入增长综合指数测评演算之中。2000年以来重庆文化投入增长综合指数变动态势见图7。

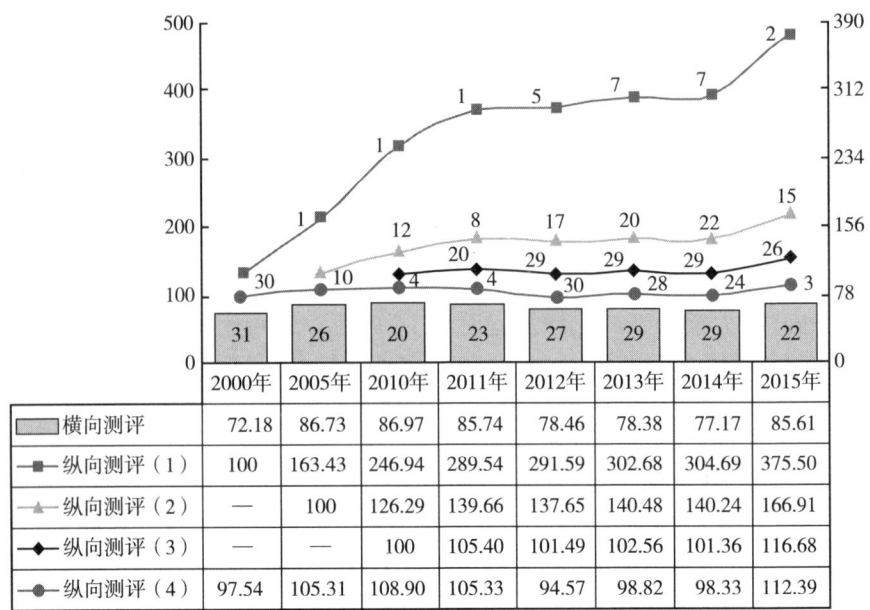

图7　2000年以来重庆文化投入增长综合指数变动态势

左轴柱形：横向测评（无差距理想值＝100）。右轴曲线：纵向测评（起点年基数值＝100），（1）以2000年为起点，（2）以2005年为起点，（3）以2010年为起点。左轴曲线：纵向测评（4），以上年为起点。标明历年各项测评指数省域排行。

（一）各年度横向测评综合指数

以文化投入人均值地区无差距、文化消费与投入同构占比无差距状态为理想值100，2015年重庆文化投入增长状况此项综合指数为85.61，处于省域间第22位，低于无差距理想值14.39%，但高于上年测评指数8.44个点。

各年度此项综合指数对比，全部各个年度均低于无差距理想值100；2001年、2003年、2005年、2008年、2010年、2015年6个年度高于上年指数值。其中，最高值为2008年的90.00，最低值为2007年的68.47。重庆此项综合指数在省域间排行变化，2000年为第31位，2005年为第26位，2010年为第20位，2015年从上年第29位上升为第22位。

(二)"十五"以来纵向测评综合指数

以"九五"末年2000年为起点基数值100,2015年重庆文化投入增长状况此项综合指数为375.50,处于省域间第2位,高出2000年起点基数275.50%,也高出上年测评指数70.81个点。

"十五"以来各年度此项综合指数对比,全部各个年度均高于2000年起点基数值100;2003~2006年、2008~2015年12个年度高于上年指数值。其中,最高值为2015年的375.50,最低值为2002年的131.44。重庆此项综合指数在省域间排行变化,2000年起点不计,2005年为第1位,2010年与之持平,2015年从上年第7位上升为第2位。

(三)"十一五"以来纵向测评综合指数

以"十五"末年2005年为起点基数值100,2015年重庆文化投入增长状况此项综合指数为166.91,处于省域间第15位,高出2005年起点基数66.91%,也高出上年测评指数26.67个点。

"十一五"以来各年度此项综合指数对比,2006年、2008~2015年9个年度高于2005年起点基数值100;2008年、2010~2011年、2013年、2015年5个年度高于上年指数值。其中,最高值为2015年的166.91,最低值为2007年的86.40。重庆此项综合指数在省域间排行变化,2010年为第12位,2015年从上年第22位上升为第15位。

(四)"十二五"以来纵向测评综合指数

以"十一五"末年2010年为起点基数值100,2015年重庆文化投入增长状况此项综合指数为116.68,处于省域间第26位,高出2010年起点基数16.68%,也高出上年测评指数15.32个点。

"十二五"以来各年度此项综合指数对比,全部各个年度均高于2010年起点基数值100;2013年、2015年2个年度高于上年指数值。其中,最高值为2015年的116.68,最低值为2014年的101.36。重庆此项综合指数

在省域间排行变化,2011年为第20位,2015年从上年第29位上升为第26位。

(五)逐年度纵向测评综合指数

以上一年(2014年)为起点基数值100,2015年重庆文化投入增长状况此项综合指数为112.39,处于省域间第3位,高出2014年起点基数12.39%,也高出上年基于2013年基数值的测评指数14.06个点。

逐年度此项景气指数对比,2001~2006年、2008年、2010~2011年、2015年10个年度高于自身上年起点基数值100;2001年、2003年、2005年、2008年、2010年、2013年、2015年7个年度高于上年指数值。其中,最高值为2008年的122.12,最低值为2007年的82.20。重庆此项综合指数在省域间排行变化,2000年为第30位,2005年为第10位,2010年为第4位,2015年从上年第24位上升为第3位。

B.14
浙江：2014~2015年综合指数提升第4位

辉 煌*

摘 要： 2000~2015年，浙江文化投入总量由13.69亿元增至165.38亿元，年均增长18.07%，较明显高于全国平均增长1.29个百分点。浙江综合评价排行：在省域横向测评中，处于2015年度综合指数排名第9位；在自身纵向测评中，处于2000~2015年综合指数提升第18位，2005~2015年综合指数提升第18位，2010~2015年综合指数提升第14位，2014~2015年综合指数提升第4位。

关键词： 浙江 文化投入 综合评价

一 文化投入及其相关背景基本态势

（一）经济财政基本面背景状况

2000年以来浙江文化投入总量增长及相关背景关系态势见图1。

2000~2015年，浙江产值总量年均增长13.83%；财政收入总量年均增长19.25%；财政支出总量年均增长20.00%；教科文卫综合投入（图中教

---

* 辉煌，旅美留学生，就读于美国加州大学洛杉矶分校。

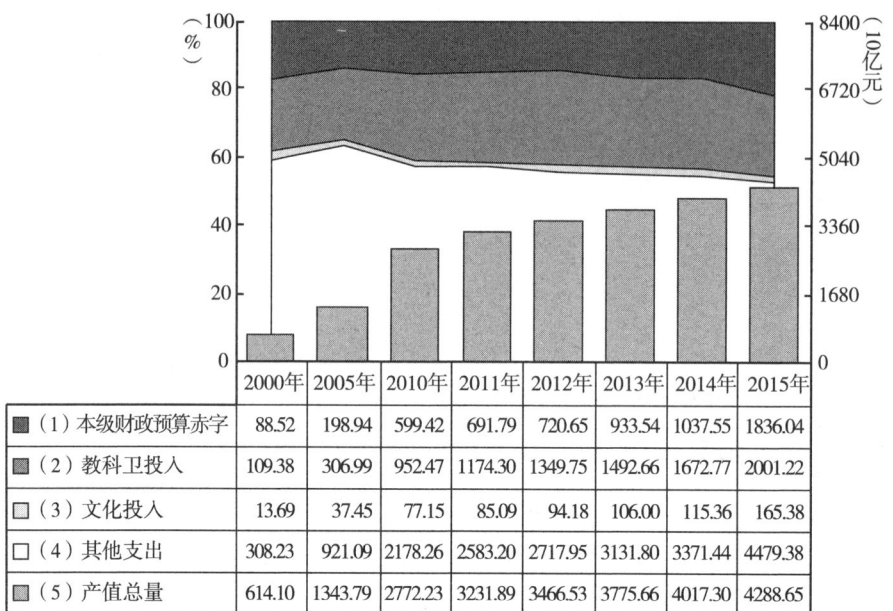

图1　2000年以来浙江文化投入总量增长及相关背景关系态势

左轴面积：本级财政预算赤字（中央财政税收返还和转移支付等，"财政包干"地区可为国债份额）、教科卫投入、文化投入、其他支出总量（亿元转换为%），(2)＋(3)＋(4)＝财政支出总量，(2)＋(3)＋(4)－(1)＝财政收入总量，各项数值历年变动呈直观比例。右轴柱形：产值总量（10亿元）。图中省略若干年度，后台演算历年增长变化包括省略年度，本报告同。

科卫投入与文化投入之和，后同）总量年均增长21.07%；教科文卫综合投入之外财政支出统归为"其他支出"，其总量年均增长19.53%。

在此期间，浙江教科文卫综合投入总量年均增长高于产值总量年均增长7.24个百分点，高于财政收入总量年均增长1.82个百分点，高于财政支出总量年均增长1.07个百分点，高于其他支出总量年均增长1.54个百分点。

"十五"以来，浙江教科文卫建设作为公共服务的一个重要方面，确实处于一种极为特殊的优先发展状态。"十一五"以来，浙江教科文卫综合投入增长高于其他支出增长的情况更加明显。

（二）文化投入总量增长状况

2000年以来浙江文化投入总量及相邻关系、占全国份额变动态势见图2。

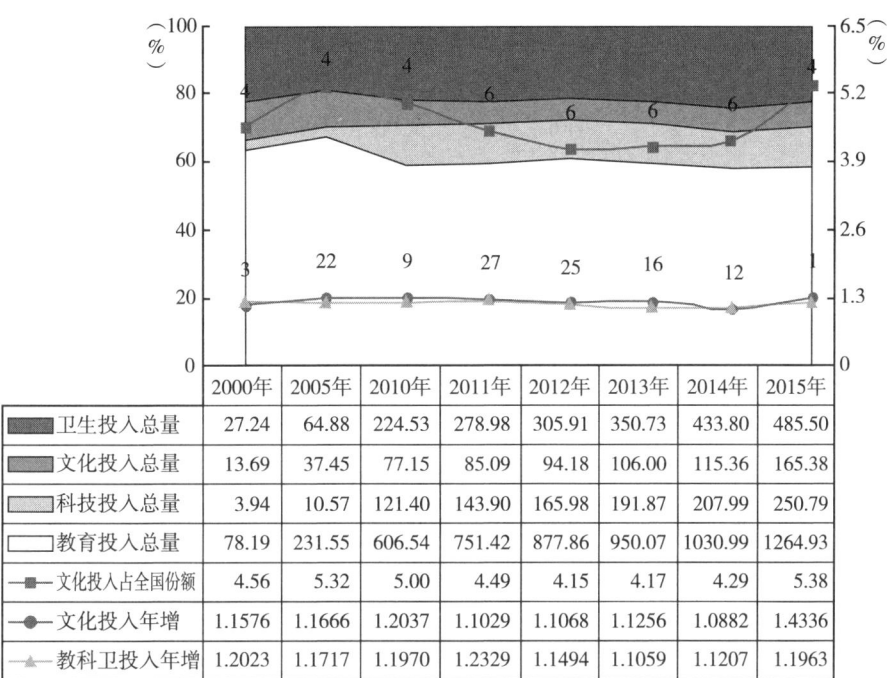

图 2　2000 年以来浙江文化投入总量及相邻关系、占全国份额变动态势

左轴面积：教育、科技、文化、卫生投入总量（亿元转换为%），各项数值历年变动呈直观比例。右轴曲线：文化、教科卫投入年增（上年＝1，保留 4 位小数，本报告正文转换为 2 位小数增长百分比，后同）；文化投入占全国份额（%）。后台数据库包含不出现的 1999 年相关数据，以此测量 2000 年相应数据变动，本报告同。标明历年文化投入增长、份额省域排序。

2000~2015 年，浙江文化投入总量由 13.69 亿元增至 165.38 亿元，年均增长 18.07%，省域间增长位次排序为第 12 位。其中，"十五"期间年均增长 22.30%，"十一五"期间年均增长 15.55%，"十二五"期间年均增长 16.47%。最高增长年度为 2015 年，增长 43.36%；最低增长年度为 2009 年，增长 0.53%。

相比之下，浙江文化投入总量年均增长高于产值总量年均增长 4.24 个百分点，其中"十五"期间高于产值总量年均增长 5.35 个百分点，"十一五"期间低于产值总量年均增长 0.03 个百分点，"十二五"期间高于产值总量年均增长 7.35 个百分点；同时低于财政收入总量年均增长 1.18 个百分点，其中"十五"期间低于财政收入总量年均增长 3.19 个百分点，"十一五"期间低于财政收入总量年均增长4.04个百分点,"十二五"期间高于财政收入总量年均增长3.45个百分点;低于财政支出总量年均增长1.93个百分点,其中"十五"期间低于财政支出总量年均增长1.72个百分点,"十一五"期间低于财政支出总量年均增长4.90个百分点,"十二五"期间高于财政支出总量年均增长0.79个百分点。

认真对比,浙江文化投入总量年均增长低于教科卫投入总量年均增长3.31个百分点,其中"十五"期间低于教科卫投入总量年均增长0.62个百分点,"十一五"期间低于教科卫投入总量年均增长9.86个百分点,"十二五"期间高于教科卫投入总量年均增长0.46个百分点。在2000年以来浙江教科文卫综合投入优先高增长当中,文化投入增长处于严重失衡状态。

从图2亦可清楚、直观地看出,文化投入所占面积呈逐渐收窄之势,表明其在教科文卫综合投入中的比例持续降低。

与此同时,全国文化投入总量年均增长16.78%。2000年以来,浙江文化投入总量年均增长高于全国年均增长1.29个百分点,占全国份额从2000年的4.56%上升至2015年的5.38%,省域间份额位次前后保持在第4位。

(三)人均值增长及其地区差变动状况

2000年以来浙江文化投入人均值及其地区差变动态势见图3。

2000~2015年,浙江文化投入人均值由30.19元增至299.41元,年均增长16.53%,省域间增长位次排序为第18位。其中,"十五"期间年均增长20.87%,"十一五"期间年均增长13.27%,"十二五"期间年均增长15.57%。最高增长年度为2015年,增长42.83%;最低增长年度为2009年,负增长0.65%。

2000年以来,浙江文化投入人均值年均增长高于全国年均增长0.39个百分点,人均绝对值从2000年为全国人均值的126.96%上升至2015年为全国人均值的133.44%。由于各地不同变动,浙江人均绝对值高低位次从第7位下降为第9位。

同期,浙江文化投入人均值地区差由1.2695扩大至1.3344,扩大

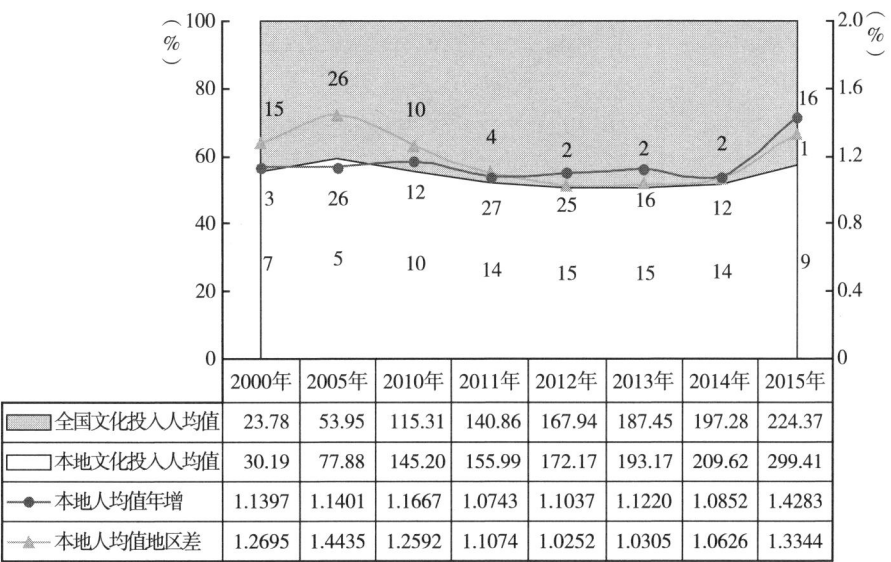

图 3　2000 年以来浙江文化投入人均值及其地区差变动态势

左轴面积：本地、全国文化投入人均值（元转换为%），二者历年变动呈直观比例。右轴曲线：本地人均值年增（上年 = 1，由于历年人口增长，人均值年增指数略低于总量年增指数）；本地人均值地区差（无差距 = 1，为检测细微差异，保留 4 位小数）。标明历年本地人均值及其增长、地区差省域排序。

5.11%，省域间地区差位次变化幅度排第 17 位，地区差位次从第 15 位下降为第 16 位。其中，"十五"期间地区差扩大 13.71%，"十一五"期间地区差缩小 12.77%，"十二五"期间地区差扩大 5.97%。最小地区差为 2012 年的 1.0252，最大地区差为 2003 年的 1.5613。

二　文化投入相关协调性态势

（一）相关背景变动状况

2000 年以来浙江文化投入相关背景比值变动态势见图 4。

1. 文化投入与产值比

2000~2015 年，浙江文化投入总量年均增长高于产值年均增长 4.24 个百

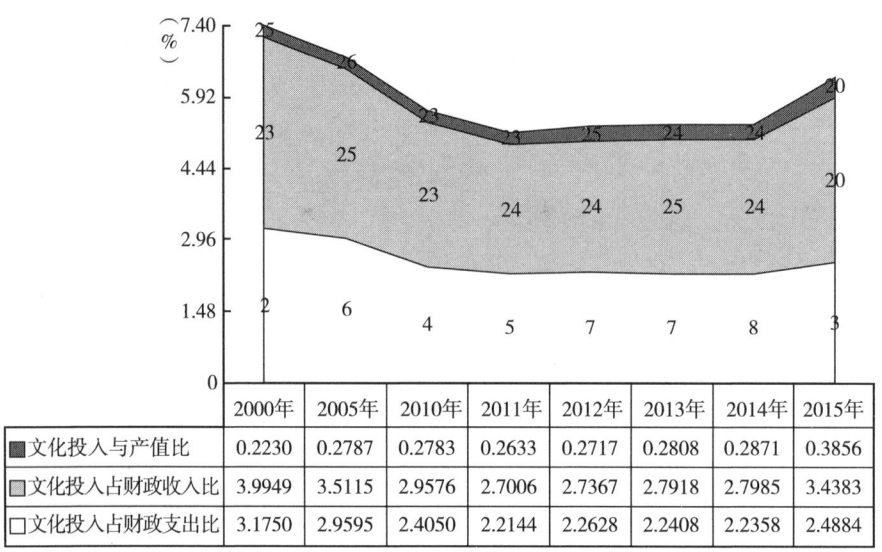

图4　2000年以来浙江文化投入相关背景比值变动态势

左轴面积：文化投入与产值比、占财政收入和支出比（%），各项比值历年升降呈直观比例叠加。因比值很小，图中保留4位小数并依此演算，本报告正文按惯例保留2位小数。标明历年各项比值省域排序。

分点。文化投入与产值比从0.22%增高至0.39%，上升程度为72.91%，上升0.16个百分点，省域间位次变化幅度排第7位，比值高低位次从第25位上升为第20位。最高比值为2015年的0.39%，最低比值为2000年的0.22%。

2. 文化投入占财政收入比

2000~2015年，浙江文化投入总量年均增长低于财政收入年均增长1.18个百分点。文化投入占财政收入比从3.99%降低至3.44%，下降程度为13.93%，下降0.56个百分点，省域间位次变化幅度排第12位。由于各地不同变动，浙江比值高低位次从第23位上升为第20位。最高比值为2000年的3.99%，最低比值为2011年的2.70%。

3. 文化投入占财政支出比

2000~2015年，浙江文化投入总量年均增长低于财政支出年均增长1.93个百分点。文化投入占财政支出比从3.17%降低至2.49%，下降程度为21.63%，下降0.69个百分点，省域间位次变化幅度排第10位，比值高低位次从第2位下降为第3位。最高比值为2000年的3.17%，最低比值为2011年的2.21%。

（二）相邻关系变动状况

2000年以来浙江文化投入相邻关系比值变动态势见图5。

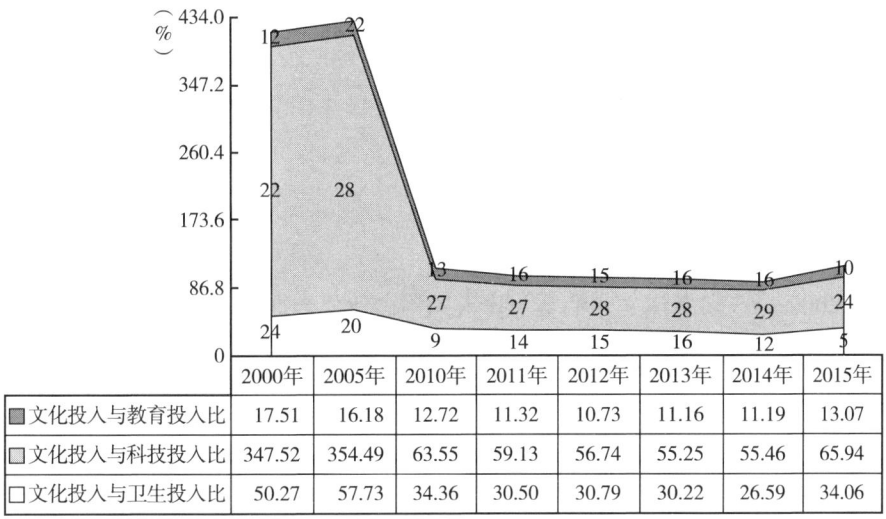

图5　2000年以来浙江文化投入相邻关系比值变动态势

左轴面积：文化投入与教育、科技、卫生投入比（%），各项比值历年升降呈直观比例叠加。标明历年各项比值省域排序。

1.文化投入与教育投入比

2000~2015年，浙江文化投入总量年均增长低于教育投入年均增长2.32个百分点。文化投入与教育投入比从17.51%降低至13.07%，下降程度为25.36%，下降4.44个百分点，省域间位次变化幅度排第9位。由于各地不同变动，浙江比值高低位次从第12位上升为第10位。最高比值为2000年的17.51%，最低比值为2012年的10.73%。

2.文化投入与科技投入比

2000~2015年，浙江文化投入总量年均增长低于科技投入年均增长13.83个百分点。文化投入与科技投入比从347.52%降低至65.94%，下降程度为81.03%,下降281.58个百分点,省域间位次变化幅度排第25位,比值高低位次从第22位下降为第24位。最高比值为2003年的385.78%,最低比值为2013年的55.25%。

3. 文化投入与卫生投入比

2000~2015年,浙江文化投入总量年均增长低于卫生投入年均增长3.10个百分点。文化投入与卫生投入比从50.27%降低为34.06%,下降程度为32.25%,下降16.21个百分点,省域间位次变化幅度排第5位。由于各地不同变动,浙江比值高低位次从第24位上升为第5位。最高比值为2003年的60.94%,最低比值为2014年的26.59%。

(三)同构占比变动状况

2000年以来浙江文化消费与投入同构占比倍差变动态势见图6。

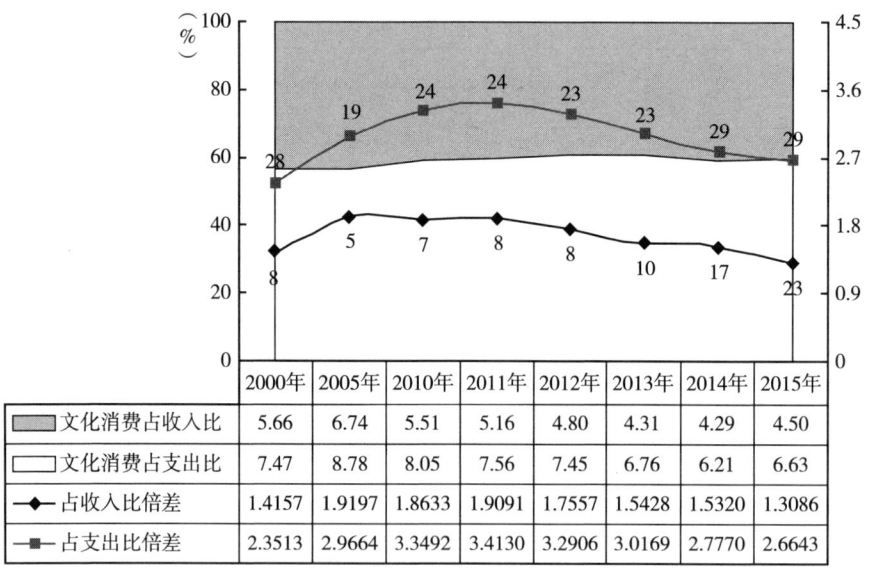

图6 2000年以来浙江文化消费与投入同构占比倍差变动态势

左轴面积:文化消费占居民收入、占居民总消费支出比(%),两项比值历年升降呈直观比例叠加。右轴曲线:文化消费占居民收入比与文化投入占财政收入比、文化消费占居民支出比与文化投入占财政支出比倍差(无差距=1,为检测细微差异,保留4位小数)。标明历年各项倍差省域排序。

1. 文化消费与投入占收入比

2000~2015年，浙江城乡居民文化消费占居民收入比从5.66%降低至4.50%，下降程度为20.49%。逐年比较，最高比值为2004年的6.79%，最低比值为2014年的4.29%。

对照本报告图4，同期，浙江文化投入占财政收入比下降13.93%，2015年比值低于文化消费占居民收入比1.06个百分点。二者之间占比倍差由1.4157减小至1.3086，减小程度为7.57%，省域间位次变化幅度排第5位。由于各地不同变动，浙江倍差高低（倒序）位次从第8位下降为第23位。

2. 文化消费与投入占支出比

2000~2015年，浙江城乡居民文化消费占居民支出比从7.47%降低至6.63%，下降程度为11.24%。逐年比较，最高比值为2004年的9.12%，最低比值为2014年的6.21%。

对照本报告图4，同期，浙江文化投入占财政支出比下降21.63%，2015年比值低于文化消费占居民支出比4.14个百分点。二者之间占比倍差由2.3513增大至2.6643，增大程度为13.31%，省域间位次变化幅度排第5位，倍差高低（倒序）位次从第28位下降为第29位。

三 2015年文化投入纵横向双重测评

综合以上分析，2000年以来浙江文化投入总量年均增长18.07%，较明显高于全国平均增长1.29个百分点，人均值地区差扩大5.11%；文化投入增长明显高于产值增长，但较明显低于财政收入、财政支出增长；同时较明显低于教育投入增长，也极显著低于科技投入增长，亦明显低于卫生投入增长；文化投入占财政收入比较明显低于文化消费占居民收入比，占财政支出比更明显低于文化消费占居民支出比。

这些都集中体现在文化投入增长综合指数测评演算之中。2000年以来浙江文化投入增长综合指数变动态势见图7。

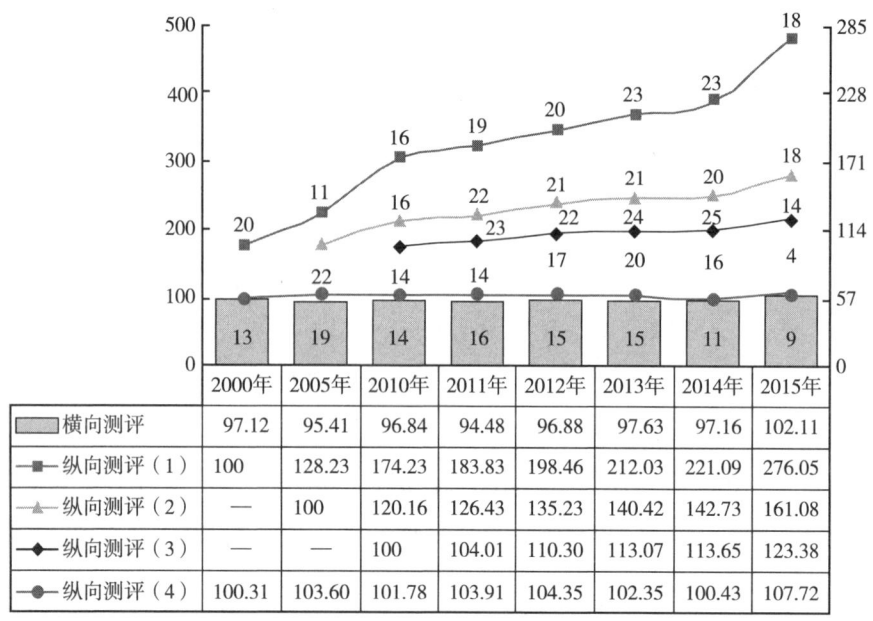

图7　2000年以来浙江文化投入增长综合指数变动态势

左轴柱形：横向测评（无差距理想值=100）。右轴曲线：纵向测评（起点年基数值=100），（1）以2000年为起点，（2）以2005年为起点，（3）以2010年为起点。左轴曲线：纵向测评（4），以上年为起点。标明历年各项测评指数省域排行。

（一）各年度横向测评综合指数

以文化投入人均值地区无差距、文化消费与投入同构占比无差距状态为理想值100，2015年浙江文化投入增长状况此项综合指数为102.11，处于省域间第9位，高于无差距理想值2.11%，也高于上年测评指数4.95个点。

各年度此项综合指数对比，2015年1个年度高于无差距理想值100；2002~2003年、2006年、2008年、2010年、2012~2013年、2015年8个年度高于上年指数值。其中，最高值为2015年的102.11，最低值为2007年的92.00。浙江此项综合指数在省域间排行变化，2000年为第13位，2005年为第19位，2010年为第14位，2015年从上年第11位上升为第9位。

（二）"十五"以来纵向测评综合指数

以"九五"末年2000年为起点基数值100，2015年浙江文化投入增长状况此项综合指数为276.05，处于省域间第18位，高出2000年起点基数176.05%，也高出上年测评指数54.96个点。

"十五"以来各年度此项综合指数对比，全部各个年度均高于2000年起点基数值100；2002~2006年、2008~2015年13个年度高于上年指数值。其中，最高值为2015年的76.05，最低值为2001年的103.94。浙江此项综合指数在省域间排行变化，2000年起点不计，2005年为第11位，2010年为第16位，2015年从上年第23位上升为第18位。

（三）"十一五"以来纵向测评综合指数

以"十五"末年2005年为起点基数值100，2015年浙江文化投入增长状况此项综合指数为161.08，处于省域间第18位，高出2005年起点基数61.08%，也高出上年测评指数18.35个点。

"十一五"以来各年度此项综合指数对比，2006年、2008~2015年9个年度高于2005年起点基数值100；2008~2015年8个年度高于上年指数值。其中，最高值为2015年的161.08，最低值为2007年的100.00。浙江此项综合指数在省域间排行变化，2010年为第16位，2015年从上年第20位上升为第18位。

（四）"十二五"以来纵向测评综合指数

以"十一五"末年2010年为起点基数值100，2015年浙江文化投入增长状况此项综合指数为123.38，处于省域间第14位，高出2010年起点基数23.38%，也高出上年测评指数9.73个点。

"十二五"以来各年度此项综合指数对比，全部各个年度均高于2010年起点基数值100；全部各个年度均高于上年指数值。其中，最高值为2015年的123.38，最低值为2011年的104.01。浙江此项综合指数在省域间排行变化，2011年为第23位，2015年从上年第25位上升为第14位。

（五）逐年度纵向测评综合指数

以上一年（2014年）为起点基数值100，2015年浙江文化投入增长状况此项综合指数为107.72，处于省域间第4位，高出2014年起点基数7.72%，也高出上年基于2013年基数值的测评指数7.29个点。

逐年度此项景气指数对比，2000~2006年、2008~2015年15个年度高于自身上年起点基数值100；2001~2002年、2004~2006年、2008~2009年、2011~2012年、2015年10个年度高于上年指数值。其中，最高值为2015年的107.72，最低值为2007年的95.37。浙江此项综合指数在省域间排行变化，2000年为第20位，2005年为第22位，2010年为第14位，2015年从上年第16位上升为第4位。

B.15
黑龙江：2014~2015年综合指数提升第6位

陈 静*

摘 要： 2000~2015年，黑龙江文化投入总量由8.57亿元增至53.17亿元，年均增长12.94%，明显低于全国平均增长3.84个百分点。黑龙江综合评价排行：在省域横向测评中，处于2015年度综合指数排名第24位；在自身纵向测评中，处于2000~2015年综合指数提升第29位，2005~2015年综合指数提升第28位，2010~2015年综合指数提升第31位，2014~2015年综合指数提升第6位。

关键词： 黑龙江 文化投入 综合评价

一 文化投入及其相关背景基本态势

（一）经济财政基本面背景状况

2000年以来黑龙江文化投入总量增长及相关背景关系态势见图1。

2000~2015年，黑龙江产值总量年均增长11.00%；财政收入总量年均增长13.04%；财政支出总量年均增长16.99%；教科文卫综合投入（图中

---

* 陈静，云南民族大学民俗学硕士研究生，参与导师主持相关研究工作，个人学术趣向为区域民俗文化研究。

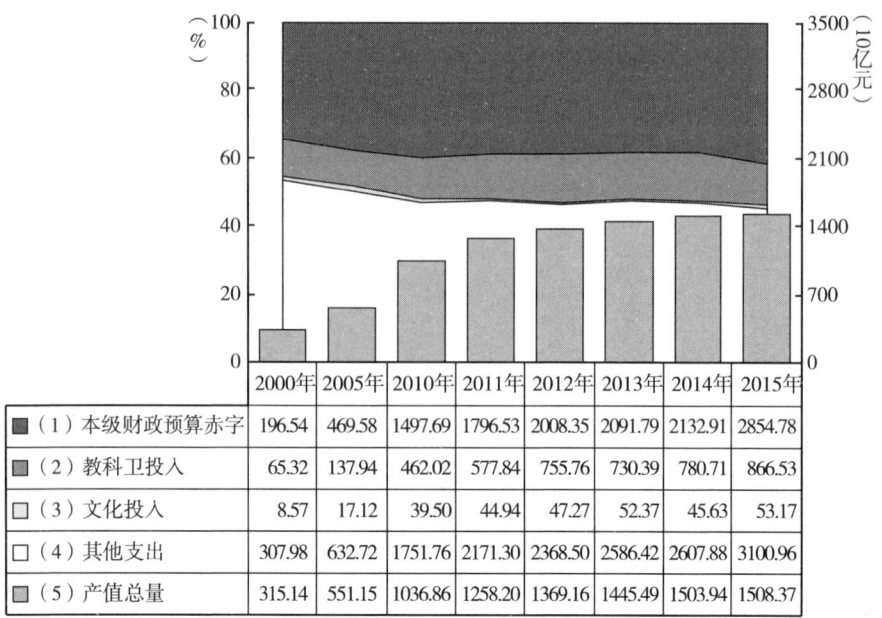

图1 2000年以来黑龙江文化投入总量增长及相关背景关系态势

左轴面积：本级财政预算赤字（中央财政税收返还和转移支付等，"财政包干"地区可为国债份额）、教科卫投入、文化投入、其他支出总量（亿元转换为%），(2)+(3)+(4)=财政支出总量，(2)+(3)+(4)-(1)=财政收入总量，各项数值历年变动呈直观比例。右轴柱形：产值总量（10亿元）。图中省略若干年度，后台演算历年增长变化包括省略年度，本报告同。

教科卫投入与文化投入之和，后同）总量年均增长18.31%；教科文卫综合投入之外财政支出统归为"其他支出"，其总量年均增长16.64%。

在此期间，黑龙江教科文卫综合投入总量年均增长高于产值总量年均增长7.31个百分点，高于财政收入总量年均增长5.27个百分点，高于财政支出总量年均增长1.32个百分点，高于其他支出总量年均增长1.67个百分点。

"十五"以来，黑龙江教科文卫建设作为公共服务的一个重要方面，确实处于一种极为特殊的优先发展状态。"十一五"以来，黑龙江教科文卫综合投入增长高于其他支出增长的情况更加明显。

（二）文化投入总量增长状况

2000年以来黑龙江文化投入总量及相邻关系、占全国份额变动态势见图2。

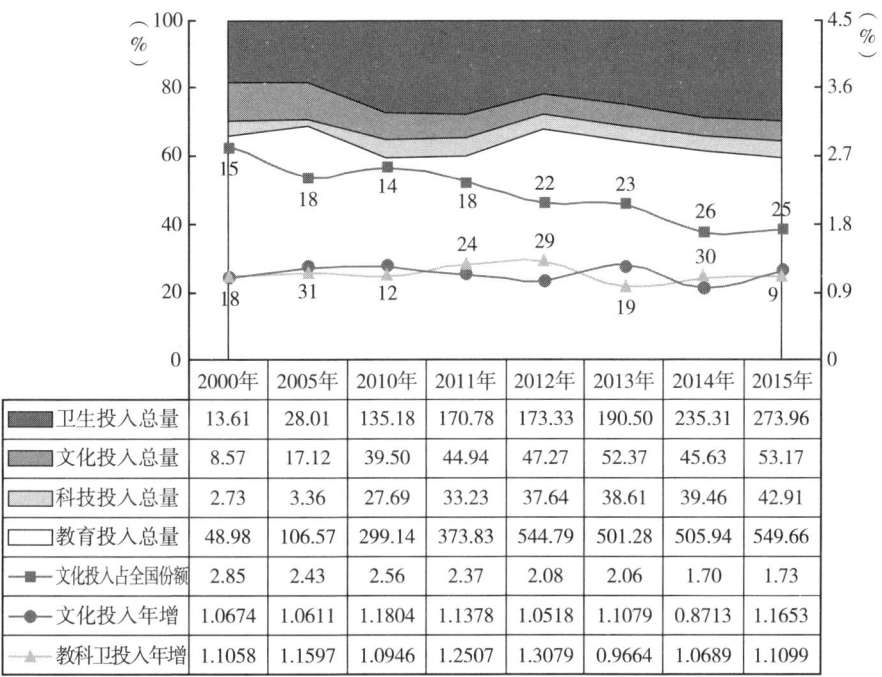

图 2　2000 年以来黑龙江文化投入总量及相邻关系、占全国份额变动态势

左轴面积：教育、科技、文化、卫生投入总量（亿元转换为%），各项数值历年变动呈直观比例。右轴曲线：文化、教科卫投入年增（上年=1，小于1为负增长，保留4位小数，本报告正文转换为2位小数增长百分比，后同）；文化投入占全国份额（%）。后台数据库包含不出现的1999年相关数据，以此测量2000年相应数据变动，本报告同。标明历年文化投入增长、份额省域排序。

2000~2015年，黑龙江文化投入总量由8.57亿元增至53.17亿元，年均增长12.94%，省域间增长位次排序为第30位。其中，"十五"期间年均增长14.84%，"十一五"期间年均增长18.20%，"十二五"期间年均增长6.12%。最高增长年度为2009年，增长39.62%；最低增长年度为2014年，负增长12.87%。

相比之下，黑龙江文化投入总量年均增长高于产值总量年均增长1.94个百分点，其中"十五"期间高于产值总量年均增长3.01个百分点，"十一五"期间高于产值总量年均增长4.73个百分点，"十二五"期间低于产值总量年均增长1.66个百分点；同时低于财政收入总量年均增长0.10个百分点,其中"十五"期间高于财政收入总量年均增长3.42个百分点,"十一五"期间低于财政收入总量年均增长0.68个百分点,"十二五"期间低于财政收入总量年均增长2.94个百分点;低于财政支出总量年均增长4.05个百分点,其中"十五"期间低于财政支出总量年均增长0.74个百分点,"十一五"期间低于财政支出总量年均增长5.19个百分点,"十二五"期间低于财政支出总量年均增长6.16个百分点。

认真对比,黑龙江文化投入总量年均增长低于教科卫投入总量年均增长5.87个百分点,其中"十五"期间低于教科卫投入总量年均增长1.29个百分点,"十一五"期间低于教科卫投入总量年均增长9.15个百分点,"十二五"期间低于教科卫投入总量年均增长7.28个百分点。在2000年以来黑龙江教科文卫综合投入优先高增长当中,文化投入增长处于严重失衡状态。

从图2亦可清楚、直观地看出,文化投入所占面积呈逐渐收窄之势,表明其在教科文卫综合投入中的比例持续降低。

与此同时,全国文化投入总量年均增长16.78%。2000年以来,黑龙江文化投入总量年均增长低于全国年均增长3.84个百分点,占全国份额从2000年的2.85%下降至2015年的1.73%,省域间份额位次从第15位下降为第25位。

(三)人均值增长及其地区差变动状况

2000年以来黑龙江文化投入人均值及其地区差变动态势见图3。

2000~2015年,黑龙江文化投入人均值由22.56元增至139.10元,年均增长12.89%,省域间增长位次排序为第28位。其中,"十五"期间年均增长14.72%,"十一五"期间年均增长18.13%,"十二五"期间年均增长6.17%。最高增长年度为2009年,增长39.59%;最低增长年度为2014年,负增长12.86%。

2000年以来,黑龙江文化投入人均值年均增长低于全国年均增长3.25个百分点,人均绝对值从2000年为全国人均值的94.87%下降至2015年为全国人均值的62.00%,省域间人均绝对值高低位次从第16位下降为第28位。

同期,黑龙江文化投入人均值地区差由1.0515扩大至1.3800,扩大

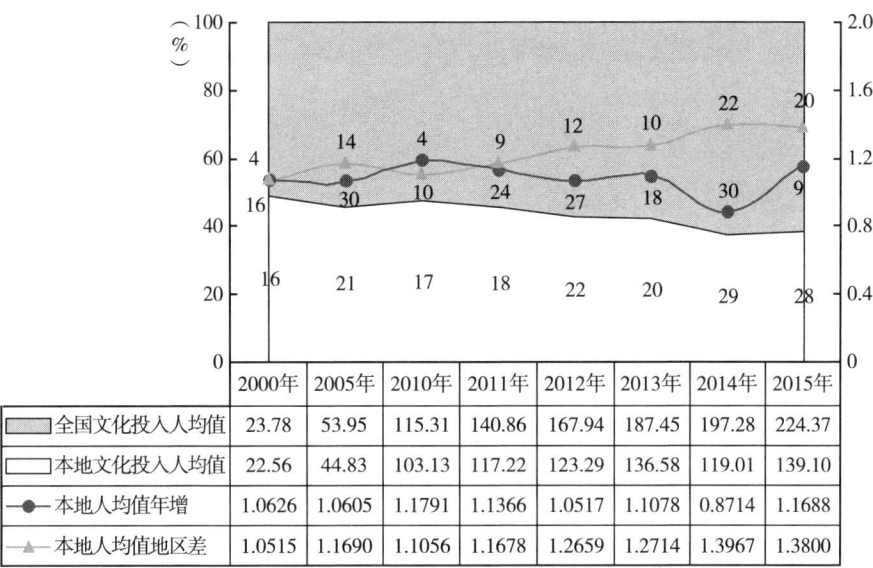

图 3　2000 年以来黑龙江文化投入人均值及其地区差变动态势

左轴面积：本地、全国文化投入人均值（元转换为%），二者历年变动呈直观比例；右轴曲线：本地人均值年增（上年 =1，小于 1 为负增长，由于历年人口增长，人均值年增指数略低于总量年增指数）；本地人均值地区差（无差距 =1，为检测细微差异，保留 4 位小数）。标明历年本地人均值及其增长、地区差省域排序。

31.24%，省域间地区差位次变化幅度排第 27 位，地区差位次从第 4 位下降为第 20 位。其中，"十五"期间地区差扩大 11.17%，"十一五"期间地区差缩小 5.42%，"十二五"期间地区差扩大 24.82%。最小地区差为 2002 年的 1.0122，最大地区差为 2014 年的 1.3967。

二　文化投入相关协调性态势

（一）相关背景变动状况

2000 年以来黑龙江文化投入相关背景比值变动态势见图 4。

1. 文化投入与产值比

2000~2015 年，黑龙江文化投入总量年均增长高于产值年均增长 1.94

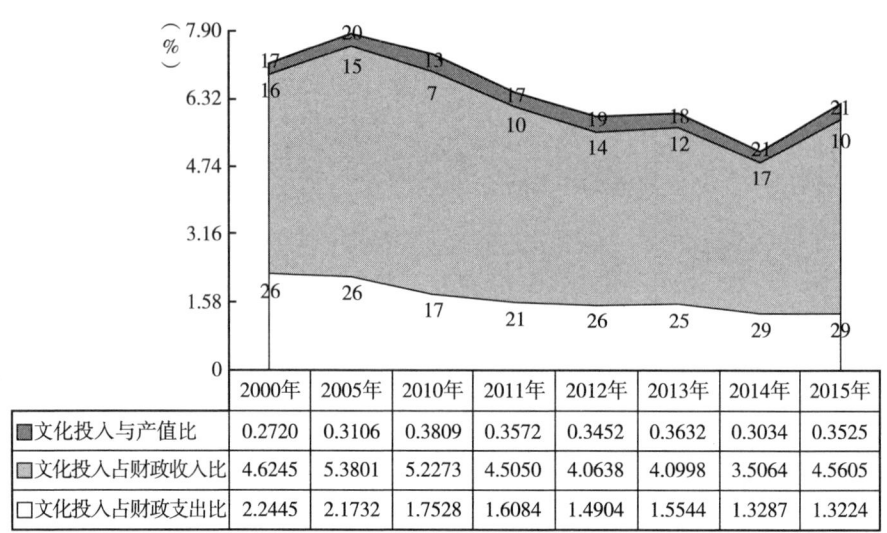

图4　2000年以来黑龙江文化投入相关背景比值变动态势

左轴面积：文化投入与产值比、占财政收入和支出比（％），各项比值历年升降呈直观比例叠加。因比值很小，图中保留4位小数并依此演算，本报告正文按惯例保留2位小数。标明历年各项比值省域排序。

个百分点。文化投入与产值比从0.27%增高至0.35%，上升程度为29.60%，上升0.08个百分点，省域间位次变化幅度排第20位。由于各地不同变动，黑龙江比值高低位次从第17位下降为第21位。最高比值为2009年的0.39%，最低比值为2000年的0.27%。

2. 文化投入占财政收入比

2000~2015年，黑龙江文化投入总量年均增长低于财政收入年均增长0.10个百分点。文化投入占财政收入比从4.62%降低至4.56%，下降程度为1.38%，下降0.06个百分点，省域间位次变化幅度排第5位。由于各地不同变动，黑龙江比值高低位次从第16位上升为第10位。最高比值为2003年的5.70%，最低比值为2014年的3.51%。

3. 文化投入占财政支出比

2000~2015年，黑龙江文化投入总量年均增长低于财政支出年均增长4.05个百分点。文化投入占财政支出比从2.24%降低至1.32%，下降程度为41.08%，下降0.92个百分点，省域间位次变化幅度排第27位，比值高低位次从第26位下降为第29位。最高比值为2003年的2.51%，最低比值为2015年的1.32%。

（二）相邻关系变动状况

2000年以来黑龙江文化投入相邻关系比值变动态势见图5。

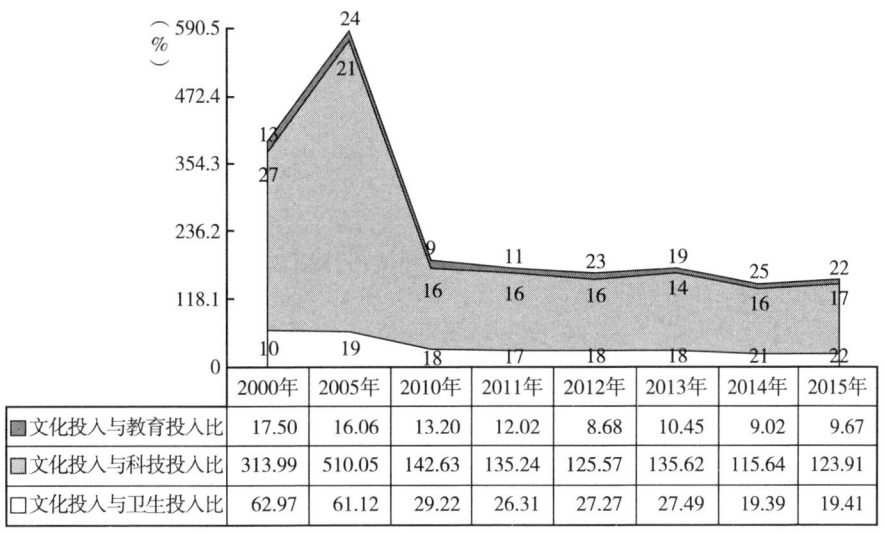

图5　2000年以来黑龙江文化投入相邻关系比值变动态势

左轴面积：文化投入与教育、科技、卫生投入比（%），各项比值历年升降呈直观比例叠加。标明历年各项比值省域排序。

1. 文化投入与教育投入比

2000~2015年，黑龙江文化投入总量年均增长低于教育投入年均增长4.55个百分点。文化投入与教育投入比从17.50%降低至9.67%，下降程度为44.74%，下降7.83个百分点，省域间位次变化幅度排第24位，比值高低位次从第13位下降为第22位。最高比值为2004年的17.57%，最低比值为2012年的8.68%。

2. 文化投入与科技投入比

2000~2015年，黑龙江文化投入总量年均增长低于科技投入年均增长7.22个百分点。文化投入与科技投入比从313.99%降低至123.91%，下降程度为60.54%，下降190.08个百分点，省域间位次变化幅度排第12位。由于各地不同变动，黑龙江比值高低位次从第27位上升为第17位。最高比值为2006年的561.47%，最低比值为2014年的115.64%。

3. 文化投入与卫生投入比

2000~2015年，黑龙江文化投入总量年均增长低于卫生投入年均增长9.22个百分点。文化投入与卫生投入比从62.97%降低为19.41%，下降程度为69.18%，下降43.56个百分点，省域间位次变化幅度排第24位，比值高低位次从第10位下降为第22位。最高比值为2002年的72.75%，最低比值为2014年的19.39%。

（三）同构占比变动状况

2000年以来黑龙江文化消费与投入同构占比倍差变动态势见图6。

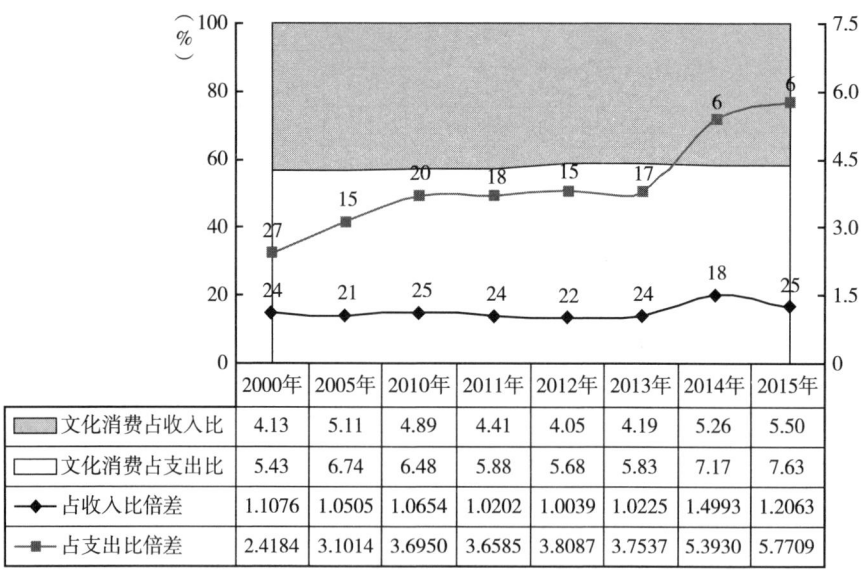

图6 2000年以来黑龙江文化消费与投入同构占比倍差变动态势

左轴面积：文化消费占居民收入、占居民总消费支出比（%），两项比值历年升降呈直观比例叠加。右轴曲线：文化消费占居民收入比与文化投入占财政收入比、文化消费占居民支出比与文化投入占财政支出比倍差（无差距=1，为检测细微差异，保留4位小数）。标明历年各项倍差省域排序。

1. 文化消费与投入占收入比

2000~2015年，黑龙江城乡居民文化消费占居民收入比从4.13%增高至5.50%，上升程度为33.17%。逐年比较，最高比值为2015年的5.50%，最低比值为2012年的4.05%。

对照本报告图4，同期，黑龙江文化投入占财政收入比下降1.38%，2015年比值低于文化消费占居民收入比0.94个百分点。二者之间占比倍差由1.1076增大至1.2063，增大程度为8.91%，省域间位次变化幅度排第12位，倍差高低（倒序）位次从第24位下降为第25位。

2. 文化消费与投入占支出比

2000~2015年，黑龙江城乡居民文化消费占居民支出比从5.43%增高至7.63%，上升程度为40.52%。逐年比较，最高比值为2015年的7.63%，最低比值为2001年的5.40%。

对照本报告图4，同期，黑龙江文化投入占财政支出比下降41.08%，2015年比值低于文化消费占居民支出比6.31个百分点。二者之间占比倍差由2.4184增大至5.7709，增大程度为138.62%，省域间位次变化幅度排第29位。由于各地不同变动，黑龙江倍差高低（倒序）位次从第27位上升为第6位。

三 2015年文化投入纵横向双重测评

综合以上分析，2000年以来黑龙江文化投入总量年均增长12.94%，明显低于全国平均增长3.84个百分点，人均值地区差扩大31.24%；文化投入增长较明显高于产值增长，但略微低于财政收入增长，也明显低于财政支出增长；同时明显低于教育投入增长，也显著低于科技、卫生投入增长；文化投入占财政收入比略微低于文化消费占居民收入比，占财政支出比更显著低于文化消费占居民支出比。

这些都集中体现在文化投入增长综合指数测评演算之中。2000年以来黑龙江文化投入增长综合指数变动态势见图7。

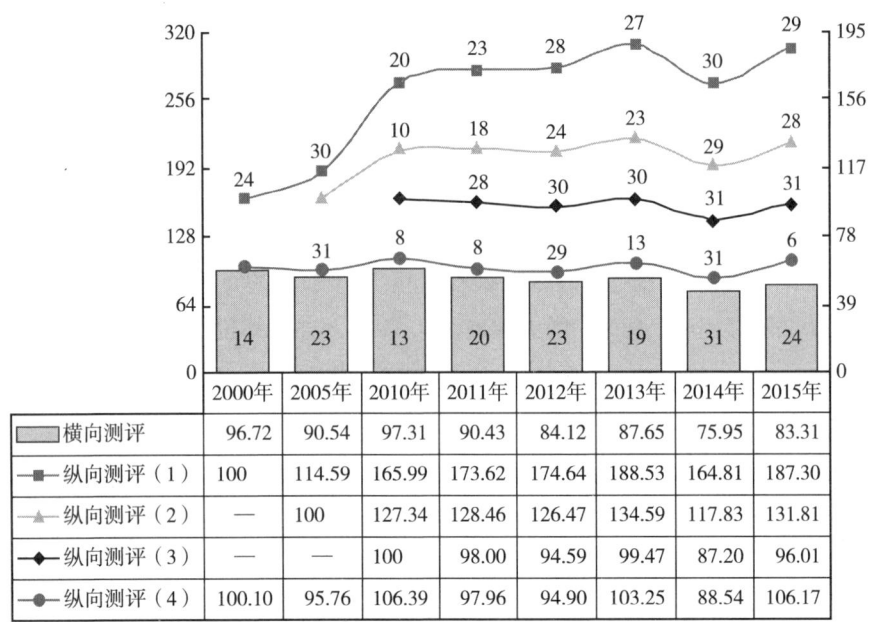

图7 2000年以来黑龙江文化投入增长综合指数变动态势

左轴柱形：横向测评（无差距理想值=100）。右轴曲线：纵向测评（起点年基数值=100），（1）以2000年为起点，（2）以2005年为起点，（3）以2010年为起点。左轴曲线：纵向测评（4），以上年为起点。标明历年各项测评指数省域排行。

（一）各年度横向测评综合指数

以文化投入人均值地区无差距、文化消费与投入同构占比无差距状态为理想值100，2015年黑龙江文化投入增长状况此项综合指数为83.31，处于省域间第24位，低于无差距理想值16.69%，但高于上年测评指数7.36个点。

各年度此项综合指数对比，2002～2003年2个年度高于无差距理想值100；2001～2002年、2006年、2008～2010年、2013年、2015年8个年度高于上年指数值。其中，最高值为2002年的104.19，最低值为2014年的75.95。黑龙江此项综合指数在省域间排行变化，2000年为第14位，2005年为第23位，2010年为第13位，2015年从上年第31位上升为第24位。

(二)"十五"以来纵向测评综合指数

以"九五"末年2000年为起点基数值100,2015年黑龙江文化投入增长状况此项综合指数为187.30,处于省域间第29位,高出2000年起点基数87.30%,也高出上年测评指数22.49个点。

"十五"以来各年度此项综合指数对比,全部各个年度均高于2000年起点基数值100;2002~2004年、2006年、2008~2013年、2015年11个年度高于上年指数值。其中,最高值为2013年的188.53,最低值为2001年的104.33。黑龙江此项综合指数在省域间排行变化,2000年起点不计,2005年为第30位,2010年为第20位,2015年从上年第30位上升为第29位。

(三)"十一五"以来纵向测评综合指数

以"十五"末年2005年为起点基数值100,2015年黑龙江文化投入增长状况此项综合指数为131.81,处于省域间第28位,高出2005年起点基数31.81%,也高出上年测评指数13.98个点。

"十一五"以来各年度此项综合指数对比,2006年、2008~2015年9个年度高于2005年起点基数值100;2008~2011年、2013年、2015年6个年度高于上年指数值。其中,最高值为2013年的134.59,最低值为2007年的94.36。黑龙江此项综合指数在省域间排行变化,2010年为第10位,2015年从上年第29位上升为第28位。

(四)"十二五"以来纵向测评综合指数

以"十一五"末年2010年为起点基数值100,2015年黑龙江文化投入增长状况此项综合指数为96.01,处于省域间第31位,低于2010年起点基数3.99%,但高出上年测评指数8.81个点。

"十二五"以来各年度此项综合指数对比,全部各个年度均低于2010年起点基数值100;2013年、2015年2个年度高于上年指数值。其中,最高值为2013年的99.47,最低值为2014年的87.20。黑龙江此项综合指数在省域间排行变化,2011年为第28位,2015年与上年持平,皆为第31位。

(五)逐年度纵向测评综合指数

以上一年(2014年)为起点基数值100,2015年黑龙江文化投入增长状况此项综合指数为106.17,处于省域间第6位,高出2014年起点基数6.17%,也高出上年基于2013年基数值的测评指数17.63个点。

逐年度此项景气指数对比,2000~2004年、2006年、2008~2010年、2013年、2015年11个年度高于自身上年起点基数值100;2001~2002年、2006年、2008~2009年、2013年、2015年7个年度高于上年指数值。其中,最高值为2009年的115.85,最低值为2007年的86.70。黑龙江此项综合指数在省域间排行变化,2000年为第24位,2005年为第31位,2010年为第8位,2015年从上年第31位上升为第6位。

B.16
甘肃：2014~2015年综合指数提升第7位

崔 宁*

摘 要： 2000~2015年，甘肃文化投入总量由5.75亿元增至62.76亿元，年均增长17.27%，略微高于全国平均增长0.49个百分点。甘肃综合评价排行：在省域横向测评中，处于2015年度综合指数排名第4位；在自身纵向测评中，处于2000~2015年综合指数提升第15位，2005~2015年综合指数提升第10位，2010~2015年综合指数提升第22位，2014~2015年综合指数提升第7位。

关键词： 甘肃 文化投入 综合评价

一 文化投入及其相关背景基本态势

（一）经济财政基本面背景状况

2000年以来甘肃文化投入总量增长及相关背景关系态势见图1。

2000~2015年，甘肃产值总量年均增长13.23%；财政收入总量年均增长18.11%；财政支出总量年均增长20.16%；教科文卫综合投入（图中教

---

* 崔宁，云南民族大学民俗学硕士研究生，参与导师主持相关研究工作，个人学术趣向为网络游戏对神话的重述研究。

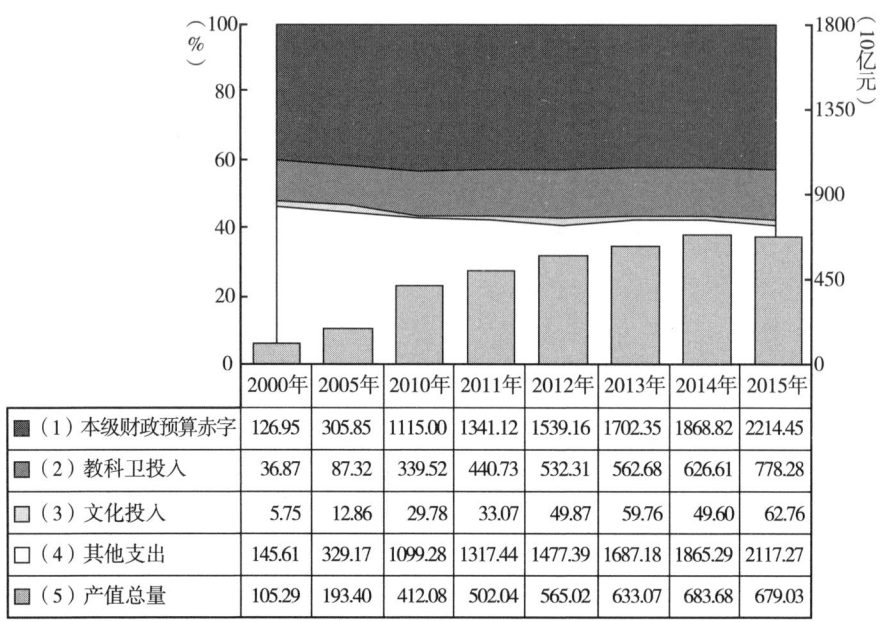

图 1　2000 年以来甘肃文化投入总量增长及相关背景关系态势

左轴面积：本级财政预算赤字（中央财政税收返还和转移支付等，"财政包干"地区可为国债份额）、教科卫投入、文化投入、其他支出总量（亿元转换为%），(2) + (3) + (4) = 财政支出总量，(2) + (3) + (4) − (1) = 财政收入总量，各项数值历年变动呈直观比例。右轴柱形：产值总量（10 亿元）。图中省略若干年度，后台演算历年增长变化包括省略年度，本报告同。

科卫投入与文化投入之和，后同）总量年均增长 21.99%；教科文卫综合投入之外财政支出统归为"其他支出"，其总量年均增长 19.54%。

在此期间，甘肃教科文卫综合投入总量年均增长高于产值总量年均增长 8.76 个百分点，高于财政收入总量年均增长 3.88 个百分点，高于财政支出总量年均增长 1.83 个百分点，高于其他支出总量年均增长 2.45 个百分点。

"十五"以来，甘肃教科文卫建设作为公共服务的一个重要方面，确实处于一种极为特殊的优先发展状态。"十一五"以来，甘肃教科文卫综合投入增长高于其他支出增长的情况更加明显。

（二）文化投入总量增长状况

2000 年以来甘肃文化投入总量及相邻关系、占全国份额变动态势见图 2。

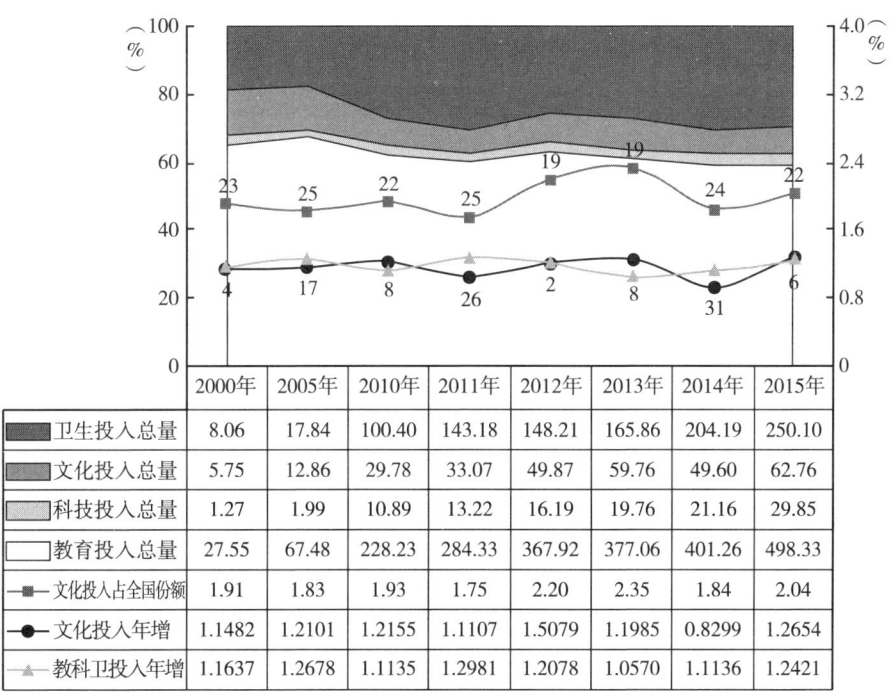

图 2　2000 年以来甘肃文化投入总量及相邻关系、占全国份额变动态势

左轴面积：教育、科技、文化、卫生投入总量（亿元转换为%），各项数值历年变动呈直观比例。右轴曲线：文化、教科卫投入年增（上年=1，小于 1 为负增长，保留 4 位小数，本报告正文转换为 2 位小数增长百分比，后同）；文化投入占全国份额（%）。后台数据库包含不出现的 1999 年相关数据，以此测量 2000 年相应数据变动，本报告同。标明历年文化投入增长、份额省域排序。

2000～2015 年，甘肃文化投入总量由 5.75 亿元增至 62.76 亿元，年均增长 17.27%，省域间增长位次排序为第 19 位。其中，"十五"期间年均增长 17.47%，"十一五"期间年均增长 18.29%，"十二五"期间年均增长 16.08%。最高增长年度为 2012 年，增长 50.79%；最低增长年度为 2014 年，负增长 17.01%。

相比之下，甘肃文化投入总量年均增长高于产值总量年均增长 4.04 个百分点，其中"十五"期间高于产值总量年均增长 4.54 个百分点，"十一五"期间高于产值总量年均增长 1.96 个百分点，"十二五"期间高于产值总量年均增长 5.58 个百分点；同时低于财政收入总量年均增长 0.84 个百分点，其中"十五"期间高于财政收入总量年均增长2.42个百分点，"十一五"期间低于财政收入总量年均增长5.12个百分点，"十二五"期间高于财政收入总量年均增长0.04个百分点；低于财政支出总量年均增长2.89个百分点，其中"十五"期间低于财政支出总量年均增长0.46个百分点，"十一五"期间低于财政支出总量年均增长9.59个百分点，"十二五"期间高于财政支出总量年均增长1.05个百分点。

认真对比，甘肃文化投入总量年均增长低于教科卫投入总量年均增长5.28个百分点，其中"十五"期间低于教科卫投入总量年均增长1.35个百分点，"十一五"期间低于教科卫投入总量年均增长12.91个百分点，"十二五"期间低于教科卫投入总量年均增长1.97个百分点。在2000年以来甘肃教科文卫综合投入优先高增长当中，文化投入增长处于严重失衡状态。

从图2亦可清楚、直观地看出，文化投入所占面积呈逐渐收窄之势，表明其在教科文卫综合投入中的比例持续降低。

与此同时，全国文化投入总量年均增长16.78%。2000年以来，甘肃文化投入总量年均增长高于全国年均增长0.49个百分点，占全国份额从2000年的1.91%上升至2015年的2.04%，省域间份额位次从第23位上升为第22位。

（三）人均值增长及其地区差变动状况

2000年以来甘肃文化投入人均值及其地区差变动态势见图3。

2000~2015年，甘肃文化投入人均值由22.55元增至241.83元，年均增长17.14%，省域间增长位次排序为第15位。其中，"十五"期间年均增长16.95%，"十一五"期间年均增长18.36%，"十二五"期间年均增长16.10%。最高增长年度为2012年，增长50.28%；最低增长年度为2014年，负增长17.22%。

2000年以来，甘肃文化投入人均值年均增长高于全国年均增长1.00个百分点，人均绝对值从2000年为全国人均值的94.83%上升至2015年为全国人均值的107.78%，省域间人均绝对值高低位次从第17位上升为第14位。

同期，甘肃文化投入人均值地区差由1.0517扩大至1.0778，扩大

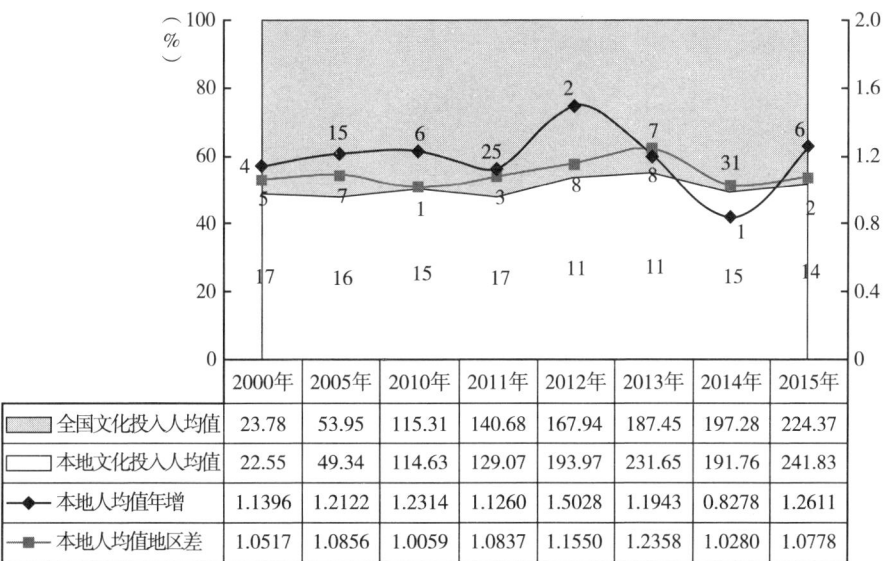

图3　2000年以来甘肃文化投入人均值及其地区差变动态势

左轴面积：本地、全国文化投入人均值（元转换为%），二者历年变动呈直观比例；右轴曲线：本地人均值年增（上年=1，小于1为负增长，由于历年人口增长，人均值年增指数略低于总量年增指数）；本地人均值地区差（无差距=1，为检测细微差异，保留4位小数）。标明历年本地人均值及其增长、地区差省域排序。

2.48%，省域间地区差位次变化幅度排第15位。由于各地不同变动，甘肃地区差位次从第5位上升为第2位。其中，"十五"期间地区差扩大3.22%，"十一五"期间地区差缩小7.34%，"十二五"期间地区差扩大7.15%。最小地区差为2010年的1.0059，最大地区差为2013年的1.2358。

二　文化投入相关协调性态势

（一）相关背景变动状况

2000年以来甘肃文化投入相关背景比值变动态势见图4。

1. 文化投入与产值比

2000~2015年，甘肃文化投入总量年均增长高于产值年均增长4.04个

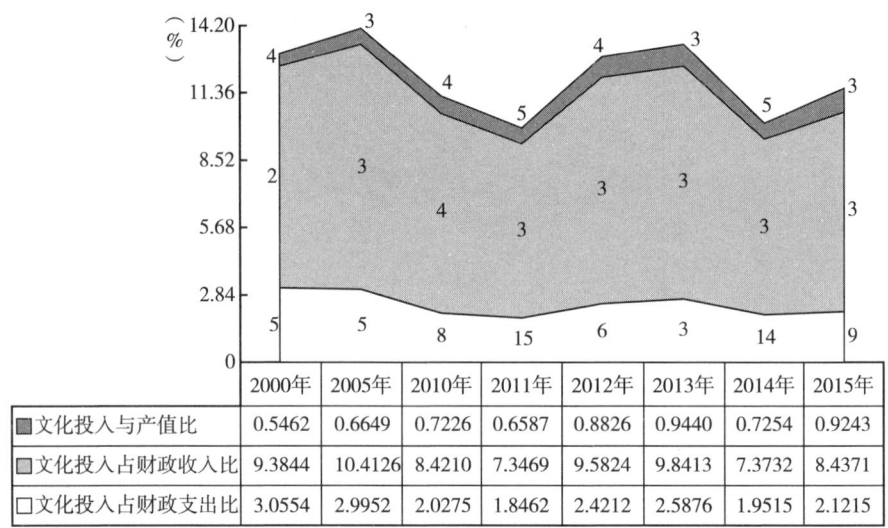

图4　2000年以来甘肃文化投入相关背景比值变动态势

左轴面积：文化投入与产值比、占财政收入和支出比（%），各项比值历年升降呈直观比例叠加。因比值很小，图中保留4位小数并依此演算，本报告正文按惯例保留2位小数。标明历年各项比值省域排序。

百分点。文化投入与产值比从0.55%增高至0.92%，上升程度为69.22%，上升0.38个百分点，省域间位次变化幅度排第9位，比值高低位次从第4位上升为第3位。最高比值为2013年的0.94%，最低比值为2000年的0.55%。

2. 文化投入占财政收入比

2000~2015年，甘肃文化投入总量年均增长低于财政收入年均增长0.84个百分点。文化投入占财政收入比从9.38%降低至8.44%，下降程度为10.09%，下降0.95个百分点，省域间位次变化幅度排第10位，比值高低位次从第2位下降为第3位。最高比值为2006年的11.45%，最低比值为2008年的7.34%。

3. 文化投入占财政支出比

2000~2015年，甘肃文化投入总量年均增长低于财政支出年均增长2.89个百分点。文化投入占财政支出比从3.06%降低至2.12%，下降程度为30.57%，下降0.93个百分点，省域间位次变化幅度排第16位，比值高低位次从第5位下降为第9位。最高比值为2006年的3.06%，最低比值为2011年的1.85%。

（二）相邻关系变动状况

2000年以来甘肃文化投入相邻关系比值变动态势见图5。

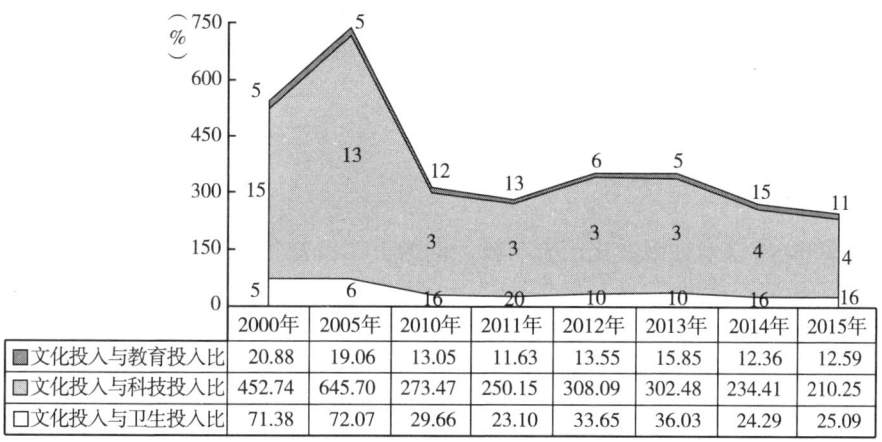

图5 2000年以来甘肃文化投入相邻关系比值变动态势

左轴面积：文化投入与教育、科技、卫生投入比（%），各项比值历年升降呈直观比例叠加。标明历年各项比值省域排序。

1. 文化投入与教育投入比

2000~2015年，甘肃文化投入总量年均增长低于教育投入年均增长4.02个百分点。文化投入与教育投入比从20.88%降低至12.59%，下降程度为39.70%，下降8.29个百分点，省域间位次变化幅度排第21位，比值高低位次从第5位下降为第11位。最高比值为2000年的20.88%，最低比值为2008年的10.63%。

2. 文化投入与科技投入比

2000~2015年，甘肃文化投入总量年均增长低于科技投入年均增长6.16个百分点。文化投入与科技投入比从452.74%降低至210.25%，下降程度为53.56%,下降242.49个百分点,省域间位次变化幅度排第5位。由于各地不同变动,甘肃比值高低位次从第15位上升为第4位。最高比值为2006年的691.63%,最低比值为2008年的205.26%。

3. 文化投入与卫生投入比

2000~2015年,甘肃文化投入总量年均增长低于卫生投入年均增长8.46个百分点。文化投入与卫生投入比从71.38%降低为25.09%,下降程度为64.85%,下降46.29个百分点,省域间位次变化幅度排第19位,比值高低位次从第5位下降为第16位。最高比值为2004年的79.24%,最低比值为2011年的23.10%。

(三)同构占比变动状况

2000年以来甘肃文化消费与投入同构占比倍差变动态势见图6。

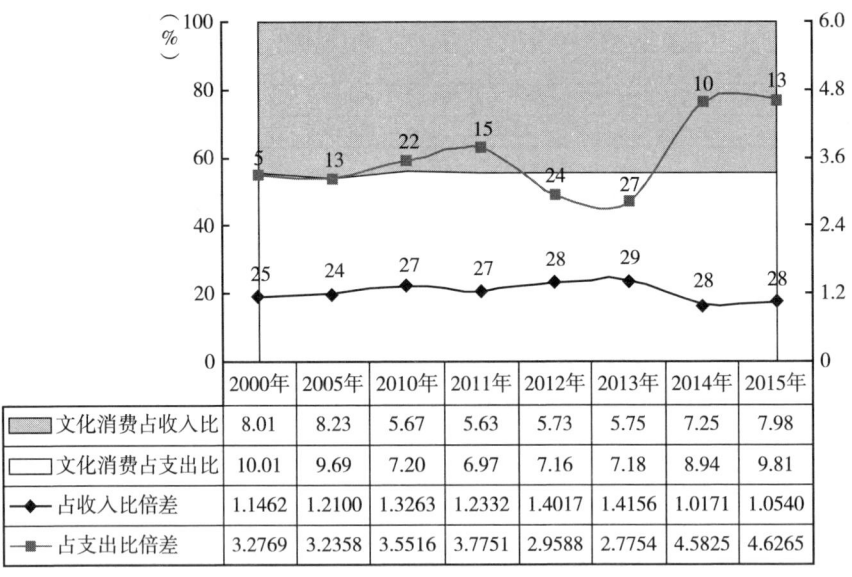

图6 2000年以来甘肃文化消费与投入同构占比倍差变动态势

左轴面积:文化消费占居民收入、占居民总消费支出比(%),两项比值历年升降呈直观比例叠加。右轴曲线:文化消费占居民收入比与文化投入占财政收入比、文化消费占居民支出比与文化投入占财政支出比倍差(无差距=1,为检测细微差异,保留4位小数)。标明历年各项倍差省域排序。

1. 文化消费与投入占收入比

2000~2015年，甘肃城乡居民文化消费占居民收入比从8.01%降低至7.98%，下降程度为0.37%。逐年比较，最高比值为2005年的8.23%，最低比值为2011年的5.63%。

对照本报告图4，同期，甘肃文化投入占财政收入比下降10.09%，2015年比值高于文化消费占居民收入比0.46个百分点。二者之间占比倍差由1.1462减小至1.0540，减小程度为8.04%，省域间位次变化幅度排第4位。由于各地不同变动，甘肃倍差高低（倒序）位次从第25位下降为第28位。

2. 文化消费与投入占支出比

2000~2015年，甘肃城乡居民文化消费占居民支出比从10.01%降低至9.81%，下降程度为2.00%。逐年比较，最高比值为2002年的10.31%，最低比值为2011年的6.97%。

对照本报告图4，同期，甘肃文化投入占财政支出比下降30.57%，2015年比值低于文化消费占居民支出比7.69个百分点。二者之间占比倍差由3.2769增大至4.6265，增大程度为41.19%，省域间位次变化幅度排第14位，倍差高低（倒序）位次从第5位下降为第13位。

三　2015年文化投入纵横向双重测评

综合以上分析，2000年以来甘肃文化投入总量年均增长17.27%，略微高于全国平均增长0.49个百分点，人均值地区差扩大2.48%；文化投入增长明显高于产值增长，但略微低于财政收入增长，也较明显低于财政支出增长；同时明显低于教育投入增长，也显著低于科技、卫生投入增长；文化投入占财政收入比略微高于文化消费占居民收入比，占财政支出比却显著低于文化消费占居民支出比。

这些都集中体现在文化投入增长综合指数测评演算之中。2000年以来甘肃文化投入增长综合指数变动态势见图7。

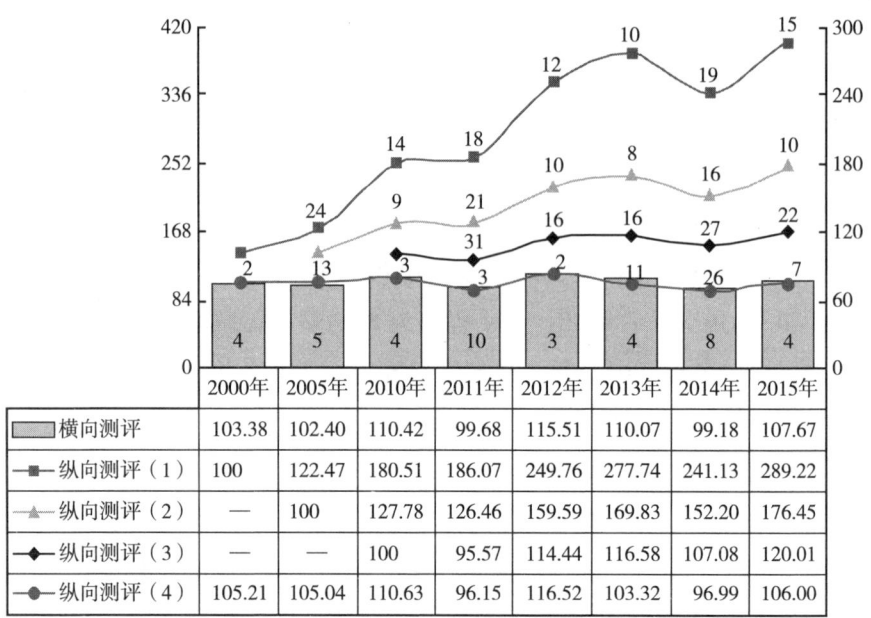

图7　2000年以来甘肃文化投入增长综合指数变动态势

左轴柱形：横向测评（无差距理想值=100）。右轴曲线：纵向测评（起点年基数值=100），（1）以2000年为起点，（2）以2005年为起点，（3）以2010年为起点。左轴曲线：纵向测评（4），上年为起点。标明历年各项测评指数省域排行。

（一）各年度横向测评综合指数

以文化投入人均值地区无差距、文化消费与投入同构占比无差距状态为理想值100，2015年甘肃文化投入增长状况此项综合指数为107.67，处于省域间第4位，高于无差距理想值7.67%，也高于上年测评指数8.49个点。

各年度此项综合指数对比，2000~2002年、2004~2006年、2009~2010年、2012~2013年、2015年11个年度高于无差距理想值100；2002年、2004~2006年、2008~2010年、2012年、2015年9个年度高于上年指数值。其中，最高值为2012年的115.51，最低值为2007年的92.27。甘肃此项综合指数在省域间排行变化，2000年为第4位，2005年为第5位，2010年为第4位，2015年从上年第8位上升为第4位。

(二)"十五"以来纵向测评综合指数

以"九五"末年2000年为起点基数值100,2015年甘肃文化投入增长状况此项综合指数为289.22,处于省域间第15位,高出2000年起点基数189.22%,也高出上年测评指数48.09个点。

"十五"以来各年度此项综合指数对比,全部各个年度均高于2000年起点基数值100;2002年、2004~2006年、2008~2013年、2015年11个年度高于上年指数值。其中,最高值为2015年的289.22,最低值为2001年的102.08。甘肃此项综合指数在省域间排行变化,2000年起点不计,2005年为第24位,2010年为第14位,2015年从上年第19位上升为第15位。

(三)"十一五"以来纵向测评综合指数

以"十五"末年2005年为起点基数值100,2015年甘肃文化投入增长状况此项综合指数为176.45,处于省域间第10位,高出2005年起点基数76.45%,也高出上年测评指数24.25个点。

"十一五"以来各年度此项综合指数对比,2006年、2008~2015年9个年度高于2005年起点基数值100;2008~2010年、2012~2013年、2015年6个年度高于上年指数值。其中,最高值为2015年的176.45,最低值为2007年的92.66。甘肃此项综合指数在省域间排行变化,2010年为第9位,2015年从上年第16位上升为第10位。

(四)"十二五"以来纵向测评综合指数

以"十一五"末年2010年为起点基数值100,2015年甘肃文化投入增长状况此项综合指数为120.01,处于省域间第22位,高出2010年起点基数20.01%,也高出上年测评指数12.93个点。

"十二五"以来各年度此项综合指数对比,2012~2015年4个年度高于2010年起点基数值100;2012~2013年、2015年3个年度高于上年指数值。其中,最高值为2015年的120.01,最低值为2011年的95.57。甘肃此项综合指数在省域间排行变化，2011年为第31位，2015年从上年第27位上升为第22位。

（五）逐年度纵向测评综合指数

以上一年（2014年）为起点基数值100，2015年甘肃文化投入增长状况此项综合指数为106.00，处于省域间第7位，高出2014年起点基数6.00%，也高出上年基于2013年基数值的测评指数9.01个点。

逐年度此项景气指数对比，2000~2002年、2004~2006年、2008~2010年、2012~2013年、2015年12个年度高于自身上年起点基数值100；2002年、2004~2006年、2008~2010年、2012年、2015年9个年度高于上年指数值。其中，最高值为2012年的116.52，最低值为2007年的85.48。甘肃此项综合指数在省域间排行变化，2000年为第2位，2005年为第13位，2010年为第3位，2015年从上年第26位上升为第7位。

B.17
宁夏：2014~2015年综合指数提升第8位

李毅亭[*]

摘　要： 2000~2015年，宁夏文化投入总量由1.81亿元增至20.97亿元，年均增长17.74%，略微高于全国平均增长0.96个百分点。宁夏综合评价排行：在省域横向测评中，处于2015年度综合指数排名第7位；在自身纵向测评中，处于2000~2015年综合指数提升第19位，2005~2015年综合指数提升第11位，2010~2015年综合指数提升第25位，2014~2015年综合指数提升第8位。

关键词： 宁夏　文化投入　综合评价

一　文化投入及其相关背景基本态势

（一）经济财政基本面背景状况

2000年以来宁夏文化投入总量增长及相关背景关系态势见图1。

2000~2015年，宁夏产值总量年均增长16.49%；财政收入总量年均增长21.22%；财政支出总量年均增长21.57%；教科文卫综合投入（图中教

---

[*] 李毅亭，云南民族大学民俗学硕士研究生，参与导师主持相关研究工作，个人学术趣向为多样性的民族节庆研究。

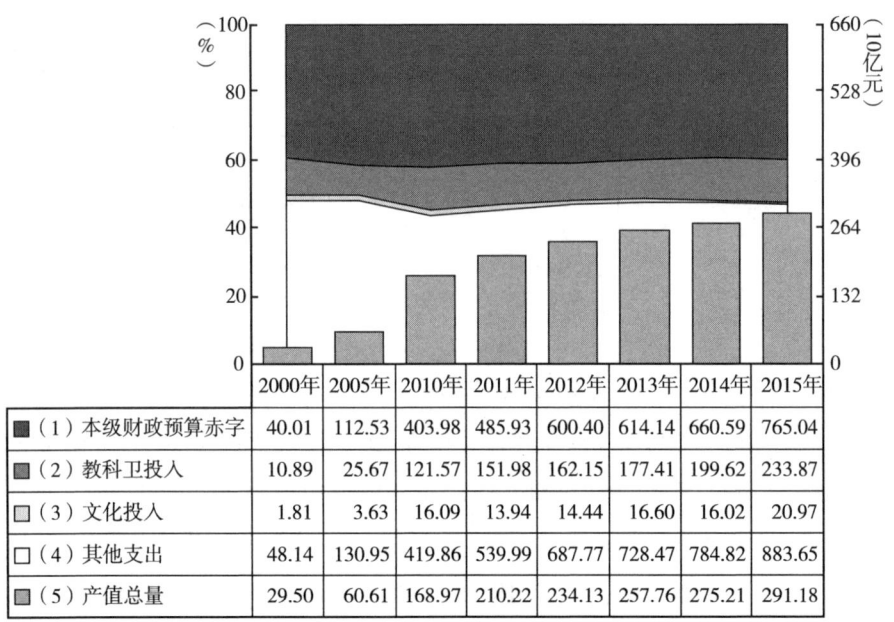

图1　2000年以来宁夏文化投入总量增长及相关背景关系态势

左轴面积：本级财政预算赤字（中央财政税收返还和转移支付等，"财政包干"地区可为国债份额）、教科卫投入、文化投入、其他支出总量（亿元转换为%），（2）+（3）+（4）=财政支出总量，（2）+（3）+（4）-（1）=财政收入总量，各项数值历年变动呈直观比例。右轴柱形：产值总量（10亿元）。图中省略若干年度，后台演算历年增长变化包括省略年度，本报告同。

科卫投入与文化投入之和，后同）总量年均增长22.13%；教科文卫综合投入之外财政支出统归为"其他支出"，其总量年均增长21.41%。

在此期间，宁夏教科文卫综合投入总量年均增长高于产值总量年均增长5.64个百分点，高于财政收入总量年均增长0.91个百分点，高于财政支出总量年均增长0.56个百分点，高于其他支出总量年均增长0.72个百分点。

"十五"以来，宁夏教科文卫建设作为公共服务的一个重要方面，确实处于一种极为特殊的优先发展状态。"十一五"以来，宁夏教科文卫综合投入增长高于其他支出增长的情况更加明显。

（二）文化投入总量增长状况

2000年以来宁夏文化投入总量及相邻关系、占全国份额变动态势见图2。

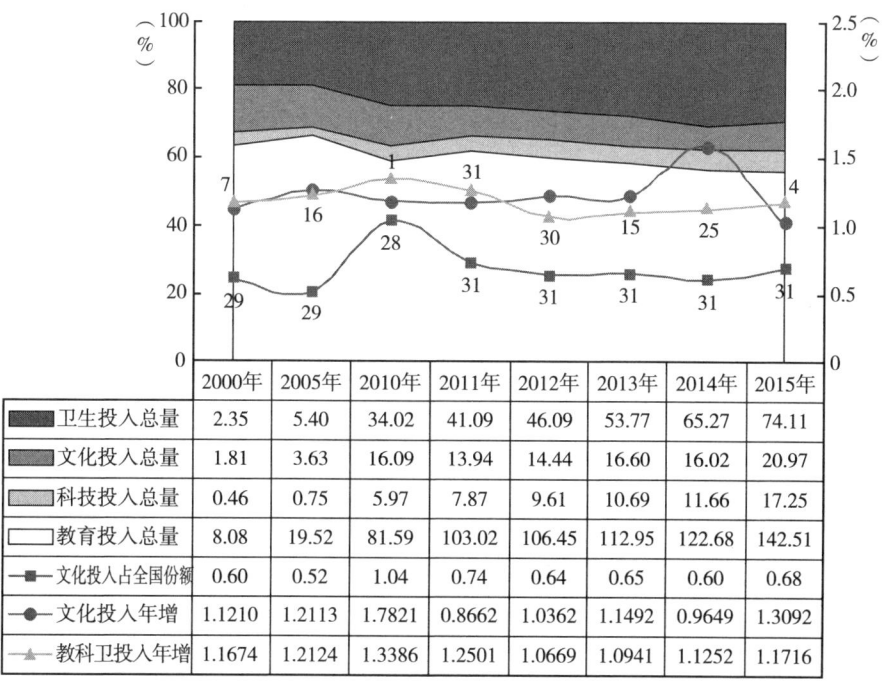

图 2　2000 年以来宁夏文化投入总量及相邻关系、占全国份额变动态势

左轴面积：教育、科技、文化、卫生投入总量（亿元转换为%），各项数值历年变动呈直观比例。右轴曲线：文化、教科卫投入年增（上年＝1，保留4位小数，本报告正文转换为2位小数增长百分比，后同）；文化投入占全国份额（%）。后台数据库包含不出现的1999年相关数据，以此测量2000年相应数据变动，本报告同。标明历年文化投入增长、份额省域排序。

2000~2015 年，宁夏文化投入总量由 1.81 亿元增至 20.97 亿元，年均增长 17.74%，省域间增长位次排序为第 14 位。其中，"十五"期间年均增长 14.93%，"十一五"期间年均增长 34.69%，"十二五"期间年均增长 5.44%。最高增长年度为 2010 年，增长 78.21%；最低增长年度为 2011 年，负增长 13.38%。

相比之下，宁夏文化投入总量年均增长高于产值总量年均增长 1.25 个百分点，其中"十五"期间低于产值总量年均增长 0.56 个百分点，"十一五"期间高于产值总量年均增长 11.93 个百分点，"十二五"期间低于产值总量年均增长 6.06 个百分点；同时低于财政收入总量年均增长 3.48 个百分点，其中"十五"期间低于财政收入总量年均增长 3.11 个百分点，"十一五"期间高于财政收入总量年均增长 8.36 个百分点，"十二五"期间低于财政收入总量年均增长 14.01 个百分点；低于财政支出总量年均增长 3.83 个百分点，其中"十五"期间低于财政支出总量年均增长 6.44 个百分点，"十一五"期间高于财政支出总量年均增长 6.37 个百分点，"十二五"期间低于财政支出总量年均增长 9.91 个百分点。

认真对比，宁夏文化投入总量年均增长低于教科卫投入总量年均增长 4.95 个百分点，其中"十五"期间低于教科卫投入总量年均增长 3.78 个百分点，"十一五"期间低于教科卫投入总量年均增长 1.79 个百分点，"十二五"期间低于教科卫投入总量年均增长 8.54 个百分点。在 2000 年以来宁夏教科文卫综合投入优先高增长当中，文化投入增长处于严重失衡状态。

从图 2 亦可清楚、直观地看出，文化投入所占面积呈逐渐收窄之势，表明其在教科文卫综合投入中的比例持续降低。

与此同时，全国文化投入总量年均增长 16.78%。2000 年以来，宁夏文化投入总量年均增长高于全国年均增长 0.96 个百分点，占全国份额从 2000 年的 0.60% 上升至 2015 年的 0.68%。由于各地不同变动，宁夏份额位次从第 29 位下降为第 31 位。

（三）人均值增长及其地区差变动状况

2000 年以来宁夏文化投入人均值及其地区差变动态势见图 3。

2000~2015 年，宁夏文化投入人均值由 32.99 元增至 315.48 元，年均增长 16.24%，省域间增长位次排序为第 20 位。其中，"十五"期间年均增长 13.22%，"十一五"期间年均增长 33.04%，"十二五"期间年均增长 4.28%。最高增长年度为 2010 年，增长 76.09%；最低增长年度为 2011 年，负增长 14.36%。

2000 年以来，宁夏文化投入人均值年均增长高于全国年均增长 0.10 个百分点，人均绝对值从 2000 年为全国人均值的 138.73% 上升至 2015 年为全国人均值的 140.61%。由于各地不同变动，宁夏人均绝对值高低位次从第 6 位下降为第 8 位。

宁夏：2014~2015年综合指数提升第8位

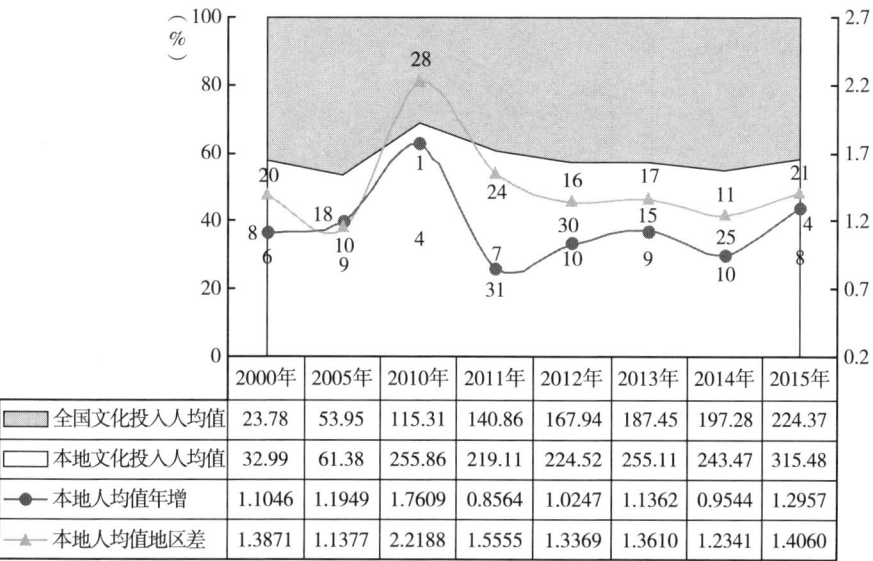

图3 2000年以来宁夏文化投入人均值及其地区差变动态势

左轴面积：本地、全国文化投入人均值（元转换为%），二者历年变动呈直观比例；右轴曲线：本地人均值年增（上年=1，小于1为负增长，由于历年人口增长，人均值年增指数略低于总量年增指数）；本地人均值地区差（无差距=1，为检测细微差异，保留4位小数）。标明历年本地人均值及其增长、地区差省域排序。

同期，宁夏文化投入人均值地区差由1.3871扩大至1.4060，扩大1.36%，省域间地区差位次变化幅度排第14位，地区差位次从第20位下降为第21位。其中，"十五"期间地区差缩小17.98%，"十一五"期间地区差扩大95.03%，"十二五"期间地区差缩小36.63%。最小地区差为2004年的1.1339，最大地区差为2010年的2.2188。

二 文化投入相关协调性态势

（一）相关背景变动状况

2000年以来宁夏文化投入相关背景比值变动态势见图4。

1. 文化投入与产值比

2000~2015年，宁夏文化投入总量年均增长高于产值年均增长1.25个

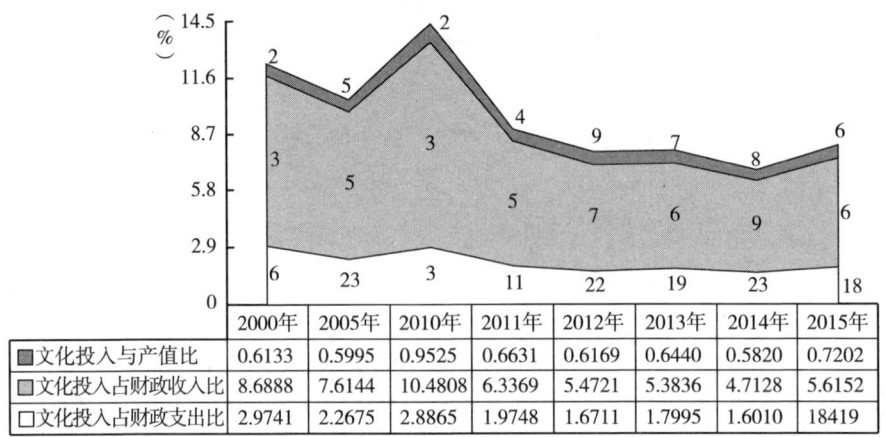

图4 2000年以来宁夏文化投入相关背景比值变动态势

左轴面积：文化投入与产值比、占财政收入和支出比（%），各项比值历年升降呈直观比例叠加。因比值很小，图中保留4位小数并依此演算，本报告正文按惯例保留2位小数。标明历年各项比值省域排序。

百分点。文化投入与产值比从0.61%增高至0.72%，上升程度为17.43%，上升0.11个百分点，省域间位次变化幅度排第25位。由于各地不同变动，宁夏比值高低位次从第2位下降为第6位。最高比值为2010年的0.95%，最低比值为2004年的0.56%。

2. 文化投入占财政收入比

2000~2015年，宁夏文化投入总量年均增长低于财政收入年均增长3.48个百分点。文化投入占财政收入比从8.69%降低至5.62%，下降程度为35.37%，下降3.07个百分点，省域间位次变化幅度排第25位，比值高低位次从第3位下降为第6位。最高比值为2003年的10.53%，最低比值为2014年的4.71%。

3. 文化投入占财政支出比

2000~2015年，宁夏文化投入总量年均增长低于财政支出年均增长3.83个百分点。文化投入占财政支出比从2.97%降低至1.84%，下降程度为38.07%，下降1.13个百分点，省域间位次变化幅度排第23位，比值高低位次从第6位下降为第18位。最高比值为2003年的2.99%,最低比值为2014年的1.60%。

(二)相邻关系变动状况

2000年以来宁夏文化投入相邻关系比值变动态势见图5。

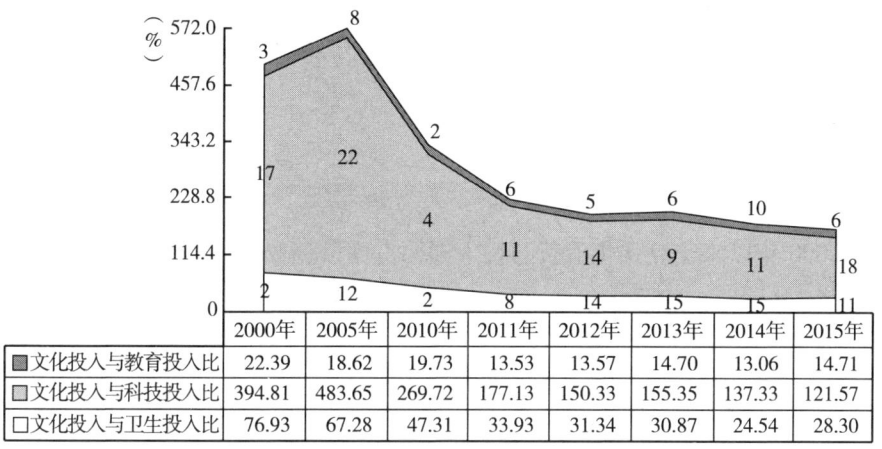

图5 2000年以来宁夏文化投入相邻关系比值变动态势

左轴面积:文化投入与教育、科技、卫生投入比(%),各项比值历年升降呈直观比例叠加。标明历年各项比值省域排序。

1. 文化投入与教育投入比

2000~2015年,宁夏文化投入总量年均增长低于教育投入年均增长3.35个百分点。文化投入与教育投入比从22.39%降低至14.71%,下降程度为34.30%,下降7.68个百分点,省域间位次变化幅度排第19位,比值高低位次从第3位下降为第6位。最高比值为2003年的22.94%,最低比值为2014年的13.06%。

2. 文化投入与科技投入比

2000~2015年,宁夏文化投入总量年均增长低于科技投入年均增长9.59个百分点。文化投入与科技投入比从394.81%降低至121.57%,下降程度为69.21%,下降273.24个百分点,省域间位次变化幅度排第19位,比值高低位次从第17位下降为第18位。最高比值为2003年的547.89%，最低比值为2015年的121.57%。

3. 文化投入与卫生投入比

2000~2015年，宁夏文化投入总量年均增长低于卫生投入年均增长8.13个百分点。文化投入与卫生投入比从76.93%降低为28.30%，下降程度为63.21%，下降48.63个百分点，省域间位次变化幅度排第17位，比值高低位次从第2位下降为第11位。最高比值为2000年的76.93%，最低比值为2014年的24.54%。

（三）同构占比变动状况

2000年以来宁夏文化消费与投入同构占比倍差变动态势见图6。

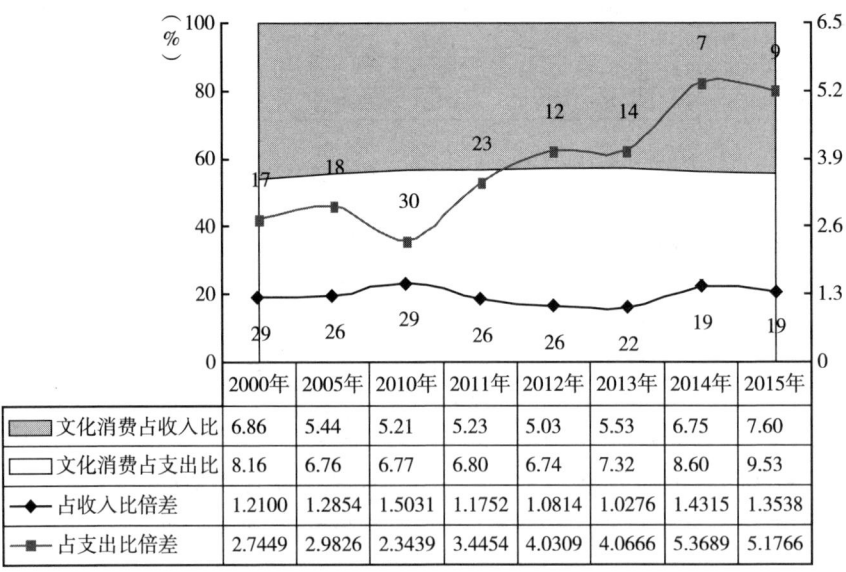

图6 2000年以来宁夏文化消费与投入同构占比倍差变动态势

左轴面积：文化消费占居民收入、占居民总消费支出比（%），两项比值历年升降呈直观比例叠加。右轴曲线：文化消费占居民收入比与文化投入占财政收入比、文化消费占居民支出比与文化投入占财政支出比倍差（无差距＝1，为检测细微差异，保留4位小数）。标明历年各项倍差省域排序。

1. 文化消费与投入占收入比

2000~2015年，宁夏城乡居民文化消费占居民收入比从6.86%增高至7.60%，上升程度为10.79%。逐年比较，最高比值为2015年的7.60%，最低比值为2008年的4.67%。

对照本报告图4，同期，宁夏文化投入占财政收入比下降35.37%，2015年比值低于文化消费占居民收入比1.98个百分点。二者之间占比倍差由1.2100增大至1.3538，增大程度为11.88%，省域间位次变化幅度排第13位。由于各地不同变动，宁夏倍差高低（倒序）位次从第29位上升为第19位。

2. 文化消费与投入占支出比

2000~2015年，宁夏城乡居民文化消费占居民支出比从8.16%增高至9.53%，上升程度为16.79%。逐年比较，最高比值为2015年的9.53%，最低比值为2008年的6.10%。

对照本报告图4，同期，宁夏文化投入占财政支出比下降38.07%，2015年比值低于文化消费占居民支出比7.69个百分点。二者之间占比倍差由2.7449增大至5.1766，增大程度为88.59%，省域间位次变化幅度排第26位。由于各地不同变动，宁夏倍差高低（倒序）位次从第17位上升为第9位。

三 2015年文化投入纵横向双重测评

综合以上分析，2000年以来宁夏文化投入总量年均增长17.74%，略微高于全国平均增长0.96个百分点，人均值地区差扩大1.36%；文化投入增长较明显高于产值增长，但明显低于财政收入、财政支出增长；同时明显低于教育投入增长，也显著低于科技、卫生投入增长；文化投入占财政收入比较明显低于文化消费占居民收入比，占财政支出比更显著低于文化消费占居民支出比。

这些都集中体现在文化投入增长综合指数测评演算之中。2000年以来宁夏文化投入增长综合指数变动态势见图7。

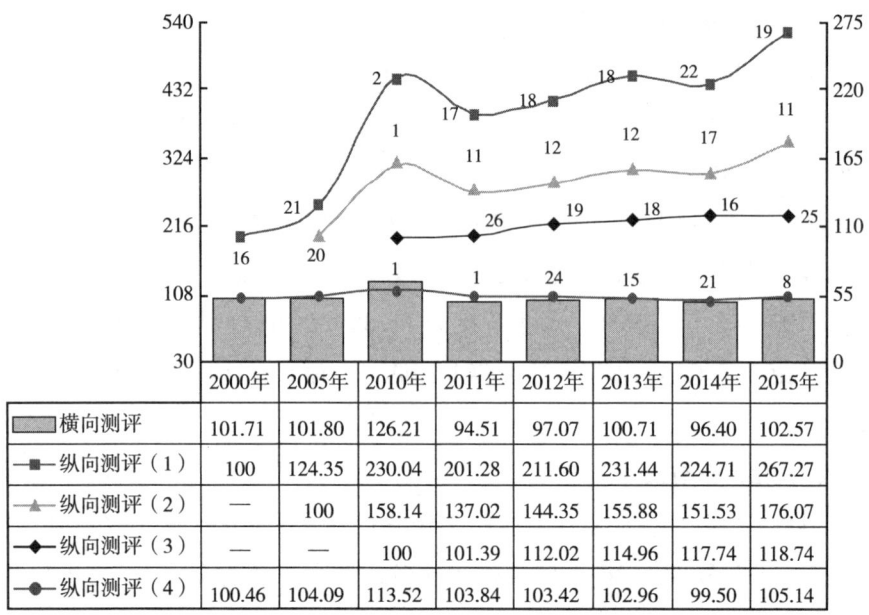

图7　2000年以来宁夏文化投入增长综合指数变动态势

左轴柱形：横向测评（无差距理想值=100）。右轴曲线：纵向测评（起点年基数值=100），（1）以2000年为起点，（2）以2005年为起点，（3）以2010年为起点。左轴曲线：纵向测评（4），以上年为起点。标明历年各项测评指数省域排行。

（一）各年度横向测评综合指数

以文化投入人均值地区无差距、文化消费与投入同构占比无差距状态为理想值100，2015年宁夏文化投入增长状况此项综合指数为102.57，处于省域间第7位，高于无差距理想值2.57%，也高于上年测评指数6.17个点。

各年度此项综合指数对比，2000~2003年、2005~2007年、2009~2010年、2013年、2015年11个年度高于无差距理想值100；2002~2003年、2005年、2007年、2009~2010年、2012~2013年、2015年9个年度高于上年指数值。其中，最高值为2010年的126.21，最低值为2011年的94.51。宁夏此项综合指数在省域间排行变化，2000年为第6位，2005年为第8位，2010年为第2位，2015年从上年第13位上升为第7位。

（二）"十五"以来纵向测评综合指数

以"九五"末年2000年为起点基数值100，2015年宁夏文化投入增长状况此项综合指数为267.27，处于省域间第19位，高出2000年起点基数167.27%，也高出上年测评指数42.56个点。

"十五"以来各年度此项综合指数对比，全部各个年度均高于2000年起点基数值100；2002~2010年、2012~2013年、2015年12个年度高于上年指数值。其中，最高值为2015年的267.27，最低值为2001年的103.09。宁夏此项综合指数在省域间排行变化，2005年为第21位，2010年为第2位，2015年从上年第22位上升为第19位。

（三）"十一五"以来纵向测评综合指数

以"十五"末年2005年为起点基数值100，2015年宁夏文化投入增长状况此项综合指数为176.07，处于省域间第11位，高出2005年起点基数76.07%，也高出上年测评指数24.54个点。

"十一五"以来各年度此项综合指数对比，全部各个年度均高于2005年起点基数值100；2007年、2009~2010年、2012~2013年、2015年6个年度高于上年指数值。其中，最高值为2015年的176.07，最低值为2006年的103.45。宁夏此项综合指数在省域间排行变化，2010年为第1位，2015年从上年第17位上升为第11位。

（四）"十二五"以来纵向测评综合指数

以"十一五"末年2010年为起点基数值100，2015年宁夏文化投入增长状况此项综合指数为118.74，处于省域间第25位，高出2010年起点基数18.74%，也高出上年测评指数1.00个点。

"十二五"以来各年度此项综合指数对比，全部各个年度均高于2010年起点基数值100；全部各个年度均高于上年指数值。其中，最高值为2015年的118.74，最低值为2011年的101.39。宁夏此项综合指数

在省域间排行变化,2011年为第26位,2015年从上年第16位下降为第25位。

(五)逐年度纵向测评综合指数

以上一年(2014年)为起点基数值100,2015年宁夏文化投入增长状况此项综合指数为105.14,处于省域间第8位,高出2014年起点基数5.14%,也高出上年基于2013年基数值的测评指数5.64个点。

逐年度此项景气指数对比,2000~2013年、2015年15个年度高于自身上年起点基数值100;2001~2002年、2005年、2008~2010年、2015年7个年度高于上年指数值。其中,最高值为2010年的113.52,最低值为2014年的99.50。宁夏此项综合指数在省域间排行变化,2000年为第16位,2005年为第20位,2010年为第1位,2015年从上年第21位上升为第8位。

Abstract

From 2000 to 2015, countrywide total investment into public culture increased from 30.029 billion yuan to 307.664 billion yuan, with a remarkably average annual growth of 16.78%. The cultural investment growth is evidently higher than GDP growth, but slightly lower than the fiscal revenue growth, and also slightly lower than the fiscal expenditure growth; At the same time, certainly lower than education investment growth, and also remarkably lower science & technology investment growth, as well as remarkably lower health investment growth. The ratio of culture investment to fiscal revenues is evidently lower than that of the cultural consumption to the residents' income, that to fiscal expenditure is more remarkably lower than that of the cultural consumption to the residents' expenditure. Public cultural investment growth badly lags behind the demand changes of the residents' cultural consumption.

In 2015, the total culture investment increased by over 15% in 13 provinces, in 7 of which by over 20%. The per capita value of culture investment increased by over 15% in 10 provinces, in 7 of which by over 20%. Zhejiang, Hunan, Fujian, Ningxia and Chongqing ranked top 5 in the total growth and the per capita value growth. The ranking of the comprehensive evaluation of the culture investment growth across the provinces is as follows: In the lateral evaluation of ideal value without urban-rural and regional gaps, Tibet, Beijing, Qinghai, Gansu and Jilin ranked top five in the 2015 annual composite index leaders; In the vertical evaluation of own base value throughout the past years, Qinghai, Chongqing, Sichuan, Tibet and Hainan ranked top five in the 2000 – 2015 composite index runners-up; Qinghai, Tibet, Hainan, Shaanxi and Inner Mongolia ranked top five in the 2005 – 2015 composite index runners-up; Fujian, Hunan, Guizhou, Guangxi and Qinghai ranked top five in the 2010 – 2015 composite index runners-up; Hunan, Fujian, Chongqing, Zhejiang and Shanxi ranked top five in the 2014 –

2015 composite index runners-up.

Based upon the average growth rate of "natural growth" from 2000 to 2015, the expected target of countrywide culture investment growth should be 668. 224 billion yuan; if it should get the ought-to-be growth at the best ratio over the years in terms of the productive value, the fiscal expenditure, the E. S. C. H. (education, science & technology, culture, health) investment and the culture investment, it would reach 1075. 202 billion yuan; if the balanced isomorphism proportion of culture investment and consumption should come true, it would reach 1733. 148 billion yuan; if the ideal growth of the equal culture investment should realize, it would reach 2361. 538 billion yuan. By using the required annual growth rate to 2020 to measure the absolute distance of all kinds of growth target, ranking of the various provinces is as follows: Beijing, Shanghai, Tibet, Zhejiang and Hainan rank top five in the best ratio growth target; Tibet, Beijing, Shanghai, Zhejiang and Xinjiang rank top five in the growth target of isomorphism proportion; Tibet, Beijing, Qinghai, Shanghai and Inner Mongolia rank top five in the equal growth target.

Contents

I General Report

B.1 The Comprehensive Evaluation on China's Public Culture Investment and Its Growth Target
　—The Test from 2000 to 2015 and the Measurement to 2020
　　　　　　　　　　　　　　　　　Wang Ya'nan, Fang Yu / 001

　　1. The Relevant Background of the Countrywide Public
　　　　Culture Investment　　　　　　　　　　　　　　　/ 003
　　2. The Relevant Coordination Situation of the Countrywide
　　　　Public Culture Investment　　　　　　　　　　　　/ 008
　　3. The Longitudinal and Lateral Measurement of the
　　　　Countrywide Public Culture Investment to 2015　　　　/ 015
　　4. The Analysis on the Coordinated Growth Gap of the
　　　　Countrywide Public Culture Investment　　　　　　　/ 018
　　5. The Growth Target Measurement of the Countrywide Public
　　　　Culture Investment to 2020　　　　　　　　　　　　/ 024

Abstract: From 2000 to 2015, countrywide total investment into public culture increased from 30.029 billion yuan to 307.664 billion yuan, with a remarkably average annual growth of 16.78%. By in-depth testing the culture investment related to its economical and financial background, the similarities to the investment into education, science & technology and health, the coordination with residents' culture consumption, and the regional balance of all kinds of per capita value calculation, we can reveal the headway and the gaps: (1) The cultural investment growth is evidently higher than GDP growth, but slightly lower than the fiscal revenue growth, and also slightly lower than the fiscal expenditure growth; At the same time, certainly lower than education investment growth, and also remarkably lower science & technology investment growth, as well as remarkably lower health investment growth. (2) Besides the cultural investment, the regional disparity of all the other kinds of data has narrowed. It is gradually becoming a reality that the whole country has achieved economical and financial "balanced growth" and "equal growth" in the investment of education, science & technology and health, but the regional disparity of cultural investment expands by 7.24%. (3) The ratio of culture investment to fiscal revenues is evidently lower than that of the cultural consumption to the residents' income, that to fiscal expenditure is more remarkably lower than that of the cultural consumption to the residents' expenditure. Public cultural investment growth badly lags behind the demand changes of the residents' cultural consumption.

Keywords: Cultural Investment; Comprehensive Evaluation; Gap Test; Growth Target

Ⅱ Technical Report and Comprehensive Analysis

B.2 Technical Report on The Growth Evaluation System of China's Public Culture Investment
—*Concurring the Analysis of Basic Situation from 2000 to 2015*

Wang Ya'nan, Liu Ting and Wei Haiyan / 028

Abstract: The paper is a technical report on "The Growth Evaluation System of China's Public Culture Investment". Based on the available data from 2000 to 2015, it illustrates the basic data source, the data inference method, the related numerical relationship, evaluation system design and the specific index calculation.

By putting the culture investment growth into all the aspects of the economic and financial growth, the E. S. C. H. (education, science & technology, culture, health) investment growth, the proportion of residents' cultural consumption and regional differences, this evaluation system aims to comprehensively assess the growth coordination and equalization of culture investment, thus to get the applicable comprehensive evaluation index under the current statistical system meanwhile realizing commensurability, comparability and repeatability.

Keywords: Culture Investment; Growth Trends; Comprehensive Assessments; Index and Method

B. 3 The Gap Measurement for the Ought-to-be Growth of China's Public Culture Investment
—*Analysis of Related Coordination and Balance in 2015*
Fang Yu, Zhao Juan and Wang Ya'nan / 060

Abstract: In terms of technology and methods, the technical report focuses on the quality assessments of the coordination and balance of the public culture investment growth, the explanation of the method design and calculus technology processing; this paper emphasizes on the gap measurement for the coordination and balance of the public culture investment growth, which measures all the kinds of ought-to-be target and the ideal distance of the growth target. From the data range, the general report and ranking report mainly analyze the dynamic situation since 2000 and the expected growth target to 2020; the paper mainly measures the current annual ought-to-be growth gap and makes comparison among different provinces.

Keywords: Public Culture; Investment Growth; Coordination and Balance; Gap Measurement

B. 4 Ranking on Comprehensive Evaluation of the Culture Investment Growth across the Provinces
—— *The Vertical Measure Since 2000 and the Lateral Measure for 2015*

Liu Ting, Zhao Juan and Wang Ya'nan / 089

Abstract: In 2015, the total culture investment increased by over 15% in 13 provinces, in 7 of which by over 20%. The per capita value of culture investment increased by over 15% in 10 provinces, in 7 of which by over 20%. Zhejiang, Hunan, Fujian, Ningxia and Chongqing ranked top 5 in the total growth and the per capita value growth. The ranking of the comprehensive evaluation of the culture investment growth across the provinces is as follows: In the lateral evaluation of ideal value without urban-rural and regional gaps, Tibet, Beijing, Qinghai, Gansu and Jilin ranked top five in the 2015 annual composite index leaders; In the vertical evaluation of own base value throughout the past years, Qinghai, Chongqing, Sichuan, Tibet and Hainan ranked top five in the 2000 – 2015 composite index runners-up; Qinghai, Tibet, Hainan, Shaanxi and Inner Mongolia ranked top five in the 2005 – 2015 composite index runners-up; Fujian, Hunan, Guizhou, Guangxi and Qinghai ranked top five in the 2010 – 2015 composite index runners-up; Hunan, Fujian, Chongqing, Zhejiang and Shanxi ranked top five in the 2014 – 2015 composite index runners-up.

Keywords: Across the Provinces; Culture Investment; Comprehensive Evaluation; The Index Ranked

B. 5 The Ought-to-be Target of Culture Investment Growth across Various Provinces
—— *The Expected Growth Measure from 2016 to 2020*

Wei Haiyan, Sun Rui and Wang Ya'nan / 125

Abstract: Based upon the average growth rate of "natural growth" from 2000 to 2015, the expected target of countrywide culture investment growth should be 668.224 billion yuan; if it should get the ought-to-be growth at the best ratio over the years in terms of the productive value, the fiscal expenditure, the E. S. C. H. (education, science & technology, culture, health) investment and the culture investment, it would reach 1075.202 billion yuan; if the balanced isomorphism proportion of culture investment and consumption should come true, it would reach 1733.148 billion yuan; if the ideal growth of the equal culture investment should realize, it would reach 2361.538 billion yuan. By using the required annual growth rate to 2020 to measure the absolute distance of all kinds of growth target, ranking of the various provinces is as follows: Beijing, Shanghai, Tibet, Zhejiang and Hainan rank top five in the best ratio growth target; Tibet, Beijing, Shanghai, Zhejiang and Xinjiang rank top five in the growth target of isomorphism proportion; Tibet, Beijing, Qinghai, Shanghai and Inner Mongolia rank top five in the equal growth target.

Keywords: Across the Provinces; Culture Investment; Growth Target; Ranking Measure

Ⅲ Reports on Provinces

B.6 Tibet: Ranked the 1st in the 2015 Annual Composite
　　　Index Leaders　　　　　　　　　　　　　　　*Yuan Chunsheng* / 161

Abstract: From 2000 to 2015, Tibet's total investment into public culture increased from 0.201 billion yuan to 3.473 billion yuan, with an average annual growth of 20.92%, which was evidently 4.14 percentage point higher than the countrywide average growth. The comprehensive evaluation list of Tibet: In the provincial transverse evaluation, Tibet was ranked 1st in the 2015 annual composite index leaders; In lengthways evaluation itself, Tibet was ranked 4th from 2000 to 2015 composite index runners-up, 2nd from 2005 to 2015, 11th from 2010 to 2015 and 22nd from 2014 to 2015.

Keywords: Tibet; Cultural Investment; Comprehensive Evaluation

B.7 Beijing: Ranked the 2nd in the 2015 Annual
Composite Index Leaders　　　　　　　　　　　*Wang Yang* / 173

Abstract: From 2000 to 2015, Beijing's total investment into public culture increased from 0.926 billion yuan to 18.850 billion yuan, with an average annual growth of 22.25%, which was evidently 5.47 percentage point higher than the countrywide average growth. The comprehensive evaluation list of Beijing: In the provincial transverse evaluation, Beijing was ranked 2nd in the 2015 annual composite index leaders; In lengthways evaluation itself, Beijing was ranked 8th from 2000 to 2015 composite index runners-up, 7th from 2005 to 2015, 12th from 2010 to 2015 and 16th from 2014 to 2015.

Keywords: Beijing; Cultural Investment; Comprehensive Evaluation

B.8 Qinghai: Ranked the 3rd in the 2015 Annual
Composite Index Leaders　　　　　　　　　　　*Guo Na* / 185

Abstract: From 2000 to 2015, Qinghai's total investment into public culture increased from 0.139 billion yuan to 3.360 billion yuan, with an average annual growth of 23.66%, which was remarkably 6.88 percentage point higher than the countrywide average growth. The comprehensive evaluation list of Qinghai: In the provincial transverse evaluation, Qinghai was ranked 3rd in the 2015 annual composite index leaders; In lengthways evaluation itself, Qinghai was ranked 1st from 2000 to 2015 composite index runners-up, 1st from 2005 to 2015, 5th from 2010 to 2015 and 20th from 2014 to 2015.

Keywords: Qinghai; Cultural Investment; Comprehensive Evaluation

B. 9　Jilin: Ranked the 5th in the 2015 Annual

　　　　Composite Index Leaders　　　　　　　　*Deng Yunfei* / 197

Abstract: From 2000 to 2015, Jilin's total investment into public culture increased from 0.609 billion yuan to 7.301 billion yuan, with an average annual growth of 18.01%, which was certainly 1.23 percentage point higher than the countrywide average growth. The comprehensive evaluation list of Jilin: In the provincial transverse evaluation, Jilin was ranked 5th in the 2015 annual composite index leaders; In lengthways evaluation itself, Jilin was ranked 12th from 2000 to 2015 composite index runners-up, 13th from 2005 to 2015, 17th from 2010 to 2015 and 12th from 2014 to 2015.

Keywords: Jilin; Cultural Investment; Comprehensive Evaluation

B. 10　Fujian: Ranked the 6th in the 2015 Annual

　　　　Composite Index Leaders　　　　　　　　*Li Xue* / 209

Abstract: From 2000 to 2015, Fujian's total investment into public culture increased from 1.005 billion yuan to 8.482 billion yuan, with an average annual growth of 15.28%, which was certainly 1.50 percentage point lower than the countrywide average growth. The comprehensive evaluation list of Fujian: In the provincial transverse evaluation, Fujian was ranked 6th in the 2015 annual composite index leaders; In lengthways evaluation itself, Fujian was ranked 24th from 2000 to 2015 composite index runners-up, 20th from 2005 to 2015, 1st from 2010 to 2015 and 2nd from 2014 to 2015.

Keywords: Fujian; Cultural Investment; Comprehensive Evaluation

B. 11　Shanxi: Ranked the 14th in the 2015 Annual

　　　　Composite Index Leaders　　　　　　　　*Shen Zongtao* / 221

Abstract: From 2000 to 2015, Shanxi's total investment into public culture increased from 0.650 billion yuan to 7.308 billion yuan, with an average annual growth of 17.51%, which was slightly 0.73 percentage point higher than the countrywide average growth. The comprehensive evaluation list of Shanxi: In the provincial transverse evaluation, Shanxi was ranked 14th in the 2015 annual composite index leaders; In lengthways evaluation itself, Shanxi was ranked 17th from 2000 to 2015 composite index runners-up, 24th from 2005 to 2015, 6th from 2010 to 2015 and 5th from 2014 to 2015.

Keywords: Shanxi; Cultural Investment; Comprehensive Evaluation

B. 12　Hunan: Ranked the 1st in the 2014 −2015

　　　　Composite Index Runners-up　　　　　　*Dai Li* / 233

Abstract: From 2000 to 2015, Hunan's total investment into public culture increased from 0.903 billion yuan to 11.174 billion yuan, with an average annual growth of 18.26%, which was certainly 1.48 percentage point higher than the countrywide average growth. The comprehensive evaluation list of Hunan: In the provincial transverse evaluation, Hunan was ranked 16th in the 2015 annual composite index leaders; In lengthways evaluation itself, Hunan was ranked 9th from 2000 to 2015 composite index runners-up, 9th from 2005 to 2015, 2nd from 2010 to 2015 and 1st from 2014 to 2015.

Keywords: Hunan; Cultural Investment; Comprehensive Evaluation

B. 13 Chongqing: Ranked the 3rd in the 2014 −2015
Composite Index Runners-up *Liu Juanjuan* / 245

Abstract: From 2000 to 2015, Chongqing's total investment into public culture increased from 0.337 billion yuan to 4.701 billion yuan, with an average annual growth of 19.21%, which was certainly 2.43 percentage point higher than the countrywide average growth. The comprehensive evaluation list of Chongqing: In the provincial transverse evaluation, Chongqing was ranked 22nd in the 2015 annual composite index leaders; In lengthways evaluation itself, Chongqing was ranked 2nd from 2000 to 2015 composite index runners-up, 15th from 2005 to 2015, 26th from 2010 to 2015 and 3rd from 2014 to 2015.

Keywords: Chongqing; Cultural Investment; Comprehensive Evaluation

B. 14 Zhejiang: Ranked the 4th in the 2014 −2015
Composite Index Runners-up *Hui Huang* / 257

Abstract: From 2000 to 2015, Zhejiang's total investment into public culture increased from 1.369 billion yuan to 16.538 billion yuan, with an average annual growth of 18.07%, which was certainly 1.29 percentage point higher than the countrywide average growth. The comprehensive evaluation list of Zhejiang: In the provincial transverse evaluation, Zhejiang was ranked 9th in the 2015 annual composite index leaders; In lengthways evaluation itself, Zhejiang was ranked 18th from 2000 to 2015 composite index runners-up, 18th from 2005 to 2015, 14th from 2010 to 2015 and 4th from 2014 to 2015.

Keywords: Zhejiang; Cultural Investment; Comprehensive Evaluation

B.15　Heilongjiang: Ranked the 6th in the 2014 −2015
　　　Composite Index Runners-up　　　　　　　*Chen Jing* / 269

Abstract: From 2000 to 2015, Heilongjiang's total investment into public culture increased from 0.857 billion yuan to 5.317 billion yuan, with an average annual growth of 12.94%, which was evidently 3.84 percentage point lower than the countrywide average growth. The comprehensive evaluation list of Heilongjiang: In the provincial transverse evaluation, Heilongjiang was ranked 24th in the 2015 annual composite index leaders; In lengthways evaluation itself, Heilongjiang was ranked 29th from 2000 to 2015 composite index runners-up, 28th from 2005 to 2015, 31st from 2010 to 2015 and 6th from 2014 to 2015.

Keywords: Heilongjiang; Cultural Investment; Comprehensive Evaluation

B.16　Gansu: Ranked the 7th in the 2014 −2015
　　　Composite Index Runners-up　　　　　　　*Cui Ning* / 281

Abstract: From 2000 to 2015, Gansu's total investment into public culture increased from 0.575 billion yuan to 6.276 billion yuan, with an average annual growth of 17.27%, which was slightly 0.49 percentage point higher than the countrywide average growth. The comprehensive evaluation list of Gansu: In the provincial transverse evaluation, Gansu was ranked 4th in the 2015 annual composite index leaders; In lengthways evaluation itself, Gansu was ranked 15th from 2000 to 2015 composite index runners-up, 10th from 2005 to 2015, 22nd from 2010 to 2015 and 7th from 2014 to 2015.

Keywords: Gansu; Cultural Investment; Comprehensive Evaluation

Contents

B.17　Ningxia: Ranked the 8th in the 2014 −2015
　　　Composite Index Runners-up　　　　　　　　*Li Yiting* / 293

Abstract: From 2000 to 2015, Ningxia's total investment into public culture increased from 0.181 billion yuan to 2.097 billion yuan, with an average annual growth of 17.74%, which was slightly 0.96 percentage point higher than the countrywide average growth. The comprehensive evaluation list of Ningxia: In the provincial transverse evaluation, Ningxia was ranked 7th in the 2015 annual composite index leaders; In lengthways evaluation itself, Ningxia was ranked 19th from 2000 to 2015 composite index runners-up, 11th from 2005 to 2015, 25th from 2010 to 2015 and 8th from 2014 to 2015.

Keywords: Ningxia; Cultural Investment; Comprehensive Evaluation

社会科学文献出版社　　**皮书系列**

❖ 皮书起源 ❖

"皮书"起源于十七、十八世纪的英国，主要指官方或社会组织正式发表的重要文件或报告，多以"白皮书"命名。在中国，"皮书"这一概念被社会广泛接受，并被成功运作、发展成为一种全新的出版形态，则源于中国社会科学院社会科学文献出版社。

❖ 皮书定义 ❖

皮书是对中国与世界发展状况和热点问题进行年度监测，以专业的角度、专家的视野和实证研究方法，针对某一领域或区域现状与发展态势展开分析和预测，具备原创性、实证性、专业性、连续性、前沿性、时效性等特点的公开出版物，由一系列权威研究报告组成。

❖ 皮书作者 ❖

皮书系列的作者以中国社会科学院、著名高校、地方社会科学院的研究人员为主，多为国内一流研究机构的权威专家学者，他们的看法和观点代表了学界对中国与世界的现实和未来最高水平的解读与分析。

❖ 皮书荣誉 ❖

皮书系列已成为社会科学文献出版社的著名图书品牌和中国社会科学院的知名学术品牌。2016年，皮书系列正式列入"十三五"国家重点出版规划项目；2012~2016年，重点皮书列入中国社会科学院承担的国家哲学社会科学创新工程项目；2017年，55种院外皮书使用"中国社会科学院创新工程学术出版项目"标识。

中国皮书网

发布皮书研创资讯，传播皮书精彩内容
引领皮书出版潮流，打造皮书服务平台

栏目设置

关于皮书：何谓皮书、皮书分类、皮书大事记、皮书荣誉、
皮书出版第一人、皮书编辑部

最新资讯：通知公告、新闻动态、媒体聚焦、网站专题、视频直播、下载专区

皮书研创：皮书规范、皮书选题、皮书出版、皮书研究、研创团队

皮书评奖评价：指标体系、皮书评价、皮书评奖

互动专区：皮书说、皮书智库、皮书微博、数据库微博

所获荣誉

2008年、2011年，中国皮书网均在全国新闻出版业网站荣誉评选中获得"最具商业价值网站"称号；

2012年，获得"出版业网站百强"称号。

网库合一

2014年，中国皮书网与皮书数据库端口合一，实现资源共享。更多详情请登录www.pishu.cn。

权威报告·热点资讯·特色资源

皮书数据库
ANNUAL REPORT(YEARBOOK) DATABASE

当代中国与世界发展高端智库平台

所获荣誉

- 2016年,入选"国家'十三五'电子出版物出版规划骨干工程"
- 2015年,荣获"搜索中国正能量 点赞2015""创新中国科技创新奖"
- 2013年,荣获"中国出版政府奖·网络出版物奖"提名奖
- 连续多年荣获中国数字出版博览会"数字出版·优秀品牌"奖

成为会员

通过网址www.pishu.com.cn或使用手机扫描二维码进入皮书数据库网站,进行手机号码验证或邮箱验证即可成为皮书数据库会员(建议通过手机号码快速验证注册)。

会员福利

- 使用手机号码首次注册会员可直接获得100元体验金,不需充值即可购买和查看数据库内容(仅限使用手机号码快速注册)。
- 已注册用户购书后可免费获赠100元皮书数据库充值卡。刮开充值卡涂层获取充值密码,登录并进入"会员中心"—"在线充值"—"充值卡充值",充值成功后即可购买和查看数据库内容。

卡号:5010699246850019
密码:

数据库服务热线:400-008-6695
数据库服务QQ:2475522410
数据库服务邮箱:database@ssap.cn
图书销售热线:010-59367070/7028
图书服务QQ:1265056568
图书服务邮箱:duzhe@ssap.cn

子库介绍
Sub-Database Introduction

中国经济发展数据库

涵盖宏观经济、农业经济、工业经济、产业经济、财政金融、交通旅游、商业贸易、劳动经济、企业经济、房地产经济、城市经济、区域经济等领域，为用户实时了解经济运行态势、把握经济发展规律、洞察经济形势、做出经济决策提供参考和依据。

中国社会发展数据库

全面整合国内外有关中国社会发展的统计数据、深度分析报告、专家解读和热点资讯构建而成的专业学术数据库。涉及宗教、社会、人口、政治、外交、法律、文化、教育、体育、文学艺术、医药卫生、资源环境等多个领域。

中国行业发展数据库

以中国国民经济行业分类为依据，跟踪分析国民经济各行业市场运行状况和政策导向，提供行业发展最前沿的资讯，为用户投资、从业及各种经济决策提供理论基础和实践指导。内容涵盖农业，能源与矿产业，交通运输业，制造业，金融业，房地产业，租赁和商务服务业，科学研究，环境和公共设施管理，居民服务业，教育，卫生和社会保障，文化、体育和娱乐业等100余个行业。

中国区域发展数据库

对特定区域内的经济、社会、文化、法治、资源环境等领域的现状与发展情况进行分析和预测。涵盖中部、西部、东北、西北等地区，长三角、珠三角、黄三角、京津冀、环渤海、合肥经济圈、长株潭城市群、关中—天水经济区、海峡经济区等区域经济体和城市圈，北京、上海、浙江、河南、陕西等34个省份及中国台湾地区。

中国文化传媒数据库

包括文化事业、文化产业、宗教、群众文化、图书馆事业、博物馆事业、档案事业、语言文字、文学、历史地理、新闻传播、广播电视、出版事业、艺术、电影、娱乐等多个子库。

世界经济与国际关系数据库

以皮书系列中涉及世界经济与国际关系的研究成果为基础，全面整合国内外有关世界经济与国际关系的统计数据、深度分析报告、专家解读和热点资讯构建而成的专业学术数据库。包括世界经济、国际政治、世界文化与科技、全球性问题、国际组织与国际法、区域研究等多个子库。

法律声明

"皮书系列"(含蓝皮书、绿皮书、黄皮书)之品牌由社会科学文献出版社最早使用并持续至今,现已被中国图书市场所熟知。"皮书系列"的LOGO( )与"经济蓝皮书""社会蓝皮书"均已在中华人民共和国国家工商行政管理总局商标局登记注册。"皮书系列"图书的注册商标专用权及封面设计、版式设计的著作权均为社会科学文献出版社所有。未经社会科学文献出版社书面授权许可,任何使用与"皮书系列"图书注册商标、封面设计、版式设计相同或者近似的文字、图形或其组合的行为均系侵权行为。

经作者授权,本书的专有出版权及信息网络传播权为社会科学文献出版社享有。未经社会科学文献出版社书面授权许可,任何就本书内容的复制、发行或以数字形式进行网络传播的行为均系侵权行为。

社会科学文献出版社将通过法律途径追究上述侵权行为的法律责任,维护自身合法权益。

欢迎社会各界人士对侵犯社会科学文献出版社上述权利的侵权行为进行举报。电话:010-59367121,电子邮箱:fawubu@ssap.cn。

社会科学文献出版社